Der Schutz des Familienvermögens im Erbschaftsteuerrecht

Europäische Hochschulschriften Recht

European University Studies in Law

Publications Universitaires Européennes de Droit

Band/Volume **6207**

Nicole Haaf

Der Schutz des Familienvermögens im Erbschaftsteuerrecht

PETER LANG

Bibliografische Information der Deutschen Nationalbibliothek
Die Deutsche Nationalbibliothek verzeichnet diese Publikation in der Deutschen Nationalbibliografie; detaillierte bibliografische Daten sind im Internet über http://dnb.d-nb.de abrufbar.

Zugl.: Jena, Univ., Diss., 2020

Erstgutachterin: Prof. Dr. Anna Leisner-Egensperger
Zweitgutachter: Prof. Dr. Michael Brenner
Tag der mündlichen Prüfung: 15. Juli 2020

27
ISSN 0531-7312
ISBN 978-3-631-83712-2 (Print)
E-ISBN 978-3-631-84310-9 (E-PDF)
E-ISBN 978-3-631-84311-6 (EPUB)
E-ISBN 978-3-631-84312-3 (MOBI)
DOI 10.3726/b17896

Peter Lang – Berlin · Bern · Bruxelles · New York · Oxford · Warszawa · Wien

Diese Publikation wurde begutachtet.

www.peterlang.com

Meiner Familie in Liebe

Vorwort

Die vorliegende Arbeit wurde im Sommersemester 2020 von der Juristischen Fakultät der Friedrich-Schiller-Universität Jena als Dissertation angenommen. Literatur und Rechtsprechung sind bis einschließlich Juli 2020 berücksichtigt.

Meinen ganz besonderen und herzlichen Dank möchte ich meiner Doktormutter, Frau Prof. Dr. Anna Leisner-Egensperger, aussprechen. Jederzeit stand sie mir mit Engagement und konstruktivem Rat zur Seite und hat mich mit fruchtbarer Kritik durch die Promotionsphase betreut und begleitet. Bedanken möchte ich mich ebenfalls für die stets umgehenden Rückmeldungen und die zügige Erstellung des Erstgutachtens. Auch Herrn Professor Dr. Michael Brenner danke ich für die zügige Anfertigung des Zweitgutachtens sowie die hilfreichen und interessanten Anregungen im Gutachten und im Rahmen des Verteidigungsgesprächs.

Ich bedanke mich außerdem bei der Stiftung Familienunternehmen für die Förderung meiner Arbeit.

Dank gebührt zudem meinen Freunden und engen Vertrauten. Dr. Kerstin Linder danke ich dafür, dass sie die Idee einer Promotion mitunter überhaupt erst ins Rollen gebracht hat. Auch Johanna Rösch möchte ich danken für die langjährige Freundschaft und den gegenseitigen Beistand während der gemeinsamen Ausbildung und unserer beider Promotionen.

Mein größter Dank gilt in erster Linie natürlich meiner Familie, vor allem meinen Eltern, Siglinde und Alfons Peter Haaf, und meiner Großmutter, Hildegard Haaf, für die finanzielle Unterstützung in all den Jahren der Ausbildung. Meinen Eltern danke ich insbesondere für ihre unerschöpfliche Liebe, die meinen Bruder und mich von klein an geprägt hat und seit jeher auf unseren Wegen begleitet. Ich danke meiner Mutter für ihre mentale Unterstützung, meinem Vater für seinen steuerlichen Rat und meinem Bruder, Wolfgang Alfons Haaf, für seine sozialkritischen Anmerkungen zu meiner Arbeit. Die enge Verbundenheit zu meiner Familie hat das Promotionsthema letztlich erst zum Entstehen gebracht. Ihr ist diese Arbeit daher von ganzem Herzen widmen.

München, im August 2020

Nicole Haaf

Inhaltsverzeichnis

Abkürzungsverzeichnis

a.A.	andere(r) Ansicht
a.F.	alte Fassung
Abs.	Absatz
Alt.	Alternative
AO	Abgabenordnung
Art.	Artikel
BB	Betriebs-Berater (Zeitschrift)
Bd.	Band
BewG	Bewertungsgesetz
BFH	Bundesfinanzhof
BFH/NV	Sammlung amtlich nicht veröffentlichter Entscheidungen des Bundesfinanzhofs (Zeitschrift)
BGB	Bürgerliches Gesetzbuch
BGBl.	Bundesgesetzblatt
BGH	Bundesgerichtshof
BGHZ	Amtliche Sammlung der Entscheidungen des Bundesgerichtshofs
BMF	Bundesministerium der Finanzen
BR	Bundesrat
bspw.	beispielsweise
BStBl.	Bundessteuerblatt
BT	Bundestag
BT-Drucks.	Bundestag-Drucksache
Buchst.	Buchstabe
BVerfG	Bundesverfassungsgericht
BVerfGE	Amtliche Sammlung von Entscheidungen des Bundesverfassungsgerichts
BVerwG	Bundesverwaltungsgericht
BVerwGE	Amtliche Sammlung von Entscheidungen des Bundesverwaltungsgerichts
bzw.	beziehungsweise
ca.	circa
DB	Der Betrieb (Zeitschrift)
Dez.	Dezember
DNotZ	Deutsche Notar-Zeitschrift

Doppelbuchst.	Doppelbuchstabe
DÖV	Die öffentliche Verwaltung (Zeitschrift)
DStJG Bd.	Tagungsbände der deutschen Steuerjuristischen Gesellschaft
DStR	Deutsches Steuerrecht (Zeitschrift)
DStR-Beih	Beihefter zu Deutsches Steuerrecht (Zeitschrift)
DStZ	Deutsche Steuer-Zeitung
EFG	Entscheidungen der Finanzgerichte
Einf.	Einführung
EL	Ergänzungslieferung
ErbR	Zeitschrift für die gesamte Erbrechtspraxis
ErbSt	Erbschaftsteuer
ErbStB	Erbschaft-Steuerberater (Zeitschrift)
ErbStG	Erbschaftsteuergesetz
ErbStH	Erbschaftsteuer-Hinweise
ErbStR	Erbschaftsteuer-Richtlinien
EStG	Einkommensteuergesetz
f., ff.	folgend, fortfolgend
FamRZ	Zeitschrift für das gesamte Familienrecht
Feb.	Februar
FG	Finanzgericht
FR	Finanz-Rundschau für Einkommensteuer, mit Körperschaftsteuer und Gewerbesteuer (Zeitschrift)
FS	Festschrift
gem.	gemäß
GG	Grundgesetz
gl.A.	gleiche Ansicht
GmbHR	GmbH-Rundschau (Zeitschrift)
h.M.	herrschende Meinung
Hrsg.	Herausgeber
Hs.	Halbsatz
i.V.m.	in Verbindung mit
JuS	Juristische Schulung (Zeitschrift)
JZ	Juristenzeitung (Zeitschrift)
Lfg.	Lieferung
Mio.	Millionen
Mrd.	Milliarden
N.F.	Neue Fassung
NJOZ	Neue Juristische Online Zeitschrift
NJW	Neue Juristische Wochenschrift (Zeitschrift)

Nov.	November
Nr.	Nummer
NVwZ	Neue Zeitschrift für Verwaltungsrecht
NWB	Neue Wirtschafts-Briefe (Zeitschrift)
NWB-EV	Neue Wirtschafts-Briefe Erben und Vermögen (Zeitschrift)
NZF	Neue Zeitschrift für Familienrecht
NZG	Neue Zeitschrift für Gesellschaftsrecht
Okt.	Oktober
OLG	Oberlandesgericht
qm	Quadratmeter
RFH	Reichsfinanzhof
RGBl.	Reichsgesetzblatt
Rn.	Randnummer
Rspr.	Rechtsprechung
S.	Seite
Sept.	September
SteuK	Steuerrecht kurzgefasst (Zeitschrift)
StRO	Steuerrechtsordnung
StuW	Steuer und Wirtschaft (Zeitschrift)
UVR	Umsatz- und Verkehrsteuerrecht (Zeitschrift)
v.	von
vgl.	vergleiche
Vorb.	Vorbemerkungen
VVDStRL	Veröffentlichungen der Vereinigung der Deutschen Staatsrechtslehrer
WRV	Weimarer Reichsverfassung
z.B.	zum Beispiel
ZErb	Zeitschrift für die Steuer- und Erbrechtspraxis
ZEV	Zeitschrift für Erbrecht und Vermögensnachfolge

Einführung und Gang der Untersuchung

Das Erbschaft- und Schenkungsteuergesetz ist durchzogen von Normen, welche familiäre Vermögensübergänge schützen und begünstigen. Dabei ist dies keine Selbstverständlichkeit. Denn verfassungsrechtlich fordert Art. 3 Abs. 1 GG und sein allgemein steuerliches Verständnis zunächst nur, dass bei gleicher finanzieller Leistungsfähigkeit auch die gleiche Steuer zu erheben ist. Erst die Konkurrenz zu Art. 6 Abs. 1 GG erlaubt es, den Verwandtschaftsgrad bei der Besteuerung zu berücksichtigen.[1]

Als wertentscheidende Grundsatznorm gebietet es Art. 6 Abs. 1 GG, das Steuerrecht verfassungsrechtlich ehe- und familiengerecht auszugestalten.[2] Dies geschieht, indem das Gesetz die Steuerbelastung durch unterschiedliche Steuerklassen, unterschiedliche persönliche Freibeträge und Steuersätze abstuft. Konkretisiert und damit erstmals grundlegend manifestiert hat das Bundesverfassungsgericht die erbschaftsteuerliche Beachtung familiärer Beziehungen in den Einheitswertbeschlüssen zur Erbschaft- und Schenkungsteuer.[3] Demnach muss „der erbschaftsteuerliche Zugriff auf einen Vermögenszuwachs bei Familienangehörigen im Sinne der Steuerklasse I so beschränkt“ werden, dass „jedem dieser Steuerpflichtigen der jeweils auf ihn überkommende Nachlass zumindest zum deutlich überwiegenden Teil oder, bei kleineren Vermögen, völlig steuerfrei zugute kommt.“[4] Es geht darum, die Ehe als Erwerbsgemeinschaft aufrecht zu erhalten und die im Erbrecht angelegte Mitberechtigung der Kinder am Familiengut zu beachten.[5]

Auch im Rahmen von Betriebsvermögensübertragungen erkennt das Bundesverfassungsgericht die Schutzwürdigkeit von Familienunternehmen ausdrücklich an.[6] Denn Betriebe, „die durch einen besonderen personalen Bezug […] zum Unternehmen geprägt sind, wie es namentlich bei Familienunternehmen der Fall ist“[7], müssen gefördert, erhalten und deswegen erbschaftsteuerrechtlich begünstigt werden.

---

1 *Piltz*, ZEV 2018, 170 (172).

2 *Uhle*, in: Epping/Hillgruber, GG, Art. 6 Rn. 39.

3 vgl. hierzu die Ausführungen unter 1. Teil A I.

4 BVerfG, Beschluss vom 22.06.1995 – 2 BvR 552/91, BVerfGE 93, 165 (175).

5 BVerfG, Beschluss vom 22.06.1995 – 2 BvR 552/91, BVerfGE 93, 165 (175).

6 vgl. hierzu die Ausführungen unter 1. Teil C.

7 BVerfG, Urteil vom 17.12.2014 – 1 BvL 21/12, BVerfGE 138, 136 (186).

Der Gesetzgeber hat dies in das Erbschaftsteuergesetz aufgenommen und die Privilegien im Sinne des sogenannten „Familienprinzips“[8] immer mehr ausgeweitet. Dabei hat er dieses nicht nur bei den Regelungen zu den Freibeträgen, der Steuerklasseneinteilung und den Steuertarifen beachtet. Auch im Rahmen der sachlichen Steuerbefreiungen wird beispielsweise die Übertragung des Familienheims zwischen Ehegatten und an Kinder begünstigt behandelt. Schließlich neigt der Gesetzgeber bei Unternehmensübertragungen dazu, typisierte Familienunternehmen zu schützen. Beispielhaft zu nennen ist die Einführung des Vorwegabschlags nach § 13a Abs. 9 ErbStG im Zuge der Erbschaftsteuerreform 2016.[9]

Die Behandlung von familiären Vermögensübertragungen im Erbschaftsteuergesetz wird vor allem in der Literatur immer wieder kritisch diskutiert. Reibungsfläche bietet beispielsweise die erbschaftsteuerliche Verschonung von Familienunternehmen, welche mitunter als ungerechtfertigte Privilegierung angesehen wird.[10] Auf der anderen Seiten steht der Einwand, dass Familienmitglieder besser geeignet sind, einen Betrieb fortzuführen.[11] Kritisiert werden daneben aber auch die Steuerbefreiungen, vor allem die steuerbefreite Übertragungsmöglichkeit des Familienheims.[12] Andererseits gibt es Stimmen, welche noch viel weitergehende Steuerbefreiungen, beispielsweise bei gegenseitigen Schenkungen oder Erbschaften zwischen Ehegatten[13] oder sogar insgesamt bei der Weitergabe von Vermögenswerten innerhalb der Familie[14], fordern.

Ob und inwiefern das Familienvermögen im Erbschaftsteuergesetz ausreichend geschützt ist, stellt die zentrale Frage dieser Arbeit dar. Es geht hier jedoch nicht nur darum, aufzuzeigen, wie das geschriebene Erbschaftsteuerrecht Vermögensübertragungen innerhalb der Familie schützt. Hierauf aufbauend wird zudem darauf eingegangen, welche Verbesserungsmöglichkeiten und Reformvorschläge es – ausgehend von kritischen Stimmen in der Literatur unter Beachtung gesetzgeberischer Intentionen und Tendenzen in der Rechtsprechung – gibt. Der Gang der Untersuchung orientiert sich dabei zunächst an den Ansichten der höchstrichterlichen Rechtsprechung und welchen Stellenwert diese dem Schutz des Familienvermögens im Erbschaftsteuerrecht beimisst (1. Teil). Sodann wer-

---

8 BVerfG, Beschluss vom 22.06.1995 – 2 BvR 552/9, BVerfGE 93, 165 (175).

9 BGBl. I 2016, 2464.

10 *Seer*, in: Tipke/Lang, Steuerrecht, § 15 Rn. 5 ff.

11 *Tipke*, StRO Bd. II, S. 901.

12 *Birk/Desens/Tappe*, Steuerrecht, Rn. 1555.

13 *P. Kirchhof*, Bundessteuergesetzbuch, § 77 Rn. 8 ff., S. 633 f.

14 *Scheffler/Wigger*, BB 2006, 2443 (2446).

den die verfassungsrechtlichen Vorgaben in diesem Kontext näher beleuchtet (2. Teil). Anschließend folgt eine Untersuchung des Erbschaftsteuergesetzes daraufhin, wie das Familienvermögen dort geschützt ist (3. Teil). Im letzten Teil (4. Teil) werden Änderungshinweise und Reformvorschläge für ein zukünftiges Erbschaftsteuergesetz gegeben.

1. Teil Familienvermögen in der Rechtsprechung des Bundesverfassungsgerichts

Um die Regelungen im Erbschaftsteuerrecht zum Schutz des Familienvermögens und die hierauf basierenden Reformvorschläge verstehen und bewerten zu können, ist es unerlässlich, vorab die Position der höchstrichterlichen Rechtsprechung hierzu darzustellen. Der erste Teil dieser Arbeit befasst sich folglich hiermit und geht der Frage nach, inwiefern das Bundesverfassungsgericht das Familienvermögen grundsätzlich und besonders im Erbschaftsteuerrecht als schützenswert ansieht.

Die im Folgenden dargestellten Beschlüsse befassen sich inhaltlich damit, ob und in welchem Maße das Familienvermögen an Familienmitglieder, insbesondere an Ehegatten und Kinder, im Erbschaftsteuerrecht nach den Vorgaben des Bundesverfassungsgerichts weitergegeben werden kann.

Erstmalig hat sich das Bundesverfassungsgericht in den Einheitswertbeschlüssen zur Erbschaft- und Vermögensteuer vom 22.06.1995 zum Schutz familiärer Vermögensübertragungen im Rahmen des Erbschaftsteuerrechts positioniert (A.). Diese Beschlüsse bilden den Grundstein für alle Folgeentscheidungen und die Beachtung des aus Art. 6 Abs. 1 GG folgenden Familienprinzips. Insbesondere im Beschluss zur Gleichbehandlung eingetragener Lebenspartner vom 21.07.2010 beruft sich das Bundesverfassungsgericht auf diese grundlegenden Ausführungen und hält sie in der Sache aufrecht (B.). Im Beschluss zur Betriebsvermögensverschonung vom 17.12.2014 geht das Bundesverfassungsgericht darüber hinaus auf die besondere Bedeutung kleinerer und mittelständischer (Familien-)Unternehmen im Rahmen der Bestimmungen zur Betriebsvermögensverschonung nach §§ 13a und 13b ErbStG ein (C.). Die Beschlüsse zum Verwandtenerbrecht und Pflichtteilsrecht befassen sich zwar inhaltlich mit dem privaten Erbrecht. Dennoch fordert das Bundesverfassungsgericht vor allem in den Beschlüssen zum Verwandtenerbrecht und damit zeitlich vor Ergehen der Einheitswertbeschlüsse, dass es eine Teilhabe naher Familienangehöriger am Nachlass geben muss. Der Beschluss zum Pflichtteilsrecht verdeutlicht schließlich ganz allgemein, welchen Wert das Bundesverfassungsgericht dem Familienvermögen beimisst (D.).

A. Einheitswertbeschlüsse zur Erbschaft- und Vermögensteuer

Die Übertragung des Prinzips des Verwandtenerbrechts[15] auf das Erbschaftsteuerrecht und die damit einhergehende Entwicklung des Begriffs „Familienprinzip“ begründete das Bundesverfassungsgericht erstmals in den Einheitswertbeschlüssen zur Erbschaft- und Vermögensteuer und brachte somit den verfassungsrechtlich gebotenen Schutz des Familienvermögens zum Ausdruck. Aus diesen beiden Entscheidungen resultiert letztlich die Privilegierung von Ehe und Familie im Erbschaftsteuerrecht.

I. Beschluss zur Erbschaftsteuer

Richtungsweisende Grundaussagen für die Besteuerung familiärer Vermögensübertragungen lassen sich dem Beschluss zur Erbschaftsteuer vom 22.06.1995 entnehmen.[16] Das Bundesverfassungsgericht geht darin nicht nur allgemein auf den verfassungsrechtlich gebotenen Schutz familiärer Vermögensübertragungen ein, sondern legt auch dar, inwiefern derartige Erwerbe im Erbschaftsteuerrecht zu berücksichtigen sind.

Maßstäbe für die Besteuerung von Erwerben innerhalb der Familie lassen sich zunächst den aus Art. 14 Abs. 1 GG folgenden Prinzipien zur Erbrechtsgarantie, welche nicht nur die Testierfreiheit des Erblassers, sondern auch das Erbrecht des Erben beinhalten, entnehmen. Diese Prinzipien dürfen durch die Erbschaftsteuer nicht ausgehöhlt werden. Hierüber hinausgehend entwickelte das Bundesverfassungsgericht in diesem Beschluss den Schutz von Ehe und Familie aus Art. 6 Abs. 1 GG zu einem die Erbschaftsteuer von Verfassungs wegen begrenzenden Grundsatz und bezeichnete dies als das erbschaftsteuerliche „Familienprinzip“ [17].

Diese vom Grundgesetz vorgegebenen Maßstäbe nimmt das Bundesverfassungsgericht sodann zum Anlass dafür, deren Bedeutung im Rahmen von Vermögensübertragungen innerhalb der Familie (1.) und bei Übertragungen von Betriebsvermögen (2.) näher auszuführen.

---

15 Zum Prinzip des Verwandtenerbrecht hat sich das Bundesverfassungsgericht bereits in zwei Vorgängerentscheidungen geäußert: BVerfG, Beschluss vom 16.10.1984 – 1 BvR 513/78, BVerfGE 67, 329 sowie BVerfG, Beschluss vom 14.12.1994 – 1 BvR 720/90, BVerfGE 91, 346; vgl. hierzu die Ausführungen unter 1. Teil D.

16 BVerfG, Beschluss vom 22.06.1995 – 2 BvR 552/91, BVerfGE 93, 165.

17 BVerfG, Beschluss vom 22.06.1995 – 2 BvR 552/91, BVerfGE 93, 165 (174).

1. Vermögensübertragungen innerhalb der Familie

Als Folge dieser verfassungsrechtlichen Grundsätze ist „der erbschaftsteuerliche Zugriff bei Familienangehörigen im Sinne der Steuerklasse I [...] derart zu mäßigen, daß [sic!] jedem dieser Steuerpflichtigen der jeweils auf ihn überkommene Nachlaß [sic!] – je nach dessen Größe – zumindest zum deutlich überwiegenden Teil oder, bei kleineren Vermögen, völlig steuerfrei zugute kommt [sic!].“[18] Allgemein wird dieser Grundsatz im Erbschaftsteuergesetz durch die für Ehegatten und Kinder geltenden Freibeträge des § 16 ErbStG berücksichtigt. Hinsichtlich der Höhe dieser Freibeträge verweist das Bundesverfassungsgericht auf den verfassungsgerichtlichen Beschluss desselben Tages zur Vermögensteuer: „Für diesen Nachlaßwert [sic!] bezeichnet der im Beschluß [sic!] des Zweiten Senats vom gleichen Tage – 2 BvL 37/91 – zu C I 5[19] umrissene Wert des persönlichen Gebrauchsvermögens einen tauglichen Anhalt.“[20] Übersteigt eine Vermögensübertragung diesen Freibetrag, so muss dem Bundesverfassungsgericht zufolge der erbschaftsteuerliche Zugriff so beschränkt werden, dass die Erbschaft für den Ehegatten noch das Ergebnis der ehelichen Erwerbsgemeinschaft darstellt und die im Erbrecht angelegte Teilhabe der Kinder am Familiengut nicht verloren geht. Dieses begrenzte Zugriffsrecht des Fiskus gründet in Art. 6 Abs. 1 GG und kommt im Erbschaftsteuergesetz durch die nach familiärer Nähe und dem jeweiligen Verwandtschaftsgrad abgestuften Steuersätze zum Ausdruck.

2. Übertragungen von Betriebsvermögen

Darüber hinaus macht das Bundesverfassungsgericht auch Ausführungen hinsichtlich der erbschaftsteuerlichen Übertragung mittelständischer Unternehmen und verlangt eine angemessene steuerliche Belastung. Es fordert den Gesetzgeber dazu auf, bei der Besteuerung derartiger Betriebe die diesen drohende existenzielle Gefährdung aufgrund der zusätzlichen finanziellen Erbschaftsteuerbelastung zu beachten. Das Bundesverfassungsgericht begründet dies mit deren besonderen Verantwortung für das Gemeinwohl. Mittelständische Unternehmen garantieren demnach nicht nur Produktivität, sondern auch den Erhalt und die Existenz von Arbeitsplätzen. Dies ist besonderen Pflichten gegenüber ihren Mitarbeitern, rechtlichen Bindungen im Rahmen des Betriebsverfassungs- und

18 BVerfG, Beschluss vom 22.06.1995 – 2 BvR 552/91, BVerfGE 93, 165 (175).

19 vgl. hierzu: BVerfG Beschluss vom 22.06.1995 – 2 BvL 37/91, BVerfGE 93, 121 (141); siehe im Folgenden unter 1. Teil A II 2.

20 BVerfG, Beschluss vom 22.06.1995 – 2 BvR 552/91, BVerfGE 93, 165 (175).

Wirtschaftsverwaltungsrechts, aber auch den von ihnen langfristig angelegten Investitionen geschuldet. Ihnen obliegt folglich auch eine gesteigerte rechtliche Bindung. Folglich stellt der Vermögenszuwachs für einen Unternehmenserben einen geringeren Zuwachs an finanzieller Leistungsfähigkeit dar, da der Betrieb insgesamt und auch die einzelnen, dem Betrieb zugehörigen Wirtschaftsgüter aufgrund der betrieblichen und rechtlichen Bindungen nur beschränkt verfügbar sind. Verfassungsrechtlich folgt aus dem allgemeinen Gleichheitssatz, dass diese verminderte Leistungsfähigkeit insbesondere dann berücksichtigt werden muss, wenn der Erbe bereit ist, den Betrieb in seiner Sozialgebundenheit aufrecht zu erhalten und weiter zu führen. Die Erbschaftsteuer darf dem nicht im Wege stehen. Allerdings stellt das Bundesverfassungsgericht auch ausdrücklich klar, dass die Berücksichtigung der verminderten finanziellen Leistungsfähigkeit unabhängig vom Verwandtschaftsverhältnis zwischen Erben und Erblasser ist.[21]

II. Beschluss zur Vermögensteuer

Im Beschluss zur Vermögensteuer vom selben Tag[22] trifft das Bundesverfassungsgericht zwar keine Aussagen zur Erbschaftsteuerbelastung bei familiären Vermögensübertragungen. Allerdings positioniert es sich zum Schutzbedürfnis des in der Ehe und Familie geschaffenen finanziellen und wirtschaftlichen Lebensstandards und dazu, in welcher Höhe diese Grundlage der persönlichen Lebensführung vor dem steuerlichen Zugriff zu verschonen ist.

1. Grenzen des Steuerzugriffs

Den verfassungsrechtlichen Maßstab für die Begrenzung des steuerlichen Zugriffs hinsichtlich der Wirtschaftsgüter der persönlichen Lebensführung im Allgemeinen entwickelt das Bundesverfassungsgericht zunächst aus den für die Vermögensteuer geltenden Besteuerungsgrundsätzen. Die Vermögensteuer darf nur in der Höhe erhoben werden, wie sie aus den Sollerträgen – gemeint sind damit solche Erträge, die typischerweise möglich sind und erwartet werden können – bezahlt werden kann. Die Vermögenssubstanz darf dabei nicht berührt werden. Allerdings ist auch der Vermögensertrag nicht dem grenzenlosen Zugriff des Fiskus ausgesetzt. Die gesamtsteuerliche Belastung des Sollertrages hat dem Bundesverfassungsgericht nach ungefähr zur Hälfte in privater Hand zu verbleiben.[23]

---

21 BVerfG, Beschluss vom 22.06.1995 – 2 BvR 552/91, BVerfGE 93, 165 (175 f.).

22 BVerfG, Beschluss vom 22.06.1995 – 2 BvL 37/91, BVerfGE 93, 121.

23 BVerfG, Beschluss vom 22.06.1995 – 2 BvL 37/91, BVerfGE 93, 121(137 f.).

2. *Wirtschaftliche Grundlage der persönlichen Lebensführung*

Das Bundesverfassungsgericht äußert sich darüber hinaus auch allgemein zur Besteuerung des der persönlichen Lebensführung dienenden Vermögens.[24] Hierfür gilt, dass die allgemeinen Maßstäbe zur Besteuerung des Vermögens auch hinsichtlich der Wirtschaftsgüter zutreffen, welche die ökonomische Grundlage der persönlichen Lebensführung des Steuerpflichtigen und seiner Familie bilden. Es handelt sich dabei um solche Wirtschaftsgüter, welche es dem Einzelnen ermöglichen, seinen persönlichen Lebensraum autonom zu gestalten. Dem Bundesverfassungsgericht nach muss insbesondere dieses Vermögen gegen eine Sollertragsteuer abgeschirmt werden. Die wirtschaftliche Grundlage der persönlichen Lebensführung bemisst sich anhand der wirtschaftlichen und kulturellen Maßstäbe einer Rechtsgemeinschaft. Für die Bundesrepublik Deutschland stellt das Bundesverfassungsgericht darauf ab, in welcher Höhe verfügbarer Wohnraum von Eigentümern und deren Familien selbst bewohnt wird. Die Bemessung der Höhe der ökonomischen Grundlage individueller Freiheit, welche von der Besteuerung freigestellt werden muss, obliegt zwar dem Gesetzgeber in typisierender Weise. Es bietet sich jedoch an, sich für die Bemessung der Höhe dieses Vermögens „an den Werten durchschnittlicher Einfamilienhäuser"[25] zu orientieren.

3. *Erhalt des ehelichen und familiären Lebensstandards*

Schließlich gesteht das Bundesverfassungsgericht Kindern und Ehegatten den Anspruch auf Erhalt des ehelichen und familiären Lebensstandards zu. Ehegatten haben vor allem einen Anspruch auf dessen Erhalt im Alter.[26] Das Recht auf steuerliche Freistellung des der persönlichen Lebensführung dienenden Vermögens steht demnach jedem Steuerpflichtigen selbst zu und auch in einer Ehe hat jeder Ehegatte einen eigenständigen Anspruch hierauf. Weil Kinder Unterhaltsansprüche gegen ihre Eltern haben, nehmen auch diese an deren Vermögensverhältnissen und Lebensgestaltungen teil. Das Recht der Ehegatten auf Kontinuität des zu Lebzeiten erschaffenen Vermögens auch nach Ableben eines Ehepartners entnimmt das Bundesverfassungsgericht dem Schutz von Ehe und Familie aus Art. 6 Abs. 1 GG. Denn während der ehelichen Lebensgemeinschaft erschaffen sich Ehegatten die ökonomische Grundlage ihrer persönlichen Lebensgestaltung

24 BVerfG, Beschluss vom 22.06.1995 – 2 BvL 37/91, BVerfGE 93, 121(140 f.).
25 BVerfG, Beschluss vom 22.06.1995 – 2 BvL 37/91, BVerfGE 93, 121(141).
26 BVerfG, Beschluss vom 22.06.1995 – 2 BvL 37/91, BVerfGE 93, 121(141 f.).

auch im Vertrauen darauf, diese im Alter gemeinsam beibehalten zu können und – für den Fall des Ablebens eines Ehegatten – dem Überlebenden zugute kommen zu lassen.

III. Zusammenfassung und Schlussfolgerungen

Den Einheitswertbeschlüssen vom 22.06.1995 lässt sich zusammenfassend entnehmen, dass neben den eigentumsrechtlichen Grundsätzen aus Art. 14 Abs. 1 GG auch der Schutz von Ehe und Familie nach Art. 6 Abs. 1 GG eine Begrenzung für die Besteuerung von Erbschaften darstellt. Verfassungsrechtlich haben Familienmitglieder damit zwar keinen Anspruch auf einen vollständig steuerfreien Erhalt des Nachlasses, jedoch auf einen ungeschmälerten Anteil hieran. Die Höhe dieses ungeschmälerten Teils ist vom Gesetzgeber festzulegen, wobei das Bundesverfassungsgericht eine Orientierung an den Werten durchschnittlicher Einfamilienhäuser nahelegt. Dem Schutz von Ehe und Familie nach Art. 6 Abs. 1 GG im Erbschaftsteuerrecht folgt zudem, dass die Ehe stets Ergebnis der ehelichen Erwerbsgemeinschaft bleiben muss und auch Kindern ein Anspruch auf Teilhabe an diesem geschaffenen Lebensstandard zusteht. Insbesondere muss die wirtschaftliche Grundlage persönlicher Lebensführung der Familie von der Besteuerung ausgenommen bleiben. Es besteht ein Anspruch auf Kontinuität des in der Ehe oder Familie erschaffenen Lebensstandards und – jedenfalls für Ehegatten – auf Beibehaltung dieser Lebensverhältnisse im Alter. Neben familiären Vermögensübertragungen erkennt das Bundesverfassungsgericht außerdem das Vererben von mittelständischen Unternehmen als besonders schutzwürdig an, da Unternehmenserben aufgrund rechtlicher und besonderer betrieblicher Bindungen nur vermindert leistungsfähig sind.

B. Beschluss zur Gleichbehandlung eingetragener Lebenspartner

Der Beschluss des Bundesverfassungsgerichts zur Gleichbehandlung eingetragener Lebenspartner vom 21.07.2010[27] thematisiert die auf zwei Verfassungsbeschwerden beruhende Frage, ob eingetragene Lebenspartner und Ehegatten nach den Regelungen zur Steuerklasseneinteilung gemäß § 15 ErbStG 1997 und zu den Steuertarifen gemäß § 19 ErbStG 1997 sowie im Rahmen der Freibeträge nach § 16 ErbStG 1997 und der Versorgungsfreibeträge nach § 17 ErbStG 1997

27 BVerfG, Beschluss vom 21.07.2010 – 1 BvR 611/07, 1 BvR 2464/07, BVerfGE 126, 400.

gleich zu behandeln sind.[28] Im Ergebnis sieht das Bundesverfassungsgericht die unterschiedliche Behandlung von eingetragenen Lebenspartnern und Ehegatten im Erbschaftsteuerrecht als mit Art. 3 Abs. 1 GG unvereinbar an, da keine derart gewichtigen Unterschiede bestehen, welche die Benachteiligung von Lebenspartnern im Erbschaft- und Schenkungsteuergesetz rechtfertigen. Weder der Verweis auf Art. 6 Abs. 1 GG noch das im Steuerrecht herrschende Prinzip der Besteuerung nach Leistungsfähigkeit oder das die Erbschaftsteuer begrenzende Familienprinzip lässt einen tragfähigen Differenzierungsgrund erkennen.[29]

I. Prinzip der Leistungsfähigkeit

Der Schutz von Ehe und Familie nach Art. 6 Abs. 1 GG bezweckt zwar die Förderung der Ehe. Das Grundrecht trifft aber keine Aussagen darüber, ob eingetragenen Lebenspartnern ein Anspruch auf Gleichbehandlung mit Ehegatten zusteht. Auch das Prinzip der Besteuerung nach Leistungsfähigkeit rechtfertigt die Ungleichbehandlung von eingetragenen Lebenspartnern gegenüber Ehegatten im Erbschaftsteuerrecht nicht, da in beiden Fällen ein Vermögenszuwachs erfolgt. Das Bundesverfassungsgericht führt auch die im Schrifttum geführte Diskussion über die verminderte Leistungsfähigkeit bei Erwerben durch Ehegatten und Kinder im Erbschaftsteuerrecht an.[30] Ohne Stellung darüber zu beziehen, ob Erwerbe innerhalb der Familie verglichen mit Solchen durch fremde Dritte nur eine geringere Steigerung an Leistungsfähigkeit vermitteln, stellt es jedenfalls klar, dass die Argumente für eine verminderte Leistungsfähigkeit von familiären Erwerben gleichermaßen für eingetragene Lebenspartner gelten. Denn Ehegatten und eingetragene Lebenspartner leben in einer auf Dauer angelegten, rechtlich verfestigten Partnerschaft und partizipieren am zu Lebzeiten geschaffenen gemeinsamen Vermögen in der Erwartung den Lebensstandard auch im Alter fortführen zu können. Zudem bekräftigt das Bundesverfassungsgericht auch in diesem Beschluss, dass die in ehelicher oder lebenspartnerschaftlicher Gemeinschaft lebenden Partner Vermögen nicht nur für sich, sondern

---

28 vgl. hierzu die Regelungen in der Fassung der Bekanntmachung vom 27.02.1997: BGBl. I 1997, 378 (386 f.).

29 BVerfG, Beschluss vom 21.07.2010 – 1 BvR 611/07, 1 BvR 2464/07, BVerfGE 126, 400 (419 ff.).

30 vgl. hierzu die Diskussion unter 2. Teil A I 2.

auch für den jeweils anderen sowie die möglicherweise hieraus entstandenen Nachkommen schaffen.[31]

II. Bedeutung des Familienprinzips

Eine unterschiedliche Behandlung von Ehegatten und eingetragenen Lebenspartnern rechtfertigt dem Bundesverfassungsgericht zufolge auch nicht das im Erbschaftsteuerrecht verankerte Familienprinzip. Es wiederholt und bekräftigt dabei die in den Einheitswertbeschlüssen entwickelten Grundsätze zum Familienprinzip, nämlich dass dieses als Grenze für das Maß der Besteuerung gilt und dass bei Ehegatten und Kindern der erbschaftsteuerliche Zugriff entsprechend zu reduzieren ist. Auch wenn der Gesetzgeber das Familienprinzip bei Einführung der Regelungen des § 16 ErbStG a.F., § 15 ErbStG a.F. und § 19 ErbStG a.F. nicht ausdrücklich zugrunde legte, bestehen aufgrund der Ausgestaltung der Normen keine Zweifel daran, dass das Familienprinzip für den Gesetzgeber wohl die bestimmende Richtlinie darstellte. Außerdem betont das Bundesverfassungsgericht, dass Ehegatten zu dem im Erbschaftsteuerrecht nach dem Familienprinzip begünstigten Personenkreis gehören. Die auf Art. 6 Abs. 1 GG gestützte Bevorzugung von Ehegatten gründet darauf, dass die Teilhabe an den wirtschaftlichen Grundlagen und den gegenseitigen Unterhalts- und Beistandspflichten für die eheliche Lebensgemeinschaft charakteristisch ist.[32]

III. Vermögenserhalt für die Nachfolgegeneration

Das Bundesverfassungsgericht geht schließlich auch auf die Bedeutung des Vermögenserhalts in der Familie für den Erblasser ein. Das Motiv eines Erblassers, das Vermögen möglichst ungeschmälert für die nächste Generation zu erhalten, trifft wiederum gleichermaßen auch für eingetragene Lebenspartner zu. Bereits die Ausgestaltung der Regelungen im Erbschaftsteuergesetz belegen, dass der Gesetzgeber die Weitergabe des Vermögens in der familiären Generationenfolge beachtet und fördert. Auch die im Erbschaftsteuerbeschluss entwickelte Forderung nach Übertragung des Vermögens innerhalb der Familie zum deutlich überwiegenden Teil oder, bei kleineren Vermögen, völlig steuerfrei, gewinnt nur mit Blick auf den Vermögenserhalt in der nächsten Generation an Bedeutung.

---

31 BVerfG, Beschluss vom 21.07.2010 – 1 BvR 611/07, 1 BvR 2464/07, BVerfGE 126, 400 (421 ff.).

32 BVerfG, Beschluss vom 21.07.2010 – 1 BvR 611/07, 1 BvR 2464/07, BVerfGE 126, 400 (424 ff.).

Das Bundesverfassungsgericht erkennt somit, dass „[d]ie Weitergabe eines Familienvermögens nicht nur im nächsten Erbfall, sondern über mehrere Generationen hinweg [...] vielfach zentrales Anliegen der Erblasser“[33] ist. Für die Ausgestaltung des Erbschaftsteuerrechts darf der Gesetzgeber außerdem von der Weitergabe des Vermögens an die Folgegeneration als Regelfall ausgehen.

IV. Zusammenfassung und Schlussfolgerung

Insgesamt erweitert das Bundesverfassungsgericht mit dieser Entscheidung den Kreis der begünstigen Familienangehörigen im Erbschaftsteuerrecht. Der Beschluss zeigt, dass dabei der Wandel familiärer Strukturen verfassungsrechtlich anerkannt wird, ohne dass jedoch vom Familienprinzip in seinen Grundsätzen abgewichen wird. Zudem geht das Bundesverfassungsgericht erstmalig auf die Frage der geringeren Leistungsfähigkeit von Ehegatten und Kindern bei Versterben des Erblassers ein. Ohne Stellung darüber zu beziehen, ob eine Erbschaft an Ehegatten oder Kinder eine verminderte Leistungsfähigkeit vermittelt, lässt es die befürwortenden Argumente jedenfalls auch für eingetragene Lebenspartner gelten.

Bedeutung erlangt der Beschluss auch dadurch, dass das Bundesverfassungsgericht die Grundsätze aus dem Erbschaftsteuerbeschluss nicht nur wiederholt, sondern dadurch in der Sache aufrechterhält und bekräftigt. Wie im Beschluss zur Vermögensteuer betont es hier nochmals, dass Ehegatten bzw. eingetragene Lebenspartner am gemeinsamen Lebensstandard partizipieren. Sie haben deswegen einen Anspruch darauf, diesen über den Tod des Erstversterbenden hinaus beibehalten zu können. Außerdem legt es, wie im Beschluss zur Erbschaftsteuer, nochmals die Grundsätze zum Familienprinzip und zur angemessenen Beteiligung von Ehegatten und Kindern am Familienvermögen dar. Für den Schutz des Familienvermögens sind schließlich auch die Ausführungen des Bundesverfassungsgerichts zur Konservierung des Familienvermögens im Rahmen der Weitergabe an die Folgegeneration von Bedeutung. Es erkennt dabei durchaus, dass es das Anliegen vieler Erblasser ist, dieses Vermögen über mehrere Generationen hinweg weiter zu geben.

---

33 BVerfG, Beschluss vom 21.07.2010 – 1 BvR 611/07, 1 BvR 2464/07, BVerfGE 126, 400 (427).

C. Beschluss zur Betriebsvermögensverschonung

Das Bundesverfassungsgericht befasst sich hier mit der Verfassungsmäßigkeit der erbschaftsteuerlichen Befreiungsvorschriften für Betriebsvermögen, Betrieben der Land- und Forstwirtschaft und von Anteile an Kapitalgesellschaften im Sinne von §§ 13a und 13b ErbStG 2009.[34] Der Beschluss basiert auf einer Vorlage des Bundesfinanzhofs vom 27.09.2012[35], worin dieser dem Bundesverfassungsgericht die Frage vorlegte, ob § 19 Abs. 1 ErbStG 2009 in Verbindung mit §§ 13a und 13b ErbStG 2009 gegen den allgemeinen Gleichheitssatz nach Art. 3 Abs. 1 GG verstoße.

I. Grundaussagen des Bundesverfassungsgerichts

Im Prinzip sieht das Bundesverfassungsgericht die erbschaftsteuerliche Begünstigung des Übergangs betrieblichen und land- und forstwirtschaftlichen Vermögens sowie von Anteilen an Kapitalgesellschaften in §§ 13a und 13b ErbStG 2009 als verfassungsgemäß an. Als gleichheitswidrig erachtet es die Regelungen jedoch in Teilen ihrer Ausgestaltung.[36] Hierzu gehören mitunter die Freistellung von Betrieben mit bis zu 20 Arbeitnehmern von der Lohnsummenpflicht gemäß § 13a Abs. 1 Satz 4 ErbStG 2009 und die Regelung zum Umfang des begünstigungsschädlichen Verwaltungsvermögens nach § 13b Abs. 2 Satz 1 ErbStG 2009.[37] Im Übrigen liegt es jedoch im Entscheidungsspielraum des Gesetzgebers, kleine und mittelständische Unternehmen, die in personaler Verantwortung geführt werden, von der Erbschaftsteuer zu befreien.[38] Das Bundesverfassungsgericht hat die Verschonungsregelungen in §§ 13a und 13b ErbStG anhand des allgemeinen Gleichheitssatzes nach Art. 3 Abs. 1 GG überprüft und aufgrund der starken Ungleichbehandlung zwischen Erwerbern von betrieblichem und sonstigem Vermögen eine über die bloße Willkürprüfung hinausgehende strengere Kontrolle am Maßstab der Verhältnismäßigkeit vorgenommen.[39]

---

34 BVerfG, Beschluss vom 17.12.2014 – 1 BvL 21/12, BVerfGE 138, 136; vgl. die Regelungen in der Fassung der Bekanntmachung vom 30.12.2009: BGBl. I 2009, 3950 (3953 f.).

35 BFH, Beschluss vom 27.09.2012 – II R 9/11, BStBl. II 2012, 899.

36 BVerfG, Beschluss vom 17.12.2014 – 1 BvL 21/12, BVerfGE 138, 136 (179).

37 BVerfG, Beschluss vom 17.12.2014 – 1 BvL 21/12, BVerfGE 138, 136 (205 f.).

38 BVerfG, Beschluss vom 17.12.2014 – 1 BvL 21/12, BVerfGE 138, 136 (137), Leitsatz 4.a).

39 BVerfG, Beschluss vom 17.12.2014 – 1 BvL 21/12, BVerfGE 138, 136 (183).

1. Schutzfunktion der §§ 13a und 13b ErbStG

Die erbschaftsteuerliche Verschonung von Erwerbern betrieblichen Vermögens nach §§ 13a und 13b ErbStG 2009 dient nach den Ausführungen des Bundesverfassungsgerichts legitimen Zielen. Es sollen Unternehmen vor Liquiditätsproblemen, die durch erbschaft- oder schenkungsteuerliche Belastung des Unternehmensübergangs entstehen, bewahrt werden. Dabei geht es vor allem darum, Unternehmen, „die durch einen besonderen personalen Bezug des Erblassers oder auch des Erben zum Unternehmen geprägt sind, wie es namentlich für Familienunternehmen typisch ist“[40], zu schützen.

a. Begründung der Zwecksetzung

Dass die Verschonungsregelungen der §§ 13a und 13b ErbStG 2009 einen derartigen Zweck verfolgen, ergibt sich sowohl aus den Gesetzesmaterialien wie auch aus der Systematik der Regelungen. Hinsichtlich der Gesetzesmaterialien verweist das Bundesverfassungsgericht auf die Begründung des Regierungsentwurfs zum Erbschaftsteuerreformgesetz. Diese hebt die besondere Bedeutung von kleinen und mittelständisch geprägten Unternehmen hervor, welche der deutschen Wirtschaft eine besondere Bedeutung im internationalen Kontext verleihen. Außerdem werden regional vernetzte Familienbetriebe als notwendige Voraussetzung für wirtschaftliches Wachstum und für die Schaffung wettbewerbsfähiger Arbeits- und Ausbildungsplätze angesehen.[41]

Auch der systematische Zusammenhang der Verschonungsregelungen belegt, dass die Regelungen der Liquiditätssicherung dienen sollen, wohingegen die Begrenzung der Förderung auf klein- und mittelständische Familienunternehmen sich nicht ohne Weiteres aus dem Gesetz ergibt. Anklang findet dieses Förderungsziel jedoch in der Regelung zum gleitenden Abzugsbetrag nach § 13a Abs. 2 ErbStG 2009. Es handelt sich dabei um einen Freibetrag in Höhe von 150.000 Euro, der bei Übersteigen der Betragsgrenze abgeschmolzen wird. Folglich liegt hierin ein Element der bewussten Stärkung kleinerer Unternehmen. Auch die Regelung des § 13b Abs. 1 ErbStG 2009, wonach Anteile an Kapitalgesellschaften nur dann förderungswürdig sind, wenn der Anteilseigner mindestens zu 25% unmittelbar beteiligt ist, belegt die Intention des Gesetzgebers, unternehmerisch eingebundene Anteilseigner und nicht nur reine Kapitalanleger fördern zu wollen.[42]

---

40 BVerfG, Beschluss vom 17.12.2014 – 1 BvL 21/12, BVerfGE 138, 136 (186).

41 vgl. hierzu auch die Gesetzesmaterialien: BT-Drucks. 16/7918, S. 33.

42 BVerfG, Beschluss vom 17.12.2014 – 1 BvL 21/12, BVerfGE 138, 136 (186 ff.).

b. Verfassungsrechtlich legitime Zwecksetzung

Das Bundesverfassungsgericht betont gleichfalls, dass der Gesetzgeber frei in der Auswahl seiner Ziele ist. Begrenzt wird er lediglich durch das Grundgesetz, wenn er sich in Widerspruch zu verfassungsrechtlichen Vorgaben setzt. Hinsichtlich der mit §§ 13a und 13b ErbStG bezweckten Förderung einer durch kleine und mittelständische Betriebe geprägten Unternehmensstruktur, welche entscheidend zum wirtschaftlichen Wachstum in Deutschland beiträgt, verstoßt der Gesetzgeber jedoch nicht gegen verfassungsrechtlich missbilligte Zwecke. Vielmehr sieht auch das Bundesverfassungsgericht eine solche Zielsetzung als legitim an. Dies ergibt sich bereits aus dem Beschluss zur Erbschaftsteuer.[43] Folglich verweist das Bundesverfassungsgericht hier auch auf die dort dargestellten Grundsätze.[44]

2. Erforderlichkeit

Im Rahmen der Prüfung der Erforderlichkeit kommt das Bundesverfassungsgericht zu dem Ergebnis, dass kein Weg erkennbar ist, die Liquiditätsverschonung bei ererbten oder unentgeltlich übertragenen Unternehmen zur Sicherung der Arbeitsplätze gleich wirksam, aber unter geringerer Benachteiligung von Erwerbern nicht begünstigter Unternehmen zu erreichen. Das Bundesverfassungsgericht geht dabei auch auf die Frage ein, ob die Stundungsmöglichkeit des § 28 ErbStG als gleich wirksames, milderes Mittel angesehen werden kann, verneint dies im Ergebnis jedoch. Denn einerseits ist der Erwerber bis zu zehn Jahre mit Rückzahlungsverpflichtungen belastet und andererseits setzt die Inanspruchnahme der Stundung mitunter einen individuellen Bedürftigkeitsnachweis voraus. Unter Verweis auf den Vortrag mehrerer Wirtschafts- und Unternehmensverbände sieht das Bundesverfassungsgericht die praktischen Schwierigkeiten, welche die Offenlegung von Liquiditätsengpässen gegenüber den Banken mit sich bringt und es gerade kleinen und mittelständischen Unternehmen erschweren, den individuellen Bedürftigkeitsnachweis zu erbringen.[45]

3. Verhältnismäßigkeit

Die Regelungen der §§ 13a und 13b ErbStG sind dem Bundesverfassungsgericht zufolge jedoch nicht durchgehend verhältnismäßig im engeren Sinne.

---

43 vgl. die Ausführungen hierzu unter 1. Teil A I 2.

44 BVerfG, Beschluss vom 17.12.2014 – 1 BvL 21/12, BVerfGE 138, 136 (188 f.).

45 BVerfG, Beschluss vom 17.12.2014 – 1 BvL 21/12, BVerfGE 138, 136 (189 ff.).

Grundsätzlich sieht es die Zielsetzung, kleine und mittelständische Familienunternehmen von der Erbschaft- und Schenkungsteuer zu verschonen, um mögliche Liquiditätsprobleme zu verhindern und die mit ihnen verbundenen Arbeitsplätze zu sichern, als gewichtigen Grund des Gemeinwohls an. Nur soweit die Verschonung über den Bereich kleiner und mittlerer Unternehmen hinausgreift, ohne eine Bedürfnisprüfung vorzunehmen, erweist sie sich als unverhältnismäßig. Dass der Gesetzgeber dieser Zwecksetzung auch einen hohen Stellenwert einräumen darf, begründet das Verfassungsgericht unter Verweis auf die Gesetzesbegründung, die Auffassung der Europäischen Kommission zu kleineren und mittleren Unternehmen sowie die Stellungnahmen verschiedener Wirtschaftsverbände zu diesem Verfahren. Zusammenfassend sind hiernach Familienunternehmen durch eine in personaler Verantwortung liegende Führungsstruktur und eine gezielt lang andauernde Unternehmensstrategie, welche Familienunternehmen besonders krisensicher machen, geprägt. Aus diesen Gründen darf der Gesetzgeber der Förderung kleinerer und mittelständischer Familienunternehmen einen hohen Stellenwert beimessen. In diesem Kontext wird auch die Regelung des § 13b Abs. 1 ErbStG 2009 als angemessen im engeren Sinne angesehen. Dadurch, dass erst bei mindestens 25% der Anteile an Kapitalgesellschaften eine begünstigte Übertragung dieser Anteile möglich ist, kommt die für Familienunternehmen typische personale Verantwortung für unternehmerische Entscheidungen zum Ausdruck.[46]

II. Zusammenfassung und Schlussfolgerungen

Mit diesem Beschluss erkennt das Bundesverfassungsgericht im Grunde das Schutzbedürfnis und die Schutzwürdigkeit kleinerer und mittelständischer (Familien-)Unternehmen an. Dies zeigt sich bereits im Tenor der Entscheidung, wonach die Privilegierung des unentgeltlichen Erwerbs betrieblichen Vermögens unverhältnismäßig ist, soweit die Verschonung über den Bereich kleinerer und mittlerer Unternehmen hinausgreift, ohne eine Bedürfnisprüfung vorzusehen.

Dem Beschluss ist insbesondere zu entnehmen, dass die Privilegierung derartiger Unternehmen ein legitimes, verfassungsrechtliches Ziel darstellt und die gesetzgeberisch ausgestaltete Systematik für das Bundesverfassungsgericht erkennbar eine solche Begünstigung verkörpert. Die Privilegierung solcher Unternehmen ist auch erforderlich, da es kein milderes Mittel zu deren Förderung gibt, welches gleich effizient ist und dennoch keine Benachteiligung von

46 BVerfG, Beschluss vom 17.12.2014 – 1 BvL 21/12, BVerfGE 138, 136 (198 ff.).

Erwerbern sonstigen Vermögens darstellt. Aufgrund der gesamtwirtschaftlich und international wichtigen Bedeutung dieser Unternehmen, welche darauf zurückzuführen ist, dass diese Unternehmen nicht nur auf langfristiges Bestehen, sondern auch auf Führung in personaler Verantwortung ausgerichtet sind, erkennt das Bundesverfassungsgericht deren erbschaftsteuerliche Begünstigung auch als angemessen im engeren Sinne an.

D. Beschlüsse zum Verwandtenerbrecht und Pflichtteilsrecht

Für die verfassungsrechtlichen Vorgaben zur erbschaftsteuerlichen Behandlung des Familienvermögens spielen auch die vom Bundesverfassungsgericht entwickelten Prinzipien des Verwandtenerbrechts im Bereich des privaten Erbrechts eine Rolle (I.). Die verfassungsrechtliche Bedeutung des privaten Erbrechts für die Erbrechtsgarantie hat das Bundesverfassungsgericht dabei jedoch offengelassen.[47] Konkretisiert hat es dies in einer späteren Entscheidung zum Pflichtteilsrecht (II.). Hierbei ist es auch näher auf die Bedeutung des Erhalts des Familienvermögens eingegangen.

I. Beschlüsse zum Verwandtenerbrecht

In zwei Beschlüssen hat sich das Bundesverfassungsgericht zum grundlegenden Gehalt des Verwandtenerbrechts geäußert. Im Beschluss vom 16.10.1984[48] geht das Bundesverfassungsgericht näher auf die Bedeutung der über Art. 14 Abs. 1 GG gewährleisteten Erbrechtsgarantie ein. Verfassungsrechtlich geklärt ist, dass die Testierfreiheit als Verfügungsbefugnis über den Tod hinaus eng mit der Eigentumsgarantie verbunden ist und einen besonders ausgeprägten Schutz genießt. Ungeklärt ist demnach jedoch die Reichweite des Verwandtenerbrechts innerhalb der Erbrechtsgarantie. Ohne hierauf einzugehen, weist das Bundesverfassungsgericht jedenfalls darauf hin, dass auch das Recht naher Familienangehöriger auf einen angemessenen Anteil am Erbe Bestandteil des Verwandtenerbrechts ist.[49]

In einem späteren Beschluss vom 14.12.1994[50] geht das Bundesverfassungsgericht zudem auf den Bezug der Ehegatten zum Verwandtenerbrecht ein.

47 *Moes*, JZ 2017, 858 (867).
48 BVerfG, Beschluss vom 16.10.1984 – 1 BvR 513/78, BVerfGE 67, 329.
49 BVerfG, Beschluss vom 16.10.1984 – 1 BvR 513/78, BVerfGE 67, 329 (341).
50 BVerfG, Beschluss vom 14.12.1994 – 1 BvR 720/90, BVerfGE 91, 346.

Demnach entspricht es der deutschen Rechtstradition, Ehegatten im Rahmen des Verwandtenerbrechts angemessen zu beteiligen. Das Bundesverfassungsgericht lässt es aber ausdrücklich offen, inwieweit der Gesetzgeber bei der Ausgestaltung der gesetzlichen Erbfolge von Verfassungs wegen zwingend auf das Familien- und Verwandtenerbrecht zu verweisen ist. Ungeklärt bleibt auch, ob sich aus Art. 6 Abs. 1 GG ein verfassungsrechtlicher Schutz des Familien- und Verwandtenerbrechts ergibt. Insbesondere erfolgt hier auch keine Auseinandersetzung mit der Frage der wirtschaftlichen Mindestbeteiligung naher Familienangehöriger am Nachlass.[51]

II. Beschluss zum Pflichtteilsrecht

Dieser auf zwei zusammengefassten Verfahren basierende Beschluss vom 19.04.2005[52] behandelt die Frage der Verfassungsmäßigkeit des Pflichtteilsentzugs. Er enthält gleichzeitig grundlegende Aussagen zur Bedeutung des Familienvermögens.

Im Gegensatz zu den Vorgängerentscheidungen zum Verwandtenerbrecht[53], geht das Bundesverfassungsgericht hier auf die verfassungsrechtliche Qualität des Anspruchs naher Familienangehöriger – hier Kinder – auf einen angemessenen Anteil am Nachlass ein. Dass Kindern grundsätzlich und unabhängig von ihrer Bedürftigkeit ein Anteil am Nachlass des Erblassers zusteht, gewährleistet bereits die Erbrechtsgarantie nach Art. 14 Abs. 1 Satz 1 GG in Verbindung mit Art. 6 Abs. 1 GG. Im Rahmen der grundlegenden Aussagen zum Pflichtteilsrecht, geht das Bundesverfassungsgericht auch auf den über Art. 6 Abs. 1 GG verbürgten Schutz des Verhältnisses zwischen Erblasser und Erben ein. Dass Kinder am Nachlass des Erblassers teilhaben, ist Ausdruck eines unauflösbaren familiären Solidaritätsbündnisses, welches über Art. 6 Abs. 1 GG geschützt wird. Innerhalb dieses lebenslangen Verhältnisses besteht jedoch nicht nur die Berechtigung, sondern auch die Verpflichtung zur gegenseitigen materiellen und persönlichen Verantwortung. Das Pflichtteilsrecht knüpft hieran an und überträgt diese durch die Abstammung begründete und in der Regel durch das familiäre Zusammenleben bekräftigte Solidarität in das Erbrecht. Damit unterliegt auch die Testierfreiheit des Erblassers bereits von Verfassungs wegen diesen familienrechtlichen Bindungen. Das Vorliegen dieser Verpflichtung zur gegenseitigen Fürsorge rechtfertigt es, dem Kind auch nach Versterben des Erblassers

51 BVerfG, Beschluss vom 14.12.1994 – 1 BvR 720/90, BVerfGE 91, 346 (359).

52 BVerfG, Beschluss vom 19.04.2005 – 1 BvR 1644/00, 1 BvR 188/03, BVerfGE 112, 332.

53 vgl. hierzu die Ausführungen unter 1. Teil D I.

eine wirtschaftliche Grundlage aus dem Vermögen der Eltern zuzusichern. Der Erwerb und Erhalt von Vermögenswerten in der Familiengemeinschaft sind klassischerweise auf ideelle oder wirtschaftliche Beiträge von Eltern und Kindern zurückzuführen. Derartige Beiträge sieht das Bundesverfassungsgericht in der Erziehung, finanziellen Unterstützung, Mitarbeit, dem Konsumverhalten und den Pflegeleistungen. Außerdem nutzen Eltern und Kinder das Familienvermögen gleichermaßen. Mit Blick auf das Pflichtteilsrecht weist das Bundesverfassungsgericht darauf hin, dass dessen Funktion darin besteht, diesen ideellen und wirtschaftlichen Zusammenhang von Vermögen und Familie über den Tod des Vermögensinhabers hinaus zu ermöglichen.[54]

III. Zusammenfassung und Schlussfolgerungen

In den Entscheidungen zum Verwandtenerbrecht stellt das Bundesverfassungsgericht klar, dass nahen Familienangehörigen aus Art. 6 Abs. 1 GG ein angemessener Anteil am Nachlass zusteht. Dass auch Ehegatten am Verwandtenerbrecht zu beteiligen sind, entspricht nach dem Beschluss vom 14.12.1994 außerdem einer deutschen Rechtstradition.

Im Beschluss zum Pflichtteilsrecht legt das Bundesverfassungsgericht zudem dar, dass verfassungsrechtlich der Anspruch auf Beteiligung am Nachlass aus Art. 14 Abs. 1 Satz 1 GG in Verbindung mit Art. 6 Abs. 1 GG folgt. Diesem Beschluss lässt sich weiterhin entnehmen, dass vererbtes Eigentum in Deutschland vorrangig als Familieneigentum angesehen wird. Denn die Vermögenswerte innerhalb einer Familie basieren auf ideellen und wirtschaftlichen Beiträgen des Erblassers und der Kinder.[55] Es steht der gesamten Familie zu, hieran zu partizipieren und das Vermögen über den Tod des Erblassers hinaus fortsetzen zu können.

E. Zwischenergebnis 1. Teil

Das Bundesverfassungsgericht hat bereits frühzeitig das Verwandtenerbrecht dem verfassungsrechtlich geschützten Bereich zugeordnet. Es erkennt dabei vor allem auch an, dass ein Anspruch des Erben auf Anteil am Nachlass von Verfassungs wegen zu schützen ist. Aus dem familiären Solidaritätsverhältnis und den hierzu geregelten Rechten und Pflichten folgert das Bundesverfassungsgericht

---

54 BVerfG, Beschluss vom 19.04.2005 – 1 BvR 1644/00, 1 BvR 188/03, BVerfGE 112, 332 (348 ff.).

55 *Lange*, Erbrecht, § 3 Rn. 27.

zudem, dass es ein gemeinschaftliches Familienvermögen zwischen Eltern und Kindern gibt. In den Einheitswertbeschlüssen konkretisiert es dies hinsichtlich des Erbschaftsteuerrechts. Einem Erben, welcher ein naher Familienangehöriger ist, steht demnach mit Blick auf den Schutz von Ehe und Familie nach Art. 6 Abs. 1 GG ein Anspruch auf – je nach Größe des Nachlasses – einen ungeschmälerten Teil des Erbes zu. Dies muss bei der Erbschaftsteuer berücksichtigt werden. Auch die Beteiligung des Ehegatten ist Teil des Verwandtenerbrechts, wobei diesen nicht nur die Teilhabe am Nachlass, sondern sogar eine über alle Erben privilegierte Stellung zukommt. Zudem sieht das Bundesverfassungsgericht das Anliegen vieler Erblasser, ihr Familienvermögen über mehrere Generationen weitergeben zu wollen, als schützenswert an. Im Rahmen von Unternehmensübertragungen geht das Bundesverfassungsgericht zwar nicht so weit, einen eigenständigen Anspruch von familiären Unternehmenserben auf erbschaftsteuerliche Verschonung der Unternehmensübertragung zu fordern. Allerdings erkennt es die gesetzgeberischen Ziele, nämlich kleine und mittelständische (Familien-)Unternehmen durch die erbschaftsteuerlichen Verschonungsregelungen erhalten und schützen zu wollen, als verfassungsrechtlich legitime Ziele an.

Hieraus lässt sich insgesamt schlussfolgern, dass der Schutz des Familienvermögens im Zuge der Erbschaftbesteuerung für das Bundesverfassungsgericht durchaus eine Frage von verfassungsrechtlicher Qualität darstellt.

2. Teil Verfassungsrechtliche Vorgaben

Im Steuerrecht allgemein, und damit auch im Erbschaftsteuerrecht, hat das verfassungsrechtliche Ausmaß der einschlägigen Streitfragen eine besondere Bedeutung.[56] Es ist das Rechtsgebiet, in dem sich Bürger und Staat am häufigsten begegnen. Das Steuerrecht nimmt Einfluss auf jede wirtschaftliche Betätigung des Bürgers, da dieser den Umfang der Investitionen seines Einkommens vom staatlichen Steuerzugriff abhängig macht.[57] Die rechtliche Ordnung der Besteuerung verlangt deswegen eine freiheitsschonende und gerechte Verteilung der Steuerlasten des Bürgers. Wenn der wirtschaftlich handelnde Bürger dem Staat schon täglich begegnet, dann ist es Aufgabe des Staates, zu bestimmen, wie viel Recht und wie viel Gerechtigkeit er dem Bürger überlässt.[58] Aus diesem Grunde sind alle „grundlegenden Entscheidungen über Anlage und Ausgestaltung eines Steuersystems [...] Verfassungsentscheidungen. Sie bestimmen, was der Bürger von seinem Erwerb und Vermögen dem Staat überlassen muß [sic!].“[59]

Mit der freiheitsschonenden und gerechten Verteilung der Steuerlasten des Bürgers befasst sich die Steuergerechtigkeitswissenschaft.[60] Um bestimmen zu können, inwiefern eine Steuerlast freiheitsschonend und gerecht auferlegt wird, kommt es zunächst auf die Rechtfertigung der Steuererhebung überhaupt an.[61] Denn ein rechtsstaatlich ausgerichteter Steuerstaat lässt es nicht zu, dass Steuern willkürlich erlassen und ausgestaltet werden.[62] Die Erbschaftsteuer wird allgemein herrschend[63] aufgrund der erhöhten finanziellen Leistungsfähigkeit des Erben bzw. Beschenkten gerechtfertigt. Ein Teil der Literatur geht davon aus, dass Ehegatten und Kinder keine erhöhte Leistungsfähigkeit bei Vermögensübertragungen innerhalb der Familie erfahren.[64] Damit spielen die

---

56 *Hannes/Holtz*, in: Meincke/Hannes/Holtz, ErbStG, Einführung Rn. 6.

57 *Seer*, in: Tipke/Lang, Steuerrecht, § 1 Rn. 1.

58 *Seer*, in: Tipke/Lang, Steuerrecht, § 1 Rn. 2 f.

59 *Vogel*, Verfassungsrechtsprechung zum Steuerrecht, S. 5.

60 vgl. hierzu die Besprechung der „Steuerrechtsordnung“ von *Vogel*, JZ 1993, 1121.

61 *Tipke*, StRO Bd. I, S. 228.

62 Seer, in: Tipke/Lang, Steuerrecht, § 1 Rn. 4.

63 *Leisner*, Verfassungsrechtliche Grenzen, S. 26 ff.; *Oechsle*, in: FS H.-W. Bayer, 223 (240); *Ritter*, BB 1994, 2285 (2286); *Seer*, in: Tipke/Lang, Steuerrecht, § 15 Rn. 1; *Tipke*, StRO Bd. II, S. 872; *Schulte*, FR 2007, 309 (310); *Crezelius*, in: FS Tipke, 403 (406).

64 *Breitenbach*, Erbschaftsteuer, S. 31; *Oechsle*, in: FS H.-W. Bayer, S. 223 (242); *Hannes/Holtz*, in: Meincke/Hannes/Holtz, ErbStG, § 16 Rn. 1.

Rechtfertigungslehren der Erbschaftsteuer gerade bei der Besteuerung familiärer Vermögensübertragungen eine entscheidende Rolle und geben den verfassungsrechtlich zulässigen Rahmen vor. Im Folgenden wird deswegen zunächst hierauf (A.) und sodann auf die einschlägigen Regelungen des Grundgesetzes (B.) eingegangen.

A. Rechtfertigung des Steuerzugriffs durch die Erbschaftsteuer

Heutzutage basiert die Legitimation des Steuereingriffs allgemein auf der Annahme, dass bereits die Existenz des Steuerstaates als Solcher gerechtfertigt ist.[65] Im modernen Verfassungsstaat muss die Steuererhebung daher nicht mehr gesondert gerechtfertigt werden.[66] Denn der Staat sorgt durch sein Gewaltmonopol für Frieden im Inneren und Sicherheit nach außen. In seiner Funktion als Sozialstaat sichert er den Bürger gegen Existenzrisiken ab und gewährt ein geordnetes Sozialleben aufgrund seiner Ordnungsfunktion. Aus diesem Grunde kann man auf den Staat als Solchen schon nicht verzichten.[67] Umstritten und rechtfertigungsbedürftig ist vielmehr das „Wie“ der Besteuerung, die Frage der Rechtfertigung einzelner Besteuerungsformen, Steuerarten, der gerechten Ausgestaltung von Bemessungsgrundlagen und der Begrenzung der Steuerlasten.[68] Damit stellt sich auch hinsichtlich der Erbschaftsteuer die Frage, wie die Erhebung dieser zu rechtfertigen ist.

Für die Erbschaftsteuer im Konkreten gibt es jedenfalls keine einheitliche Auffassung hinsichtlich ihrer Rechtfertigung.[69] Mit welchen Argumenten der erbschaftsteuerliche Zugriff heutzutage gerechtfertigt wird und weshalb Ehegatten und Kinder eine Sonderstellung einnehmen, wird im Folgenden näher dargestellt und erläutert. Vorangestellt sei, dass es zahlreiche Rechtfertigungsmodelle zur Begründung des erbschaftsteuerlichen Zugriffs gibt. Beispielhaft zu nennen sind hier die Rechtfertigung nach dem Äquivalenzprinzip, die Lehre von der Kontroll- und Nachholfunktion im Steuersystem, die Lehre vom Miterbrecht des Staates und das Prinzip der Einfachheit. Bei all diesen Modellen handelt es

---

65 *Hey*, in: Tipke/Lang, Steuerrecht, § 3 Rn. 94; *Birk*, in: *Birk* (Hrsg.), Steuern auf Erbschaft und Vermögen, S. 6 (8).

66 *Weber-Grellet*, Steuern im modernen Verfassungsstaat, S. 4 f.

67 *Tipke*, StRO Bd. I, S. 228 f.; ähnlich auch: *F. Kirchhof*, Grundriß des Abgabenrechts, S. 14.

68 *Hey*, in: Tipke/Lang, Steuerrecht, § 4 Rn. 94.

69 so auch *Tipke*, StRO Bd. II, S. 870, wonach die Geschichte der Erbschaftsteuer „reich an untauglichen Versuchen, diese Steuer zu rechtfertigen“ sei.

sich jedoch um Solche, die heutzutage kaum mehr oder nur noch selten vertreten werden, weshalb hierauf nicht näher eingegangen wird.[70] Im Folgenden werden daher die meist diskutierten Begründungsmethoden dargestellt, nämlich der legitime Steuerzugriff aufgrund der erhöhten Leistungsfähigkeit (I.), die Erbschaftsteuer als legitimes Instrument der Umverteilung (II.) sowie die Begründung der Erbschaftsteuer aufgrund ihrer Erwähnung in Art. 106 Abs. 2 Nr. 2 GG (III.). Die Begründung der Erbschaftsteuer mit dem Prinzip der Leistungsfähigkeit ist heute allgemein herrschend.[71]

Für die Besteuerung von Schenkungen gilt im Übrigen nichts anderes, soweit innerhalb der folgenden Ausführungen nicht im Besonderen hierauf eingegangen wird. Erbschaft- und Schenkungsteuer erfassen zugewendetes Einkommen und sind gleichartig.[72] Schenkungen qualifizieren regelmäßig als vorweggenommene Erbschaften, weshalb beide Steuerarten nach denselben Richtlinien gerechtfertigt werden.[73]

I. Erhöhte Leistungsfähigkeit

Die Erhebung der Erbschaftsteuer legitimiert sich nach allgemeiner Auffassung aufgrund der eingetretenen Steigerung der wirtschaftlichen Leistungsfähigkeit des Empfängers und damit dessen erhöhter Fähigkeit, Steuern zahlen zu können.[74] Rechtsprechung und Literatur sehen das Leistungsfähigkeitsprinzip als Fundamentalprinzip des Steuerrechts an.[75]

70 vgl. die Ausführungen hierzu bei: *Oechsle*, in: FS H.-W. Bayer, S. 223 (237 ff.), woraus sich schließen lässt, dass diese Modelle weitgehend um die Jahrhundertwende vertreten wurden; auch *Tipke*, StRO Bd. II, S. 870, erwähnt diese Modelle, ohne jedoch detaillierte Ausführungen hierzu zu machen; zum Äquivalenzprinzip schreibt *Breitenbach*, Erbschaftsteuer, S. 27 in Fußnote 28, im Jahr 1969 bereits ausdrücklich, dass das Äquivalenzprinzip nach einhelliger Ansicht überholt sei; *Löhle*, Verfassungsrechtliche Gestaltungsspielräume, S. 3 ff., befasst sich hingegen in ihrer Dissertation noch ausführlich mit den einzelnen Modellen.

71 vgl. *Oechsle*, in: FS H.-W. Bayer, 223 (240); *Ritter*, BB 1994, 2285 (2286); *Seer*, in: Tipke/Lang, Steuerrecht, § 15 Rn. 1; *Tipke*, StRO Bd. II, S. 872; *Schulte*, FR 2007, 309 (310); *Crezelius*, in: FS Tipke, 403 (406).

72 *Tipke*, StRO Bd. II, S. 873.

73 *P. Kirchhof*, in: Isensee/Kirchhof (Hrsg.), HStR V, § 118 Rn. 259.

74 *Oechsle*, in: FS H.-W. Bayer, 223 (240); *Ritter*, BB 1994, 2285 (2286); *Seer*, in: Tipke/Lang, Steuerrecht, § 15 Rn. 1; *Tipke*, StRO Bd. II, S. 872; *Schulte*, FR 2007, 309 (310); *Crezelius*, in: FS Tipke, 403 (406); *Leisner*, Verfassungsrechtliche Grenzen, S. 26 ff.

75 BVerfG vom 27.06.1991 – 2 BvR 1493/89, BVerfGE 84, 239 (269 ff.); vom 22.06.1995 – 2 BvL 37/91, BVerfGE 93, 121 (134); vom 06.03.2002 – 2 BvL 17/99, BVerfGE 105, 73

1. Wertungen der Rechtsprechung und des Gesetzgebers

Auch das Bundesverfassungsgericht scheint von der Rechtfertigung der Erbschaftsteuer aufgrund des Prinzips der erhöhten Leistungsfähigkeit auszugehen. Im Beschluss zur Erbschaftsteuer[76] geht es von dem vom Gesetzgeber mit Erhebung der Erbschaftsteuer verfolgten Ziel aus, den durch den Erbfall eingetretene Vermögenszuwachs zu belasten. Die Legitimation des Gesetzgebers hierfür sieht das Bundesverfassungsgericht in Art. 14 Abs. 1 GG. Demzufolge hat der Gesetzgeber die Möglichkeit, eine Erbschaftsteuer zu erheben, „die den durch den Erbfall beim Erben anfallenden Vermögenszuwachs und die dadurch vermittelte finanzielle Leistungsfähigkeit belastet."[77] Hieraus lässt sich entnehmen, dass das Bundesverfassungsgericht davon ausgeht, dass die Erbschaftsteuer aufgrund der erhöhten Leistungsfähigkeit des Erwerbers zu rechtfertigen ist. Sie darf folglich nur deswegen erhoben werden, weil ein Erbe Vermögen erhält, welches ihm einen größeren finanziellen Freiraum vermittelt. Allein aus diesem Grunde sieht der Gesetzgeber eine solche Steuer vor.[78]

Wie in dem Beschluss angedeutet, scheint zunächst auch der Gesetzgeber von der Rechtfertigung der Erbschaftsteuer aufgrund ihrer erhöhten Leistungsfähigkeit auszugehen.[79] In der Begründung zur Reform des Erbschaftsteuergesetzes 1974 heißt es mitunter: „Die auf den Vermögensanfall des einzelnen Erwerbers ausgerichtete Besteuerung bedeutet im Grundsatz, dass hier der Zuwachs an wirtschaftlicher Leistungsfähigkeit, die der Erwerber erfährt, Ziel und Rechtfertigung der Besteuerung ist."[80] Andererseits stellt der Gesetzgeber in derselben Gesetzesbegründung auch klar, dass gerade im Erb- oder Schenkungsfall der Staat eine zusätzliche Steuerleistung zu fordern hat, „um die Mittel zu verstärken, welche die Lebenschancen breiter, noch nicht vermögender Schichten

---

(125 f.); vom 04.12.2002 – 2 BvR 400/98, BVerfGE 107, 27 (46 f.); vom 08.06.2004 – 2 BvL 5/00, BVerfGE 110, 412 (433); *Birk/Desens/Tappe*, Steuerrecht, Rn. 35 ff.; *Neumark*, Grundsätze, S. 121 ff.; *Haller*, Die Steuern, S. 14 ff.; *P. Kirchhof*, in: HStR V, § 118 Rn. 182; *Tipke*, StRO Bd. I, S. 500 f.

76 vgl. hierzu die Ausführungen unter 1. Teil A I.

77 BVerfG, Beschluss von 22.06.1995 – 2 BvR 552/91, BVerfGE 93, 165 (172).

78 vgl. hierzu in ähnlicher Weise auch *Birnbaum*, Leistungsfähigkeitsprinzip, S. 25, welcher in der Annahme, die Erbschaftsteuer besteuere den beim Erben anfallenden Vermögenszuwachs und die dadurch vermittelte finanzielle Leistungsfähigkeit, eine Bestätigung des Leistungsfähigkeitsprinzips durch das Bundesverfassungsgericht sieht.

79 *Hannes/Holtz*, in: Meincke/Hannes/Holtz, ErbStG, Einführung Rn. 2.

80 BT-Drucks. VI/3418, S. 59.

verbessern helfen."[81] Die Position des Gesetzgebers lässt sich damit aus dieser Gesetzesbegründung nicht abschließend ergründen.

2. *Konsequenz für die Besteuerung familiärer Güter*

In der Literatur wird die Meinung vertreten, dass der Zuwachs an Leistungsfähigkeit bei nahestehenden Personen, insbesondere Ehegatten und Kindern nicht in demselben Maße wie bei fremden Dritten erfolgt.[82] Das Bundesverfassungsgericht hat die hierfür sprechenden Argumente in seinem Beschluss zur Gleichbehandlung eingetragener Lebenspartner[83] zwar aufgenommen, jedoch keine Stellung hierzu bezogen. Es werden in der Literatur verschiedene Argumentationsstränge verfolgt, welche die geringere Leistungsfähigkeit eines näheren Verwandten bzw. Familienmitglieds gegenüber einem entfernteren Verwandten oder fremden Dritten im Erbfall untermauern.

a. *Theorie des „Windfall profits"*

Hinter der Theorie des sogenannten „windfall profit" steckt das Argument, dass die Erwartung einer Erbschaft in Relation zur verwandtschaftlichen Nähe steht. Nähere Verwandte des Erben richten ihren Lebensstil in anderer Weise aus, als entferntere Verwandte, die nicht mit der Erbschaft rechnen.[84] Der entferntere Erbe erfährt folglich eine größere Steigerung seiner Leistungsfähigkeit, als der nähere Verwandte.

Es mag zwar sein, dass der entferntere Verwandte, welcher mit der Erbschaft überrascht wird, einen anderen Lebensstil führt, als der nähere Verwandte oder ein Familienmitglied. Dies würde allerdings bedeuten, dass ein Familienmitglied deswegen vermindert leistungsfähig ist, weil es seine Lebensgestaltung auf die Erwartung ausrichtet, diese mit der Erbschaft fortsetzen zu können. Erwartungen finden allerdings im Steuerrecht grundsätzlich keine Berücksichtigung. Anders gesehen würde dies bedeuten, dass der Staat, bemessen daran, wie hoch der Lebensstandard des Erben ist, eine niedrigere bzw. höhere Steuer ansetzen müsste.[85]

---

81 BT-Drucks. VI/3418, S. 49; vgl. zur Umverteilungsfunktion im Folgenden unter 2. Teil A II.

82 *Breitenbach*, Erbschaftsteuer, S. 31; *Oechsle*, in: FS H.-W. Bayer, S. 223 (242); *Hannes/Holtz*, in: Meincke/Hannes/Holtz, ErbStG, § 16 Rn. 1.

83 vgl. die Ausführungen hierzu unter 1. Teil B I.

84 vgl. hierzu die Ausführungen bei *Tait*, Finanz-Archiv N.F. (Band 25) 1966, S. 263 (264).

85 *Timm*, Finanz-Archiv N.F. (Band 42) 1984, S. 553 (559).

b. Verlust des Familienernährers

Die geringere Leistungsfähigkeit von Familienmitgliedern im Erbfall wird auch damit begründet, dass die Familie im Erbfall den Familienernährer verliert. Konkret bedeutet dies, dass der Familie Einnahmequellen und Versorgungsleistungen verlustig gehen, so dass bei diesen Erben eine geringere steuerliche Leistungsfähigkeit angenommen werden darf.[86] Es stellt sich jedoch die Frage, ob dieses Argument für den Regelfall anwendbar ist. Denn in Erbfällen, bei welchen Kinder bereits aus dem Elternhaus ausgezogen und finanziell unabhängig sind, wird man wohl nicht mehr vom Verlust des Familienernährers sprechen können.[87] Ähnliches dürfte dann gelten, wenn beide Elternteile gleichermaßen gut verdienen. Im Fall von Schenkungen in der Familie läuft dieses Argument schließlich vollständig leer, da es hier nicht zum Verlust einer Einnahmequelle kommt. Das Argument ist damit nur anwendbar für Fälle, in denen Kinder noch im Haushalt leben, von den Eltern finanziell abhängig sind und – sofern beide Elternteile mit ihren Einnahmen zum familiären Haushalt beitragen – die Einkünfte des überlebenden Elternteils nicht ausreichen, um die Familie zu ernähren.

c. Gemeinsames Vermögen

Für die verminderte Leistungsfähigkeit von Familienmitgliedern wird schließlich auch angeführt, dass das Vermögen in der Familie ohnehin gemeinsam erwirtschaftet wird und der Erbfall oder die Schenkung nicht zu einer Änderung des finanziellen Freiraums der Familienmitglieder führt. Es kommt für die Besteuerung innerhalb der Familie folglich entscheidend darauf an, ob es sich bei einem Wirtschaftsgut um ein als Familiengut schon gemeinsam genutztes Eigentum handelt – dieses müsste dann im Übergang als Gemeinschaftsgut behandelt werden – oder ob der Empfänger als bisher Unbeteiligter bereichert wird. Fraglich ist also, ob dieser allein auf dem Willen des Erblassers bzw. Schenkers beruhende Vermögenszuwachs für eine deutlich höhere Besteuerung zugänglich ist. Je mehr das Erbvermögen von dem Erben miterworben wurde, desto enger ist das steuerliche Zugriffsrecht. Umso weiter ist es hingegen, wenn das Erbvolumen nicht an die persönliche Generationenfolge gebunden ist.[88] Im Rahmen des Familienhaushaltes kann man davon ausgehen, dass alle Mitglieder gleichermaßen an

---

86 *Oechsle*, in: FS H.-W. Bayer, S. 223 (242); so auch *Haller*, Die Steuern, S. 93, der schreibt, dass es mit dem Tod des Familienernährers zu Einnahmeausfällen käme.

87 so auch *Birnbaum*, Leistungsfähigkeit, S. 90.

88 *P. Kirchhof*, in: Isensee/Kirchhof, HStR V, § 118 Rn. 259.

dem in diesem Haushalt vorhandenen Vermögen beteiligt sind, gleichgültig, wer Eigentümer des gebildeten Vermögens ist. Auch das Bundesverfassungsgericht scheint den Ausführungen im Beschluss zum Pflichtteilsrecht zufolge davon auszugehen, dass Vermögenswerte in der Familie auf ideellen oder wirtschaftlichen Beiträgen von Eltern und Kindern beruhen.[89] Verstirbt ein Verdiener der Familie, so fällt den anderen Familienmitgliedern letztlich das Vermögen zu, welches für sie miterworben und -gespart wurde.[90] Folglich ist die Erhebung der Erbschaftsteuer nur für den Anteil angemessen, welcher dem Erblasser zuvor allein zur eigenen Verwendung zur Verfügung stand.[91] Dies entspricht dem ausschließlich für den Erblasser selbst gebildeten Vermögen und hat für die Familienmitglieder als Erben eine Steigerung der Leistungsfähigkeit zur Folge.[92]

Hiergegen lässt sich zwar einwenden, dass Leistungsfähigkeit ein Individualprinzip ist und die Leistungsfähigkeit mehrerer Steuersubjekte nicht vermengt werden darf.[93] Allerdings geht es hier nicht um die Leistungsfähigkeit des Vermögens der Familie als Kollektiv. Die einzelnen Erben bleiben wohl als am Vermögen individuell Beteiligte bestehen. Es geht vielmehr darum, zu differenzieren, auf welchen Anteil des Vermögens der Erbe bereits vor Todesfall oder Schenkung Zugriff hatte und welcher Anteil ausschließlich dem Erblasser bzw. Schenker zustand. Die Steigerung der individuellen Leistungsfähigkeit des Erben liegt dann in der unentgeltlichen Übertragung des dem Erblasser bzw. Schenker zur ausschließlichen Nutzung vorbehaltenen Anteils.

Dennoch bleibt dabei zu berücksichtigen, dass diese Überlegung nicht für jede Fallkonstellation anwendbar ist. Dies gilt insbesondere dann, wenn die Kinder nicht mehr im Familienhaushalt leben und die finanzielle Versorgung aus eigenem Einkommen erfolgt.[94] In diesem Fall kann folglich nicht mehr davon ausgegangen werden, dass die Leistungsfähigkeit von Kindern aufgrund des Übergangs von Vermögen, welches dem Familienhaushalt zur Verfügung steht, geringer ist.

---

89 vgl. hierzu die Ausführungen unter 1. Teil D II.

90 *Haller*, Die Steuern, S. 64 f.; *P. Kirchhof*, Bundessteuergesetzbuch, § 77 Rn. 11.

91 *Haller*, Die Steuern, S. 71.

92 *Breitenbach*, Erbschaftsteuer, S. 31.

93 vgl. hierzu *Birnbaum*, Leistungsfähigkeit, S. 89 f. mit Verweis auf S. 81 f.

94 *Haller*, Die Steuern, S. 65.

3. *Zusammenfassung und Schlussfolgerung*

Damit kann nur hinsichtlich des gemeinsam erwirtschafteten Vermögens allgemeingültig darauf geschlossen werden, dass im Familienhaushalt lebende Mitglieder nur eine geringfügige Steigerung an Leistungsfähigkeit erfahren, wenn es sich hierbei um Vermögen handelt, zu welchem sie schon vor dessen Übergang Zugang hatten. Nur wenn das Vermögen dem Erblasser oder Schenker allein zusteht, werden Familienmitglieder bereichert und ihre Leistungsfähigkeit erhöht. Dies gilt jedoch nicht für die Konstellation, wenn Kinder nicht mehr im Haushalt leben und sich über eigenes Einkommen finanziell versorgen. Eine geringere Leistungsfähigkeit aufgrund des Verlusts des Familienernährers liegt hingegen nur in dem Fall vor, wenn es sich um einen Erbfall handelt, die Kinder finanziell von den Eltern abhängig sind und die gegebenenfalls bestehenden Einnahmen des überlebenden Elternteils nicht ausreichen, um die Familie zu versorgen.

II. Umverteilungsfunktion

Mitunter wird die Erbschaftsteuer auch aufgrund ihrer Umverteilungsfunktion[95] gerechtfertigt. In der Gesetzesbegründung zum Erbschaftsteuergesetz 1974 heißt es hierzu: „Die zusätzlichen Möglichkeiten, die die Verfügungsgewalt über ein großes Vermögen verschafft, werden bei einem Vermögensübergang durch Erbfall oder Schenkung besonders deutlich. Gerade in dieser Situation ist es Aufgabe des Staates, eine zusätzliche Steuerleistung zu fordern, um auch dadurch die Mittel zu verstärken, welche die Mittel breiter, noch nicht vermögender Schichten verbessern helfen."[96] Art. 132 Abs. 3 Satz 1 der Bayerischen Landesverfassung[97] normiert sogar ausdrücklich, dass die Erbschaftsteuer auch dem Zweck dient, die „Ansammlung von Riesenvermögen" durch Umverteilung zu verhindern.

Dem steht allerdings entgegen, dass der erbschaftsteuerliche Ertrag eine derartige Vermögensumverteilung in der Gesellschaft ohnehin schon nicht zu bewirken vermag. Denn Erbübergänge treten in der Regel nur in großen Zeitabständen auf.[98] Zudem kann und konnte die Erbschaftsteuer aufgrund ihrer geringen Ergiebigkeit keinen bemerkbaren Unterschied in der Umverteilung

95 auch Redistributionszweck genannt, vgl. *Tipke*, StRO Bd. II, S. 875.
96 BT-Drucks. VI/3418, S. 49; siehe zur Wertung des Gesetzgebers auch unter 2. Teil A I 1.
97 GVBl. 1946, 333 (341).
98 *Haller*, Die Steuern, S. 110.

bewirken.[99] Das Erbschaft- und Schenkungsteueraufkommen betrug beispielsweise für das Jahr 2018 nur ca. 6,81 Mrd. Euro. Das sind 0,9 % des Gesamtsteueraufkommens. Sie bringt weniger ein als die Versicherungsteuer, die Tabaksteuer und auch als die Grunderwerbsteuer.[100] Eine Steigerung der Einnahmen wird man auch zukünftig nicht erwarten können. Für 2019 wird das Aufkommen auf nur 6,63 Mrd. Euro und für 2020 auf 6,77 Mrd. Euro geschätzt.[101] Außerdem darf beim Gedanken der Umverteilung nicht vergessen werden, dass bereits die Existenz des Steuerrechts an sich der Verwirklichung von distributiver Gerechtigkeit dient. Die Umverteilung aufgrund der Erbschaftsteuer ist folglich ohnehin nicht größer, als die aufgrund anderer Steuern.[102] Gegen den Umverteilungsgedanken ist darüber hinaus die Garantie des Privateigentums und des Erbrechts in Art. 14 Abs. 1 Satz 1 GG anzuführen.[103] Vor dem Hintergrund dieser verfassungsrechtlichen Prinzipien kann eine sozialstaatliche Umverteilung schon nicht schrankenlos sein.[104]

III. Aus Art. 106 GG

Schließlich wird vertreten, dass bereits die Zuweisung des Erbschaftsteueraufkommens an die Länder in Art. 106 Abs. 2 Nr. 2 GG den Steuereingriff legitimiert. Denn „[d]ie verfassungsrechtliche Verteilung eines Steueraufkommens in der Belastung bestimmter Gegenstände setzt voraus, daß die Besteuerung dieser Gegenstände [...] von der Verfassung gewollt und [...] als eine steuerliche Belastung des Privateigentums gebildet worden ist."[105] Aus diesem Grunde seien die in Art. 106 GG dargelegten Grundsätze zum Verfassungsrecht geworden.[106]

---

99 *Tipke*, StRO Bd. II, S. 876.

100 *Statistisches Bundesamt* (Hrsg.): Statistisches Jahrbuch, Deutschland und Internationales 2019, S. 281.

101 *Bundesministerium der Finanzen Referat I A 6* (Hrsg.): Ergebnis der 155. Sitzung des Arbeitskreises „Steuerschätzung" Mai 2019, Tabelle 4, verfügbar unter https://www.bundesfinanzministerium.de/Content/DE/Standardartikel/Themen/Steuern/Steuerschaetzungen_und_Steuereinnahmen/Steuerschaetzung/2019-05-09-ergebnisse-155-sitzung-steuerschaetzung-dl.pdf?__blob=publicationFile&v=2.

102 *Crezelius*, in: FS Tipke, 403 (408); *Schulte*, FR 2007, 309 (310).

103 *P. Kirchhof*, in: Isensee/Kirchhof, HStR V, § 118 Rn. 259.

104 *Seer*, StuW 1997, 283 (285).

105 *P. Kirchhof*, Die Steuerwerte des Grundbesitzes, S. 30.

106 *Wacke*, Das Finanzwesen der Bundesrepublik, S. 64; *Vogel*, in: FS Tipke, S. 93 (101 f.) schreibt hierzu, dass die verfassungsrechtliche Zulässigkeit der in Art. 106 GG genannten Steuern für die Begründer der Verfassung unausgesprochen und wohl auch nicht bewusst „Voraussetzung des zwischen ihnen erzielten Kompromisses" war.

Allein die Tatsache, dass die Erbschaftsteuer in einer Norm im Grundgesetz genannt wird, führt noch nicht zur materiellen Rechtfertigung der Erbschaftsteuer. Denn Art. 106 GG bezweckt lediglich die Verteilung des Aufkommens aus tatsächlich existierenden Steuern auf die jeweils berechtigte Körperschaft, weshalb der Vorschrift als Verteilungsnorm keine Gerechtigkeitswertungen entnommen werden können.[107] Die Grundlagen zu Gerechtigkeitsfragen legt die Verfassung allein in den Grundrechten fest, nicht jedoch in den Normen, welche das Steueraufkommen verteilen.[108]

IV. Zusammenfassung zur Rechtfertigung des Erbschaftsteuerzugriffs

Der Eingriff in die bürgerliche Freiheit durch Erhebung der Erbschaftsteuer kann allein aufgrund der durch den Erb- oder Schenkungsfall gesteigerten Leistungsfähigkeit des Erben oder Beschenkten überzeugen. Besonderheiten gelten hinsichtlich der Besteuerung von Übertragungen innerhalb der Familie. Sofern Familienmitglieder bereits vor der Übertragung am Vermögensgut beteiligt waren, liegt keine Steigerung der Leistungsfähigkeit des Erben oder Beschenkten vor. Eine Solche ist nur dann gegeben, wenn das übertragene Vermögensgut dem Erblasser oder Schenker allein zur Verfügung stand. Dies gilt jedoch nicht für den Fall, dass Kinder nicht mehr im Haushalt leben und sich selbst finanziell versorgen. In bestimmten Fallkonstellationen kann auch der Verlust des Familienernährers zu einer geringeren Leistungsfähigkeit von Ehegatten und Kindern führen.

Eine Rechtfertigung der Erbschaftsbesteuerung aufgrund ihrer Umverteilungsfunktion zur Verhinderung der Ansammlung großer Vermögensmassen kann hingegen nicht angenommen werden. Hierfür ist ihr Ertrag zu gering. Allein die Zuweisung des Aufkommens der Erbschaftsteuer an die Länder in Art. 106 Abs. 2 Nr. 2 GG stellt auch noch keine Legitimation des erbschaftsteuerlichen Eingriffs dar. Denn damit ist noch nichts über den verfassungsrechtlichen Gehalt der Besteuerung gesagt.

---

107 *Tipke*, StRO Bd. II, S. 586.
108 *Tipke*, BB 1994, 437 (439).

B. Verfassungsrechtliche Vorgaben für die Besteuerung von Erbschaften

Die grundsätzliche Legitimation des Staates, auf Erbschaften Steuern erheben zu dürfen, lässt noch keine Rückschlüsse über die Maßstäbe und Grenzen der Steuererhebung zu. Diese sind gleichmäßig und freiheitsschonend auszugestalten und lassen sich aus den Grundrechten und aus Art. 20 Abs. 1 GG herleiten. Nur so bleibt gewährleistet, „dass der Zugriff auf die Ressourcen des Bürgers überschaubar und beherrschbar bleibt."[109]

Steuergerechtigkeit ist dabei der oberste Wert der Gemeinschaft der Steuerpflichtigen. Steuerstrafen sind nur gerecht, wenn sie an die Verletzung gerechten Steuerrechts anknüpfen. Für das Steuerrecht relevante Verfassungsgrundsätze sind daher der Gleichheitssatz nach Art. 3 GG (I.), das Sozialstaatsprinzip gemäß Art. 20 Abs. 1 GG (II.) und die Freiheitsgrundrechte (III.),[110] wobei im Erbschaftsteuerrecht insbesondere die Erbrechtsgarantie aus Art. 14 Abs. 1 und Abs. 2 GG und der Schutz von Ehe und Familie aus Art. 6 Abs. 1 GG eine bedeutende Rolle spielen.

I. Gleichheitssatz

Der Gleichheitssatz ist im Steuerrecht die elementarste Begrenzung für den Gesetzgeber.[111] Er erfüllt seine Funktion in der gleichen Steuerbelastung aller Bürger.[112] Der Literatur zufolge sei die Steuer charakterisiert durch die Gleichheit in der Belastung und der Erhebungsart. Hiernach könne man die Steuergleichheit sogar als die bedeutsamste Ausprägung der Egalität im modernen Verfassungsstaat bezeichnen, da der Steuerstaat „eine besonders deutliche Form von Macht durch Gleichheit"[113] darstelle.

Im Steuerrecht gilt der allgemeine Gleichheitssatz damit als Hauptprüfungsmaßstab hinsichtlich der Verfassungsmäßigkeit von Steuergesetzen im Allgemeinen und der Einzelfallanwendung im Konkreten.[114] Im Folgenden wird zunächst auf die allgemeine Bedeutung des Gleichheitssatzes und wann dieser verletzt ist eingegangen (1.), bevor in einem zweiten Schritt dessen Konkretisierung im

109 *Weber-Grellet*, Steuern im modernen Verfassungsstaat, S. 7 f.
110 *Tipke*, StRO Bd. I, S. 240.
111 *Heun*, in: Dreier, GG, Art. 3 Rn. 75.
112 *Tipke*, StRO Bd. I, S. 290.
113 *Leisner*, Der Gleichheitsstaat, S. 158.
114 *Vogel/ Waldhoff*, Grundlagen des Finanzverfassungsrechts, Rn. 500.

Steuerrecht näher beleuchtet wird (2.). Hierzu gehören die Ausrichtung der Steuerlast am Prinzip der finanziellen Leistungsfähigkeit und die Begrenzung des gesetzgeberischen Gestaltungsspielraums durch das Gebot der Folgerichtigkeit[115]. Außerfiskalische Förderungs- und Lenkungsziele sind als Ausnahmen vom Prinzip der finanziellen Leistungsfähigkeit und dem Gebot der Folgerichtigkeit anzusehen.[116]

II. Allgemeine Bedeutung des Gleichheitssatzes

Art. 3 Abs. 1 GG bestimmt: „Alle Menschen sind vor dem Gesetz gleich." Gemeint ist damit die Rechtsgleichheit oder die Gleichwertigkeit vor dem Gesetz, nicht jedoch die wirtschaftliche oder soziale, sogenannte faktische Gleichheit. Die Minderung derartiger Ungleichheiten gehört in den Bereich des Sozialstaatsprinzips.[117]

Gleichheit vor dem Gesetz meint zunächst die Gleichbehandlung eines jeden Staatsbürgers durch Exekutive und Judikative („formelle Rechtsgleichheit").[118] Jeder Bürger soll gleichermaßen durch die Rechtsnormen verpflichtet und berechtigt werden. Umgekehrt steht es den Staatsorganen nicht zu, bestehendes Recht zugunsten oder zu Lasten von Einzelpersonen anzuwenden.[119] Für die Legislative folgt aus Art. 3 Abs. 1 GG schließlich die Pflicht zur Rechtsetzungsgleichheit.[120] Gemeint ist damit das Verbot, ohne sachlich rechtfertigenden Grund des Allgemeininteresses Gleiches ungleich und Ungleiches gleich zu behandeln.[121]

Eine Verletzung des allgemeinen Gleichheitssatzes liegt jedenfalls dann vor, wenn sich ein vernünftiger, aus der Natur der Sache ergebender oder sonst wie einleuchtender Grund für die gesetzliche Differenzierung oder Gleichbehandlung nicht finden lässt.[122] Dieses „Willkürverbot" wurde aufgrund seiner

---

115 BVerfG, Beschluss vom 06.03.2002 – 2 BvL 17/99, BVerfGE 105, 73 (125); vom 07.11.2006 – 1 BvL 10/02, BVerfGE 117, 1 (30); vom 17.04.2008 – 2 BvL 4/05, BVerfGE 121, 108 (119 f.); vom 21.07.2010 – 1 BvR 611, 2464/07, 126, 400 (417).

116 BVerfG, Beschluss vom 22.06.1995 – 2 BvL 37/91, BVerfGE 93, 121 (147); vom 11.11.1998 – 2 BvL 10/95, BVerfGE 99, 280 (296); vom 06.03.2003 – 2 BvL 17/99, BVerfGE 105, 73 (112); vom 07.11,2006 – 2 BvL 17/99, BVerfGE 117, 1 (31).

117 *Tipke*, StRO Bd. I, S. 293; siehe zum Sozialstaatsprinzip unter 2. Teil B II.

118 *Badura*, Staatsrecht, S. 189 Rn. 44.

119 *Hesse*, Grundzüge, Rn. 430.

120 *Jarass*, in: Jarass GG, Art. 3 Rn. 3.

121 *Badura*, Staatsrecht, S. 189 Rn. 44.

122 BVerfG, Beschluss vom 23.10.1951 – 2 BvG 1/51, BVerfGE 1, 14 (52); vom 21.01.1970 – 2 BvL 27/63, BVerfGE 27, 364 (371 f.); vom 20.03.1979 – 1 BvR 111/74, 1 BvR 283/78,

Leerformelhaftigkeit kritisiert,[123] weshalb das Bundesverfassungsgericht die sogenannte „neue Formel" entwickelte. Hiernach ist das Gleichheitsgebot verletzt, wenn eine Gruppe von Normadressaten im Vergleich zu anderen Normadressaten anders behandelt wird, obwohl zwischen beiden Gruppen keine Unterschiede von solcher Art und solchem Gewicht bestehen, dass sie die ungleiche Behandlung rechtfertigen können.[124] Inhaltlich wendet man damit das Verhältnismäßigkeitsprinzip als Prüfungsmaßstab auf die Ungleichbehandlung an, weshalb der rechtfertigende Grund in einem angemessenen Verhältnis zur Ungleichbehandlung stehen muss.[125]

1. Bedeutung des allgemeinen Gleichheitssatzes im Steuerrecht

Einen steuerrechtsspezifischen Gleichheitssatz gab es in der Weimarer Republik in Art. 134 WRV: „Alle Staatsbürger ohne Unterschied tragen im Verhältnis ihrer Mittel zu allen öffentlichen Lasten nach Maßgabe der Gesetze bei." Ein derart konkreter steuerrechtlicher Gleichheitssatz wurde jedoch in das Grundgesetz nicht übernommen. Die Steuergleichheit wird daher aus dem allgemeinen Gleichheitssatz des Art. 3 Abs. 1 GG abgeleitet.[126]

Aus dem Prinzip der Steuergerechtigkeit folgt allgemein der Grundsatz der Belastungsgleichheit. Gemeint ist damit, dass sowohl die steuerbegründenden Vorschriften als auch die Regelungen zur Steueranwendung den Grundsatz der möglichst gleichmäßigen Belastung des Steuerpflichtigen berücksichtigen müssen.[127] Der für die Exekutive und Judikative allgemein geltende Grundsatz der formellen Rechtsgleichheit gilt damit auch für das Steuerrecht. Formelle

---

BVerf-GE 51, 1 (27); vom 05.10.1993 - 1 BvL 34/81, BVerfGE 89, 132 (141); vom 06.03.2003 - 2 BvL 17/99, BVerfGE 105, 73 (110); vom 04.12.2002 - 2 BvR 400/98, BVerfGE 107, 27 (46).

123 *Heun*, in: Dreier, GG, Art. 3 Rn. 21.

124 ständige Rspr.: BVerfG, Beschluss vom 07.10.1980 - 1 BvL 50, 89/79, 1 BvR 240/79, BVerfGE 55, 72 (88); vom 16.03.1982 - 1 BvR 938/81, BVerfGE 60, 123 (133 f.); vom 03.10.1989 - 1 BvL 78, 79/86, BVerfGE 81, 1 (8); vom 02.02.1999 - 1 BvL 8/97, BVerfGE 100, 195 (205); vom 09.04.2003 - 1 BvL 1/01, 1 BvR 1749/01, BVerfGE 108, 52 (68); vom 07.05.2013 - 2 BvR 909, 1981/06, 288/07, BVerfGE 133, 377 (408).

125 BVerfGE 81, 208 (224); 82, 126 (146).

126 *P. Kirchhof*, StuW 1984, 297 (303); nach *Oechsle*, Die steuerlichen Grundrechte, S. 186 ff. wird der allgemeine Gleichheitssatz auch historisch betrachtet als ausreichend angesehen, um die Allgemeinheit und Gleichmäßigkeit der Besteuerung zu gewährleisten.

127 *Jochum*, Die Steuervergünstigung, S. 93.

Rechtsgleichheit meint hierbei, die gleichmäßige Anwendung der Steuergesetze durch die Finanzbehörden und die Finanzgerichte.[128]

Auch der Steuergesetzgeber ist an den Gleichheitssatz im Sinne einer Rechtsetzungsgleichheit und damit an das Wertesystem der Verfassung gebunden.[129] Wird sodann allerdings die Gleichheit im Belastungserfolg, also in der Rechtsanwendung, aufgrund der rechtlichen Gestaltung des Erhebungsverfahrens verfehlt, kann dies zur Verfassungswidrigkeit der gesetzlichen Besteuerungsgrundlage führen.[130] Die Überprüfung der Gestaltung des Steuererhebungsverfahrens durch den Gesetzgeber erfolgt lediglich im Rahmen einer Willkürkontrolle. Denn dem Gesetzgeber steht bei der Auswahl des Steuergegenstandes und der Festlegung des Steuersatzes ein umfassender Gestaltungsspielraum zu.[131] Er darf sich hierbei generalisierender, typisierender und pauschalierender Regelungen bedienen.[132] Im Rahmen der Willkürkontrolle wird die Ausübung der gesetzgeberischen Gestaltungsfreiheit bei der Auswahl der Steuergegenstände lediglich auf evidente Ungleichbehandlungen überprüft. Solange der Gesetzgeber einen Sachgrund für die Wahl des Steuergegenstandes vorbringen kann und es ausgeschlossen ist, dass hierbei sachwidrige, willkürliche Erwägungen getroffen wurden, ist der Gleichheitssatz nicht verletzt.[133] Abweichungen von einer einmal getroffenen Belastungsentscheidung innerhalb einer Steuerart unterliegen hingegen der Überprüfung im Rahmen des Verhältnismäßigkeitsgrundsatzes. Um eine Ungleichbehandlung zu rechtfertigen bedarf es besonderer Gründe des Gemeinwohls.[134]

---

128 *Hey*, in: Tipke/Lang, Steuerrecht, § 3 Rn. 111; eine einfachgesetzliche Ausformung dieses Grundsatzes findet sich in § 85 Satz 1 AO: „Die Finanzbehörden haben die Steuern nach Maßgabe der Gesetze gleichmäßig festzusetzen und zu erheben."

129 *Hey*, in: Tipke/Lang, Steuerrecht, § 3 Rn. 110.

130 BVerfG, Urteil vom 09.03.2004 – 2 BvL 17/02, BVerfGE 110, 94 (112).

131 BVerfG, Beschluss vom 22.06.1995 – 2 BvL 37/91, BVerfGE 93, 121 (136); vom 22.06.1995 – 2 BvR 552/91, BVerfGE 93, 165 (172).

132 BVerfG, Beschluss vom 11.11.1998 – 2 BvL 10/95, BVerfGE 99, 280 (290); vom 04.12.2002 – 2 BvR 400/98, BVerfGE 107, 27 (48); vom 09.12.2008 – 2 BvL 1/07, 2 BvL 2/07, 2 BvL 1/08, 2 BvL 2/08, BVerfGE 122, 210 (234).

133 BVerfG, Beschluss vom 15.01.2008 – 1 BvL 2/04, BVerfGE 120, 1 (29); BVerfG, Urteil vom 05.11.2014 – 1 BvF 3/11, BVerfGE 137, 350 (367).

134 BVerfG, Beschluss vom 06.03.2003 – 2 BvL 17/99, BVerfGE 105, 73 (125); vom 04.12.2002 – 2 BvR 400/98, BVerfGE 107, 27 (46 f.); vom 08.06.2004 – 2 BvL 5/00, BVerfGE 110, 412 (433); vom 21.06.2006 – 2 BvL 2/99, BVerfGE 116, 164 (180 f.); vom 07.11.2006 – 1 BvL 10/02, BVerfGE 117, 1 (32); vom 15.12.2015 – 2 BvL 1/12, BVerfGE 141, 1 (40 f.).

Bei der Prüfung von Gleichheitsverstößen durch den Steuergesetzgeber im Zuge der Rechtsetzungsgleichheit kommen zwei eng miteinander verbundene Leitlinien zur Anwendung: die Ausrichtung der Steuerlast am Prinzip der finanziellen Leistungsfähigkeit (a.) und am Gebot der Folgerichtigkeit (b.).[135]

a. Prinzip der finanziellen Leistungsfähigkeit

Im Rahmen des allgemeinen Gleichheitssatzes werden Personen in ihrer konkreten Lebenssituation und damit bereichsspezifisch verglichen. Überträgt man diese Grundsätze auf das Steuerrecht, so werden die Steuerpflichtigen in ihrer Fähigkeit, Steuern zahlen zu können, gegenüber gestellt.[136] Damit fordert der Grundsatz der Steuergerechtigkeit, dass die Steuerlasten auf die Steuerpflichtigen im Verhältnis ihrer wirtschaftlichen Leistungsfähigkeit verteilt werden.[137] Im Folgenden wird zunächst auf die verfassungsrechtliche Dimension des Leistungsfähigkeitsprinzips eingegangen (aa.) und sodann auf dessen spezifische Bedeutung im Erbschaftsteuerrecht, insbesondere auch mit Blick auf den Schutz des Familienvermögens (bb.).

aa. Verfassungsrechtliche Bedeutung des Leistungsfähigkeitsprinzips

Das Prinzip der Leistungsfähigkeit verlangt, dass jeder Inländer entsprechend seiner finanziellen Leistungsfähigkeit gleichmäßig zur Finanzierung der allgemeinen Staatsaufgaben herangezogen wird.[138] Dabei kommt es entscheidend auf die jeweilige individuelle Zahlungsfähigkeit an.[139] Ein sachgerechter Grund für die Auferlegung unterschiedlicher Steuerlasten liegt im Kontext von Art. 3 Abs.

---

135 BVerfG, Beschluss vom 06.03.2003 – 2 BvL 17/99, BVerfGE 105, 73 (125); vom 21.06.2006 – 2 BvL 2/99, BVerfGE 116, 164 (180 f.); vom 07.11.2006 – 1 BvL 10/02, BVerfGE 117, 1 (30); vom 21.07.2010 – 1 BvR 611/07, 1 BvR 2464/07, BVerfGE 126, 400 (417); im Gegensatz zum Leistungsfähigkeitsprinzip kommt dem Gebot der Folgerichtigkeit wohl aber kein Verfassungsrang zu, vgl. hierzu die eingehende Untersuchung des Gebots der Folgerichtigkeit von *Leisner-Egensperger*, DÖV 2013, 533 (538).

136 *P. Kirchhof*, StuW 2017, 3 (4).

137 BVerfG, Beschluss vom 14.05.1986 – 2 BvL 2/83, BVerfGE 72, 200 (260); vom 29.05.1990 – 1 BvL 20, 26, 184 und 4/86, BVerfGE 82, 60 (86); vom 22.06.1995 – 2 BvL 37/91, BVerfGE 93, 121 (135); vom 15.01.2008 – 1 BvL 2/04, BVerfGE 120, 1 (44).

138 BVerfG, Beschluss vom 22.06.1995 – 2 BvL 37/91, BVerfGE 93, 121 (135); umfassend: *Birk*, Das Leistungsfähigkeitsprinzip, S. 21 ff.; vgl. auch: *Hey*, in: Tipke/Lang, Steuerrecht, § 3 Rz. 40 ff.

139 *P. Kirchhof*, StuW 1984, 297 (305).

1 GG dann vor, wenn ein Steuerpflichtiger mehr hat oder verdient als ein anderer. Dass sich das Steuerrecht am Prinzip der Leistungsfähigkeit zu orientieren hat, ist damit vom Gleichheitssatz vorgegeben.[140]

Das Leistungsfähigkeitsprinzip ist nicht im Grundgesetz verankert. Es wird allerdings als „grundlegendes Verteilungsprinzip des sozialen Rechtsstaats" angesehen[141] und gehört zu den systemtragenden Säulen des Steuerrechts.[142] Auch das Bundesverfassungsgericht verlangt in ständiger Rechtsprechung die Verteilung der Steuerlasten auf die Steuerpflichtigen im Verhältnis der wirtschaftlichen Leistungsfähigkeit.[143] An diese verfassungsrechtlich vorgegebenen Wertungen ist der Steuergesetzgeber gebunden. Im Übrigen steht ihm ein wertungsmäßiger Gestaltungsspielraum zu, auf welche Weise er die systemtragenden Prinzipien konkretisiert. Allerdings wird dieser Gestaltungsspielraum durch das Gebot der Folgerichtigkeit begrenzt.[144]

bb. Leistungsfähigkeitsprinzip im Erbschaftsteuerrecht

Für das Erbschaftsteuerrecht gilt, dass die finanzielle Leistungsfähigkeit des Steuerpflichtigen bzw. Erwerbers selbst grundsätzlich keine Rolle spielt. Es kommt lediglich darauf an, welchen Zuwachs an Leistungsfähigkeit der einzelne Erwerber erfährt.[145] Besteuert wird somit die beim Erwerber nach § 10 Abs. 1 ErbStG durch den Erbfall bzw. die Schenkung eingetretene Bereicherung des Erwerbers. Dem System des Erbschaftsteuerrechts zufolge kommt nämlich lediglich darin dessen finanzielle Leistungsfähigkeit zum Ausdruck.[146] Zu den Instrumenten des Gesetzes zur Umsetzung des Leistungsfähigkeitsprinzips

---

140 *Kischel*, in: Mellinghoff/Palm: Gleichheit im Verfassungsstaat, S. 175 (179).

141 *Tipke*, StRO Bd. I, S. 484; nach *Ossenbühl*, Die gerechte Steuerlast, S. 84 f., muss im sozialen Rechtsstaat jeder Leistungsfähige einen Beitrag zum Allgemeinwohl aufbringen und nur die gleiche Belastung nach der Leistungsfähigkeit entspricht der Gleichheit im sozialen Rechtsstaat.

142 *Hey*, in: Tipke/Lang, Steuerrecht, § 3 Rn. 121.

143 BVerfG, Beschluss vom 17.01.1957 – 1 BvL 4/54, BVerfGE 6, 55 (67); vom 09.02.1972, 1 BvL 16/69, BVerfGE 32, 333 (339); vom 11.10.1977 – 1 BvR 343/73, 83/74,183 und 428/75, BVerfGE 47, 1 (29); vom 29.05.1990 – 1 BvL 20, 26, 184 und 4/86, BVerfGE 82, 60 (86 f.); vom 07.11.2006 – 1 BvL 10/02, BVerfGE 117, 1 (30 f.); vom 09.12.2008 – 2 BvL 1/07, 2 BvL 2/07, 2 BvL 1/08, 2 BvL 2/08, BVerfGE 122, 210 (230 f.).

144 *Hey*, in: Tipke/Lang, Steuerrecht, § 3 Rn. 122; vgl. auch schon zum Verhältnis des Leistungsfähigkeitsprinzips und des Gebots der Folgerichtigkeit oben unter Fußnote 135.

145 *Hannes/Holtz*, in: Meincke/Hannes/Holtz, ErbStG, Einführung Rn. 9.

146 *Söffing/Seitz*, FR 2006, 920 (922).

gehören die Möglichkeit, Erblasserschulden und Nachlassverbindlichkeiten in Abzug bringen zu können, aber auch das Ausnutzen persönlicher Freibeträge und die Anwendung eines Progressionstarifs in Abhängigkeit von der Höhe des Erbanfalls.[147]

Im Rahmen dieses Besteuerungsgrundsatzes der erhöhten Leistungsfähigkeit findet die Berücksichtigung des Familien- bzw. Verwandtschaftsprinzips allgemein Anerkennung.[148] Familiäre Nähe bedeutet gleichzeitig eine verminderte Leistungsfähigkeit, weshalb eine geringere Steuerlast gegenüber Familienmitgliedern gerechtfertigt ist. Allerdings liegt eine verminderte Leistungsfähigkeit in der Regel dann nicht vor, wenn Kinder nicht mehr vom Familienhaushalt abhängig sind.[149] Die Berücksichtigung familiärer Nähe im Erbschaftsteuerrecht kann jedoch auch als Durchbrechung des Leistungsfähigkeitsprinzips begründet werden. Gerechtfertigt ist dies aufgrund des Einflusses von Art. 6 Abs. 1 GG auf das Erbschaftsteuerrecht.[150] Aus der Schutzfunktion des Art. 6 Abs. 1 GG in der Dimension als objektive Wertentscheidung folgt, dass die Nähe zum Erblasser bzw. Schenker beachtet und der erbschaftsteuerliche Zugriff deswegen beschränkt werden muss. Auch eine Mitberechtigung der Kinder am Familiengut ist dabei zu beachten. Die in Art. 6 Abs. 1 GG angelegte Institutsgarantie und das aus dem Grundrecht folgende Förderungsgebot verlangen zudem, dass es Regelungen geben muss, welche Ehe und Familie begünstigen.[151] Damit ist unabhängig davon, ob die Berücksichtigung verwandtschaftlicher Nähe als Minderung oder Durchbrechung des Leistungsfähigkeitsprinzips anzusehen ist,[152] jedenfalls die verwandtschaftliche Nähe zum Erblasser anerkannt.

b. Folgerichtigkeitsgebot

Dem Gesetzgeber steht zwar bei der Auswahl des Steuergegenstandes und bei der Bestimmung des Steuersatzes ein weitreichender Gestaltungsspielraum zu. Nach der Regelung dieses Ausgangstatbestandes ist er jedoch daran gebunden, die einmal getroffene Belastungsentscheidung folgerichtig im Sinne der

---

147 *Oechsle*, in: FS H.-W. Bayer, S. 240.

148 *Tipke*, StRO Bd. II, S. 895.

149 vgl. hierzu die Ausführungen unter 2. Teil A I 2.

150 *Birnbaum*, Leistungsfähigkeitsprinzip, S. 89 ff.; auch *Tipke*, StRO Bd. II, S. 895 bezeichnet das Familienprinzip oder Verwandtschaftsprinzip als Durchbrechung des Leistungsfähigkeitsprinzips.

151 vgl. hierzu die untenstehenden Ausführungen unter 2. Teil B III 2 b.

152 vgl. zum Streitstand die Ausführungen bei *Löhle*, Verfassungsrechtliche Gestaltungsspielräume, S. 91.

Belastungsgleichheit umzusetzen.[153] In der Regel wird der Steuergegenstand dabei in der Bemessungsgrundlage so verdeutlicht und zählbar gemacht, dass sich die Steuerschuld durch Anwendung des Steuersatzes berechnen lässt. Gelingt dies nicht, muss der Gesetzgeber die Gleichheit im Belastungserfolg in anderer Weise gewährleisten, beispielsweise durch differenzierende Bemessung der Steuersätze.[154] Widersprechen sich die unterschiedlichen Belastungen, dann fehlt der rechtfertigende Grund und sie sind als gleichheitswidrig anzusehen. Zugleich liegt ein Verstoß gegen die Freiheitsgarantien des Grundgesetzes vor, wenn die Freiheitsbeschränkung sich nicht mehr aus der Folgerichtigkeit erklären lässt. Die fehlende Folgerichtigkeit ist folglich auch mit dem Rechtsstaatsprinzip unvereinbar.[155]

Im Erbschaftsteuerrecht folgt die Steuerpflicht aus der Beschreibung des steuerlichen Gegenstandes, nämlich dem unentgeltlichen Erwerb. Die grundlegende Belastungsentscheidung trifft der Gesetzgeber in § 1 ErbStG, wonach der Erbschaftsteuer Erwerbe von Todes wegen, Schenkungen unter Lebenden, Zweckzuwendungen und das Vermögen von Stiftungen unterliegen. Die Belastung gründet folglich in dem unentgeltlichen Erwerb von Leistungsfähigkeit. Gleichheit ist demnach gegeben, wenn die in § 1 Abs. 1 ErbStG normierten Tatbestände der Steuer unterliegen.[156]

Der Gesetzgeber ist durch den Grundsatz der Folgerichtigkeit nicht daran gehindert, außerfiskalische Förderungs- und Lenkungsziele zu verfolgen.[157] Der Lenkungszweck ist allerdings nur dann gerechtfertigt, wenn er von einer erkennbar gesetzgeberischen Entscheidung getragen und seinerseits wiederum gleichheitsgerecht ausgestaltet ist. Gemeint ist damit, dass die Begünstigung aus Gründen des Gemeinwohls gerechtfertigt sein muss.[158] Eine zulässige Differenzierung zum Vorteil von Ehe und Familie stellt beispielsweise Art. 6 Abs. 1 GG

---

153 BVerfG, Beschluss vom 07.05.1968 – 1 BvR 420/64, BVerfGE 23, 242 (256); BVerfG, Urteil vom 19.03.1991 – 2 BvR 1493/89, BVerfGE 84, 239 (271).

154 BVerfG, Beschluss vom 22.06.1995 – 2 BvL 37/91, BVerfGE 93, 121 (136).

155 *P. Kirchhof*, in: Isensee/Kirchhof, HStR V, § 118 Rn. 178.

156 *Jochum*, Die Steuervergünstigung, S. 115.

157 BVerfG, Beschluss vom 22.06.1995 – 2 BvL 37/91, BVerfGE 93, 121 (147); vom 11.11.1998 2 BvL 10/95, BVerfGE 99, 280 (299); vom 06.03.2003 – 2 BvL 17/99, BVerfGE 105, 73 (112); BVerfG, Urteil, vom 20.04.2004 – 1 BvR 1748/99, 905/00, BVerfGE 110, 274 (292).

158 BVerfG, Beschluss vom 22.06.1995 – 2 BvL 37/91, BVerfGE 93, 121 (147 f.); BVerfG, Urteil, vom 20.04.2004 – 1 BvR 1748/99, 905/00, BVerfGE 110, 274 (293); vom 07.11.2006 – 1 BvL 10/02, BVerfGE 117, 1 (31).

dar.[159] Wird andererseits zum Nachteil der Familie differenziert, so muss die besondere Schutzfunktion von Art. 6 Abs. 1 GG beachtet werden.[160]

Auch im Erbschaftsteuerrecht weicht der Gesetzgeber von der grundlegenden Belastungsentscheidung in § 1 Abs. 1 ErbStG an einigen Stellen zugunsten steuerlicher Entlastungen von Ehe und Familie ab. Hierzu gehören beispielsweise die Freibeträge in § 16 ErbStG zugunsten von Familienangehörigen wie auch die Versorgungsfreibeträge nach § 17 ErbStG, wonach die Versorgung der Familie nach dem Tod des Erblassers sichergestellt werden soll. Der Gesetzgeber folgt damit der Forderung des Bundesverfassungsgerichts nach Freistellung des familiären Gebrauchsvermögens.[161]

2. *Zusammenfassung zum Gleichheitssatz*

Der allgemeine Gleichheitssatz stellt im Steuerrecht die wichtigste Grenze für den Gesetzgeber und den Hauptprüfungsmaßstab bei der Beurteilung der Verfassungsmäßigkeit der Gesetze und deren Anwendung dar. Hieraus folgen die formelle Rechtsanwendungsgleichheit durch die Finanzbehörden und die Gerichte sowie die Rechtsetzungsgleichheit durch den Gesetzgeber. Dabei unterliegt die grundsätzliche Belastungsentscheidung lediglich einer Willkürkontrolle. Abweichungen hiervon innerhalb des Steuersystems bedürfen eines besonderen, sachlich rechtfertigenden Grundes im Sinne des Verhältnismäßigkeitsgrundsatzes. Der Gesetzgeber hat dabei insbesondere das Prinzip der Besteuerung nach finanzieller Leistungsfähigkeit sowie das Folgerichtigkeitsgebot zu beachten. Im Erbschaftsteuerrecht kommt es auf den Zuwachs an Leistungsfähigkeit bei Vermögensübertragungen an. Dies bringt die Normierung des steuerpflichtigen Erwerbs in § 10 Abs. 1 ErbStG zum Ausdruck. Abweichungen hiervon finden sich im Erbschaftsteuergesetz vor allem zugunsten von Familienangehörigen. Dem Folgerichtigkeitsgebot zufolge hat der Gesetzgeber die einmal getroffene Belastungsentscheidung zählbar umzusetzen. Gegensätze zu dieser grundlegenden Belastung sind grundsätzlich gleichheitswidrig, außer der Gesetzgeber verfolgt außerfiskalische Förderungs- und Lenkungsziele. Die grundsätzliche Belastungsentscheidung in diesem Sinne kommt im Erbschaftsteuerrecht in § 1

---

159 *Starck*, in: v.Mangoldt/Klein/Starck, GG Bd. I, Art. 3 Abs. 1 Rn. 19.

160 BVerfG, Beschluss vom 26.11.1964 – 1 BvL 14/62, BVerfGE 18, 257 (269); vom 10.07.1984 – 1 BvL 44/80, BVerfGE 67, 186 (195 f.); vom 07.07.1992 – 1 BvL 51/86, 1 BvL 50/87, 1 BvR 873/90, 1 BvR 761/91, BVerfGE 87, 1 (36).

161 vgl. hierzu die Ausführungen im Erbschaftsteuerbeschluss unter 1. Teil A I; *Jochum*, Die Steuervergünstigung, S. 115.

Abs. 1 ErbStG zum Tragen. Abweichungen hiervon sind zugunsten von Familienangehörigen zulässig, um den Erhalt des familiären Gebrauchsvermögens zu sichern. Es handelt sich dabei um zulässige außerfiskalische Förderungs- und Lenkungsziele.

III. Sozialstaatsprinzip

Nach Art. 20 Abs. 1 GG ist die Bundesrepublik Deutschland ein „demokratischer und sozialer Bundesstaat". Ergänzt wird dies durch Art. 28 Abs. 1 GG, wonach die verfassungsmäßige Ordnung der Länder „den Grundsätzen des republikanischen, demokratischen und sozialen Rechtsstaates im Sinne des Grundgesetzes entsprechen" muss. Aus der Kombination dieser beiden grundgesetzlichen Normen folgt das Sozialstaatsprinzip. Allerdings lässt sich dem Grundgesetz nicht direkt entnehmen, was hierunter zu verstehen ist. Aufgrund der Festlegung des Rechtsstaates als Sozialstaat geht es jedenfalls um die Verwirklichung des Gerechtigkeitsgedankens und um den Abbau tatsächlicher Ungleichheiten.[162] Im Folgenden wird das Sozialstaatsprinzip in seiner allgemeinen Bedeutung (1.) und der konkreten Geltung im Erbschaftsteuerrecht (2.) beleuchtet.

1. Allgemeine Bedeutung des Sozialstaatsprinzips im Steuerrecht

Das im Grundgesetz verankerte Sozialstaatsprinzip stellt ein leitendes Prinzip aller staatlichen Maßnahmen dar. Es handelt sich dabei zwar um eine Forderung, die aufgrund der Betonung des Sozialstaates einen besonderen Akzent erhalten hat, in der konkreten Ausgestaltung allerdings auch weitumfassend und daher in hohem Maße konkretisierungsbedürftig ist.[163] Hinzu kommt, dass die Verfassung in ihrer Ausgestaltung nicht jegliche soziale, insbesondere ökonomische Ungleichheit ausgleichen kann.[164]

Im Steuerrecht wird der soziale Ausgleich zunächst durch Fiskalzwecknormen verwirklicht, welche das Leistungsfähigkeitsprinzip widerspruchsfrei umsetzen.[165] Fiskalzwecknormen bezwecken zwar zunächst die Deckung des notwendigen Finanzbedarfs der öffentlichen Haushalte.[166] Die Finanzierung der Staatsaufgaben steht jedoch in Abhängigkeit zu der individuellen finanziellen

162 *Tipke*, StRO Bd. I, S. 400.

163 BVerfG, Urteil vom 17.08.1956 – 1 BvB 2/51, BVerfGE 5, 85 (198).

164 BVerfG, Beschluss vom 08.05.2013 – 1 BvL 1/08, BVerfGE 134, 1 (14).

165 *Hey*, in: Tipke/Lang, Steuerrecht, § 3 Rn. 211.

166 *Hey*, in: Tipke/Lang, Steuerrecht, § 3 Rn. 20.

Leistungsfähigkeit des Steuerpflichtigen.[167] Das Steuerrecht bezweckt folglich auch den Abbau von stark unterschiedlichen Einkommens- und Vermögensverhältnissen und vermittelt eine Korrektur in der Einkommensverteilung.[168] Daneben dient das Sozialstaatsprinzip im Steuerrecht auch der Rechtfertigung von Umverteilungsnormen. Die Umverteilung wird entweder durch Sozialzwecknormen gewährleistet oder sie tritt zur Fiskalzweckfunktion einer Steuer hinzu. Die Steuer hat dann also eine Doppelfunktion.[169]

2. Sozialstaatsprinzip im Erbschaftsteuerrecht

Auch die Erbschaftsteuer hat neben der Fiskalzweckfunktion eine Umverteilungsfunktion.[170] Aufgrund ihrer geringen Ergiebigkeit kann sie jedoch nicht bedeutend zur Umverteilung beitragen.[171] Anders sehen dies jedoch die Richter Gaier und Masing und die Richterin Baer in ihrem Sondervotum im Anschluss an den Beschluss des Bundesverfassungsgerichts zur Verschonung betrieblichen Vermögens vom 17.12.2014.[172] Hiernach wird der Umverteilungsfunktion der Erbschaftsteuer durchaus eine bedeutende Rolle beigemessen. Die Richter stimmen dem Beschluss zwar im Wesentlichen zu, sehen jedoch den Gedanken der Umverteilung, basierend auf Grundlage des Sozialstaatsprinzips nach Art. 20 Abs. 1 GG als weiteres Element, welches zur Begründung herangezogen werden muss. Denn die Erbschaftsteuer sei „ein Beitrag zur Herstellung sozialer Chancengleichheit, die sich in einer freien Ordnung nicht von selbst herstellt“[173]. Die rechtliche Gleichheit in Verbindung mit der individuellen Handlungs- und Erwerbsfreiheit und der Garantie des Eigentums führe zu Ungleichheiten in der Rechtsordnung, welche ausgeglichen werden müssen. Die Erbschaftsteuer sei deswegen ein Instrument des Sozialstaates, welches verhindere, „dass Reichtum in der Folge der Generationen in den Händen weniger kumuliert und allein aufgrund von Herkunft oder persönlicher Verbundenheit unverhältnismäßig anwächst“[174]. Um ein Machtgefälle zu verhindern stünde der Gesetzgeber

---

167 vgl. hier die Definition des Leistungsfähigkeitsprinzips in 2. Teil A I.

168 *Tipke*, StRO Bd. I, S. 401.

169 *Hey*, in: Tipke/Lang, Steuerrecht, § 3 Rn. 212.

170 *Tipke*, StRO Bd. I, S. 411; *Hey*, in: Tipke/Lang, Steuerrecht, § 3 Rn. 212.

171 vgl. hierzu bereits oben unter 2. Teil A II; *Hey*, in: Tipke/Lang, Steuerrecht, § 7 Rn. 41.

172 BVerfG, Beschluss vom 17.12.2014 – 1 BvL 21/12, BVerfGE 138, 136 ff., dort 252 ff.; vgl. zum Beschluss selbst bereits oben unter 1. Teil C.

173 BVerfG, Beschluss vom 17.12.2014 – 1 BvL 21/12, BVerfGE 138, 136 (252).

174 BVerfG, Beschluss vom 17.12.2014 – 1 BvL 21/12, BVerfGE 138, 136 (253).

deswegen in der Pflicht, für einen Ausgleich der sozialen Gegensätze zu sorgen. Das ökonomische Ungleichgewicht verstärke sich, wenn gerade die verschont würden, die als erfolgreiche Unternehmer über größte Vermögensmassen verfügen. Eine Verschonung sei nur dann gerechtfertigt, wenn dies im Einzelfall aufgrund der Erhaltung von Arbeitsplätzen oder sonst zum gemeinen Wohl erforderlich sei. Das Sozialstaatsprinzip strahle daher in den Gleichheitssatz hinein.

Damit rückt das Sondervotum den Gedanken der Umverteilung im Erbschaftsteuerrecht in den Vordergrund, wobei dieser erstmalig aus Art. 20 Abs. 1 GG abgeleitet wird.[175] Mangels rechtlicher Grundlagen lässt sich allerdings nicht feststellen, an welche Institutionen die Verwirklichung dieses Umverteilungsprinzips adressiert ist und auch nicht in welchem Umfang.[176] Dem Sozialstaatsprinzip lässt sich keine rechtswissenschaftlich tragfähige Einzelverpflichtung entnehmen.[177] Konkrete Verpflichtungen werden auch im Sondervotum nicht herausgearbeitet. Insbesondere der Begriff „soziale Ungleichheiten" wird nicht näher definiert, es wird lediglich an unterschiedlichen Stellen von „materieller Gleichheit"[178], „Ungleichheit bei der Verteilung des Vermögens"[179] und „ökonomischer Gleichheit"[180] gesprochen.[181] Weil der Grundsatz inhaltlich offen ist, können auch dem Gesetzgeber hieraus keine Verpflichtungen auferlegt werden.[182] Somit lässt sich insgesamt auf Grundlage des Art. 20 Abs. 1 GG keine konkrete Umverteilungsfunktion der Erbschaftsteuer begründen.

Dass die Erbschaftsteuer allerdings insgesamt auch eine soziale Komponente hat, lässt sich nicht abstreiten. Dies ergibt sich bereits aus der Berücksichtigung des Familienprinzips im Erbschaftsteuerrecht, wonach die Steuerbelastung je nach Verwandtschaftsgrad und Höhe des Vermögenszugangs ansteigt.[183] Es ist auch nicht von der Hand zu weisen, dass ihr ein gewisser Umverteilungseffekt zukommt. Allerdings geht diese soziale Komponente nicht über das hinaus, was auch anderen Steuerarten, wie beispielsweise der Einkommensteuer,

---

175 *Piltz*, ZEV 2018, 170 (172).

176 *Osterloh-Konrad*, StuW 2017, 305 (318).

177 *Sachs*, NJW 2015, 601 (604).

178 BVerfG, Beschluss vom 17.12.2014 – 1 BvL 21/12, BVerfGE 138, 136 (252 Rn. 2).

179 BVerfG, Beschluss vom 17.12.2014 – 1 BvL 21/12, BVerfGE 138, 136 (252 Rn. 3).

180 BVerfG, Beschluss vom 17.12.2014 – 1 BvL 21/12, BVerfGE 138, 136 (252 Rn. 6).

181 *Sachs*, NJW 2015, 601 (601 f.).

182 *Sachs*, NJW 2015, 601 (604).

183 *Crezelius*, ZEV 2015, 1 (7).

zukommt.[184] Es wäre daher nicht gerechtfertigt, dem Gesetzgeber vor dem Hintergrund des Sozialstaatsprinzips die Pflicht aufzuerlegen, Vermögensansammlungen beim Bürger zu verhindern, weil diese lediglich geerbt und nicht erarbeitet sind.[185]

3. Zusammenfassung zum Sozialstaatsprinzip

Das Sozialstaatsprinzip gilt als leitendes Prinzip staatlicher, und damit auch steuerrechtlicher Maßnahmen. Für die Erbschaftsteuer folgt hieraus, dass neben deren Funktion als Fiskalzwecknorm auch eine Umverteilungsfunktion tritt. Allerdings trägt diese Umverteilungsfunktion nicht nennenswert zum Gesamtsteueraufkommen bei. Hieran ändert auch das Sondervotum der Richter Gaier und Masing und der Richterin Baer im Anschluss an den Beschluss des Bundesverfassungsgerichts vom 17.12.2014 nichts. Denn die hierin begründete Ableitung des Umverteilungsgedankens aus dem Sozialstaatsprinzips bleibt einer konkreten Ausgestaltung und Begründung der sozialstaatlichen Verpflichtungen schuldig. Zudem führt die jeder Steuer und damit auch der Erbschaftsteuer immanente Umverteilung nicht dazu, dass dem Gesetzgeber die Pflicht zur Verhinderung von Vermögensansammlungen durch Erbschaften oder Schenkungen auferlegt werden muss.

IV. Freiheitsgrundrechte

Die Grundrechte im Grundgesetz unterscheiden zwischen Freiheits- und Gleichheitsgrundrechten. Während sich der allgemeine Gleichheitssatz auf die unterschiedliche Behandlung von Sachen und Personen bezieht, geht es bei Freiheitsgrundrechte um die Abwehr von staatlichen Eingriffen zum Nachteil des Schutzbereiches.[186] Staatliche Eingriffe sind dabei auf Maßnahmen beschränkt, die das gewählte Mittel mithilfe der Kriterien der Geeignetheit, Erforderlichkeit und Zumutbarkeit (sogenannter „Verhältnismäßigkeitsgrundsatz“) in ein angemessenes Verhältnis zum avisierten Zweck setzen.[187]

Vor Eingriffen staatlicher Finanzgewalt schützt insbesondere die Eigentums- und Erbrechtsgarantie nach Art. 14 Abs. 1 Satz 1 GG.[188] Beide Freiheiten sind

184 *Birk*, StuW 2005, 346 (348).

185 *Becker*, in: Stern/Becker, GG, Art. 14 Rn. 297.

186 *v.Münch/Kunig*, in: v.Münch/Kunig, GG, Vorb. Art. 1-19, Rn. 7 ff.

187 *Hey*, in: Tipke/Lang, Steuerrecht, § 3 Rn. 180.

188 *P. Kirchhof*, in: Isensee/Kirchhof, HStR V, § 118 Rn. 117.

gleichermaßen von diesem Grundrecht erfasst, da Eigentum und Erbrecht essentielle Grundelemente einer auf Selbstverantwortung gründenden Vermögens- und Gesellschaftsordnung darstellen. Das Erbrecht perpetuiert gleichsam das Eigentum in der Privatrechtsordnung.[189] Es garantiert damit das weitere Bestehen des Privateigentums, welches die Grundlage einer eigenverantwortlichen Lebensgestaltung darstellt.[190] Die Erbrechtsgarantie umfasst allerdings nur Erwerbe von Todes wegen. Schenkungen, als Erwerbe unter Lebenden, unterliegen hingegen der Eigentumsgarantie.[191]

Daneben ist der Steuerpflichtige auch durch andere Freiheitsgrundrechte vor staatlichen Eingriffen durch den Fiskus geschützt. Der grundrechtliche Schutz der Eigentümerfreiheit ist in der Regel jedoch spezieller, hinter welcher die anderen Freiheitsgarantien zurücktreten (1.).[192] Im Erbschaftsteuerrecht stellt vor allem der Schutz von Ehe und Familie aus Art. 6 Abs. 1 GG weitere besondere Anforderungen an den Gesetzgeber (2.).[193]

1. *Eigentums- und Erbrechtsgarantie*

„Das Eigentum und das Erbrecht werden gewährleistet." So steht es jedenfalls an erster Stelle in Art. 14 Abs. 1 Satz 1 GG geschrieben. Allerdings fordert Art. 14 Abs. 2 Satz 1 und Satz 2 GG im Anschluss daran auch: „Eigentum verpflichtet. Sein Gebrauch soll zugleich dem Wohle der Allgemeinheit dienen." Diese Gemeinwohlbindung bezieht sich sowohl auf die Eigentums- wie auch auf die Erbfreiheit.[194] Die Besteuerung des Eigentümers ist Ausdruck dieser Gemeinwohlbindung.[195] Damit greifen Steuern – und hier im Besonderen die Erbschaftsteuer – in den Schutzbereich von Art. 14 Abs. 1 GG ein. Um die Steuerschuld begleichen zu können, muss der Steuerpflichtige zweifelsohne sein eigentumsrechtlich geschütztes Barvermögen verwenden.[196] Der Wesensgehalt

---

189 *Papier/Shirvani*, in: Maunz/Dürig, GG (83. EL April 2018), Art. 14 Rn. 404.

190 BVerfG, Beschluss vom 09.01.1991 – 1 BvR 929/89, BVerfGE 83, 201 (208); vom 31.03.1998 – 2 BvR 1877/97, 2 BvR 50/98, BVerfGE 97, 350 (370).

191 *Gottschalk*, in: Troll/Gebel/Jülicher/Gottschalk, ErbStG (EL 37 März 2009), Einf. Rn. 41.

192 *P. Kirchhof*, in: Isensee/Kirchhof, HStR V, § 118 Rn. 140.

193 *Becker*, in: Stern/Becker, GG, Art. 14 Rn. 296.

194 *Leisner*, in: Isensee/Kirchhof, HStR VIII, § 174 Rn. 25.

195 *Leisner*, in: Isensee/Kirchhof, HStR VIII, § 174 Rn. 27 bezeichnet die Erbschaftsteuer sogar als die „praktisch wichtigste Form der Gemeinwohlbindung der Erbfreiheit."

196 *Hey*, in: Tipke/Lang: Steuerrecht, § 3 Rn. 190.

des Eigentümerrechts wird allerdings nicht nur durch Wegnahme eines Steuerbetrages verletzt, sondern bereits im Fall der unangemessenen Begrenzung der Eigentumsfreiheit durch ein Steuergesetz. Konkret gemeint ist damit die Beschränkung des Rechts zu privatnützigem Erwerben, Haben, Nutzen, Verbrauchen, Verwalten und Veräußern.[197] Als Folge dieses von der Verfassung so umfassend geschützten privatnützigen Eigentümerhandelns stellt sich daher die Frage, ob bereits das Vermögen als Solches vom Schutzbereich der Eigentumsfreiheit erfasst ist.[198] Im Folgenden wird daher zunächst der Frage nachgegangen, ob das Vermögen als Handlungsfreiheit des Eigentümers und damit auch das Familienvermögen insgesamt über Art. 14 Abs. 1 GG geschützt ist (a.). Im Anschluss daran werden die verfassungsrechtlichen Anforderungen der Erbrechtsgarantie und sodann die Eigentumsgarantie bei Erwerben unter Lebenden (b.) sowie die Schenkungsfreiheit (c.) erörtert.

a. Schutz des Familienvermögens als Solches

Es stellt sich die Frage, ob bereits das (Familien-)Vermögen als Solches in den Schutzbereich des Art. 14 Abs. 1 Satz 1 GG fällt. Die Diskussion hierüber ist vor allem durch den Beschluss des Bundesverfassungsgerichts zur Vermögensteuer[199] erneut entflammt.[200]

aa. Rechtsprechung des Bundesverfassungsgerichts

Das Bundesverfassungsgericht lehnt es in ständiger Rechtsprechung ab, das Vermögen als Solches vom Schutzbereich des Art. 14 Abs. 1 GG umfasst anzusehen.[201] Aus diesem Grund gewährt Art. 14 GG auch keinen Vermögensschutz des Einzelnen gegen Eingriffe der Finanzgewalt durch Einforderung von Geldleistungspflichten.[202] Die Freiheit im wirtschaftlichen Verkehr ist lediglich von der allgemeinen Handlungsfreiheit nach Art. 2 Abs. 1 GG umfasst.[203]

---

197 *P. Kirchhof*, VVDStRL Heft 39 (1981), 213 (233).

198 *P. Kirchhof*, VVDStRL Heft 39 (1981), 213 (235 f.).

199 vgl. hierzu die Ausführungen unter 1. Teil A II.

200 *Tipke*, StRO Bd. I, S. 439.

201 ständige Rspr.: BVerfG, Beschluss vom 31.05.1988 – 1 BvL 22/85, BVerfGE 78, 232 (243); vom 12.10.1994 – 1 BvL 19/90, BVerfGE 91, 207 (220); BVerfG, Urteil vom 08.04.1997 – 1 BvR 48/94, BVerfGE 95, 267 (300).

202 BVerfG, Urteil vom 20.07.1954 – 1 BvR 459, 484, 548, 555, 623, 651, 748, 783, 801/52, 5, 9/53, 96, 114/54, BVerfGE 4, 7 (17).

203 BVerfG, Beschluss vom 08.04.1987 – 2 BvR 909, 934, 935, 936, 938, 941, 942, 947/82, 64/83 und 142/84, BVerfGE 75, 108 (154).

Hieran hält das Bundesverfassungsgericht jedoch nicht durchgängig fest. Im Beschluss zur Vermögensteuer[204] führt es aus: „Sie [die Vermögensteuer] greift in die in der Verfügungsgewalt und Nutzungsbefugnis über ein Vermögen angelegte allgemeine Handlungsfreiheit (Art. 2 Abs. 1 GG) gerade in deren Ausprägung als persönliche Entfaltung im vermögensrechtlichen Bereich ein (Art. 14 GG).“[205] Das Bundesverfassungsgericht verweist dabei auf den Beschluss zur Steuerfreiheit des Existenzminimums[206], worin es gleichfalls den Eingriff der Steuergesetze in die allgemeine Handlungsfreiheit in ihrer Ausprägung als persönliche Entfaltung im vermögensrechtlichen und beruflichen Bereich betont und dabei auf Art. 14 Abs. 1 GG und auf Art. 12 Abs. 1 GG verweist.[207] Demzufolge steht die persönliche Entfaltung im vermögensrechtlichen Bereich jedenfalls im Zusammenhang mit Art. 14 Abs. 1 GG.[208]

Mit dieser Rechtsprechung steht das Bundesverfassungsgericht in Einklang mit einer Literaturansicht, wonach das Vermögen als Zusammenfassung der einzelnen Rechtspositionen des Eigentümers zu verstehen sei, welche es dem Steuerpflichtigen erlauben, selbst die Mittel zur Erfüllung der Steuerpflicht zu wählen.[209] Die Eigentümerfreiheit begrenzt folglich den Handlungsspielraum des Einzelnen im Rahmen seines wirtschaftlichen Verhaltens. Weil das Gesamtvermögen die Grundlage dieser Handlungsfreiheit darstellt, ist dieses folglich auch grundsätzlich von Art. 14 Abs. 1 GG geschützt.[210] Hiergegen spricht allerdings, dass gerade, weil das Vermögen als Sammelbegriff zu verstehen ist, dieses deswegen auch nicht mit besonderen Rechten ausgestattet sein kann. Denn sämtliche einzelne Bestandteile des Vermögens sind von der Rechtsordnung schon mit Rechten versehen. Seine Steuerlasten hat der Steuerpflichtige aus seinem ständig schwankenden Vermögen zu bedienen. Hierfür werden ganz konkrete Rechtspositionen beeinträchtigt oder Vermögenswerte hingegeben, welche

---

204 vgl. hierzu die Ausführungen unter 1. Teil A II.

205 BVerfG, Beschluss vom 22.06.1995 – 2 BvL 37/91, BVerfGE 93, 121 (137).

206 BVerfG, Beschluss vom 25.09.1992 – 2 BvL 5, 8, 14/91, BVerfGE 87, 153.

207 BVerfG, Beschluss vom 25.09.1992 – 2 BvL 5, 8, 14/91, BVerfGE 87, 153 (169).

208 so auch das Sondervotum des Richters *Böckenförde* im Anschluss an den Beschluss, BVerfG, Beschluss vom 22.06.1995 – 2 BvL 37/91, BVerfGE 93, 121, dort 149 ff. (154): „Von dieser Rechtsprechung verabschiedet sich der Senat grundlegend, indem er nunmehr hinsichtlich bestimmter Vermögensbestandteile […] einen isolierten eigentumsrechtlichen Substanzschutz gegenüber der Besteuerung anerkennt…“.

209 *Wendt*, Eigentum und Gesetzgebung, S. 38 f.

210 *P. Kirchhof*, VVDStRL Heft 39 (1981), 213 (235 f.).

im Einzelnen vom Schutz der Eigentümerfreiheit umfasst sind.[211] Um seinen Steuerpflichten nachzukommen, muss der Steuerpflichtige folglich stets einen seiner von Art. 14 Abs. 1 GG geschützten Eigentumsgegenstände einsetzen.[212] Es liegt jedoch nur hinsichtlich dieser konkreten Rechtspositionen ein Eigentumseingriff vor.[213] Dennoch folgt aus dem Eigentumsschutz dieser Rechtspositionen auch mittelbar der Schutz des Gesamtvermögens.[214]

In einem späteren Urteil vom 08.04.1997[215] weicht der Erste Senat des Bundesverfassungsgerichts jedoch wiederum von den Grundaussagen im Beschluss zur Vermögensteuer ab. Er sieht zwar alle vermögenswerte Rechte, die dem Berechtigten von der Rechtsordnung in der Weise zugeordnet sind, dass er die damit verbundenen Befugnisse nach eigener Entscheidung zu seinem privaten Nutzen ausüben darf, vom Schutzbereich der Eigentumsgarantie umfasst an. Dabei wird jedoch auch klargestellt, dass das Vermögen kein Eigentum im Sinne von Art. 14 Abs. 1 GG verkörpert, sondern lediglich als Inbegriff aller geldwerten Güter einer Person zu verstehen ist. Art. 14 Abs. 1 GG schützt daher auch nicht vor der Auferlegung von Geldleistungspflichten.[216]

bb. Zusammenfassung und Schlussfolgerung

Insgesamt spricht also mehr dafür, das Vermögen als Ganzes – und damit auch das Familienvermögen als Solches – nicht in den Schutzbereich des Art. 14 Abs. 1 GG einzubeziehen. Denn das Vermögen ist lediglich als Zusammenfassung einzelner Rechtspositionen zu verstehen. Außerdem muss der Steuerpflichtige stets eine Rechtsposition, egal welcher Art, einsetzen, um seinen Steuerpflichten nachkommen zu können. Dass jedoch mittelbar das Vermögen über Art. 14 GG geschützt ist, lässt sich nicht bestreiten, da der Steuergegenstand aus der

---

211 *Frye*, FR 2010, 603 (605).

212 *Becker*, in: Stern/Becker, GG, Art. 14 Rn. 100.

213 *Depenheuer/Froese*, in: v.Mangoldt/Klein/Starck, GG Bd. I, Art. 14 Rn. 172.

214 im Ergebnis so wohl auch *P. Kirchhof*, VVDStRL Heft 39 (1981), 213 (237 f.): „Allerdings wird nur die Vermögensteuer nach einem Gesamtvermögen bemessen. Alle übrigen Steuergesetze wählen aus der Vermögensgesamtheit einen Steuergegenstand aus, um dieses spezielle Eigentum gesondert zu besteuern.“; ebenso *Wendt*, Eigentum und Gesetzgebung, S. 40, der auch das Vermögen lediglich mittelbar über Art. 14 GG geschützt sieht.

215 BVerfG, Urteil vom 08.04.1997 – 1 BvR 48/94, BVerfGE 95, 267.

216 BVerfG, Urteil vom 08.04.1997 – 1 BvR 48/94, BVerfGE 95, 267(300); der Zweite Senat des Bundesverfassungsgerichts hat die Frage in einem späteren Beschluss vom 18.01.2006 – 2 BvR 2194/99, BVerfGE 115, 97 (112 f.) hingegen bewusst offen gelassen.

Vermögensgesamtheit ausgewählt wird – im Fall der Erbschaftsteuer aus dem Wert der Bereicherung.

b. Erbrechtsgarantie

Verfügungen von Todes wegen sind über die Erbrechtsgarantie nach Art. 14 Abs. 1 Satz 1 GG verfassungsrechtlich verbürgt (aa.). Beschränkt wird diese Erbrechtsgarantie durch die Sozialpflichtigkeit des Eigentums, welche auch für das Erbrecht gilt (bb.).

aa. Inhalt des verfassungsrechtlichen Erbrechtsschutzes

Art. 14 Abs. 1 Satz 1 GG gewährleistet das Erbrecht sowohl als Individualgrundrecht wie auch als Rechtsinstitut.[217] Zentrales Element der Erbrechtsgarantie als Freiheits- bzw. Individualgrundrecht ist die Testierfreiheit des Erblassers. Die Institutsgarantie beinhaltet den staatlichen Regelungsauftrag zur Ausgestaltung und Aufrechterhaltung der grundsätzlich privaten Erbfolge.[218]

Nach den grundlegenden Vorgaben des Bundesverfassungsgerichts im Beschluss zur Erbschaftsteuer gelten diese Prinzipien auch für die Erbschaftsteuer. Folglich muss ihre Ausgestaltung und Bemessung den wesentlichen Kern der Erbrechtsgarantie wahren. Sinn und Funktion des Erbrechts als Rechtseinrichtung und Individualgrundrecht dürfen durch die Erbschaftsteuer auch nicht wertlos werden.[219]

(1) Subjektives Grundrecht

Die Erbrechtsfreiheit als subjektives Grundrecht umfasst die Testierfreiheit des Erblassers. Dies meint das Recht des Erblassers, über das Schicksal seines Nachlasses selbst zu bestimmen[220] und an denjenigen zu vererben, an den er vererben möchte.[221] Dem Recht des Erblassers zu vererben, entspricht das Recht des Erben, kraft Erbfolge zu erwerben[222] und mit dem Tod des Erblassers dessen

217 BVerfG, Beschluss vom 16.10.1984 – 1 BvR 513/78, BVerfGE 67, 329 (340); vom 14.12.1994 – 1 BvR 720/90, BVerfGE 91, 346 (358); vom 28.10.1997 – 1 BvR 1644/94, BVerfGE 97, 1 (6); vom 19.01.1999 – 1 BvR 2161/94, BVerfGE 99, 341 (350); vom 19.04.2005 – 1 BvR 1644/00, 188/03, BVerfGE 112, 332 (348).

218 *Depenheuer/Froese*, in: v.Mangoldt/Klein/Starck, GG Bd. I, Art. 14 Rn. 515.

219 BVerfG, Beschluss vom 22.06.1995 – 2 BvR 552/91, BVerfGE 93, 165 (173).

220 *Wendt*, in: Sachs, GG, Art. 14 Rn. 197.

221 *Jarass*, in: Jarass/Pieroth, GG, Art. 14, Rn. 101.

222 BVerfG, Beschluss vom 22.06.1995 – 2 BvR 552/91, BVerfGE 93, 165 (174).

vermögensrechtliche Stellung zu übernehmen.[223] Damit kann sich nicht nur der Erblasser selbst, sondern auch der Erbe auf das Grundrecht berufen.

(2) Institutsgarantie

Art. 14 Abs. 1 Satz 1 GG stellt daneben zugleich eine Institutsgarantie dar.[224] Es hat die Funktion, den Fortbestand des Privateigentums als Grundlage eigenverantwortlicher Lebensgestaltung im Wege der Rechtsnachfolge zu sichern.[225] Dem Gesetzgeber obliegt es hiernach, den Wesensgehalt der Rechtseinrichtung „Erbrecht", der bei jedem Grundrecht nach Art. 19 Abs. 2 GG erhalten bleiben muss, insofern zu wahren, dass die im bürgerlichen Erbrecht festgelegten essentiellen Ordnungsprinzipien und Grundstrukturen nicht verlustig gehen.[226] Hierzu gehören insbesondere die Testierfreiheit[227] und das Verwandtenerbrecht[228].

Die Testierfreiheit stellt das zentrale Element der Erbrechtsfreiheit dar[229] und erfährt als Bestandteil der Sicherung der persönlichen Freiheit besonders ausgeprägten Schutz.[230] Sie umfasst die Befugnis des Erblassers, sein Vermögen nach seinem Tod abweichend von der gesetzlichen Erbfolge an einen oder mehrere Rechtsnachfolger zu überlassen und gibt ihm insbesondere auch die Möglichkeit, einen gesetzlichen Erben vom Nachlass auszuschließen und auf den gesetzlichen Pflichtteil zu beschränken.[231] Die Testierfreiheit ist allerdings nur in ihrem Kernbestand verfassungsrechtlich gewährleistet, weshalb der Gesetzgeber Regelungen über die Form, die Testierfähigkeit, Gültigkeitsanforderungen sowie Anfechtungs- und Widerrufsmöglichkeiten erlassen kann.[232]

---

223 *Jarass*, in: Jarass/Pieroth, GG, Art. 14, Rn. 101.

224 BVerfG, Beschluss vom 16.10.1984 – 1 BvR 513/78, BVerfGE 67, 329 (340); vom 14.12.1994 – 1 BvR 720/90, BVerfGE 91, 346 (358); vom 19.04.2005 – 1 BvR 1644/00, 188/03, BVerfGE 112, 332 (348).

225 BVerfG, Beschluss vom 19.04.2005 – 1 BvR 1644/00, 188/03, BVerfGE 112, 332 (348).

226 *Depenheuer/Froese*, in: v.Mangoldt/Klein/Starck, GG Bd. I, Art. 14 Rn. 518.

227 BVerfG, Beschluss vom 16.10.1984 – 1 BvR 513/78, BVerfGE 67, 329 (341); vom 14.12.1994 – 1 BvR 720/90, BVerfGE 91, 346 (358); vom 19.04.2005 – 1 BvR 1644/00, 1 BvR 188/03, BVerfGE 112, 332 (348).

228 BVerfG, Beschluss vom 22.06.1995 – 2 BvR 552/91, BVerfGE 93, 165 (173).

229 *Leisner*, Verfassungsrechtliche Grenzen, S. 50.

230 *Depenheuer/Froese*, in: v.Mangoldt/Klein/Starck, GG Bd. I, Art. 14 Rn. 519.

231 BVerfG, Beschluss vom 03.11.1981 – 1 BvL 11/77, 1 BvL 85/78, 1 BvR 47/81, BVerfGE 58, 377 (398); vom 19.01.1999 – 1 BvR 2161/94, BVerfGE 99, 341 (350 f.).

232 *Papier/Shirvani*, in: Maunz/Dürig, GG (83. EL April 2018), Art. 14 Rn. 412; *Depenheuer/Froese*, in: v.Mangoldt/Klein/Starck, GG Bd. I, Art. 14 Rn. 520.

Zum grundlegenden Gehalt der Erbrechtsgarantie gehört außerdem das Verwandtenerbrecht.[233] Dazu zählt nach der Rechtsprechung des Bundesverfassungsgerichts zum Pflichtteilsrecht auch die grundsätzlich unentziehbare und bedarfsunabhängige wirtschaftliche Mindestbeteiligung der Kinder am Nachlass.[234] Diese Beteiligung wird durch die Erbrechtsgarantie des Art. 14 Abs. 1 GG in Verbindung mit Art. 6 Abs. 1 GG gewährleistet.[235] Das Verwandtenerbrecht ist jedoch nur nahen Angehörigen garantiert.[236] Verfassungsrechtlich gesichert ist damit lediglich die gesetzliche Erbfolge der engeren Familie, so wie es auch Art. 6 Abs. 1 GG fordert.[237]

Die Bedeutung des Verwandtenerbrechts wird in der Literatur teilweise bestritten. Soweit man das Verwandtenerbrecht als Bestandteil der Erbrechtsgarantie ansehe, schwäche dies letztlich den Zusammenhang des Erbrechts mit der Eigentumsgarantie. Die Funktion von Eigentum und Erbrecht, wie sie in Art. 14 Abs. 1 GG in einem Satz genannt sind, bestünde letztlich in der Sicherung der Privatnützigkeit des Eigentums über den Tod hinaus.[238] Weil die Wirkungen des Verwandtenerbrechts nur eintreten, wenn der Erblasser seine Familienangehörigen nicht durch letztwillige Verfügung ausschließe, genieße das Verwandtenerbrecht einen der Testierfreiheit nachgeordneten Rang.[239]

Dem widerspricht jedoch, dass es einer bereits langen, historisch gewachsenen Tradition entspricht, Kinder am Nachlass teilhaben zu lassen. Aus diesem Grunde handelt es sich dabei um einen untrennbaren Bestandteil der Erbrechtsgarantie.[240] Diese traditionelle Entwicklung und Gestaltung des Erbrechts in Kombination mit der Wertentscheidung des Grundgesetzes in Art. 6 Abs. 1 GG legt eine Teilhabe der engen Familienmitglieder am Nachlass zugrunde.[241]

---

233 BVerfG, Beschluss vom 21.07.2010 – 1 BvR 611, 2464/07, BVerfGE 126, 400 (424).

234 BVerfG, Beschluss vom 19.04.2005 – 1 BvR 1644/00 und 1 BvR 188/03, BVerfGE 112, 332 (349); vgl. hierzu die Ausführungen unter 1. Teil D II.

235 BVerfG, Beschluss vom 19.04.2005 – 1 BvR 1644/00, 1 BvR 188/03, BVerfGE 112, 332 (348).

236 vgl. BVerfG, Beschluss vom 22.06.1995 – 2 BvR 552/91, BVerfGE 93, 165 (173 f.).

237 *Leisner*, in: Isensee/Kirchhof, HStR VIII, § 174 Rn. 20; *Wendt*, in: Sachs, GG, Art. 14 Rn. 198; *Bryde*, in: v.Münch/Kunig, GG Bd. I, Art. 14 Rn. 45.

238 *Wieland*, in: Dreier, GG, Art. 14 Rn. 82.

239 *Leisner*, in: Isensee/Kirchhof, HStR VIII, § 174 Rn. 20; ebenso *Schubert*, Die Verfassungswidrigkeit, S. 140.

240 BVerfG, Beschluss vom 19.04.2005 – 1 BvR 1644/00, 1 BvR 188/03, BVerfGE 112, 332 (350); vgl. bereits oben die Darstellung unter 1. Teil D II.

241 *Papier/Shirvani*, in: Maunz/Dürig, GG (83. EL April 2018), Art. 14 Rn. 409; *Becker*, in: Stern/Becker, GG, Art. 14 Rn. 115.

Gesteht man dem Verwandtenerbrecht lediglich eine nachrangige Position zu, so würde dies schließlich dazu führen, dass der grundrechtliche Schutz des Erbrechts mit dem Tode des Erblassers erlischt und damit weitgehend entwertet wird.[242]

bb. Beschränkungen des verfassungsrechtlichen Erbrechtsschutzes

Besteuert der Staat den Erwerb durch Erbanfall vollständig weg, so würde die Gewährleistung der Testierfreiheit und des Erbrechts weitgehend leerlaufen. Folglich muss Art. 14 Abs. 1 GG die Erbschaftsbesteuerung verfassungsrechtlich begrenzen.[243] Es wird im Folgenden zunächst auf die allgemeinen Schranken des Erbrechts (1) und sodann auf den spezifischen Kontext dieser im Erbschaftsteuerrecht (2) eingegangen.

(1) Allgemeine Vorgaben

Nach Art. 14 Abs. 1 Satz 2 GG werden Inhalt und Schranken durch die Gesetze bestimmt. Darüber hinaus wird über Art. 14 Abs. 2 Satz 1 und Satz 2 GG die Sozialpflichtigkeit des Eigentums gefordert. Obwohl sich diese Verpflichtung des Eigentums zum Gemeinwohl dem Wortlaut nach nur an das Eigentum zu richten scheint, gilt diese auch für das Erbrecht. Denn für die Sozialbindung nach Art. 14 Abs. 2 GG kommt es ohnehin auf die Begrenzung durch Inhalt und Schranken durch die Gesetze nach Art. 14 Abs. 1 Satz 2 GG an. Diese Begrenzung findet jedoch eindeutig auch für die Erbrechtsgarantie Anwendung.[244] Die Sozialpflichtigkeit des Erbrechts zugrunde gelegt, folgt hieraus, dass der Spielraum des Gesetzgebers umso weiter wird, je größer das Vermögen des Erblassers ist. Folglich ist es nicht ausgeschlossen, dass dem Staat ein Anteil an der Erbmasse zusteht.[245]

Im Rahmen der Erbrechtsgarantie steht dem Gesetzgeber jedoch ein Gestaltungsspielraum zu, der weiter reicht als bei der Eigentumsgarantie.[246] Denn die Aufgabe und Übertragung des Eigentums auf den Erben stellen eine besondere

242 BVerfG, Beschluss vom 19.01.1999 – 1 BvR 2161/94, BVerfGE 99, 341 (349).

243 *Hannes/Holtz*, in: Meincke/Hannes/Holtz, ErbStG, Einf. Rn. 11.

244 *Papier/Shirvani*, in: Maunz/Dürig, GG (83. EL April 2018), Art. 14 Rn. 406; nach *Bryde*, in: v.Münch/Kunig, GG Bd. I, Art. 14 Rn. 42, folgt dies bereits aus der Sozialpflichtigkeit des Eigentums, welche vor und nach dem Erbfall besteht.

245 *Wendt*, in: Sachs, GG, Art. 14 Rn. 199a; *Jarass*, in: Jarass/Pieroth, GG, Art. 14 Rn. 107.

246 BVerfG, Beschluss vom 22.06.1995 – 2 BvR 552/91, BVerfGE 93, 165 (174); vom 19.04.2005 – 1 BvR 1644/00, 1 BvR 188/03, BVerfGE 112, 332 (348).

Form der Eigentumsnutzung dar und ermöglichen substanzmindernde Zugriffe des Gesetzgebers auf das Eigentum in der Person des Erben, die in der Person des Eigentümers unzulässig gewesen wären.[247] Der Schutz des Eigentumsbestandes garantiert dem Eigentümer nämlich, dass er die Entziehung der Eigentumssubstanz grundsätzlich nicht (entschädigungslos) hinnehmen muss.[248] Die Erbrechtsgarantie verlangt jedoch vom Gesetzgeber allein, dass er den grundlegenden Gehalt des verfassungsrechtlich gewährten Erbrechts wahrt und sich in Einklang mit allen anderen Verfassungsnormen hält.[249] Grenzen ergeben sich folglich aus dem Verhältnismäßigkeitsgrundsatz und dem allgemeinen Gleichheitssatz.[250] Eine weitere Einschränkung stellt außerdem der Schutz von Ehe und Familie nach Art. 6 Abs. 1 GG dar.[251]

(2) Spezifische Vorgaben für die Besteuerung von Erbschaften

Entsprechend der Sozialpflichtigkeit des Eigentums nach Art. 14 Abs. 2 GG gilt für die Besteuerung von Erbschaften, dass der Vermögensertrag zwar einerseits dem steuerlichen Gemeinwohl offen steht, andererseits dem Berechtigten aber auch ein privater Ertragsnutzen verbleiben muss.[252] Jedenfalls darf der erbschaftsteuerliche Zugriff nicht so intensiv sein, dass der Staat aufgrund seiner hoheitlichen Befugnisse gleichsam als rechtlicher Erbe angesehen werden kann.[253]

Im Beschluss zur Erbschaftsteuer legt das Bundesverfassungsgericht abstrakt dar, dass der erbschaftsteuerliche Zugriff seine Grenzen dort findet, wo die Steuerpflicht den Erwerber übermäßig belastet und die ihm zugewachsenen Vermögenswerte grundlegend beeinträchtigt. Außerdem darf das Vererben infolge der Steuerbelastung vom Standpunkt eines wirtschaftlich denkenden Eigentümers nicht als ökonomisch sinnlos erscheinen.[254] Im Beschluss zur Vermögensteuer formuliert das Bundesverfassungsgericht über diese Grundsätze hinausgehend für die Vermögensteuer den Halbteilungsgrundsatz. Hiernach darf diese Steuer neben den übrigen Ertragsteuern nur soweit erhoben werden, dass die

247 *Depenheuer/Froese*, in: v.Mangoldt/Klein/Starck, GG Bd. I, Art. 14 Rn. 527.

248 *Papier/Shirvani*, in: Maunz/Dürig, GG (83. EL April 2018), Art. 14 Rn. 407.

249 BVerfG, Beschluss vom 19.01.1999 – 1 BvR 2161/94, BVerfGE 99, 341 (352).

250 BVerfG, Beschluss vom 19.01.1999 – 1 BvR 2161/94, BVerfGE 99, 341 (352, 355 f.); vom 19.04.2005 – 1 BvR 1644/00, 1 BvR 188/03, BVerfGE 112, 332 (348).

251 BVerfG, Beschluss vom 22.06.1995 – 2 BvR 552/91, BVerfGE 93, 165 (174); vom 28.10.1997 – 1 BvR 1644/94, BVerfGE 97, 1 (7).

252 BVerfG, Beschluss vom 22.06.1995 – 2 BvL 37/91, BVerfGE 93, 121 (140).

253 *P. Kirchhof*, in: Merten/Papier, HGR V, § 112 Rn. 5.

254 BVerfG, Beschluss vom 22.06.1995 – 2 BvR 552/91, BVerfGE 93, 165 (172).

steuerliche Gesamtbelastung auf den Sollertrag „in der Nähe einer hälftigen Teilung zwischen privater und öffentlicher Hand verbleibt“[255]. Dem Steuerpflichtigen soll folglich der Erhalt von ungefähr der Hälfte seines Sollertrages gewährleistet werden.

Seit seinem Beschluss zum Halbteilungsgrundsatz vom 18.01.2006 verfolgt das Bundesverfassungsgericht diesen zwar nicht mehr.[256] In der Konsequenz erkennt es lediglich den Verhältnismäßigkeitsgrundsatz als Maßstab an.[257] Dennoch lässt sich die Frage diskutieren, ob der Halbteilungsgrundsatz als Belastungsobergrenze anwendbar und vor allem auf die Erbschaftsteuer übertragbar sein sollte. Hiergegen spricht, dass das Bundesverfassungsgericht den Grundsatz gerade nicht im Beschluss zur Erbschaftsteuer formuliert und – anders als beim Verweis auf die Orientierung der Freibeträge an den Werten durchschnittlicher Einfamilienhäuser[258] – auch nicht auf den Beschluss zur Vermögensteuer vom selben Tag verweist. Außerdem hat sich das Bundesverfassungsgericht in einem späteren Beschluss wiederum hiervon distanziert: „Aus Art. 14 Abs. 1 Satz 1 und Art. 14 Abs. 2 Satz 2 GG lässt sich keine allgemein verbindliche, absolute Belastungsobergrenze in der Nähe einer hälftigen Teilung („Halbteilungsgrundsatz“) ableiten. Der Wortlaut von Art. 14 Abs. 2 Satz 2 GG („zugleich“) reicht hierfür nicht aus.“[259] Für die Anwendung des Halbteilungsgrundsatzes spricht allerdings, dass das der Verfassung zugrunde liegende Menschenbild in erster Linie einen von der Eigenverantwortlichkeit geprägten Bürger zeichnet, welcher erst nachrangig das Gemeinwesen in Anspruch nehmen kann.[260] Müsste der Bürger jedoch mehr als die Hälfte des Erworbenen als Steuern an den Staat abgeben, dann arbeitet er primär fremd- und nicht mehr eigennützig.[261] Aus den bereits dargelegten Grundsätzen lässt sich zwar entnehmen, dass die Erbrechtsfreiheit nicht in gleichem Umfang schützenswert ist, wie die Eigentumsfreiheit.[262] Allerdings würde auch dies wiederum dem Wesensgehalt des von

---

255 BVerfG, Beschluss vom 22.06.1995 – 2 BvL 37/91, BVerfGE 93, 121 (138).

256 BVerfG, Beschluss vom 18.01.2006 – 2 BvR 2194/99, BVerfGE 115, 97 (114).

257 vgl. zur Diskussion hierzu im Einzelnen: *Leisner-Egensperger*: Verhältnismäßigkeit als freiheitsrechtliche Grenze der Steuerbelastung, DStZ 2018, 910.

258 vgl. hierzu die Ausführungen unter 1. Teil A I.

259 BVerfG, Beschluss vom 18.01.2006 – 2 BvR 2194/99, BVerfGE 115, 97 (114).

260 *Seer*, StuW 1997, 283 (296).

261 *Loritz*, BB 1993, 225 (229); *Leisner*, Verfassungsrechtliche Grenzen, S. 59, sieht schon im Begriff des „Anteils“ des Staates am Erbgut eine gewissen quantitative Beschränkung, da hier dann gerade nicht der „Großteil“ entzogen werden darf.

262 vgl. hierzu die Ausführungen unter 2. Teil B III 1 b bb (1).

der Verfassung geschützten privatnützigen Eigentümerhandelns widersprechen, wenn die Besteuerung beim Bereicherten dazu führt, dass die Bereicherung nicht mehr dem Handeln des Erblassers bzw. Schenkers entspricht.[263] Denn das (zu Lebzeiten) erschaffene Vermögen des Erblassers oder Schenkers würde in diesem Fall schlussendlich doch zu mehr als der Hälfte dem Staat zufallen. Insofern gebietet es dieser Grundsatz, dass eine Besteuerung von mehr als der Hälfte des Nachlassvermögens nicht mehr mit der Verfassung in Einklang steht.[264] Dies bestätigt indirekt auch das Erbschaftsteuergesetz, denn der Höchststeuersatz für Erwerber der Steuerklasse III liegt bei 50% und nicht – wie früher – bei maximal 70%.[265]

c. *Gewährleistung der Schenkungsfreiheit*

Eine ausdrückliche Regelung, die das Recht der Schenkungen betrifft, lässt sich aus dem Grundgesetz nicht ableiten.[266] Schenkungen fallen auch nicht unter die Erbrechtsfreiheit. Als Verfügungen unter Lebenden unterliegen sie daher vielmehr der Eigentumsfreiheit.[267] Einig ist man sich in dieser Hinsicht jedenfalls über die Schenkungsfreiheit des Schenkenden. Denn das Recht zur Verfügung und damit auch zur (un-)entgeltlichen Übertragung des Eigentums ist über Art. 14 Abs. 1 GG gewährleistet.[268] Soweit der Schenker also belastet wird, ist er in seinem Grundrecht auf Eigentumsnutzung verletzt.[269]

Umstritten ist, ob auch das Recht des Erwerbers von Art. 14 Abs. 1 GG mitumfasst ist. Das Bundesverfassungsgericht hat die Frage ausdrücklich nicht

263 *P. Kirchhof*, VVDStRL Heft 39 (1981), 213 (232 f.): „Die Steuer ist [...] Voraussetzung für privates Eigentum. Die Garantie des Privateigentums verbietet das Staatseigentum und fordert stattdessen die Steuer. Das Grundrecht des Eigentümers schirmt deshalb nicht Eigentum gegen jeden Steuerzugriff ab, sondern sichert die Freiheit des Eigentümers im Steuerstaat."

264 im Ergebnis so auch *Seer*, StuW 1997, 283 (296).

265 *Tipke*, StRO Bd. I, S. 463.

266 *Pabst*, JuS 2001, 1145 (1146).

267 *Gottschalk*, in: Troll/Gebel/Jülicher/Gottschalk, ErbStG (EL 37 März 2009), Einf. Rn. 41.

268 Das Bundesverfassungsgericht spricht insoweit vom „Kernbereich der Eigentumsgarantie", der nicht ausgehöhlt werden dürfe, vgl. BVerfG, Beschluss vom 02.03.1999 – 1 BvL 7/91, BVerfGE 100, 226 (241).

269 *Papier*, Der Staat 1972 (Band 11), S. 483, (510).

entschieden.[270] Für die Verortung der Erwerbsfreiheit in Art. 14 Abs. 1 GG spricht, dass aus der Freiheit der Eigentumsveräußerung entsprechend auch die Freiheit des Erwerbs folgen muss. Beide Freiheiten in ihrer Einheit gewährleisten folglich die grundrechtlich gesicherte Weitergabe von Eigentum zwischen Personen.[271] Dagegen spricht allerdings, dass die Veräußerungsfreiheit lediglich als Folge der grundrechtlich garantierten Eigentumsfreiheit angesehen werden kann.[272] Nur für den Fall, dass sich eine vertragliche Beziehung angebahnt hat, unterliegt jedenfalls die schuldrechtliche Forderung dem Schutzbereich des Art. 14 Abs. 1 GG. Bloße Interessen, Chancen und Verdienstmöglichkeiten sind hiervon allerdings nicht umfasst.[273] Damit fällt auch die Freiheit des Beschenkten nicht in den Schutzbereich des Art. 14 Abs. 1 GG. Diese unterliegt der allgemeinen Handlungsfreiheit nach Art. 2 Abs. 1 GG.[274] In der Praxis hat dies jedoch keine Auswirkungen. Denn das Bundesverfassungsgericht fordert, dass eine Inhaltsbestimmung des Eigentums das Grundrecht der freien Entfaltung der Persönlichkeit beachten muss.[275] Damit finden die Maßstäbe des Art. 14 Abs. 1 GG ohnehin auch auf Art. 2 Abs. 1 GG Anwendung.[276]

2. *Schutz von Ehe und Familie*

Die Erbschaftsteuer hat insbesondere auf vermögensrechtliche Beziehungen zwischen Ehegatten und innerhalb der Familie tiefgreifende Auswirkungen. Grundlage der bis heute geltenden Erbschaftsteuer bildet die Ausgestaltung jener im späten Kaiserreich und in der Weimarer Republik.[277] Als zentrales Element lag dabei allen Erbschaftsteuerkonzeptionen stets die Frage nach der Behandlung der Familie zugrunde.[278] Daher sind im Erbschaftsteuergesetz schon immer Sonderbestimmungen für Vermögensübertragungen zwischen Ehegatten und

270 BVerfG, Beschluss vom 12.01.1967 – 1 BvR 169/63, BVerfGE 21, 73 (76): „Es kann dahingestellt bleiben, ob die Eigentumsgarantie des Art. 14 Abs. 1 Satz 1 GG auch die Erwerbsfreiheit verfassungskräftig sichert…".

271 *Kloepfer*, Grundrechte, S. 47 f.

272 *Papier*, Der Staat 1972 (Band 11), S. 483, (510).

273 *Papier/Shirvani*, in: Maunz/Dürig, GG (83. EL April 2018), Art. 14 Rn. 160.

274 *Pabst*, JuS 2001, 1145 (1148).

275 BVerfG, Beschluss vom 12.01.1967 – 1 BvR 169/63, BVerfGE 21, 73 (86).

276 *Pabst*, JuS 2001, 1145 (1149).

277 *Wischermann*, in: Schremmer: Steuern, Abgaben und Dienste vom Mittelalter bis zur Gegenwart, S. 171 (172).

278 *Wischermann*, in: Schremmer: Steuern, Abgaben und Dienste vom Mittelalter bis zur Gegenwart, S. 171 (188 ff.).

in der Familie enthalten. Dem Erbschaftsteuergesetz ist eine spezielle Familienaffinität immanent.[279]

Weil auch das Erbschaftsteuerrecht die verfassungsrechtliche Definition von Ehe und Familie berücksichtigen muss[280], wird zunächst hierauf (a.) und sodann auf die Schutzfunktionen dieses Grundrechts eingegangen (b.).

a. Verfassungsrechtliche Definition von Ehe und Familie

Nach Art. 6 Abs. 1 GG stehen Ehe und Familie „unter dem besonderen Schutze der staatlichen Ordnung." Daraus leitet man allgemein ab, dass der Staat Ehe und Familie nicht gegenüber anderen Bürgern benachteiligen, sie allenfalls fördern darf.[281] Denn dem Staat und seiner Rechtsordnung ist vor allem um der Zukunft der Kinder und deren guter Erziehung willen an ehelichen und familiären Bindungen gelegen.[282] Verfassungsrechtlich gesprochen bilden Ehe und Familie sogar das Grundgerüst des Grundgesetzes. Denn „[w]enn die Existenz einer staatlichen Ordnung Verfassungsvoraussetzung ist[283], dann sind Ehe und Familie Voraussetzungs-Voraussetzungen der grundgesetzlichen Ordnung."[284] Daher muss das Steuerrecht die Ehe als Erwerbsgemeinschaft und die Familie als Unterhaltsgemeinschaft anerkennen.[285] Ehe und Familie sind dabei jedoch nicht als Gesamteinrichtung, sondern als zwei Institute zu verstehen,[286] wenn auch die Ehe Ausgangspunkt und Kern der Familie bildet.

aa. Ehe

Der Begriff „Ehe" ist im Grundgesetz nicht definiert. Nach der Rechtsprechung des Bundesverfassungsgerichts und weiten Teilen des Schrifttums ist darunter die „unter Mitwirkung des Staates geschlossene, auf Lebenszeit oder jedenfalls auf Dauer angelegte, auf freiem Entschluss und Gleichberechtigung der Partner

279 *Leisner*, Verfassungsrechtliche Grenzen, S. 103.
280 *Leisner*, Verfassungsrechtliche Grenzen, S. 107.
281 *Tipke*, StRO Bd. I, S. 366.
282 *P. Kirchhof*, in: Isensee/Kirchhof, HStR V, § 118 Rn. 160.
283 *Isensee*, in: Isensee/Kirchhof, HStR II, § 15 Rn. 4 ff.
284 *Leisner-Egensperger*, in: FS für P. Kirchhof, § 175, S. 1903 (1904).
285 *P. Kirchhof*, in: Isensee/Kirchhof, HStR V, § 118 Rn. 160.
286 Nach *Robbers*, in: v.Mangoldt/Klein/Starck, GG, Art. 6 Rn. 17, sind die beiden Institutionen jedoch nicht gänzlich unabhängig voneinander verfassungsrechtlich zu erfassen.

beruhende Lebensgemeinschaft zwischen einer Frau und einem Mann“[287] zu verstehen. Nichteheliche oder eheähnliche Lebensgemeinschaften sind zwar vom verfassungsrechtlichen Ehebegriff nicht erfasst.[288] Sie sind jedoch über Art. 2 Abs. 1 GG geschützt.[289]

Auch gleichgeschlechtliche Ehen fallen nach bisheriger verfassungsrechtlicher Rechtsprechung und überwiegender Ansicht in der Literatur nicht unter den Ehebegriff des Art. 6 Abs. 1 GG.[290] Denn die Verschiedengeschlechtlichkeit der Partner stellt das Wesensmerkmal der Ehe im grundgesetzlichen Sinne dar.[291] Damit ist auch die Freiheit, in nichtehelicher oder gleichgeschlechtlicher Gemeinschaft zu leben, lediglich über das Recht auf freie Entfaltung der Persönlichkeit geschützt.[292]

Wie sich diese Grundsätze verfassungsrechtlich künftig entwickeln werden, bleibt abzuwarten. Denn mit dem Gesetz zur Einführung des Rechts auf Eheschließung für Personen gleichen Geschlechts vom 20.07.2017[293] wurde die Norm des § 1353 Abs. 1 BGB dahingehend geändert, dass in Zukunft die Ehe „von zwei Personen verschiedenen oder gleichen Geschlechts auf Lebenszeit geschlossen“ werden kann. Dieses Gesetz wird zum Teil als verfassungswidrig angesehen. Denn die Ehe genieße nicht nur wegen der Heterosexualität der Ehegatten und auch nicht allein wegen der verbindlichen Verantwortungsübernahme füreinander, sondern mit Blick auf die potentiell aus ihr hervorgehenden

---

287 BVerfG, Beschluss vom 07.10.1970 – 1 BvR 409/67, BVerfGE 29, 166 (176); vom 30.11.1982 – 1 BvR 818/81, BVerfGE 62, 323 (330); vom 09.04.2002 – 1 BvF 1, 2/01, BVerfGE 105, 313 (345 f.); vom 06.12.2005 – 1 BvL 3/03, BVerfGE 115, 1 (19); vom 07.05.2013 – 2 BvR 909, 1981/06, 288/07, 133, 377 (409); *Brosius-Gersdorf*, in: Dreier, GG, Art. 6 Rn. 49; *Jarass*, in: Jarass/Pieroth, GG, Art. 6 Rn. 4; *von Coelln*, in: Sachs, GG, Art. 6 Rn. 4 ff.; *Robbers*, in: v.Mangoldt/Klein/Starck, GG Bd. I, Art. 6 Rn. 38 ff.; *Badura*, in: Maunz/Dürig, GG (86. EL Januar 2019), Art. 6 Rn. 42.

288 BVerfG, Beschluss vom 16.12.1958 – 1 BvL 3,4/57, 8/58, BVerfGE 9, 20 (35); vom 09.11.2004 – 1 BvR 684/98; BVerfGE 112, 50 (65).

289 *Brosius-Gersdorf*, in: Dreier, GG Bd. I, Art. 6 Rn. 57; *Robbers*, in: v.Mangoldt/Klein/Starck, GG Bd. I, Art. 6 Rn. 43;

290 BVerfG, Beschluss vom 17.07.2002 – 1 BvF, 2/01, BVerfGE 105, 313 (342); BVerfG, Beschluss von 07.05.2013 – 2 BvR 909, 1981/606, 288/07, BVerfGE 133, 377 (409); *von Coelln*, in: Sachs, GG, Art. 6 Rn. 6; *Badura*, in: Maunz/Dürig, GG (86. EL Januar 2019), Art. 6 Rn. 55; *Coester-Waltjen*, in: v.Münch/Kunig, GG, Art. 6 Rn. 9; **a.A.** *Brosius-Gersdorf*, in: Dreier, GG, Art. 6 Rn. 81.

291 BVerfGE 105, 313 (342).

292 BVerfG, Urteil vom 17.11.1992 – 1 BvL 8/87, BVerfGE 87, 234 (267).

293 BGBl. I 2017, 2787, S. 2787.

Nachkommen besonderen Schutz.[294] Dem lässt sich zwar entgegenhalten, dass angesichts medizinischer Entwicklungen auch aus einer gleichgeschlechtlichen Ehe Kinder hervorgehen können.[295] Allerdings verkennt diese Ansicht, dass nicht die Fortpflanzungsfähigkeit, sondern das Fortpflanzungspotenzial überhaupt Voraussetzung für die Eheschließung ist. Naturgemäß besteht bei Lebenspartnerschaften gerade kein Fortpflanzungspotenzial.[296] Für die Beibehaltung der verfassungsrechtlichen Definition spricht zudem, dass die aus einer Ehe hervorgehende Kleinfamilie das Grundmuster einer Familie bildet.[297] Nur wenn man diese Grundannahme beibehält kann rechtliche und gesellschaftliche Stabilität gewährleistet werden.

Auch das Bundesverfassungsgericht hält an der althergebrachten verfassungsrechtlichen Definition der Ehe fest. Durch Erlass des „Gesetzes zur Beendigung der Diskriminierung gleichgeschlechtlicher Gemeinschaften: Lebenspartnerschaften" vom 16.02.2001[298] ist es zwei Personen gleichen Geschlechts möglich, eine Partnerschaft auf Lebenszeit einzugehen, die prinzipiell die gleichen Wirkungen entfaltet wie die Ehe.[299] Das Bundesverfassungsgericht hat dieses Gesetz zwar für verfassungsgemäß und mit Art. 6 Abs. 1 GG vereinbar erklärt.[300] Dennoch stellt das Bundesverfassungsgericht auch klar, dass die Lebenspartnerschaft nicht als Ehe im Sinne von Art. 6 Abs.1 GG zu verstehen ist. Der Gesetzgeber ist jedoch nicht gehindert, für die gleichgeschlechtliche Lebenspartnerschaft Rechte und Pflichten vorzusehen, die denen der Ehe gleich oder nahe kommen.[301] Diese Grundsätze sind aufgrund des Beschlusses des Bundesverfassungsgerichts zur

294 *von Coelln*, in: Sachs, GG, Art. 6 Rn. 6.

295 *Robbers*, in: v.Mangoldt/Klein/Starck, GG Bd. I, Art. 6 Rn. 47a.

296 *Ipsen*, NVwZ 2017, 1096 (1098).

297 *Ipsen*, in: Isensee/Kirchhof, HStR VII, § 154 Rn. 69; siehe hierzu im Folgenden unter 2. Teil B III 2 a bb.

298 BGBl. I 2001, 266.

299 *Brosius-Gersdorf*, in: Dreier, GG, Art. 6 Rn. 82.

300 BVerfG, Urteil vom 17.07.2002 – 1 BvF 1, 2/01, BVerfGE 105, 313.

301 BVerfGE 105, 313 (345 ff.); **a.A.** *von Coelln*, in: Sachs, GG, Art. 6 Rn. 48 ff.: „…überzeugt die Rechtsprechung nicht. Es spricht bereits viel dafür, dass der „besondere Schutz" eben doch ein Besserstellungsgebot zugunsten der Ehe enthält. […] Der tragende Grund für den besonderen Schutz der Ehe liegt nicht allein in der rechtsverbindlichen Übernahme von Verantwortung innerhalb einer auf Dauer angelegten Gemeinschaft, sondern gerade in der Finalität der Ehe als potentielle Vorstufe einer aus ihr hervorgehenden Familie."

Gleichbehandlung eingetragener Lebenspartner[302] auch auf das Erbschaftsteuerrecht anzuwenden.

bb. Familie

Das Bundesverfassungsgericht definiert die Familie im Sinne des Art. 6 Abs. 1 GG als „die tatsächliche Lebens- und Erziehungsgemeinschaft von Eltern und Kindern"[303]. Die Familie entsteht durch die Geburt eines Kindes oder durch staatliche Anerkennung der Elternschaft.[304] Solange aus einer Partnerschaft Kinder hervorgehen, können auch nichteheliche oder eheähnliche Lebenspartnerschaften, welche jedenfalls nicht dem Schutzbereich der Ehe unterliegen, eine Familie im Sinne von Art. 6 Abs. 1 GG darstellen.[305]

Die Familie wird in den Funktionen, die sie abhängig vom Lebensalter der Kinder einnimmt, geschützt. Denn klassischerweise entwickelt sich die Familie mit wachsender Handlungs- und Entscheidungsfähigkeit der Kinder von einer engen Lebensgemeinschaft zu einer Hausgemeinschaft und nach Auszug der Kinder schließlich zu einer reinen Begegnungsgemeinschaft.[306] Grundmuster einer Familie stellt die aus einer Ehe entsprungene Kleinfamilie dar.[307] Dem Bundesverfassungsgericht zufolge darf der Gesetzgeber die Ehe aufgrund ihres besonderen rechtlichen Rahmens typisierend auch eher als eine dem Kindeswohl förderliche Lebensbasis ansehen, als die nichteheliche Partnerschaft. Weil eine Ehe auf Lebenszeit angelegt ist und – im Gegensatz zur nichtehelichen Lebensgemeinschaft – nur unter formellen Voraussetzungen wieder aufgelöst werden kann, bietet die eheliche Gemeinschaft dem Kind grundsätzlich mehr rechtliche Sicherheit.[308]

Der Grundrechtsschutz setzt allerdings weder eine Ehe noch die Verwandtschaft zwischen Eltern und Kindern voraus.[309] Daher werden auch Eltern mit Stief-, Adoptiv- sowie Pflegekindern[310], unverheiratete Paare mit

---

302 vgl. hierzu die Ausführungen unter 1. Teil B.

303 BVerfG, Beschluss vom 09.04.2003 – 1 BvR 1493/96, 1 BvR 1724/01, BVerfGE 108, 82 (112); vom 12.10.2010 – 1 BvL 14/09, BVerfGE 127, 263 (287).

304 BVerfG, Beschluss vom 18.04.1989 – 2 BvR 1169/84, BVerfGE 80, 81 (90).

305 *Brosius-Gersdorf*, in: Dreier, GG, Art. 6 Rn. 57.

306 BVerfG, Beschluss vom 18.04.1989 – 2 BvR 1169/84, BVerfGE 80, 81 (90 f.).

307 *Ipsen*, in: Isensee/Kirchhof, HStR VII, § 154 Rn. 69.

308 BVerfG, Urteil vom 28.02.2007 – 1 BvL 5/03, BVerfGE 117, 316 (328).

309 *von Coelln*, in: Sachs, GG, Art. 6 Rn. 16.

310 BVerfG, Beschluss vom 30.06.1964 – 1 BvL 16, 17, 18, 19, 20, 21, 22, 23, 24, 25/62, BVerfGE 18, 97 (106); BVerfG, Beschluss vom 12.10.1988 – 1 BvR 818/88, BVerfGE 79, 51 (59); BVerfG, Beschluss vom 18.04.1989 – 2 BvR 1169/84, BVerfGE 80, 81 (90).

Kindern[311], alleinerziehende Eltern mit Kindern[312] und ein Elternteil mit nichtehelichen Kindern[313] vom Familienbegriff erfasst. Auch die dauerhaft angelegte und umfassend gelebte Gemeinschaft aus gleichgeschlechtlichen Partnern und Kindern fällt unter den Familienbegriff.[314] Hiervon ausgenommen sind hingegen kinderlose Ehen oder nichteheliche Lebensgemeinschaften ohne Kinder oder Alleinstehende.[315]

Bisher vertrat das Bundesverfassungsgericht die Auffassung, dass die aus mehreren Generationen bestehende Großfamilie nicht vom Schutzbereich des Familienbegriffs umfasst ist.[316] Demnach war der besondere Schutz staatlicher Ordnung auf die aus einer Ehe hervorgehende Kleinfamilie beschränkt.[317] Diese Rechtsprechung hat das Bundesverfassungsgericht mit Beschluss vom 24.06.2014 aufgegeben und damit auch weitere familiäre Bindungen in den grundrechtlichen Schutzbereich aufgenommen.[318] Dass intensive Familienbindungen nicht nur zwischen Eltern und Kindern auftreten, begründet das Bundesverfassungsgericht damit, dass die Familie von besonderer Nähe und Zuneigung, von Verantwortungsbewusstsein und Beistandsbereitschaft geprägt sein kann und schicksalhafte Gegebenheiten die Konstellationen verändern können. Besondere Zuneigung und Nähe, familiäre Verantwortlichkeit füreinander, Rücksichtnahme- und Beistandsbereitschaft können daher insbesondere im Verhältnis zwischen Enkeln und Großeltern, aber auch zwischen nahen Verwandten der Seitenlinie zum Tragen kommen. Diese tatsächlichen, engen familiären Bindungen sind vom Schutzbereich des Art. 6 Abs. 1 GG erfasst.

---

311 *Brosius-Gersdorf*, in: Dreier, GG, Art. 6 Rn. 105.

312 BVerfG, Beschluss vom 09.11.2004 – 1 BvR 684/98, BVerfGE 112, 50 (65).

313 *Robbers*, in: v.Mangoldt/Klein/Starck, GG, Art. 6 Rn. 90.

314 BVerfG, Urteil vom 19.02.2013 – 1 BvL 1/11, 1 BvR 3247/09, BVerfGE 133, 59 (82).

315 *Brosius-Gersdorf*, in: Dreier, GG, Art. 6 Rn. 110; *Robbers*, in: v.Mangoldt/Klein/Starck, GG Bd. I, Art. 6 Rn. 78.

316 BVerfG, Beschluss von 31.05.1978 – 1 BvR 683/77, BVerfGE 48, 327 (339).

317 *Ipsen*, in: Isensee/Kirchhof, HStR VII, § 154 Rn. 69.

318 BVerfG, Beschluss vom 24.06.2014 – 1 BvR 2926/13, BVerfGE 136, 382 (388 f.); dies wurde bisher so schon in der Literatur vertreten: *Jarass*, in: Jarass/Pieroth, GG, Art. 6 Rn. 10; *Robbers*, in: v.Mangoldt/Klein/Stack, GG Bd. I, Art. 6 Rn. 88; *Uhle*, in: Epping/Hillgruber, GG, Art. 6 Rn. 14; *Brosius-Gersdorf*, in: Dreier, GG, Art. 6 Rn. 112; *Coester-Waltjen*, in: v.Münch/Kunig, GG Bd. I, Art. 6 Rn. 35; *Leisner*, Verfassungsrechtliche Grenzen, S. 108.

b. Allgemeine Schutzfunktionen

Der von Art. 6 Abs. 1 GG normierte besondere Schutz der staatlichen Ordnung für Ehe und Familie berücksichtigt zwei Gesichtspunkte: in positiver Hinsicht die Aufgabe des Staates, Ehe und Familie durch geeignete Maßnahmen zu fördern (bb.), in negativer Hinsicht das Verbot für den Staat, Ehe und Familie zu schädigen oder sonst zu beeinträchtigen (aa.).[319] Im Folgenden wird zunächst auf die grundsätzliche Bedeutung der allgemeinen Schutzfunktionen und sodann auf die hieraus folgenden Konsequenzen für die Besteuerung von Ehe und Familie eingegangen. Grundsätzlich gilt jedoch, dass das Steuerrecht ehe- und familiengerecht ausgestaltet werden muss.[320]

aa. Schutz vor staatlichen Eingriffen

Art. 6 Abs. 1 GG ist in all seinen Funktionen als umfassendes Grundrecht zu verstehen. Als wertentscheidende Grundsatznorm für den gesamten Bereich des die Ehe und Familie betreffenden privaten und öffentlichen Rechts, gewährleistet Art. 6 Abs. 1 GG ein subjektives Recht und stellt eine Institutsgarantie dar.[321]

(1) Objektive Grundsatznorm

In seiner Funktion als objektive Grundsatznorm stellt Art. 6 Abs. 1 GG eine verbindliche Wertentscheidung für den gesamten, auf die Ehe und Familie bezogenen Rechtsbereich dar.[322] Hieraus entspringt letztlich die Pflicht des Staates zur Abwehr von Störungen und zur Förderung von Ehe und Familie.[323]

---

319 BVerfG, Beschluss vom 17.01.1957 – 1 BvL 4/54, BVerfGE 6, 55 (76).

320 BVerfG, Beschluss vom 3.11.1982 – 1 BvR 620/78, 1335/78, 1104/79 und 363/80, BVerfGE 61, 319 (344); BVerfG, Beschluss vom 22.03.1990 – 2 BvL 1/86, BVerfGE 81, 363 (376); *Robbers,* in: v.Mangoldt/Klein/Stack, GG Bd. I, Art. 6 Rn. 104.

321 BVerfG, Beschluss vom 17.01.1957 – 1 BvL 4/54, BVerfGE 6, 55 (71 ff.); BVerfG, Urteil vom 17.07.2002 – 1 BvF 1, 2/01, BVerfGE 105, 313 (346); BVerfG, Urteil vom 12.02.2003 – 1 BvR 624/01, BVerfGE 107, 205 (212); BVerfG, Beschluss vom 22.10.2014 – 2 BvR 661/12, BVerfGE137, 273 (342); *Robbers,* in: v.Mangoldt/Klein/Stack, GG Bd. I, Art. 6 Rn. 8 ff.; *Coester-Waltjen,* in: v.Münch/Kunig, GG Bd. I, Art. 6 Rn. 1; *Jarass,* in: Jarass/Pieroth, GG, Art. 6 Rn. 1.

322 BVerfG, Urteil vom 29.07.1959 – 1 BvR 205, 332, 333, 367/58, 1 BvL 27, 100/58, BVerfGE 10, 59 (66 f.); BVerfG, Beschluss vom 04.05.1971 – 1 BvR 636/68, BVerfGE 31, 58 (69); BVerfG, Beschluss vom 18.04.1989 – 2 BvR 1169/84, 80, 81 (92 f.); *Coester-Waltjen,* in: v.Münch/Kunig, GG Bd. I, Art. 6 Rn. 35; *von Coelln,* in: Sachs, GG, Art. 6 Rn. 34.

323 *Badura,* in: Maunz/Dürig, GG (86. EL Januar 2019), Art. 6 Rn. 7; *Coester-Waltjen,* in: v.Münch/Kunig, GG Bd. I, Art. 6 Rn. 35; *von Coelln,* in: Sachs, GG, Art. 6 Rn. 34.

Übertragen auf das Steuerrecht, folgt hieraus die Pflicht zur familiengerechten Ausgestaltung dieses Rechtsgebiets, um den wirtschaftlichen Zusammenhalt der Familie zu wahren.[324] Für die Erbschaftsteuer bedeutet dies grundsätzlich, dass die Nähe zum Erblasser oder Schenker beachtet werden muss. Dies geschieht beispielsweise, indem das Gesetz die jeweilige Erbschaftsteuerbelastung durch Unterschiede in den Steuerklassen, persönlichen Freibeträgen und Steuersätzen abstuft.[325] Im Beschluss zur Erbschaftsteuer[326] stellt das Bundesverfassungsgericht weitere Anforderungen zugunsten von Ehegatten und Familienangehörigen der Steuerklasse I auf und verlangt, dass diesen die Übertragung des Nachlasses zu einem deutlich überwiegenden Teil oder, bei kleineren Vermögen, vollständig steuerfrei ermöglicht werden muss. Im Beschluss zur Vermögensteuer[327] fordert es außerdem, dass die ökonomische Grundlage der persönlichen Lebensführung der Eheleute von jeder Besteuerung freigestellt werden, damit die Erbschaft noch das Ergebnis der ehelichen Erwerbsgemeinschaft bleibt. Auch die Forderung, dass Kinder aufgrund des Familienprinzips am Familiengut partizipieren, ist Teil der im Erbschaftsteuerrecht zum Ausdruck kommenden objektiven Wertentscheidung zu Art. 6 Abs. 1 GG.[328]

(2) Subjektives Abwehrrecht

Außerdem stellt Art. 6 Abs. 1 GG ein Abwehr- bzw. Freiheitsgrundrecht dar.[329] In seiner Eigenschaft als Abwehrrecht ermöglicht dieses Grundrecht dem Bürger, sich gegen staatliche Eingriffe, welche die Ehe und Familie im materiellen oder persönlichen Bereich beeinträchtigen, zu verteidigen.[330] Geschützt wird das ungestörte eheliche bzw. familiäre Zusammenleben durch ein staatliches Zurückhaltungsgebot[331] sowie das Bündnis von Ehe und Familie als

324 BVerfG, Beschluss vom 16.06.1987 – 1 BvL 4/84 und 6/84, BVerfGE 75, 382 (392); *von Coelln*, in: Sachs, GG, Art. 6 Rn. 39.

325 *Seer*, StuW 1997, 283 (297).

326 vgl. hierzu die Ausführungen unter 1. Teil A I 1.

327 vgl. hierzu die Ausführungen unter 1. Teil A II 2.

328 Vgl. hierzu auch: *Leisner-Egensperger*, in: Friauf/Höfling, Berliner Kommentar zum Grundgesetz (204. Aktualisierung Juni 2020), Art. 6 Rn. 201; *Seiler*, in: Kahl/Waldhoff/Walter, Bonner Kommentar GG (168. Aktualisierung Juli 2014), Art. 6 Rn. 212.

329 *Jarass*, in: Jarass/Pieroth, GG, Art. 6 Rn. 1.

330 BVerfG, Beschluss vom 17.01.1957 – 1 BvL 4/54, BVerfGE 6, 55 (76); BVerfG, Beschluss von 07.05.1957 – 1 BvR 289/56, BVerfGE 6, 386 (388); *von Coelln*, in: Sachs, GG, Art. 6 Rn. 22.

331 BVerfG, Beschluss vom 11.04.1967 – 2 BvL 3/62, BVerfGE 21, 329 (353).

selbstverantwortlicher Lebensbereich, welcher geschlossen gegen staatliche Eingriffe abgeschirmt ist und die Vielfalt rechtsstaatlicher Freiheiten stützt.[332]

Im steuerrechtlichen Kontext steht Ehegatten und Familienangehörigen damit ein subjektiv-öffentliches Abwehrrecht im Rahmen von erbschaftsteuerlichen Belastungen zu. Damit sind Vermögensrechte des Einzelnen, welche aus einer solchen ehelichen bzw. familiären Verbindung entstanden sind oder diese fortsetzen, besonders schutzwürdig. Diese Vermögensrechte stehen allerdings nicht der ehelichen oder familiären Gemeinschaft in ihrer Gesamtverbundenheit, sondern nur dem Einzelnen zu.[333] Aus Art. 6 Abs. 1 GG in seiner Funktion als subjektives Abwehrrecht lässt sich damit schlussfolgern, dass das Recht eines Familienmitglieds oder Ehegatten am Familienvermögen in besonderer Weise zu schützen ist.

(3) Institutsgarantie

Die Institutsgarantie aus Art. 6 Abs. 1 GG sichert den Bestand der Rechtseinrichtung „Ehe und Familie“ und verbietet staatliche Maßnahmen, die auf die Abschaffung dieser Einrichtung abzielen oder diese fördern. Sie belässt dem Gesetzgeber aber trotzdem einen erheblichen Gestaltungsspielraum.[334] Die Institutsgarantie sichert verfassungsrechtlich allerdings lediglich den Kernbestand der das Ehe- und Familienrecht bildenden Vorschriften.[335]

Für das Erbschaftsteuerrecht stellt sich damit die Frage, ob die hierin enthaltenen ehe- und familienbezogenen Vergünstigungsregelungen als derartiger Kernbestand und damit als verfassungsrechtlich gesichert angesehen werden können. Hiergegen spricht jedoch schon die Bezeichnung „Kernbestand“. Einzelne Regelungen, die zudem einem ständigen gesetzgeberischen Wandel unterliegen, können keinen Kernbestand darstellen. Damit kann allenfalls das Erbschaftsteuerrecht in seinen rechtsgrundsätzlichen Gehalten auf Verfassungsebene erhoben werden.[336]

---

332 BVerwG, Urteil vom 29.10.1992 – 2 C 24/90, BVerwGE 91, 130 (134); *Robbers*, in: v. Mangoldt/Klein/Stack, GG Bd. I, Art. 6 Rn. 8; *von Coelln*, in: Sachs, GG, Art. 6 Rn. 22; *Jarass*, in: Jarass/Pieroth, GG, Art. 6 Rn. 1.

333 *Leisner*, Verfassungsrechtliche Grenzen, S. 105.

334 BVerfG, Beschluss vom 17.01.1957 – 1 BvL 4/54, BVerfGE 6, 55 (72); BVerfG, Urteil vom 17.07.2002 – 1 BvF 1, 2/01, BVerfGE 105, 313 (346).

335 BVerfG, Beschluss vom 17.01.1957 – 1 BvL 4/54, BVerfGE 6, 55 (72); *Uhle*, in: Epping/Hillgruber, GG, Art. 6 Rn. 29.

336 *Leisner*, Verfassungsrechtliche Grenzen, S. 104.

Um den Ordnungskern der Vorschriften im Erbschaftsteuerrecht näher zu definieren, ist wiederum auf die Ausführungen des Bundesverfassungsgerichts im Erbschaft- und Vermögensteuerbeschluss zurückzugreifen.[337] Die aus Art. 6 Abs. 1 GG folgende zwingende Beschränkung des erbschaftsteuerlichen Zugriffs in der Familie mithilfe der Freibeträge sowie die gebotene Abstufung der Steuerbelastung durch Verringerung der Steuersätze belegen, dass nicht sämtliche die Ehe und Familie begünstigenden Regelungen im Einzelnen zum grundgesetzlichen Ordnungskern zählen. Allerdings sind die tragenden Grundsätze, welche eine Sonderbehandlung für Ehegatten und Familienmitglieder vorsehen, als über Art. 6 Abs. 1 GG verfassungsrechtlich geschützt anzusehen.[338] Hierzu gehören angemessene Freibeträge für Familienmitglieder der Steuerklasse I und eine Verringerung der Steuersätze.

bb. Förderungsgebot

Die Norm des Art. 6 Abs. 1 GG schützt jedoch nicht nur gegen staatliche Eingriffe, sondern hat in positiver Hinsicht die Aufgabe, den Staat zur Förderung von Ehe und Familie durch geeignete Maßnahmen zu verpflichten. Damit erhält Art. 6 Abs. 1 GG die Funktion eines Leistungsgrundrechts.[339] Spiegelbildlich zur Förderungspflicht gehört ein Benachteiligungsverbot im Verhältnis zu Nicht-Verheirateten und Nicht-Familien.[340] Verboten ist damit jede Diskriminierung, welche einer Belastung entgegensteht, die an die Existenz einer Ehe anknüpft.[341]

Insbesondere im Steuerrecht obliegt es dem Gesetzgeber, den Schutzauftrag und das Förderungsgebot aus Art. 6 Abs. 1 GG mit Rücksicht auf die Lebens- , Erwerbs- und Wirtschaftsgemeinschaft der Ehe, als auch im Hinblick auf die Lebens-, Erziehungs-, Unterhalts- und Wirtschaftsgemeinschaft der Familie zu verwirklichen.[342] Für die Besteuerung des familiären Vermögens folgt hieraus, dass das Erbschaftsteuerrecht für Ehegatten und Familienangehörige

337 vgl. hierzu die Ausführungen unter 1. Teil I A.

338 *Leisner*, Verfassungsrechtliche Grenzen, S. 105.

339 BVerfG, Beschluss vom 17.01.1957 – 1 BvL 4/54, BVerfGE 6, 55 (76); *Robbers*, in: v.Mangoldt/Klein/Stack, GG Bd. I, Art. 6 Rn. 8; *Coester-Waltjen*, in: v.Münch/Kunig, GG Bd. I, Art. 6 Rn. 39; *von Coelln*, in: Sachs, GG, Art. 6 Rn. 36.

340 BVerfG, Beschluss vom 14.04.1959 – 1 BvL 23, 34/57, BVerfGE 9, 237 (247); BVerfG, Urteil vom 12.02.2003 – 1 BvR 624/01, BVerfGE 107, 205 (215); *von Coelln*, in: Sachs, GG, Art. 6 Rn. 36; *Coester-Waltjen*, in: v.Münch/Kunig, GG Bd. I, Art. 6 Rn. 37, sieht dies als Ausfluss der Schutzpflicht vor staatlichen Eingriffen.

341 BVerfG, Beschluss vom 10.11.1998 – 2 BvR 1057, 1226, 980/91, BVerfGE 99, 216 (232).

342 *Badura*, in: Maunz/Dürig, GG (86. EL Januar 2019), Art. 6 Rn. 82.

Vergünstigungen bereitstellen muss, welche die Ehe- und Familienbindungen stärken.[343]

3. Zusammenfassung zu den Freiheitsgrundrechten

Gegen Eingriffe der staatlichen Finanzgewalt bewahren im Erbschaftsteuerrecht insbesondere die Eigentums- und Erbrechtsfreiheit nach Art. 14 Abs. 1 GG sowie die besondere Bedeutung des Schutzes von Ehe und Familie nach Art. 6 Abs. 1 GG.

Die Besteuerung des Eigentümers stellt einen Eingriff in die Eigentums- und Erbrechtsfreiheit nach Art. 14 Abs. 1 GG dar. Das Familienvermögen als Solches ist hingegen nicht vom Schutzbereich dieses Grundrechts erfasst. Die Übertragung der einzelnen Vermögensgüter der Familie unterliegt im Falle von Verfügungen von Todes wegen dem Schutz der Erbfreiheit nach Art. 14 Abs. 1 Satz 1 Alt. 2 GG. Als subjektives Grundrecht kann sich der Erblasser auf seine Testierfreiheit berufen und der Erbe auf sein Recht, kraft Erbfolge zu erwerben. Diese Grundsätze gehören zum institutionellen Kerngehalt der Grundrechtsnorm. Verfügungen unter Lebenden sind von der Eigentumsfreiheit umfasst. Die Freiheit des Beschenkten auf Erhalt des Geschenks ist hingegen nur von der allgemeinen Handlungsfreiheit geschützt.

Daneben begrenzt der Schutz von Ehe und Familie nach Art. 6 Abs. 1 GG die Erbschaftsbesteuerung. Das Bundesverfassungsgericht hält die Definition der „Ehe" als Verbindung zwischen Mann und Frau aufrecht. Eingetragene Lebenspartnerschaften unterliegen damit nicht dem verfassungsrechtlichen Ehebegriff, erfahren aber die gleichen Rechte wie Ehegatten im Erbschaftsteuerrecht. Ob infolge der Einführung von gleichgeschlechtlichen Ehen auch diese vom verfassungsrechtlichen Ehebegriff erfasst sind, ist bisher nicht höchstrichterlich geklärt. Der Begriff „Familie" meint die tatsächliche Lebens- und Erziehungsgemeinschaft von Eltern und Kindern, wobei der Grundrechtsschutz weder eine Ehe noch eine Blutsverwandtschaft voraussetzt. Seit Änderung der Rechtsprechung des Bundesverfassungsgerichts mit Beschluss von 24.06.2014 sind auch die Beziehungen zwischen Großeltern und Enkelkindern sowie Verwandten der Seitenlinie vom Schutzbereich der Familie umfasst. Für die Erbschaftsteuer folgt aus den Schutzfunktionen des Art. 6 Abs. 1 GG, dass bei Ehegatten die ökonomische Grundlage der Lebensführung von der Besteuerung freigestellt werden und die Erbschaft Ergebnis der ehelichen Erwerbsgemeinschaft bleiben

343 *Leisner*, Verfassungsrechtliche Grenzen, S. 107.

muss. Außerdem ist die Mitberechtigung der Kinder am Familiengut zu beachten. In subjektiver Hinsicht sind die Rechte des Familienmitglieds oder der Ehegatten am Familienvermögen im Vergleich zu anderen, diesen zustehenden Vermögensrechten besonders schutzwürdig. Darüber hinaus stellt die Sonderbehandlung von Ehe und Familie im Erbschaftsteuerrecht einen tragenden Verfassungsgrundsatz dar, was in ähnlicher Weise auch aus dem Förderungsgebot des Art. 6 Abs. 1 GG folgt. Der Gesetzgeber ist hiernach gehalten, im Erbschaftsteuerrecht Vergünstigungsregelungen vorzusehen, welche die Ehe- und Familienbindung stärken.

C. Zwischenergebnis 2. Teil

Die Erhebung der Erbschaftsteuer rechtfertigt sich aufgrund der subjektiv erhöhten Leistungsfähigkeit, die der Erwerber infolge des Vermögensübergangs erfährt. Bei Vermögensübergängen zwischen Ehegatten und innerhalb einer Familie wird die Leistungsfähigkeit der jeweiligen empfangenden Familienmitglieder jedoch nicht in demselben Maße gesteigert, wie es bei Fremden der Fall ist. Denn in einem Familienhaushalt wird typischerweise für alle Familienmitglieder mitgespart, weshalb diese bereits vor Übergang des Vermögens am Mitgesparten partizipieren. Eine gesteigerte Leistungsfähigkeit liegt nur dann vor, wenn Vermögenswerte übergehen, die zuvor dem Erblasser oder Schenker allein zur Verfügung standen. Hiervon ausgenommen sind Kinder, die nicht mehr im Haushalt leben und finanziell eigenständig versorgt sind.

Die erhöhte finanzielle Leistungsfähigkeit des Erben oder Beschenkten nach Übergang des Vermögens rechtfertigt auch dessen Besteuerung mit Blick auf den Grundsatz der Steuergerechtigkeit nach Art. 3 Abs. 1 GG. Im Rahmen der Erbschaftsteuer kommt es nicht auf die finanzielle Leistungsfähigkeit des einzelnen Erwerbers an, sondern auf dessen Zuwachs an Leistungsfähigkeit. Die Förderung von Ehe und Familie im Erbschaftsteuergesetz stellt eine über Art. 6 Abs. 1 GG gerechtfertigte Durchbrechung des Leistungsfähigkeitsprinzips dar. Auch das aus Art. 3 Abs. 1 GG folgende Gebot der Folgerichtigkeit lässt die Förderung von Ehe und Familie als Differenzierungskriterium zu.

Für die freiheitsschonende und gerechte Verteilung der Steuerlast kommt es auch auf das Sozialstaatsprinzip an. Für die Erbschaftsteuer lässt sich hieraus folgern, dass dieser, neben fiskalischen Zwecken, eine Umverteilungsfunktion jedenfalls nicht abgesprochen werden kann. Will man diese aus dem Sozialstaatsprinzip ableiten, so können hieraus jedoch keine konkreten Pflichten für die Regelungen des Erbschaftsteuerrechts im Einzelnen entnommen werden.

Schließlich kommt es im Zuge der freiheitsschonenden Verteilung der Steuerlast im Erbschaftsteuerrecht, und insbesondere für den Schutz des Familienvermögens, entscheidend auf die Erbrechtsfreiheit (Art. 14 Abs. 1 Satz 1 GG) und den Schutz von Ehe und Familie (Art. 6 Abs. 1 GG) an. Das Familienvermögen ist nicht bereits als Solches vom Schutzbereich des Art. 14 Abs. 1 GG erfasst. Es stellt lediglich die Zusammenfassung einzelner, von der Eigentümerfreiheit geschützter Rechtspositionen und Vermögensgegenstände dar. Zum grundlegenden Gehalt der Erbrechtsfreiheit gehört neben der Testierfreiheit auch das Verwandtenerbrecht, welches dem Erben das Recht vermittelt, kraft Erbfolge in die vermögensrechtliche Position des Erblassers einzutreten. Es entspricht der traditionellen Gestaltung des deutschen Erbrechts, nahen Familienangehörigen eine Teilhabe am Nachlass zuzugestehen. Auch der besondere Schutz von Ehe und Familie nach Art. 6 Abs. 1 GG begrenzt den gesetzgeberischen Gestaltungsspielraum bei familiären Vermögensübertragungen. Eheliche bzw. familiäre Sonderbestimmungen sind bereits seit Einführung des Erbschaftsteuergesetzes hierin enthalten. Das Bundesverfassungsgericht begreift die „Ehe“ als Verbindung zwischen einer Frau und einem Mann, gesteht eingetragenen Lebenspartnerschaften jedoch die gleichen Rechte im Erbschaftsteuerrecht zu. „Familie“ meint die auf Dauer angelegte Lebens- und Erziehungsgemeinschaft von Eltern und Kindern, wobei seit Änderung der Rechtsprechung des Bundesverfassungsgerichts im Jahr 2014 auch die Generationen-Großfamilie vom Schutzbereich der Grundrechtsnorm erfasst ist. Als wertentscheidende Grundsatznorm verlangt Art. 6 Abs. 1 GG eine familiengerechte Ausgestaltung im Interesse des wirtschaftlichen Zusammenhalts der Familie. Folglich muss die ökonomische Grundlage der Lebensführung der Ehegatten von der Besteuerung frei bleiben und die Mitberechtigung der Kinder am Familiengut beachtet werden. Die Sonderbehandlung von Ehe und Familie gehört zum institutionellen Kerngehalt des Erbschaftsteuerrechts und auch das in Art. 6 Abs. 1 GG enthaltene Förderungsgebot verlangt Regelungen, welche Ehe und Familie im Erbschaftsteuerrecht privilegieren.

Aus der Zusammenschau der Grundsätze von Art. 14 Abs. 1 GG und Art. 6 Abs. 1 GG lässt sich für die Definition des Begriffs „Familienvermögen“ schlussfolgern, dass dieser eine Zusammenfassung von Vermögenspositionen und -gegenständen darstellt, woran Ehegatten und Kinder aufgrund der familiären und ehelichen Verbundenheit teilhaben. Es kommt für das Familienvermögen in seiner Gesamtheit damit nicht auf die rechtliche Zugehörigkeit an.[344]

344 *Milatz/Wegmann/Schulz*, in: *Milatz*: Die Übertragung von Familienvermögen, S. 1.

3. Teil Untersuchung des Erbschaftsteuergesetzes

Im Mittelpunkt der hier folgenden Untersuchungen steht die Frage, wie das Familienvermögen im geltenden Erbschaftsteuergesetz geschützt ist und inwiefern die vom Bundesverfassungsgericht aufgestellten Grundsätze und die verfassungsrechtlich verankerten Prinzipien in der einfachgesetzlichen Ausgestaltung des Erbschaftsteuerrechts umgesetzt worden sind.

In systematischer Hinsicht ist die Erbschaftsteuer als Erbanfallsteuer ausgestaltet. Der unentgeltliche Übergang des Vermögens auf einen anderen Rechtsträger begründet damit den Steuertatbestand.[345] Zu den der Erbschaftsteuer unterliegenden Vorgängen nach § 1 Abs. 1 Nr. 1 bis 4 ErbStG gehören der Erwerb von Todes wegen, die Schenkung unter Lebenden, die Zweckzuwendung sowie das Vermögen von Familienstiftungen. Zur Berechnung der Erbschaftsteuerbelastung muss zunächst der Wert des steuerpflichtigen Erwerbs festgestellt werden.[346] Als steuerpflichtiger Erwerb gilt nach § 10 Abs. 1 Satz 1 ErbStG die Bereicherung des Erwerbers. Der Wert des steuerpflichtigen Erwerbs ergibt sich nach Abzug der Steuerbefreiungen gemäß §§ 5, 13, 13a, 13c, 13d, 16, 17 und 18 ErbStG von der Bereicherung des Erwerbers. Auf diesen ist sodann der in § 19 ErbStG nach der jeweiligen Steuerklasse eingeteilte Steuersatz anzuwenden.

Soweit in der in diesem Abschnitt folgenden Darstellung nicht explizit darauf hingewiesen wird, gelten die Ausführungen für Ehegatten gleichermaßen auch für eingetragene Lebenspartner.

A. Zentrale Besteuerungsgrundsätze mit Bezug zu Ehe und Familie

Insgesamt differenziert das Erbschaftsteuerrecht bei der Steuerbelastung vor allem nach der verwandtschaftlichen Nähe des Erwerbers zum Erblasser oder Schenker. Dies erfolgt durch die Einteilung der Erwerber in Steuerklassen gemäß § 15 ErbStG. Im Rahmen der Berechnungsgrundsätze sind die Höhe des

---

345 *Crezelius*, FS Tipke, S. 403 (404).

346 vgl. hierzu § 19 Abs. 1 ErbStG, wonach die Erbschaftsteuer nach Prozentsätzen berechnet wird, die in Abhängigkeit zum Wert des steuerpflichtigen Erwerbs (§ 10) bis einschließlich... Euro stehen.

maßgeblichen persönlichen Freibetrages nach § 16 ErbStG und einige sachliche Freibetragsregelungen nach § 13 ErbStG von der Einteilung in Steuerklassen abhängig. Aber auch für die Wertermittlung kommt es hinsichtlich des Steuersatzes gemäß § 19 ErbStG auf § 15 ErbStG an.[347] Bei der Berechnung der Steuer weist zudem § 17 ErbStG einen familiären Bezug auf.

Im Folgenden werden Besonderheiten mit Blick auf den Schutz des Familienvermögens bei der Berechnung (hierzu unter II., III., und V.) und der Wertermittlung (IV.) dargestellt. Die besondere Behandlung von Ehegatten und Familienmitgliedern im Erbschaftsteuerrecht basiert auf dem vom Bundesverfassungsgericht statuierten Familienprinzip, welches daher im Rahmen der Grundlagen zur Begünstigung von Familienmitgliedern im Erbschaftsteuerrecht zunächst gesondert erläutert wird (I.).

I. Grundlagen der ehelichen und familiären Privilegierung

Juristisch betrachtet basiert die Privilegierung familiärer Vermögensübertragungen zunächst auf den grundlegenden Ausführungen des Bundesverfassungsgerichts in den Einheitswertbeschlüssen. Demnach stellt das Familienprinzip neben Art. 14 Abs. 1 GG eine weitere Grenze für die erbschaftsteuerliche Belastung dar. Im Rahmen der Freibeträge und durch Abstufung der Steuersätze muss demnach die Beteiligung von Personen der Steuerklasse I am Nachlass zum Ausdruck kommen. Außerdem muss Ehegatten die Kontinuität des Lebensstandards im Alter gewährleistet werden. Aus Art. 14 Abs. 1 Satz 1 GG in Verbindung mit Art. 6 Abs. 1 GG folgt außerdem, dass Kindern aufgrund des unauflösbaren, familiären Solidaritätsbündnisses ein Anspruch auf Teilnahme am Nachlass des Erblassers zusteht. Denn die Vermögenswerte innerhalb einer Familie basieren auf ideellen und wirtschaftlichen Beiträgen von Eltern und Kindern.

Diese verfassungsrechtlichen Grundsätze[348] basieren wiederum auf den Wertungen des Zivilrechts, worauf im Folgenden näher eingegangen wird (1.). Rechtfertigungsansätze für die Privilegierung von Familienmitgliedern im Erbschaftsteuerrecht lassen sich außerdem sozial- und wirtschaftswissenschaftlichen Begründungen entnehmen (2.).

---

347 *Jülicher*, in: Troll/Gebel/Jülicher/Gottschalk, ErbStG (EL 57 April 2019), § 15 Rn. 1.

348 zur verfassungsrechtlichen Herleitung des Familienprinzips ausführlich: *Schubert*, Die Verfassungswidrigkeit, S. 138 ff.

1. *Zivilrechtliche Herleitung des Familienprinzips*

Die Grundlagen der vom Bundesverfassungsgericht zum Familienprinzip aufgestellten Prinzipien können auf die zivilrechtlichen Regelungen zum Erb- und Familienrecht zurückgeführt werden.[349] Der besondere Schutz von Ehe und Familie folgt aus den Grundsätzen des Familienerbrechts. Gemeint ist damit, dass in erster Linie die Verwandten des Erblassers dessen Erben sind.[350] Die Erben werden gemäß §§ 1924 ff. BGB nach dem Grad der Verwandtschaft eingeteilt. In gerader Linie verwandt sind gemäß § 1589 Satz 1 BGB Personen, deren eine von der anderen abstammt. Zu den Erben erster Ordnung gehören nach § 1924 Abs. 1 BGB die Abkömmlinge des Erblassers. Hierzu zählen alle Kinder des Erblassers und alle Kindeskinder, die mit ihm verwandt sind, wobei es auf die rechtliche Verwandtschaft und nicht die biologische Abstammung ankommt.[351] In der Rangfolge schließen Erben erster Ordnung Solche nachfolgender Ordnungen aus.[352] Die besondere Stellung der Ehegatten wird anhand der diesen zugeteilten Erbquote deutlich. Neben den Erben erster Ordnung steht ihnen nach § 1931 Abs. 1 Satz 1 BGB eine Quote in Höhe von einem Viertel zu. Lebten die Ehegatten im Güterstand der Zugewinngemeinschaft erhöht sich diese Quote um ein weiteres Viertel nach § 1371 Abs. 1 BGB.

Zu dieser gesetzlichen Erbfolge kommt es allerdings nur dann, wenn der Erblasser keine gewillkürte Anordnung getroffen hat, wodurch der in Art. 14 Abs. 1 GG normierte Grundsatz der Testierfreiheit zum Ausdruck kommt. Zivilrechtlich ist dies in §§ 2064 ff. BGB normiert. Allerdings wird diese durch das Pflichtteilsrecht von Abkömmlingen, Eltern und Ehegatten nach §§ 2303 ff. BGB durchbrochen.[353] Dieser zivilrechtliche Grundsatz ist auf das Verwandtenerbrecht zurückzuführen, welches gleichermaßen zur Institutsgarantie der Erbfreiheit nach Art. 14 Abs. 1 Satz 1 GG zählt.

Dass die Ehe eine Erwerbsgemeinschaft ist und Ehegatten einen Anspruch auf Erhalt des zu Lebzeiten Erschaffenen haben, verdeutlicht die Regelung zum Familienunterhalt in § 1360 BGB. Hiernach sind Ehegatten verpflichtet, durch ihre Arbeit und mit ihrem Vermögen die Familie angemessen zu ernähren. Die Mitberechtigung der Kinder am Erbgut folgt schließlich aus den

349 *Tipke*, StRO Bd. II, S. 895; *Birnbaum*, Leistungsfähigkeitsprinzip, S. 92.
350 *Schulte/Birnbaum*, Erbschaftsteuerrecht, Rn. 156.
351 *Große-Boymann*, in: Burandt/Rojahn, Erbrecht, § 1924 Rn. 2.
352 *Schulte/Birnbaum*, Erbschaftsteuerrecht, Rn. 160.
353 *Tipke*, StRO Bd. II, S. 895.

Unterhaltsverpflichtungen nach §§ 1601 ff. BGB. Hiernach sind Verwandte in gerader Linie dazu verpflichtet, einander Unterhalt zu gewähren.

2. *Sozial- und wirtschaftswissenschaftliche Begründungsansätze*

Sozial- und wirtschaftswissenschaftlich betrachtet, lässt sich die erbschaftsteuerlich schonende Behandlung von Vermögensübertragungen innerhalb der Familie aufgrund eines gesellschaftlichen Wandels begründen. Vor über 200 Jahren lag die Funktion der Familie in der Begründung einer Hausgemeinschaft. Der Erbe galt lediglich als Verwalter des Produktivvermögens in der Form eines (land-)wirtschaftlichen oder gewerblichen Betriebes zwischen den Generationen in der Familie. Die individualisierte Form von Gütern, die Trennung von Arbeitsstätte und Haushalt sowie die Bedeutungszunahme von Kapital als Produktionsfaktor im Verhältnis zum Boden, aber auch der Wandel der Wirtschaft und Sozialstruktur hin zur Durchsetzung des Leistungsprinzips im 19. und 20. Jahrhundert sowie die Einführung der Sozialversicherungssysteme für alle Berufsgruppen führten zunehmend dazu, dass der Erhalt des in der Familie erschaffenen Vermögens nicht mehr den gleichen unterhaltssichernden Stellenwert hat.[354]

a. *Familie als Entlastung des Sozialstaates*

Dies bedeutet aber nicht, dass der gesellschaftliche Bedarf an familiärer Solidarität dadurch reduziert ist und damit dem Staat ein eigenes Erbrecht ermöglicht wird.[355] Denn die Familie gewährt aufgrund der erbrechtlichen Verflechtungen einen verlässlicheren Schutz als öffentliche Sozialeinrichtungen, wodurch familiäre Vor- und Fürsorge auch zur Entlastung des Sozialstaats beiträgt.[356] Die Verfügbarkeit von Vermögen innerhalb der Familie sorgt jedoch nicht nur für eine Entlastung des Sozialstaates, sondern kann sogar darüberhinausgehend Schwächen im Schul-, Gesundheits- und Altersversorgungssystem ausgleichen.[357] Dass der Familie in ihrer Funktion als verfassungsrechtliche Institution dieser Zweck auch zukommen muss, zeigt bereits das der Verfassung zugrundeliegende Bild eines Menschen, der vorrangig für sich und seine Familie verantwortlich ist und erst nachrangig das Gemeinwesen in Anspruch nehmen kann.[358] Damit

---

354 *Nave-Herz*, ErbR 2009, 202 (202 f.).

355 *Nave-Herz*, ErbR 2009, 202 (208).

356 *Tipke*, StRO Bd. II, S. 896; *Birnbaum*, Leistungsfähigkeitsprinzip, S. 93.

357 *Nave-Herz*, ErbR 2009, 202 (208).

358 *Seer*, StuW 1997, 283 (296); vgl. hierzu auch oben unter 2. Teil B III 1 b bb (2).

die Familie vorrangig sich selbst helfen kann, darf der Staat ihr folglich auch nicht die finanziellen Mittel durch Besteuerung von familieninternen Vermögensübertragungen nehmen. Dagegen wird zwar eingewandt, dass auch der familienfremde Dritte, der durch eine Erbschaft oder Schenkung in der Lage ist, seine Existenz zu sichern, durch Erhebung der Erbschaftsteuer nicht zum Sozialfall werden darf.[359] Das Argument greift allerdings zu kurz. Denn ein familienfremder Dritter hat keinen Anspruch gegen den Erblasser oder Schenker auf gesetzliche Unterhaltsleistungen. Diese existieren zivilrechtlich nur zwischen Ehegatten und Verwandten. Übertragungen an die nächste Generation dienen folglich dazu, das Wohlergehen und den Erhalt der nächsten Generation sicherzustellen.[360]

Veränderungen im Erbverhalten und in der sozialen bzw. familiären Stellung zum Erblasser belegen, dass es in der heutigen Zeit vermehrt auf den Bedarf an familiärer Solidarität ankommt. Hierzu zählt beispielsweise die steigende Anzahl gemeinschaftlicher Testamente von Ehepartnern, in denen sie sich gegenseitig zu Vorerben und die Kinder als Nacherben des gesamten Nachlasses einsetzen. Es geht Erblassern damit eher um die finanzielle Absicherung des Ehepartners im Alter, als darum den Familienstamm zu erhalten.[361] Ein weiterer Aspekt, welcher Veränderungen im Erbverhalten und den Bedarf an familiärer Solidarität nach sich zieht, liegt in der Problematik des demographischen Wandels. Das Bedürfnis nach Pflege im Alter stellt eine aktuelle und zentrale Herausforderung für die solidarische Verantwortung in der Familie dar. Denn die damit verbundenen Lasten werden in der Regel größtenteils im familiären Umfeld aufgefangen.[362] Hinzu kommt, dass derartige Pflegeleistungen innerhalb der Familie oftmals mit Erbeinsetzungen oder Schenkungen honoriert werden.

b. Gesamtökonomische Bedeutung des Vermögenserhalts

Aus ökonomischer Perspektive wird die Notwendigkeit der erbschaftsteuerlichen Begünstigung von Vermögensübergängen innerhalb der Familie mit dem Wunsch nach Vermögensbildung und -erhalt über den Tod hinaus begründet.[363] Denn viele Bürger möchten nicht nur für die Nachkommen bzw. sich selbst und ihre Ehegatten vorsorgen, sondern auch zu Lebzeiten geschaffene

---

359 *Schubert*, Die Verfassungswidrigkeit, S. 140.

360 *Scheffler/Wigger*, BB 2006, 2443 (2446).

361 *Nave-Herz*, ErbR 2009, 202 (207).

362 *Lange*, Erbrecht, Kapitel 1 Rn. 41.

363 *Tipke*, StRO Bd. II, S. 896; *Birnbaum*, Leistungsfähigkeitsprinzip, S. 93.

Vermögenswerte oder ein unternehmerisches Lebenswerk über den Tod hinaus sichern. Das Bundesverfassungsgericht sieht die Weitergabe eines Familienvermögens über mehrere Generationen hinweg sogar als zentrales Anliegen der Erblasser an.[364] Wenn der Fortbestand des Vermögens in der Familie nicht gesichert ist, führt dies dazu, dass zu Lebzeiten weniger Vermögen gebildet und das Konsumverhalten deutlich gesteigert wird. Der Anstieg des Gegenwartskonsums und das gleichzeitige Absinken von Vermögensbildung würde sich gesamtökonomisch und steuerlich negativ auswirken.[365] Darüber hinaus bestünde die Gefahr, dass durch steuerplanerische Aktivitäten versucht werden könnte, die Steuerbelastung beispielsweise durch Verlagerung des Wohnsitzes ins Ausland zu reduzieren.[366]

3. *Zusammenfassung*

Das vom Bundesverfassungsgericht aufgestellte Familienprinzip hat seinen Ursprung in den zivilrechtlichen Regelungen zum Verwandten- und Ehegattenunterhalt, dem Prinzip der Testierfreiheit, dem Pflichtteilsrecht und den Regelungen zur gesetzlichen Erbfolge. Anders als noch vor 200 Jahre dient das in der Familie geschaffene Vermögen heutzutage nicht mehr der Unterhaltssicherung der folgenden Generationen. Vielmehr geht es in der modernen Zeit aufgrund des demographischen Wandels eher um die eigene finanzielle Absicherung im Alter bzw. um die des überlebenden Ehegatten. Das familiäre Vermögen entlastet damit nicht nur den Sozialstaat, sondern gleicht vielmehr dessen Schwächen aus. Schließlich ist es gesamtwirtschaftlich sinnvoll, durch niedrige Besteuerung familiärer Vermögensübergänge einen Anreiz zur Vermögensbildung über den Tod hinaus zu schaffen.

II. Steuerklassen

Die Einteilung nach Steuerklassen in § 15 ErbStG ist eine zentrale Schlüsselnorm zur Umsetzung des Familien- und Verwandtschaftsprinzips im Erbschaftsteuergesetz. Sie erfolgt nach dem persönlichen Näheverhältnis zum Erblasser bzw. Schenker und richtet sich nach formalrechtlichen Kriterien wie Familienstand, Verwandtschaft oder Schwägerschaft. Von der Einteilung in die jeweilige Steuerklasse hängen verschiedene steuerliche Konsequenzen ab, insbesondere

364 vgl. hierzu die Ausführungen unter 1. Teil C III.

365 *Tipke*, StRO Bd. II, S. 896.

366 *Scheffler/Wigger*, BB 2006, 2443 (2446).

die Gewährung der persönlichen Freibeträge, die anwendbaren Steuersätze und einige Steuererleichterungen, wie beispielsweise die Steuerbefreiungen nach § 13 Abs. 1 Nr. 1 ErbStG.

1. Regelungsinhalt

§ 15 Abs. 1 ErbStG teilt die möglichen Erwerber einer Schenkung oder eines Erwerbs von Todes wegen nach ihrem Näheverhältnis zum Schenker oder Erblasser in die Steuerklassen I, II und III ein. Die auf § 15 Abs. 1 ErbStG folgenden Absätze knüpfen daran an. § 15 Abs. 2 ErbStG bezieht sich auf Erwerbe von und durch Stiftungen und ausländische Vermögensmassen. Hierauf wird im Rahmen der Behandlung von Familienstiftungen näher eingegangen.[367] § 15 Abs. 3 ErbStG normiert ein besonderes Wahlrecht im Falle der Besteuerung des Schlusserben nach Versterben des überlebenden Ehegatten bei gegenseitiger Erbeinsetzung im Zuge eines Berliner Testaments. Schließlich behandelt § 15 Abs. 4 ErbStG Schenkungen durch Kapitalgesellschaften und Genossenschaften. Aufgrund aktueller Rechtsprechung des Bundesfinanzhofs hat diese Regelung allerdings kaum noch einen Anwendungsbereich. Demnach qualifizieren Zahlungen von Kapitalgesellschaften an einen einem Gesellschafter nahestehenden Dritten nicht als freigebige Zuwendungen an diesen, sondern sind lediglich unter den ertragsteuerlichen Gesichtspunkten einer verdeckten Gewinnausschüttung zu würdigen. Offen gelassen hat der Bundesfinanzhof jedoch die Frage, ob es sich in der Folge dann um eine Schenkung des Gesellschafters an die nahestehende Person handelt, da dies von der vertraglichen Konstellation im Einzelfall abhängt.[368] Aufgrund dieser Rechtsprechung erfasst der Anwendungsbereich der Norm nur noch solche Fälle, in denen die Kapitalgesellschaft freigebige Leistungen an Dritte erbringt, die in keinem Näheverhältnis zu dem Gesellschafter stehen. Damit ist der Anwendungsbereich der Norm mithin äußerst gering und für familiäre Vermögensübertragungen ohne Bedeutung.[369]

367 vgl. hierzu die Ausführungen unter 3. Teil D III 2.

368 BFH, Urteil vom 13.09.2017 – II R 42/16, BStBl. II 2018, 299 (303); nahezu wortgleich auch: BFH, Urteil vom 13.09.2017 – II R 54/15, BStBl. II 2018, 292 (295); BFH, Urteil vom 13.09.2017 – II R 23/16, BStBl. II 2018, 296 (299).

369 *Götz*, in: Wilms/Jochum, ErbStG (April 2018), § 15 Rn. 188.

2. *Steuerklassen I bis III im Einzelnen*

Das Erbschaftsteuergesetz ist von dem Grundsatz geprägt, dass es für die Höhe der Steuerlast nicht nur auf den Wert der steuerpflichtigen Bereicherung, sondern auch auf das persönliche Verhältnis zwischen Übertragendem und Erwerber ankommt.[370] Bereits die Steuerklasseneinteilung zeigt, inwiefern der Gesetzgeber Vermögensübertragungen an Ehegatten und innerhalb der Familie vor dem Steuerzugriff bewahren möchte. Vorliegend wird daher auf die allgemein geltenden Prinzipien im Rahmen der Steuerklassen eingegangen und, gemessen daran, der Schutz familiärer Vermögensübertragungen erörtert.

a. *Steuerklasse I*

In Steuerklasse I fällt der engste Familienkreis. Hiervon umfasst sind Ehegatten, Kinder, Stiefkinder und Enkel. Auch weitere Abkömmlinge der biologischen Abstammungslinie und im Stiefverhältnis sowie Eltern und Voreltern bei Erwerben von Todes wegen unterliegen Steuerklasse I.[371]

aa. *Inhalt der Regelung*

Die Privilegierung des Erwerbs durch den Ehegatten setzt das wirksame Bestehen der Ehe im Zeitpunkt der Zuwendung voraus, und dass diese nicht mit rechtskräftigem Scheidungsurteil nach § 1564 Satz 2 BGB beendet ist.[372] Geschiedene Eheleute fallen unter Steuerklasse II Nr. 7, nichtige oder aufgehobene Ehen sowie die nichteheliche Lebensgemeinschaft oder das Verlöbnis werden nach Steuerklasse III besteuert.[373] Seit Inkrafttreten des Jahressteuergesetzes 2010[374] findet die Einteilung für Ehegatten in Steuerklasse I nach § 15 Abs. 1 Nr. 1 ErbStG auch auf eingetragene Lebenspartner Anwendung. Diese erhalten damit automatisch neben den von der Zugehörigkeit zu der Steuerklasse abhängigen Befreiungen (§ 13 Abs. 1 Nr. 1 ErbStG) und den persönlichen Freibeträgen auch den für diese Steuerklasse maßgeblichen Steuersatz.[375] Seit Änderung des § 1353 Abs. 1 BGB mit dem Gesetz zur Einführung des Rechts auf Eheschließung für

---

370 *Weinmann*, in: Moench/Weinmann (Stand: 78/06.17), ErbStG, § 15 Rn. 1.

371 *Stein*, in: von Oertzen/Loose, ErbStG, § 15 Rn. 8.

372 *Stein*, in: von Oertzen/Loose, ErbStG, § 15 Rn. 14.

373 *Ramb*, in: Preißer/Rödl/Seltenreich, ErbStG, § 15 Rn. 24; *Stein*, in: von Oertzen/Loose, ErbStG, § 15 Rn. 9.

374 BGBl. I 2010, 1768 (1795).

375 *Weinmann*, in: Moench/Weinmann (Stand: 80/03.18), ErbStG, § 15 Rn. 11.

Personen gleichen Geschlechts[376] können eingetragene Lebenspartnerschaften nicht mehr begründet werden.[377] Dieses Gesetz eröffnet gleichgeschlechtlichen Partnern nicht nur die Möglichkeit, eine Ehe einzugehen, sondern auch, eine bestehende eingetragene Lebenspartnerschaft in eine Ehe umzuwandeln.[378] Im Fall der Umwandlung gelten automatisch die Vorschriften für Ehegatten. Wird die eingetragene Lebenspartnerschaft nicht in eine Ehe umgewandelt, so bleiben die Ausführungen zu Lebenspartnern im Erbschaftsteuergesetz anwendbar.[379] In Anlehnung an die Rechtsprechung des Bundesverfassungsgerichts im Beschluss zur Gleichbehandlung eingetragener Lebenspartner dürfte die gleichgeschlechtliche Ehe zwar nicht vom verfassungsrechtlichen Begriff der Ehe in Art. 6 Abs. 1 GG erfasst sein. Nichtsdestotrotz dürfte der Gesetzgeber nicht gehindert sein, der gleichgeschlechtlichen Ehe dieselben Rechte und Pflichten wie der verschiedengeschlechtlichen Ehe zukommen zu lassen.[380]

Zu den Kindern nach § 15 Abs. 1 Steuerklasse I Nr. 2 ErbStG gehören eheliche, nichteheliche und Stiefkinder.[381] Stiefkinder haben nur zu einem Ehepartner ein Kindschaftsverhältnis als leibliches oder gleichgestelltes Kind im Sinne von § 1754 BGB.[382] Ein Kind bleibt auch dann Stiefkind im Sinne des Erbschaftsteuerrechts, wenn die Ehe seines Elternteils mit dem Stiefelternteil durch Tod oder Scheidung aufgelöst wird. Auch Adoptivkinder sind gegenüber ihren Adoptiveltern von § 15 Abs. 1 Steuerklasse I Nr. 2 ErbStG erfasst, da mit der Annahme als Kind ein Verwandtschaftsverhältnis gemäß § 1754 Abs. 1 BGB begründet wird. Gegenüber den bisherigen Verwandten erlischt zivilrechtlich nach § 1755 Abs. 1 BGB das Verwandtschaftsverhältnis des Kindes im Falle der Minderjährigen-Adoption. Erbschaftsteuerlich bleibt das verwandtschaftliche Verhältnis zu den bisherigen Eltern oder deren näheren Verwandten hingegen nach § 15 Abs. 1a ErbStG bestehen, so dass das Adoptivkind steuerrechtlich zwei Elternpaare, nämlich die leiblichen und die Adoptiveltern hat.[383] Bei einer Volljährigen-Adoption bleiben die Verwandtschaftsverhältnisse zivilrechtlich nach § 1770 Abs. 2 BGB ohnehin bestehen, so dass sich hier kein Unterschied zwischen der zivilrechtlichen und der erbschaftsteuerlichen Behandlung ergibt.

---

376 BGBl. I 2017, 2787, S. 2787.
377 Art. 3 Abs. 3 des Gesetzes vom 20.07.2017, BGBl. I 2017, 2787 (2788).
378 Art. 1 und Art. 2 des Gesetzes vom 20.07.2017, BGBl I 2017, 2787 (2787).
379 *Weinmann*, in: Moench/Weinmann (Stand: 80/03.18), ErbStG, § 15 Rn. 11.
380 vgl. hierzu die Ausführungen unter 2. Teil B III 2 a aa.
381 *Hannes/Holtz*, in: Meincke/Hannes/Holtz, ErbStG, § 15 Rn. 6 ff.
382 *Stein*, in: von Oertzen/Loose, ErbStG, § 15 Rn. 27.
383 *Kugelmüller-Pugh*, in: Viskorf/Schuck/Wälzholz, ErbStG, § 15 Rn. 40.

Abkömmlinge der in Nr. 2 genannten Kinder und Stiefkinder nach § 15 Abs. 1 Steuerklasse I Nr. 3 ErbStG sind Enkel und Urenkel. Das Erbschaftsteuergesetz von 1974 unterschied im Rahmen der Steuerklassen noch zwischen Enkeln und Waisenenkeln. Nur Letztere zählten zu Steuerklasse I.[384] Durch das Jahressteuergesetz 1997[385] wurden Enkel jedoch insgesamt in Steuerklasse I aufgenommen, da laut Gesetzesbegründung die Schlechterstellung von Enkeln nicht überzeugte.[386]

Des Weiteren werden nach § 15 Abs. 1 Steuerklasse I Nr. 4 ErbStG bei Erwerben von Todes wegen auch Eltern und Voreltern privilegiert. Der Rückfall bestimmter Vermögensgegenstände, welche die Eltern den Kindern vorab geschenkt haben, ist nach § 13 Abs. 1 Nr. 10 ErbStG hingegen steuerbefreit.[387] Der Erwerb von Stiefeltern fällt dagegen in Steuerklasse II, da diese in § 15 Abs. 1 Steuerklasse II Nr. 4 ErbStG gesondert aufgelistet sind.[388]

bb. Bedeutung für den Schutz des Familienvermögens

Ausgehend von den dargelegten Grundsätzen zur Einteilung in Steuerklasse I wird im Folgenden näher auf die Bedeutung der einzelnen Regelungen für das Familienvermögen eingegangen.

(1) Ehegatten und eingetragene Lebenspartner

Bei der Einteilung in Steuerklasse I steht nach der gesetzlichen Ausgestaltung das Verhältnis der Ehegatten bzw. eingetragenen Lebenspartner an erster Stelle. Es kommt hierbei nicht auf die verfassungsrechtliche Definition der Ehe als Verbindung zwischen Frau und Mann an. Im Vordergrund steht dabei vielmehr die Ehe als Erwerbs- und Lebensgemeinschaft von zwei Menschen. Ehegatten haben bereits seit Einführung der Erbschaftsteuer in den deutschen Ländern zwischen dem 17. und 18. Jahrhundert[389] eine besondere Stellung. Auch als Deszendenten mit der Jahrhundertwende in die Besteuerung aufgenommen wurden, blieben Ehegatten weiterhin steuerbefreit.[390] Eine Ehegattenbesteuerung erfolgte

---

384 BGBl. I 1974, 933 (939).
385 BGBl. I 1996, 2049 (2058).
386 BT-Drucks. 13/4839, S. 69.
387 vgl. hierzu die Ausführungen unter 3. Teil A IV 5.
388 *Halaczinsky*, ZErb 2004, 149 (154).
389 *Schulte/Birnbaum*, Erbschaftsteuerrecht, Rn. 1.
390 *Gottschalk*, in: Troll/Gebel/Jülicher/Gottschalk, ErbStG (EL 22 Feb. 2001), Einf. Rn. 62.

erstmals mit Einführung des Erbschaftsteuergesetzes vom 10.09.1919.[391] In der Folge wurden Ehegatten ständig wechselnd der Erbschaftsteuer unterworfen. Diese reicht von einer gänzlichen Steuerbefreiung bis hin zu Freibeträgen in Abhängigkeit von der Existenz von Kindern und zusätzlichen besonderen Freibeträgen oder speziellen sachlichen Steuerbefreiungen.[392] Insgesamt lässt sich jedoch schlussfolgern, dass Ehegatten schon seit jeher einer gesonderten Stellung im Erbschaftsteuerrecht unterliegen. Verfassungsrechtlich lässt sich die herausgehobene Behandlung von Ehegatten im Erbschaftsteuerrecht vor allem aber auch mit dem Wesen der Ehe als Wirtschafts- und Erwerbsgemeinschaft begründen.[393]

(2) Abstammung in gerader Linie

Die Einteilung der Kinder, Enkelkinder und Eltern im Erbfall in Steuerklasse I zeigt darüber hinaus, dass es dem Gesetzgeber hier vor allem auf die Abstammung in gerader Linie im Sinne von § 1589 BGB ankommt und er diese als besonders schutzwürdig ansieht.[394] Damit kommt auch zum Ausdruck, dass die Vermögensweitergabe innerhalb der Familie dem Wohlergehen und Erhalt der nachfolgenden Generation dienen soll und dass familiäre Für- und Vorsorge zur Vermögensbildung über den Tod hinaus antreibt.[395] Die Privilegierung der Kinder und damit deren Teilhabe an den Vermögensverhältnissen und dem Lebensstandard der Eltern ist der Rechtsprechung des Bundesverfassungsgerichts zufolge aufgrund der Unterhaltsansprüche gegen die Eltern gerechtfertigt.[396]

Auch Adoptivkinder fallen unter § 15 Abs. 1 Steuerklasse I Nr. 2 ErbStG und sollen folglich den Vermögens- und Lebensstandard der Adoptiveltern beibehalten dürfen. Eine Besonderheit stellt die Regelung des § 15 Abs. 1a ErbStG dar. Denn anders als im Zivilrecht unterscheidet das Erbschaftsteuerrecht nicht zwischen Minderjährigen- und Volljährigen-Adoptionen.[397] Das Erbschaftsteuerrecht will folglich auch das persönliche Verhältnis, welches zu den leiblichen

391 RGBl. I 1919, 1543.

392 vgl. hierzu die Ausführungen bei *Crezelius*, FR 2007, 613 (613 ff.).

393 vgl. hierzu die Ausführungen unter 2. Teil B III 2 b bb.

394 *Jülicher*, in: Troll/Gebel/Jülicher/Gottschalk, ErbStG (EL 45 Januar 2013), § 15 Rn. 24.

395 vgl. hierzu die Ausführungen unter 3.Teil A I 2 a.

396 vgl. hierzu das Bundesverfassungsgericht im Erbschaftsteuerbeschluss unter 1. Teil A I 1 sowie im Beschluss zum Pflichtteilsrecht unter 1. Teil D II.

397 *Geck*, in: Kapp/Ebeling, ErbStG (81. Lfg. 08.2019), § 15 Rn. 30.

Eltern fortbestehen kann, schützen.[398] Die Regelung des § 15 Abs. 1a ErbStG in Verbindung mit § 15 Abs. 1 Steuerklasse I Nr. 2 ErbStG bestätigt damit, dass Vermögensübertragungen an (Adoptiv-)Kinder nicht nur aufgrund des zivilrechtlich bestehenden Unterhaltsanspruchs, sondern auch aufgrund des familiären Näheverhältnisses sowie der gegenseitigen Verantwortung und Beistandspflicht vom Gesetzgeber als schützenswert angesehen werden.

Die Privilegierung von Enkelkindern im Erbschaftsteuerrecht und die Gleichstellung von Enkeln und Waisenenkeln vermittelt zwar zunächst den Eindruck, dass der Gesetzgeber durch Erfassung von Enkelkindern und Kindern in Steuerklasse I die Übertragung des Familienvermögens durch Überspringen einer Generation zu ermöglichen beabsichtigt.[399] Allerdings wird innerhalb der Freibeträge nochmals zwischen Kindern, Waisenenkeln und Enkeln unterschieden. Die Eingruppierung in Steuerklasse I wird daher nur bei den Steuersätzen vollständig beibehalten.

(3) Stiefkinder

Eine Abweichung von der Abstammung in gerader Linie stellt die Aufnahme von Stiefkindern in Steuerklasse I dar. Der Rechtsprechung des Bundesfinanzhofs zufolge entspricht es dem System des Erbschaftsteuerrechts, dass Stiefkinder die gleiche Stellung erhalten wie leibliche oder adoptierte Kinder.[400] Im Erbschaftsteuerrecht ist das Stiefkind damit fast ebenso begünstigt wie ein leibliches Kind. Im Gegensatz zu leiblichen oder adoptierten Kindern kommt es bei Stiefkindern jedoch mangels gesetzlichem Erbrecht nur dann zur Begünstigung, wenn diese im Rahmen einer gewillkürten Anordnung als Erbe oder Vermächtnisnehmer eingesetzt werden.[401] Erbschaftsteuerrechtlich bleibt das Verhältnis des Stiefkindes zum Stiefelternteil sogar trotz Auflösung der Ehe erhalten. Dem Bundesfinanzhof zufolge sollen nämlich die Beziehungen, welche der Gesetzgeber als begünstigenswert ansieht, nicht vom Fortbestand der Ehe abhängig sein.[402] In der Konsequenz führt dies dazu, dass Vermögensübertragungen an

398 *Stein*, in: von Oertzen/Loose, ErbStG, § 15 Rn. 51; *Hannes/Holtz*, in: Meincke/Hannes/Holtz, ErbStG, § 15 Rn. 6 sieht darin insbesondere eine Regelung aus Billigkeitsgründen, welche das Verhältnis der Großeltern zu ihrem nach dem Tod des Kindes fortgegebenen Enkelkindes schützen soll.

399 *Weinmann*, in: Moench/Weinmann, ErbStG (ErbStG 78/06.17), § 15 Rn. 6.

400 BFH vom 31.01.1973 – II R 30/65, BStBl. II 1973, 453 (454).

401 *Halaczinsky*, in: Daragan/Halaczinsky/Riedel, ErbStG, § 16 Rn. 2.

402 BFH vom 19.04.1989 – II R 27/86, BStBl. II 1989, 627 (628).

Stiefkinder in mehrfacher Hinsicht erbschaftsteuerlich privilegiert werden. Geht der Elternteil nämlich weitere Ehen ein, kann das Stiefkind gleichzeitig mehrere Stiefväter oder -mütter haben. Diese können dem ehemaligen Stiefkind auch nach Aufhebung der Ehe steuerlich begünstigt Vermögen übertragen. Folglich ist das Stiefkind erbschaftsteuerlich sogar bessergestellt, als der ehemalige Ehepartner selbst.[403]

b. Steuerklasse II

Steuerklasse II umfasst eine Mischung aus verwandten und verschwägerten Erwerbern.[404] Diesen soll nicht die vollständige Förderung der Steuerklasse I zukommen, jedoch würde ihnen eine Gleichstellung mit den übrigen Erwerbern der Steuerklasse III auch nicht gerecht werden.[405]

aa. Inhalt der Regelung

Zum Erwerberkreis von Steuerklasse II zählen Eltern und Voreltern bei Schenkungen von ihren Kindern oder Enkelkindern (§ 15 Abs. 1 Steuerklasse II Nr. 1 ErbStG) sowie voll- und halbbürtige Geschwister (§ 15 Abs. 1 Steuerklasse II Nr. 2 ErbStG). Bringen beide Elternteile jeweils aus früherer Ehe ein Stiefkind mit in die Ehe, gilt für Erwerbe zwischen den beiden Stiefkindern Steuerklasse III.[406] Abkömmlinge von Geschwistern, also Nichten und Neffen, werden zudem mitumfasst (§ 15 Abs. 1 Steuerklasse II Nr. 3 ErbStG), wobei hierzu nicht nur leibliche und Adoptivkinder der Geschwister zählen, sondern auch deren Stiefkinder.[407] Es kann sich dabei auch um Abkömmlinge von Stiefgeschwistern handeln.[408] Auch nicht verwandte Personen, wie Stiefeltern (§ 15 Abs. 1 Steuerklasse II Nr. 4 ErbStG), Schwiegerkinder (§ 15 Abs. 1 Steuerklasse II Nr. 5 ErbStG) sowie Schwiegereltern (§ 15 Abs. 1 Steuerklasse II Nr. 6 ErbStG) unterliegen der Steuerklasse II. Selbst wenn die Ehe, welche die Schwägerschaft zwischen den Verwandten der Ehegatten gemäß § 1590 Abs. 1 BGB begründet, geschieden

---

403 *Meincke*, in: Schack: Gedächtnisschrift für Alexander Lüderitz, S. 515 (515 ff.).

404 *Weinmann*, in: Moench/Weinmann, ErbStG (Stand: 78/06.17), § 15 Rn. 7.

405 *Hannes/Holtz*, in: Meincke/Hannes/Holtz, ErbStG, § 15 Rn. 13.

406 *Götz*, in: Wilms/Jochum, ErbStG (April 2018), § 15 Rn. 63; *Kugelmüller-Pugh*, in: Viskorf/Schuck/Wälzholz, ErbStG, § 15 Rn. 32.

407 BFH, Urteil vom 06.09.1989 – II R 87/87, BStBl. II 1989, 898 (898); die Finanzverwaltung ist dieser Ansicht gefolgt: H E 15.1 ErbStH 2011.

408 *Götz*, in: Wilms/Jochum, ErbStG (April 2018), § 15 Rn. 65; *Geck*, in: Kapp/Ebeling, ErbStG (81. Lfg. 08.2019), § 15 Rn. 44.

wird, bleibt es bei der Anwendung von Steuerklasse II für Übertragungen an das geschiedene Schwiegerkind. Denn nach § 1590 Abs. 2 BGB bleibt die Schwägerschaft trotz Auflösung der Ehe bestehen.[409] Gleiches gilt für den geschiedenen Ehegatten (§ 15 Abs. 1 Steuerklasse II Nr. 7 ErbStG). Diese Steuerklasse ist dem Bundesfinanzhof zufolge auch für den Erwerb des früheren Ehegatten einer wegen Nichtigkeit aufgehobenen Ehe anwendbar.[410] Die Vorschrift greift selbst dann, wenn geschiedene Eheleute später versöhnt wieder in einem gemeinsamen Haushalt zusammenleben. Steuerklasse I Nr. 1 kommt in diesem Fall nicht mehr zur Anwendung.[411]

bb. Bedeutung für den Schutz des Familienvermögens

Die folgenden Ausführungen beleuchten die Bedeutung des Regelungsinhaltes von Steuerklasse II für den Schutz und Erhalt des Familienvermögens. Insbesondere Stiefverhältnisse unterliegen dabei einer besonderen Bedeutung.

(1) Schenkungen an Eltern und Übertragungen an Geschwister

Auffallend ist, dass Schenkungen an Eltern, obwohl diese in gerader Linie verwandt sind lediglich unter Steuerklasse II fallen. Eine Gleichstellung mit dem Erwerb der Eltern oder Voreltern von Todes wegen hat der Gesetzgeber wohl bewusst nicht vorgenommen. Denn es sollte verhindert werden, dass Schenkungen unter Geschwistern erst an die Eltern und von diesen an das Kind übertragen werden, um die Übertragung insgesamt im Rahmen des höheren Freibetrages steuerfrei ausführen zu können.[412] Vermögensübertragungen zwischen Geschwistern bzw. in seitlicher Linie fallen erbschaftsteuerlich, in Anlehnung an das Zivilrecht, nicht unter Steuerklasse I. Denn Geschwister haben keine gegenseitigen Unterhaltsansprüche.[413] Die grundsätzliche Eingruppierung der Eltern und Voreltern bei Übertragungen von Todes wegen in Steuerklasse I zeigt jedoch auch, dass der Gesetzgeber Vermögensübergänge von Kindern an die Eltern im Prinzip der Steuerklasse I zuordnet.

---

409 RFH, Urteil vom 23.10.1925 – V e A 202/25, RStBl. 1926, 115 (115); *Jülicher*, in: Troll/Gebel/Jülicher/Gottschalk, ErbStG (EL 46 Sept. 2013), § 15 Rn. 73.

410 BFH, Urteil vom 22.10.1986 – II R 113/48, BStBl. II 1987, 174 (175).

411 FG Münster, Urteil vom 30.08. 1990, EFG 1991, 199 (200).

412 BT-Drucks. 13/4839, S. 69; *Jülicher*, in: Troll/Gebel/Jülicher/Gottschalk, ErbStG (EL 46 Sept. 2013), § 15 Rn. 68; *Weinmann*, in: Moench/Weinmann, ErbStG (Stand: 80/03.18), § 15 Rn. 30.

413 *Brudermüller*, in: Palandt, BGB, § 1601 Rn. 2.

(2) Stiefverhältnisse

Mit Blick auf Übertragungen in seitlicher Linie ist zudem umstritten, ob Vermögensübertragungen unter vollbürtigen Stiefgeschwistern von Steuerklasse II nach § 15 Abs. 1 Steuerklasse II Nr. 2 ErbStG umfasst sind. Bei vollbürtigen Stiefgeschwistern haben die Geschwister keinen gemeinsamen Elternteil.[414] Hierfür lässt sich zwar anbringen, dass zwischen Stiefgeschwistern ein Näheverhältnis vorliegen kann, weshalb eine Begünstigung derartiger Vermögensübertragungen naheliegt.[415] Allerdings finden rein persönliche Näheverhältnisse im Erbschaftsteuerrecht grundsätzlich keine Beachtung.[416] Nach Ansicht der Finanzverwaltung sind zudem vom Gesetzgeber nur Stiefkindschaftsverhältnisse im Erbschaftsteuerrecht privilegiert. Aus diesem Grunde werden auch Stiefkinder in § 15 Abs. 1 Steuerklasse I Nr. 2 ErbStG, Stiefkinder von Geschwistern nach § 15 Abs. 1 Steuerklasse II Nr. 3 ErbStG sowie von Ehegatten von Stiefkindern als Stiefschwiegerkinder nach § 15 Abs. 1 Steuerklasse II Nr. 5 ErbStG privilegiert behandelt.[417] Für Letztere hat der Bundesfinanzhof entschieden, dass auch Stiefverwandtschaften im Erbschaftsteuerrecht Anerkennung finden, da hier ein eigenständiger Kindesbegriff verwendet und das Bestehen verwandtschaftlicher Verhältnisse nicht vorausgesetzt wird. Wenn das Erbschaftsteuerrecht das Stiefkind sowohl als Kind der leiblichen Eltern wie auch der Stiefeltern in § 15 Abs. 1 Steuerklasse I Nr. 2 ErbStG ansieht, dann sind folgerichtig auch beide Elternteile Schwiegereltern des angeheirateten Partners des (Stief-)Kindes.[418] Die Finanzverwaltung hat diese Argumentation übernommen und folglich nicht nur Stiefschwiegerkinder als von Steuerklasse II begünstigt anerkannt, sondern auch die Stiefkinder der Geschwister mit in den Kreis der nach Steuerklasse II begünstigten Personen aufgenommen.[419]

Die Einteilung von Stiefkindern in Steuerklasse I zeigt, dass es dem Gesetzgeber um den Schutz des Kindeswohls geht. Darüber hinaus begünstigt er auch Übertragungen an Stiefeltern in Steuerklasse II. Die Erwerbergruppen in Steuerklasse II werden von der Finanzverwaltung sehr umfassend zugunsten von Übertragungen in Stiefverhältnissen ausgelegt. Lediglich Erwerbe

---

414 *Jülicher*, in: Troll/Gebel/Jülicher/Gottschalk, ErbStG (EL 46 Sept. 2013), § 15 Rn. 70.

415 *Stein*, in: von Oertzen/Loose, ErbStG, § 15 Rn. 39; *Götz*, in: Wilms/Jochum, ErbStG (April 2018), § 15 Rn. 63.

416 *Jülicher*, in: Troll/Gebel/Jülicher/Gottschalk, ErbStG (EL 57 April 2019), § 15 Rn. 2.

417 H E 15.1 ErbStH 2011.

418 BFH, Urteil vom 06.09.1989 – II R 87/87, BStBl. II 1989, 898 (898).

419 H E 15.1 ErbStH 2011.

unter Stiefgeschwistern sind nicht begünstigt und unterliegen folglich der Steuerklasse III.

(3) Geschiedene Ehegatten

Ungewöhnlich erscheint zunächst die Privilegierung des geschiedenen Ehegatten bzw. des Lebenspartners einer aufgehobenen Lebenspartnerschaft. Die Rechtfertigung kann darin gesehen werden, dass zwischen diesen ein besonderes Pflichtenverhältnis, zu dem unter anderem Unterhaltsansprüche gehören, besteht.[420] Der Rechtsprechung zufolge hat dies jedoch einen systematischen Hintergrund. Denn solange dem Erbschaftsteuerrecht die Regelung des § 1590 Abs. 2 BGB zugrunde liegt, weshalb trotz Scheidung der Ehe auch die Schwiegerkinder und Schwiegereltern nach § 15 Abs. 1 Steuerklasse II Nr. 5 und Nr. 6 ErbStG begünstigt bleiben, ist folgerichtig auch der geschiedene Ehegatte in Steuerklasse II einzugruppieren. Andernfalls würden die Eltern des geschiedenen Ehegatten einer besseren Steuerklasse unterliegen, als der geschiedene Ehegatte selbst.[421]

c. Steuerklasse III

In Steuerklasse III fallen alle natürlichen Personen, die nicht zum nach Steuerklasse I oder II begünstigten Personenkreis gehören: Verlobte, Lebensgefährten, Pflegekinder, Cousins bzw. Cousinen, Tanten und Onkel, Schwager oder Schwägerin sowie Freunde.[422] Auch bei nichtigen oder aufgehobenen Ehen gilt Steuerklasse III.[423] Juristische Personen unterliegen stets der Steuerklasse III. Bei Gesamthandsgemeinschaften wird auf die einzelnen Gesellschafter als Erwerber oder Schenker abgestellt.[424]

Obwohl zu Cousins, Cousinen, Tanten und Onkel ein Verwandtschaftsverhältnis in seitlicher Linie nach § 1589 Abs. 1 Satz 2 BGB besteht, werden diese in

---

420 Der Sinn der Regelung wird allerdings angezweifelt, vgl. *Weinmann*, in: Moench/Weinmann, ErbStG (Stand: 80/03.18), § 15 Rn. 37; *Geck*, in: Kapp/Ebeling, ErbStG (81. Lfg. 08.2019), § 15 Rn. 54 bezeichnet die Regelung als „besonderes Entgegenkommen des Steuergesetzgebers".

421 FG Berlin, Urteil vom 12.12.1995 – V 348/95, EFG 1996, 480 (480); *Längle*, in: Fischer/Pahlke/Wachter, ErbStG, § 15 Rn. 43.

422 *Schulte/Birnbaum*, Erbschaftsteuergesetz, Rn. 439.

423 *Ramb*, in: Preißer/Rödl/Seltenreich, ErbStR, § 15 Rn. 24.

424 BFH, Urteil vom 14.09.1994 – II R 95/92, BStBl. II 1995, 81 (82) in Abkehr von seiner Entscheidung vom 07.12.1988 – II R 150/85, BStBl. II 1989, 237; BFH, Urteil vom 15.07.1998 – II R 82/96, BStBl. II 1998, 630 (631); *Götz*, in: Wilms/Jochum, ErbStG (April 2018), § 15 Rn. 78.

Steuerklasse III wie fremde Dritte behandelt. Übertragungen an Verwandte der seitlichen Linie werden im Erbschaftsteuerrecht, abgesehen von Erwerben unter Geschwistern, daher grundsätzlich nicht privilegiert.

3. *Wahlrecht beim Berliner Testament*

Eine Besonderheit im Rahmen der Steuerklasseneinteilung stellt die Regelung des § 15 Abs. 3 ErbStG dar. Sie gewährt dem Steuerpflichtigen ein Wahlrecht hinsichtlich des Verwandtschaftsverhältnisses und ist damit eine Ausnahme von der gesetzlichen, unabdingbaren Zuordnung nach dem aktuellen Verwandtschaftsverhältnis.[425]

a. *Inhalt der Regelung*

Voraussetzung für dieses Wahlrecht ist zunächst das Bestehen eines Berliner Testaments im Sinne von § 2269 BGB. Hierbei setzen sich die Ehegatten gegenseitig als Alleinerbe des jeweils anderen ein und bestimmen gemeinsam einen Schlusserben für den letztversterbenden Ehegatten. Dieser wird mit Tod des Erstversterbenden zum Vollerben. Der Nachlass des zuerst verstorbenen Ehegatten verschmilzt mit dem Vermögen des Überlebenden. Dieser kann dann uneingeschränkt über das gesamte Vermögen verfügen. Der Dritte, welcher als Erbe des zuletzt verstorbenen Ehegatten eingesetzt wird, ist nach § 2269 Abs. 1 BGB im Zweifel Erbe für den gesamten Nachlass.[426]

Grundsätzlich gilt, dass für die Steuerklasse das Verhältnis des Schlusserben zu dem zuletzt versterbenden Ehegatten entscheidend ist. § 15 Abs. 3 ErbStG ermöglicht es dagegen dem Schlusserben, in Ausübung eines Wahlrechts auf Antrag die Steuerklasse zugrunde zu legen, welche im Verhältnis zum zuerst verstorbenen Ehegatten eingreifen würde.[427] Bedeutung hat dies allerdings nur dann, wenn das Vermögen des zuerst verstorbenen Ehegatten noch vorhanden ist, da nur für diesen Teil des Gesamtnachlasses die günstigere Steuerklasse beantragt werden kann. Die Norm kommt allerdings auch nur dann zur Geltung, wenn Geschwister, Nichten oder Neffen als Schlusserben eingesetzt werden. Gemeinsame Abkömmlinge der Ehegatten unterliegen nämlich ohnehin derselben Steuerklasse.[428]

---

425 *Halaczinsky*, in: Daragan/Halaczinsky/Riedel, ErbStG, § 15 Rn. 2.
426 *Götz*, in: Wilms/Jochum, ErbStG (April 2018), § 15 Rn. 143.
427 *Schulte/Birnbaum*, Erbschaftsteuerrecht, Rn. 443.
428 *Längle*, in: Fischer/Pahlke/Wachter, ErbStG, § 15 Rn. 75 i.V.m. 76.

b. Bedeutung für den Schutz des Familienvermögens

Der Gesetzgeber erkennt damit, dass das alleinige Abstellen auf das Verwandtschaftsverhältnis zu dem zuletzt versterbenden Ehepartner unbillig ist, soweit das dem Schlusserben anfallende Vermögen von dem zuerst verstorbenen Ehegatten stammt und in diesem Verhältnis eine günstigere Steuerklasse Anwendung findet. Insofern soll berücksichtigt werden, dass es dem Willen beider Ehegatten entspricht, den Schlusserben zu bedenken.[429]

c. Exkurs: erbschaftsteuerliche Probleme beim Berliner Testament

Obwohl Schätzungen zufolge etwa 80% aller Testamente sogenannte Berliner Testamente sind,[430] ist das Berliner Testament in seiner Eignung als erbrechtliches Gestaltungsmittel umstritten.

Der Zweck des Berliner Testaments besteht grundsätzlich darin, die Ehe als Wirtschafts- und Erwerbsgemeinschaft zur gemeinsamen Bildung von Vermögen zu erhalten. Das gemeinsam genutzte Vermögen soll dem Überlebenden uneingeschränkt zur Verfügung stehen, um eine wirtschaftliche Belastung im Rahmen einer sofortigen Auseinandersetzung zu verhindern.[431] Der überlebende Ehegatte soll also finanziell abgesichert werden.[432] Dabei wird jedoch nicht berücksichtigt, dass dies nach Versterben des Überlebenden eine doppelte Belastung beim Schlusserben nach sich zieht. Denn bei größeren Nachlässen jenseits der persönlichen Freibeträge führt dies regelmäßig zu einer zweifachen Besteuerung des Vermögens der Erstverstorbenen, meist innerhalb kurzer Zeit. Zunächst wird nämlich der Vermögensübergang auf den überlebenden Ehegatten und sodann der Übergang des Gesamtvermögens auf den Schlusserben besteuert. Auch die Steuerermäßigung wegen Mehrfacherwerbs nach § 27 ErbStG vermag dies nicht ausreichend abzumildern.[433] Zusätzlich kommt hinzu, dass der persönliche Freibetrag des Schlusserben im Zeitpunkt des Todes des Erstversterbenden ungenutzt bleibt.[434]

Durch die erbschaftsteuerliche Behandlung von Berliner Testamenten wird zwar der Zweck der finanziellen Absicherung des überlebenden Ehegatten nicht unterlaufen. Allerdings impliziert das Wahlrecht in § 15 Abs. 3 ErbStG auch,

429 *Ramb*, in: Preißer/Rödl/Seltenreich, ErbStR, § 15 Rn. 67.
430 *Ramb*, in: Preißer/Rödl/Seltenreich, ErbStR, § 15 Rn. 64.
431 *Götz*, in: Wilms/Jochum, ErbStG (April 2018), § 15 Rn. 145.
432 *Hannes/Holtz*, in: Meincke/Hannes/Holtz, ErbStG, § 15 Rn. 33.
433 *Jülicher*, in: Troll/Gebel/Jülicher/Gottschalk, ErbStG (EL 49 Juli 2015), § 15 Rn. 171.
434 *Götz*, in: Wilms/Jochum, ErbStG (April 2018), § 15 Rn. 163.

dass das Vermögen von Ehegatten getrennt ist, obwohl Art. 6 Abs. 1 GG die Ehe als Erwerbs- und Wirtschaftsgemeinschaft zugrunde legt.[435] Dies führt dazu, dass eine zweifache erbschaftsteuerliche Belastung des Vermögens des zuerst versterbenden Ehegatten erfolgt und dies letztlich zu Lasten des mit der Anordnung eines Schlusserben verbundene Zwecks geht, nämlich dem möglichst ungeschmälerten Erhalt der Vermögenswerte für den Schlusserben. Geht man davon aus, dass Schlusserben die Abkömmlinge der Erblasser sind, so stellt die erbschaftsteuerliche Behandlung von Berliner Testamenten in der derzeitigen Ausgestaltung eine erhebliche Belastung für das Familienvermögen dar.

4. *Zusammenfassung*

Ehegatten bzw. eingetragene Lebenspartner werden im Rahmen der Steuerklasseneinteilung am stärksten begünstigt. In den übrigen Fällen kommt es dem Gesetzgeber insbesondere auf die Verwandtschaft in gerader Linie nach § 1589 Abs. 1 BGB an. Die Privilegierung von Stiefkindern stellt eine Durchbrechung dieses Systems dar, insbesondere die Beibehaltung dieser erbschaftsteuerlichen Begünstigung trotz Auflösung der Ehe. Im Gegensatz zu Adoptivkindern, welche gleichfalls nicht in gerader Linie mit ihren Adoptiveltern verwandt sind, kann die Privilegierung von Stiefkindern gerade nicht mit Unterhaltsansprüchen gegen die Stiefeltern gerechtfertigt werden. Gleiches gilt für das Beibehalten der Privilegierung nach Steuerklasse II von Stiefverhältnissen trotz Scheidung der Ehe mit dem Stiefelternteil bzw. Scheidung der Ehe zum Stiefkind. Aufgrund des demographischen Wandels sowie der immer länger andauernden Ausbildungszeiten und der steigenden Ausbildungskosten gewinnt die Privilegierung von Enkelkindern zunehmend an Bedeutung. Obwohl die Errichtung von Berliner Testamenten ein beliebtes erbrechtliches Gestaltungsmittel darstellt, hat dieses erbschaftsteuerlich nachteilige Folgen für den Schutz des Familienvermögens insgesamt.

III. Persönliche Steuerbefreiungen

In § 16 ErbStG sind die persönlichen Freibeträge geregelt. Diese gelten gleichermaßen für Erwerbe von Todes wegen wie für Schenkungen unter Lebenden.[436] Darüber hinaus gewährt § 17 ErbStG dem überlebenden Ehegatten

435 vgl. hierzu die Ausführungen unter 2. Teil B III 2 b bb.

436 *Weinmann*, in: Moench/Weinmann, ErbStG (Stand: 80/03.18), § 16 Rn. 2.

bzw. eingetragenen Lebenspartner und den Kindern bis zur Vollendung des 27. Lebensjahres einen besonderen Versorgungsfreibetrag bei Erwerben von Todes wegen.

1. *Freibetrag*

Die Regelung des § 16 Abs. 1 ErbStG stellt die Bereicherung eines Begünstigten aufgrund eines Erwerbs von Todes wegen oder einer Schenkung unter Lebenden bis zu einem bestimmten Betrag von der Steuer frei. Die Höhe des Freibetrages ist entsprechend dem persönlichen Verhältnis des Erwerbers zum Erblasser oder Schenker und der danach maßgeblichen Steuerklasse im Sinne von § 15 ErbStG gestaffelt.[437] § 16 Abs. 1 ErbStG gilt für unbeschränkt Steuerpflichtige. Auf die Besonderheiten hinsichtlich der beschränkten Steuerpflicht nach § 16 Abs. 2 ErbStG wird im Rahmen dieser Arbeit nicht eingegangen.

a. *Inhalt der Regelung*

Die persönlichen Freibeträge nach § 16 Abs. 1 ErbStG stehen jedem Erwerber zu, ohne dass es dabei auf den Erwerbsgegenstand oder dessen Zweck ankommt.[438] Lediglich das persönliche Verhältnis zwischen Zuwendendem und Erwerber entscheidet über den persönlichen Freibetrag.[439] Nach § 16 Abs. 1 Nr. 1 bis 7 ErbStG liegt der Freibetrag für Ehegatten und eingetragene Lebenspartner bei 500.000 Euro, für Kinder, Stiefkinder, Adoptivkinder und für Kinder verstorbener Kinder bei 400.000 Euro, für Abkömmlinge der Kinder und Stiefkinder bei 200.000 Euro, für die übrigen Personen der Steuerklasse I bei 100.000 Euro und für sonstige Personen der Steuerklasse II und III bei 20.000 Euro. Die Regelung des § 16 Abs. 1 Nr. 2 ErbStG unterscheidet nicht zwischen Kindern, Stiefkindern und Adoptivkindern. Dennoch sind Stiefkinder auch von der Freibetragsregelung erfasst.[440]

Die Höhe der Freibeträge in ihrer derzeit geltenden Fassung ist seit ihrer Anhebung im Rahmen des Erbschaftsteuerreformgesetzes vom 31.12.2008 unverändert geblieben. Der Freibetrag für Ehegatten wurde dabei von 307.000 Euro auf 500.000 Euro erhöht, der von Kindern, Stiefkindern, Adoptivkindern und Kinder verstorbener Kinder von 205.000 Euro auf 400.000 Euro, während

---

437 *Weinmann*, in: Moench/Weinmann, ErbStG (Stand: 81/05.18), § 16 Rn. 1.

438 *Götz*, in: Wilms/Jochum, ErbStG (April 2018), § 16 Rn. 23.

439 *Schlünder/Geißler*, FamRZ 2005, 73 (73 f.).

440 *Eisele*, in: Kapp/Ebeling, ErbStG (75. Lfg. 02.2018), § 16 Rn. 8; vgl. zu Stiefkindern die Ausführungen zu § 15 ErbStG unter 3. Teil A II 2 a bb (3).

der Freibetrag für Enkelkinder – und auch Urenkel – von 51.200 Euro auf 200.000 Euro umgestellt wurde. Auch die Freibeträge für die übrigen Erwerber der Steuerklasse I wurden von 51.200 Euro auf 100.000 Euro angehoben. Der Freibetrag für Erwerber der Steuerklasse II wurde von 10.300 Euro auf 20.000 Euro erhöht und der für Erwerber der Steuerklasse III von 5.200 Euro ebenfalls auf 20.000 Euro.[441] Die bis dahin geltenden Werte waren seit Jahressteuergesetz 1997 nicht angehoben worden.[442]

b. Besonderheiten bei den freibetragsberechtigten Personen

Die Regelung des § 16 ErbStG misst dem Verhältnis zwischen Angehörigen im Erbschaftsteuerrecht eine hohe Bedeutung bei. Es kommt dabei insbesondere auf die Privilegierung der Kernfamilie an, so wie es auch vom Bundesverfassungsgericht gefordert wird.[443] Der Gesetzgeber ist folglich dazu aufgefordert, Vermögensübergänge innerhalb der Kernfamilie schonend zu behandeln. Im Folgenden wird näher darauf eingegangen, wie die gesetzliche Ausgestaltung dieses verfassungsrechtliche Grundprinzip beachtet und welche Auswirkungen dies auf den Erhalt des Familienvermögens hat.

aa. Ehegatten gegenüber Kindern

Vermögensübertragungen an Ehegatten bzw. eingetragene Lebenspartner werden am stärksten steuerlich verschont. Voraussetzung hierfür ist, dass eine wirksame Ehe oder eingetragene Lebenspartnerschaft besteht und diese nicht geschieden ist. Damit greift § 16 ErbStG systematisch die Grundregelung des § 15 ErbStG auf.[444] Begründet wird der hohe Freibetrag mitunter damit, dass Vermögen, welches an Ehegatten übertragen wird, oftmals nur für eine zeitlich relativ kurze Zeitspanne bei diesen verbleibt, bevor es zur endgültigen Vermögensweitergabe an die Kinder kommt.[445] Folglich werden Kinder im Gegensatz zu Ehegatten ungünstiger behandelt. Die nur für Kinder geltende Staffelung der Versorgungsfreibeträge verstärkt dies zudem. Außerdem kann bei Ehegatten

---

441 BGBl. I 2008, 3018 (3026); *Eisele*, in: Kapp/Ebeling, ErbStG (75. Lfg. 02.2018), § 16 Rn. 1.

442 *Längle*, in: Fischer/Pahlke/Wachter, ErbStG, § 16 Rn. 7.

443 *Längle*, in: Fischer/Pahlke/Wachter, ErbStG, § 16 Rn. 3; vgl. zu der Forderung des Bundesverfassungsgerichts unter 1. Teil A I 1.

444 *Stein*, in: von Oertzen/Loose, ErbStG, § 16 Rn. 15.

445 *Weinmann*, in: Moench/Weinmann, ErbStG (Stand: 84/04.19), § 16 Rz. 8.

auch der Zugewinnausgleich als eine zusätzliche Freibetragsform einen erheblichen Unterschied machen.[446]

Das Bundesverfassungsgericht sieht in der ungleichen Behandlung von Ehegatten und Kindern jedoch keinen Verstoß gegen den allgemeinen Gleichheitssatz. Aus Art. 3 Abs. 1 GG lässt sich kein Gebot zur Gleichbehandlung von Ehepartnern und Kindern ableiten. Die Ungleichbehandlung ist insbesondere deswegen gerechtfertigt, weil zwischen Ehegatten und Kindern ein gewichtiger Unterschied besteht. Es ist von Verfassungs wegen nicht zu beanstanden, dass die Freibetragsregelungen an Voraussetzungen wie Familienstand, Verwandtschaftsverhältnis und Alter anknüpfen und nicht von weiteren Nachweisen, wie beispielsweise altersbedingter Bedürftigkeit oder Leistungen des Erben gegenüber dem Erblasser abhängig sind.[447]

bb. Differenzierung von Enkeln und Waisenenkeln

Die in § 15 Abs. 1 ErbStG geregelte Gleichstellung von Waisenenkeln und Enkelkindern mit noch lebenden Eltern führt zur Gleichbehandlung dieser hinsichtlich des Steuersatzes. Im Rahmen des Freibetrags werden diese jedoch unterschiedlich behandelt. Während Waisenenkel einen Freibetrag in Höhe von 400.000 Euro erhalten, steht Enkeln, deren Eltern noch leben, lediglich ein Freibetrag in Höhe von 200.000 Euro zu. Den eigenständigen Freibetrag für Enkelkinder hat der Gesetzgeber erst im Zuge der Erbschaftsteuerreform 2008 eingeführt.[448] Davor unterlagen derartige Erwerbe demselben Freibetrag, welcher auch für alle übrigen Personen der Steuerklasse I gilt.[449] Gegen die Begünstigung von Enkelkindern wird eingewandt, dass dies einen Generationensprung, also Zuwendungen an Enkel unter Auslassung einer Zwischengeneration und damit einer Besteuerungsebene, noch attraktiver macht. Dem tritt der Gesetzgeber jedoch dadurch entgegen, dass Enkelkinder gegenüber Waisenenkeln lediglich einen geringeren Freibetrag erhalten.

cc. Eltern und Voreltern bei Erwerben von Todes wegen

Obwohl Eltern und Voreltern nach § 15 Abs. 1 Steuerklasse I Nr. 4 ErbStG unter Steuerklasse I fallen, wird ihnen – im Gegensatz zu Ehegatten, Kindern und

---

446 *Hannes/Holtz*, in: Meincke/Hannes/Holtz, ErbStG, § 16 Rn. 10.

447 BVerfG, Beschluss vom 04.08.1988 – 1 BvR 328/88, UVR 1989, 58 (58); *Hannes/Holtz*, in: Meincke/Hannes/Holtz, ErbStG, § 16 Rn. 10.

448 BGBl. I 2008, 3018 (3026); BT-Drucks. 16/7918, S. 37.

449 BGBl. I 1996, 2049 (2059).

Enkeln – nur ein Freibetrag in Höhe von 100.000 Euro zugestanden. Innerhalb der Gruppe des über Steuerklasse I begünstigten Empfängerkreises werden sie folglich mit Blick auf die Freibeträge am schlechtesten behandelt. Unklar ist, ob auch Urenkel zu den privilegierten Personen nach Steuerklasse I zählen. Da der Gesetzgeber diese jedoch unerwähnt gelassen hat, obwohl sie in gerader Linie verwandt sind, spricht dies dafür, auch Urenkeln den Freibetrag der über Steuerklasse I begünstigten Empfänger nach § 16 Abs. 1 Nr. 4 ErbStG zuzugestehen.[450]

Vermögensübertragungen an Verwandte in gerader, absteigender Linie werden damit von Gesetzes wegen nicht so weitreichend geschützt, wie Solche in aufsteigender Linie. Eine Ausnahme hiervon bilden Urenkel, welche vom Gesetzgeber unerwähnt bleiben und somit unter den für die übrigen Personen der Steuerklasse I geltenden Freibetrag fallen. Eine Abmilderung der unterschiedlichen Belastung in der Erbfolge innerhalb der Kernfamilie bildet die Steuerbefreiung nach § 13 Abs. 1 Nr. 10 ErbStG, wonach der Rückfall einer Schenkung aufgrund eines Erwerbs von Todes wegen durch die Eltern von der Erbschaftsteuer befreit ist.[451]

dd. Gleichbehandlung von Steuerklasse II und III

Erwerber der Steuerklasse II unterliegen seit Erlass des Erbschaftsteuerreformgesetzes 2008[452] einem Freibetrag in Höhe von 20.000 Euro und sind damit Erwerbern der Steuerklasse III gleichgestellt. Vor dieser Gesetzesreform differenzierte der Gesetzgeber zwischen den verschiedenen Steuerklassen und wies Erwerbern der Steuerklasse II bereits im Erbschaftsteuergesetz 1974[453] einen gesonderten Freibetrag zu. Dies wurde auch im Zuge der grundlegenden Änderungen des Erbschaftsteuergesetzes 1997[454] bis zur Erbschaftsteuerreform 2008 beibehalten. Im Zuge dieser Erbschaftsteuerreform wurden also nicht nur die Freibeträge für Steuerklasse II und III angeglichen, sondern hierfür auch dieselben Steuersätze eingeführt.[455] Diese faktische Gleichbehandlung wurde jedoch

---

450 *Längle*, in: Fischer/Pahlke/Wachter, § 16 Rn. 12; *Stein*, in: von Oertzen/Loose, § 16 Rn. 23; *Weinmann*, in: Moench/Weinmann, ErbStG (Stand: 84/04.19), § 16 Rz. 10; **a.A.**: *Hannes/Holtz*, in: Meincke/Hannes/Holtz, ErbStG, § 16 Rn. 11; *Eisele*, in: Kapp/Ebeling, ErbStG (75. Lfg. 02.2018), § 16 Rn. 8.3; *Jülicher*, in: Troll/Gebel/Jülicher/Gottschalk, ErbStG (EL 53 Juni 2017), § 16 R. 5.

451 vgl. hierzu die Ausführungen unter 3. Teil A IV 5.

452 BGBl. I 2008, 3018 (3026).

453 BGBl. I 1974, 933 (939 f.).

454 BGBl. I 1996, 2049 (2059).

455 vgl. hierzu die Ausführungen unter 3. Teil A V 2 b.

durch Änderung der Steuersätze für Erwerber der Steuerklasse II durch das Wachstumsbeschleunigungsgesetz vom 22.12.2009 wieder rückgängig gemacht, indem die Steuersätze für Steuerklasse II abgesenkt wurden. Die Freibeträge behielt der Gesetzgeber jedoch bei.[456] Trotz Änderungen im Rahmen der Freibeträge zugunsten von eingetragenen Lebenspartnern mit Jahressteuergesetz vom 13.12.2010 kam es allerdings auch hierbei nicht zur Anhebung der Freibeträge für Erwerber der Steuerklasse II.[457]

Für die einheitliche Festlegung des persönlichen Freibetrages von Erwerbern der Steuerklasse II und III im Zuge des Erbschaftsteuerreformgesetzes hat der Gesetzgeber keine Begründung angeführt.[458] Der Bundefinanzhof hält jedenfalls eine Gleichstellung von Erwerbern der Steuerklasse II mit solchen der Steuerklasse I verfassungsrechtlich nicht für geboten.[459] Die unterschiedliche Behandlung der beiden Steuerklassen steht grundsätzlich auch mit der Systematik der Steuerklasseneinteilung in Einklang, wonach insbesondere Übertragungen an Verwandte in gerader Linie schützenswert sind.[460] Auffallend ist jedoch, dass der Gesetzgeber hierbei nicht konsequent bleibt. Denn nicht nur Verwandte der Seitenlinie fallen unter Steuerklasse II, sondern auch Eltern bei lebzeitigen Vermögensübertragungen von ihren Kindern, obwohl diese in gerader Linie zueinander verwandt sind.

c. *Bemessung der Höhe des Freibetrages*

Dem Bundesverfassungsgericht zufolge ist es notwendig, den Betrag des dem Erben ungeschmälert verbleibenden Nachlasswertes von der Erbschaftsteuer freizustellen. Hinsichtlich der Bemessung der Höhe dieses Freibetrages verweist das Bundesverfassungsgericht auf den Wert der ökonomischen Grundlage individueller Freiheit, welcher sich an den Werten durchschnittlicher Einfamilienhäuser orientiert.[461] Der Gesetzgeber hob daraufhin die Freibeträge mit Jahressteuergesetz 1997 vom 20.12.1996 entsprechend an.[462] Durch das

---

456 BGBl. I 2009, 3950 (3954).

457 BGBl. I 2010, 1768 (1795).

458 *Weinmann*, in: Moench/Weinmann, ErbStG (Stand: 80/03.18), § 16 Rn. 11.

459 Dies hat der Bundesfinanzhof in folgenden drei Entscheidungen dargelegt: BFH, Urteil vom 24.04.2013 – II R 65/11, BStBl. II 2013, 633 (634); Vorlagebeschluss an das Bundesverfassungsgericht: BFH, Beschluss vom 27.09.2012 – II R 9/11, BStBl. II 2012, 899 (906); erneut bestätigend: BFH, Urteil vom 20.01.2015 – II R 9/11, BFH/NV 2015, 693 (694).

460 vgl. hierzu bereits oben unter 3. Teil A II 2 b bb (2).

461 vgl. hierzu die Ausführungen unter 1. Teil A I.

462 BGBl. I 1996, 2049 (2059).

Erbschaftsteuerreformgesetz vom 24.12.2008 erfolgte eine weitere Anhebung der Freibeträge, da diese aufgrund der Inflation deutlich entwertet wurden.[463] Nach der Gesetzesbegründung ist die steuerliche Freistellung für Ehegatten und Kinder so zu bemessen, „dass ein übliches Einfamilienhaus auch in teuren Ballungsgebieten ohne Steuerbelastung übergehen kann."[464] Für den Schutz des Vermögens der Kernfamilie steht damit fest, dass ein Betrag bis höchstens 500.000 Euro für Vermögensübergänge an den Ehegatten und bis höchstens 400.000 Euro an jedes Kind erbschaftsteuerlich frei bleiben muss. Für Familien mit hohen Vermögenswerten ist dies allerdings keine Steuererleichterung, da sich der Freibetrag hierbei kaum bemerkbar macht, weshalb die Regelung lediglich für kleine und mittlere Erwerbe eine angemessene Verschonung darstellt.[465]

2. Versorgungsfreibetrag

Bei Übertragungen von Todes wegen erhalten Ehegatten bzw. eingetragene Lebenspartner sowie Kinder bis zum 27. Lebensjahr einen zusätzlichen Freibetrag durch den besonderen Versorgungsfreibetrag in § 17 Abs. 1 und Abs. 2 ErbStG. Auf die besondere Behandlung von beschränkt Steuerpflichtigen nach § 17 Abs. 3 ErbStG wird im Rahmen dieser Arbeit nicht eingegangen.

a. Inhalt der Regelung

Dem überlebenden Ehegatten sowie den Kindern, die das 27. Lebensjahr noch nicht vollendet haben, steht bei Erwerben von Todes wegen ein besonderer Versorgungsfreibetrag nach § 17 ErbStG zu. Der überlebende Ehegatte erhält einen Freibetrag in Höhe von 256.000 Euro nach § 17 Abs. 1 Satz 1 ErbStG. Auch Kindern steht gem. § 17 Abs. 2 Satz 1 ErbStG ein besonderer Versorgungsfreibetrag zu. Dieser bemisst sich nach dem Lebensalter des Kindes, gestaffelt bis zum 27. Lebensjahr. Er reicht von 52.000 Euro für Kinder bis zu 5 Jahren (§ 17 Abs. 2 Satz 1 Nr. 1 ErbStG) und 10.300 Euro bei Kindern bis zur Vollendung des 27. Lebensjahres (§ 17 Abs. 2 Satz 1 Nr. 5 ErbStG). Der Begriff „Kinder" deckt sich mit demjenigen des § 15 Abs. 1 Steuerklasse I Nr. 2 ErbStG. Damit können auch Stief- und Adoptivkinder den besonderen Versorgungsfreibetrag in Anspruch nehmen.[466] Aufgrund der Regelung des § 15 Abs. 1a ErbStG erhalten

---

463 *Jülicher*, in: Troll/Gebel/Jülicher/Gottschalk, ErbStG (EL 53 Juni 2017), § 16 Rn. 9.

464 BT-Drucks. 16/7918, S. 37.

465 *Ramb*, in: Preißer/Rödl/Seltenreich, ErbStG, § 16 Rn. 13.

466 *Halaczinsky*, ZErb 2004, 149 (153); *Stein*, in: von Oertzen/Loose, ErbStG, § 17 Rn. 22.

Adoptivkinder einen Versorgungsfreibetrag auch dann, wenn ein leiblicher Elternteil verstirbt.[467]

b. Anrechnung bei steuerfreien Versorgungsbezügen

Bei § 17 ErbStG handelt es sich zunächst um einen Freibetrag, der Erwerbe jeder Art von der Steuer freistellt und der unabhängig davon zum Zuge kommt, ob der steuerpflichtige Erwerb Versorgungswerte umfasst oder dem Steuerpflichtigen zu Versorgungszwecken zugewandt wurde.[468] Die Besonderheit liegt in der Anrechnungsanordnung des § 17 Abs. 1 Satz 2 ErbStG und des § 17 Abs. 2 Satz 2 ErbStG, wonach der Freibetrag um bestimmte Versorgungswerte gekürzt wird.[469]

aa. Steuerpflichtige und steuerfreie Versorgungsbezüge

Das Erbschaftsteuergesetz unterscheidet zwischen steuerbefreiten und steuerpflichtigen Versorgungsbezügen im Sinne von § 3 Abs. 1 Nr. 4 ErbStG. Die Regelung wurde wohl deswegen eingeführt, weil der Gesetzgeber weder eine vollständige Besteuerung noch eine komplette Freistellung aller denkbaren Versorgungsbezüge einführen wollte.[470] Mit Einführung des Versorgungsfreibetrages sollte dennoch die unterschiedliche Behandlung der Versorgungsbezüge im Grundsatz beseitigt werden.[471]

Steuerpflichtig sind grundsätzlich alle durch den Erblasser zu Lebzeiten vertraglich begründeten Versorgungsbezüge zugunsten des Erben, wie beispielsweise Unfall- oder Lebensversicherungen.[472] Auch die Bezüge eines persönlich haftenden Gesellschafters einer Personengesellschaft fallen grundsätzlich hierunter.[473] Eine Ausnahme besteht dann, wenn der Gesellschafter im Innenverhältnis gegenüber den übrigen, die Gesellschaft beherrschenden anderen Gesellschaftern wie ein Angestellter gebunden war. Nicht steuerbar sind hingegen die Hinterbliebenenbezüge, die ein Gesellschafter-Geschäftsführer mit

---

467 *Bruschke*, ErbStB 2016, 218 (220).

468 *Ramb*, in: Preißer/Rödl/Seltenreich, ErbStG, § 17 Rn. 3.

469 *Hannes/Holtz*, in: Meincke/Hannes/Holtz, ErbStG, § 17 Rn. 1.

470 *Weinmann*, in: Moench/Weinmann, ErbStG (Stand: 81/05.18), § 17 Rn. 1.

471 BT-Drucks. VI/ 3418, S. 17.

472 *Bruschke*, ErbStB 2016, 218 (219).

473 vgl. zu den Ausnahmen: BFH, Urteil vom 13.12.1989 – II R 23/85, BStBl. II 1990, 322 (324); *Längle*, in: Fischer/Pahlke/Wachter, ErbStG, § 17 Rn. 5; zu den Bezügen des Gesellschafter-Geschäftsführers: R E 3.5 Abs. 4 ErbStR 2019.

einer Kapitalgesellschaft vereinbart hat. Voraussetzung hierfür ist jedoch, dass der Erblasser, wie bei einem Nichtgesellschafter, als abhängiger Geschäftsführer anzusehen war und dass die Bezüge angemessen waren. War er hingegen herrschender Gesellschafter, so unterliegen die Bezüge wiederum der Erbschaftsteuer.[474] Für Gesellschafter einer Personengesellschaft sowie für den Geschäftsführer einer Kapitalgesellschaft kommt es letztlich darauf an, in welchem Verhältnis diese jeweils zur Gesellschaft stehen. Diese Vermögensvorteile, welche aufgrund eines zu Lebzeiten durch den Erblasser geschlossenen Vertrages zugewandt werden, fallen unter die Steuerpflicht nach § 3 Abs. 1 Nr. 4 ErbStG und sind daher folglich nicht nach § 17 ErbStG anzurechnen. Denn durch die Anrechnung würde die Freistellungswirkung nach § 17 ErbStG wieder rückgängig gemacht werden.[475]

Zu den nicht der Erbschaftsteuer unterliegenden Bezügen zählen alle auf Gesetz beruhenden Versorgungsbezüge. Hierzu gehören die im Beamtenverhältnis und in der gesetzlichen Rentenversicherung begründeten Hinterbliebenenrenten sowie Versorgungsansprüche von Hinterbliebenen freiberuflich Tätiger, die aus gesetzlich vorgeschriebener, berufsständischer Zwangsversicherung stammen. Außerdem sind auch die Versorgungsbezüge der Hinterbliebenen von Abgeordneten aufgrund der Diätengesetze des Bundes und der Länder von der Erbschaftsteuer befreit.[476] Auch auf arbeitsrechtlichen Vereinbarungen beruhende Versorgungsbezüge, wie beispielsweise Hinterbliebenenbezüge aufgrund von Tarifverträgen unterliegen nicht der Erbschaftsteuer.[477]

bb. Anrechnung

Nach Auffassung des Gesetzgebers sollen nur Ehegatten und Kinder in den Genuss des Versorgungsfreibetrags gelangen, wenn diesen aufgrund Versterbens des Erblassers keine gesetzlichen, also steuerbefreiten Versorgungsleistungen, zustehen.[478] Werden dem Anspruchsberechtigten bedingt durch den Tod des Erblassers gesetzliche Versorgungsbezüge gewährt, so wird der besondere

---

474 BFH, Urteil vom 13.12.1989 – II R 23/85, BStBl. II 1990, 322 (324); *Längle*, in: Fischer/Pahlke/Wachter, ErbStG, § 17 Rn. 5; zu den Bezügen des Gesellschafter-Geschäftsführers: R E 3.5 Abs. 3 Satz 3 und 4 ErbStR 2019.

475 *Hannes/Holtz*, in: Meincke/Hannes/Holtz, ErbStG, § 17 Rn. 6.

476 R E 17 Abs. 1 Satz 2 Nummern 1-4 ErbStR 2019; *Hannes/Holtz*, in: Meincke/Hannes/Holtz, ErbStG, § 3 Rn. 94.

477 BFH, Urteil vom 20.05.1981 – II R 33/78, BStBl. II 1982, 27 (28); R E 17 Abs. 1 Satz 2 Nummern 5, 6 ErbStR 2019.

478 *Halaczinsky*, in: Daragan/Halaczinsky/Riedel, ErbStG, § 17 Rn. 4.

Versorgungsfreibetrag nach § 17 Abs. 1 Satz 2 ErbStG sowie § 17 Abs. 2 Satz 2 ErbStG um den Kapitalwert der nicht steuerbaren Bezüge gekürzt. Der Kapitalwert errechnet sich durch Multiplikation der Versorgungsbezüge mit dem für das jeweilige Alter geltenden Vervielfältiger, welcher der Sterbetafel zu entnehmen ist. Übersteigt der Kapitalwert den Versorgungsfreibetrag, so unterliegt der überschießende Betrag weiterhin nicht der Erbschaftsteuer. Etwas anderes gilt, wenn der Anspruchsberechtigte steuerpflichtige Versorgungsbezüge im Sinne von § 3 Abs. 1 Nr. 4 ErbStG erhält. Der Versorgungsfreibetrag wird in dem Fall vollständig gewährt. Übersteigt der Kapitalwert jedoch den Freibetrag, so unterliegt der überschießende Betrag der Erbschaftsteuer. Erwirbt der Anspruchsberechtigte hingegen überhaupt keine Versorgungsbezüge, so erhält der Erwerber den vollständigen Versorgungsfreibetrag.[479] Bei Empfängern von privaten, also steuerbaren Versorgungsbezügen, kommt der Freibetrag damit genauso ungekürzt zum Abzug, wie bei Erwerbern die überhaupt keine Versorgungsbezüge erhalten, solange diese den Grenzwert nicht übersteigen.[480]

c. Normzweck: Sicherung der Versorgung

Der Freibetrag nach § 17 ErbStG dient letztlich der Sicherung der finanziellen Versorgung von Ehegatten und Kindern mithilfe des vom Erblasser übertragenen Vermögens.[481] Zentrales Anliegen der Vorschrift ist demnach wiederum der Schutz der Kernfamilie.[482]

Damit bestätigt der Versorgungsfreibetrag letztlich die sozialwissenschaftlichen Begründungsansätze zur Privilegierung der Familie im Erbschaftsteuerrecht.[483] Dadurch, dass die Versorgung des Ehegatten und der Kinder aus dem Privatvermögen gesichert werden, kommt der Gedanke der Entlastung des Sozialstaates durch familiäre Für- und Vorsorge[484] direkt zum Ausdruck. Die Vorschrift belegt außerdem, dass der Erhalt des familiären Vermögens bei Übertragungen innerhalb der Kernfamilie damit insbesondere auch sozialstaatlichen Zwecken dient und es nicht allein um den Erhalt der ehelichen

479 *Schulte/Birnbaum*, Erbschaftsteuerrecht, Rn. 460.

480 *Längle*, in: Fischer/Pahlke/Wachter, § 17 Rn. 2.

481 *Weinmann*, in: Moench/Weinmann, ErbStG (Stand: 81/05.18), § 17 Rz. 1.

482 *Stein*, in: von Oertzen/Loose, ErbStG, § 17 Rn. 2; *Längle*, in: Fischer/Pahlke/Wachter, ErbStG, § 17 Rn. 1.

483 vgl. hierzu die Ausführungen unter 3.Teil A I 2 a.

484 *Tipke*, StRO Bd. II, S. 896; *Birnbaum*, Leistungsfähigkeitsprinzip, S. 93.

Erwerbsgemeinschaft und der Mitberechtigung der Kinder am durch die Eltern erschaffenen Lebensstandard geht.[485]

Die unterschiedliche Behandlung von steuerfreien und steuerpflichtigen Versorgungsbezügen bei Übersteigen des gesetzlich festgelegten Fixbetrages rechtfertigt der Gesetzgeber damit, dass die steuerpflichtig erworbenen Versorgungsbezüge auf durch den Erblasser zu Lebzeiten geschlossenem Vertrag beruhen und im Rahmen der Privatautonomie beeinflusst werden können. Auf steuerfrei erworbene Versorgungsbezüge haben Hinterbliebene hingegen einen unmittelbaren Rechtsanspruch.[486]

Weil sich der Kapitalwert der Versorgungsbezüge mit fortschreitendem Alter aufgrund des abnehmenden Vervielfältigers reduziert, vermindert sich auch die Kürzung des Freibetrages. Je jünger der Bezugsberechtigte ist, desto eher übersteigt der Versorgungsfreibetrag aufgrund des höheren Vervielfältigers den Kapitalwert steuerfreier Versorgungsbezüge. Damit kann ein relativ junger Ehepartner bei einem entsprechend hohen Vervielfältiger für ein auf Lebenszeit erworbenes, steuerpflichtiges Rentenstammrecht eher der Steuerpflicht unterliegen, als ein älterer Ehegatte.[487]

3. *Zusammenfassung zu den persönlichen Steuerbefreiungen*

Die Übertragung des familiären Vermögens ist nicht in vollständiger Höhe vor erbschaftsteuerlichem Zugriff bewahrt, sondern durch vom Gesetzgeber pauschalierte Beträge gedeckelt. Verfassungsgerichtlich abstrakte Vorgaben zum Umfang der Begrenzung existieren für Übertragungen unter Ehegatten oder an Kinder. Kleinere und mittlere Erwerbe werden damit erbschaftsteuerlich verschont. Vermögensübertragungen an Enkelkinder gewinnen zunehmend an Bedeutung, was auch der Gesetzgeber erkannt hat. Übertragungen in seitlicher Linie werden hingegen genauso behandelt, wie Übertragungen an fremde Dritte.

Die Regelung des § 17 ErbStG bezweckt grundsätzlich die Gewährleistung der finanziellen Versorgung der Kernfamilie nach dem Ableben des Erblassers. Der Schutz der Familie im Erbschaftsteuerrecht dient damit auch der Entlastung des Sozialstaates. Da es sich beim Versorgungsfreibetrag um einen Fixbetrag handelt, welcher durch einen am Lebensalter orientierten Vervielfältiger zu

485 vgl. hierzu die Ausführungen des Bundesverfassungsgerichts im Erbschaftsteuerbeschluss unter 1. Teil A. I 1 sowie im Beschluss zum Pflichtteilsrecht 1. Teil D II.

486 BT-Drucks. VI/3418, S. 71.

487 *Jülicher*, in: Troll/Gebel/Jülicher/Gottschalk, ErbStG (EL 53 Juni 2017), § 17 Rn. 9; *Weinmann*, in: Moench/Weinmann, ErbStG (Stand: 81/05.18), § 17 Rz. 3.

dividieren ist, sind jüngere Ehegatten mit steuerpflichtigen Versorgungsbezügen schlechter versorgt, als ältere Ehegatten. Den größtmöglichen Schutz erfährt das Familienvermögen dann, wenn Hinterbliebene keine Versorgungsbezüge erhalten. In diesem Fall steht ihnen neben dem persönlichen Freibetrag der Versorgungsfreibetrag in voller Höhe zu. Erhalten sie steuerfreie Versorgungsbezüge, so werden diese auf den Versorgungsfreibetrag angerechnet. Steuerpflichtige Versorgungsbezüge werden hingegen besteuert, sobald der Wert des Versorgungsfreibetrages überschritten ist. Eine Gleichbehandlung beider Gruppen ist dann gegeben, wenn der Kapitalwert der steuerpflichtigen Versorgungsbezüge den Freibetrag nicht überschreitet.[488] Übersteigt der Kapitalwert der Versorgungsbezüge jedoch den Freibetrag, so ist es für die Hinterbliebenen günstiger, wenn sie gesetzliche Versorgungsbezüge erhalten, da nur diese von der Erbschaftsteuer befreit sind.

IV. Sachliche Steuerbefreiungen

Unabhängig von den persönlichen Freibeträgen sieht § 13 ErbStG einen Katalog von sachlichen Steuerbefreiungen vor. In den unter diesem Abschnitt folgenden Ausführungen wird auf solche Begünstigungen eingegangen, welche den persönlichen Anwendungsbereich lediglich für Erwerbe durch Ehegatten oder Familienmitglieder im engeren und im weiteren Sinne eröffnen. Hierzu gehören die Befreiungen hinsichtlich des Hausrates (1.), der Kulturgüter (2.), der Übertragungen des Familienheims (3.), der Zuwendungen an erwerbsunfähige Eltern und Voreltern (4.) sowie des Vermögensrückfalls an Eltern und Voreltern (5.).

Zu den weiteren sachlichen Steuerbefreiungen, welche ebenfalls auf ehelichen und familiären Beziehungen gründen, gehören außerdem die Normen des § 13 Abs. 1 Nr. 5 ErbStG, § 13 Abs. 1 Nr. 12 ErbStG sowie § 13 Abs. 1 Nr. 11 ErbStG. Die Regelungen des § 13 Abs. 1 Nr. 5 ErbStG sowie des § 13 Abs. 1 Nr. 12 ErbStG weisen insofern einen familiären Bezug auf, als dass es sich um die Befreiung von einer Schuld, welche zum Zweck des Unterhalts oder der Ausbildung des Bedachten begründet worden ist (Nr. 5) bzw. um eine direkte Zuwendung zu diesem Zweck (Nr. 12) handelt. Derart steuerfreie Zuwendungen oder Schuldübernahmen kommen allerdings nur in Betracht, wenn die Unterhaltszahlung nicht bereits auf einer gesetzlichen Pflicht beruht. Aufgrund der daraus resultierenden Zahlungspflicht und der damit fehlenden Freiwilligkeit stellen diese ohnehin schon keine steuerbare freigebige Zuwendung dar.[489] Damit fallen

488 *Weinmann*, in: Moench/Weinmann, ErbStG (Stand: 81/05.18), § 17 Rz. 1.
489 *Griesel*, in: Daragan/Halaczinsky/Riedel, ErbStG, § 13 Rn. 92.

Unterhaltszahlungen zwischen Eheleuten (§ 1353 BGB), Verwandten in gerader Linie (§ 1601 BGB i.V.m § 1589 Abs. 1 Satz 1 BGB) sowie eingetragenen Lebenspartnern (§ 5 LPartG) nicht in den Anwendungsbereich der Norm. Weil die Regelung des § 13 Abs. 1 Nr. 12 ErbStG damit nur Bedeutung für Personen hat, die nicht verheiratet bzw. nicht in gerader Linie verwandt sind – also beispielsweise Geschwister, Onkel, Tanten oder fremde Dritte – wird im Rahmen der folgenden Untersuchungen nicht näher darauf eingegangen. Gleiches gilt für die indirekte Zuwendung, wenn diese zum Zweck des Unterhalts oder der Ausbildung in der Übernahme einer Schuld besteht.[490] Für den Verzicht auf die Geltendmachung eines Pflichtteilsanspruch nach § 13 Abs. 1 Nr. 11 ErbStG gilt, dass diese Befreiung nur für den Verzicht vor der Geltendmachung des Anspruchs greift. Ein zeitlich nachgelagerter Verzicht ist nämlich als steuerpflichtige Schenkung an den begünstigten Erben anzusehen.[491] Weil der nicht geltend gemachte Pflichtteilsanspruch allerdings ohnehin nicht der Steuer unterliegt, hat dieser Befreiungstatbestand nur klarstellenden Charakter.[492] In der hier nachfolgenden Untersuchung wird folglich auch hierauf nicht näher eingegangen.

1. Hausrat und andere körperliche Gegenstände

§ 13 Abs. 1 Nr. 1 ErbStG ist als Freibetragsregelung zu verstehen, wonach Hausrat und andere körperliche Gegenstände bis zu einer bestimmten Höhe von der Erbschaftsteuer befreit sind.

a. Inhalt der Regelung

Die Regelung des § 13 Abs. 1 Nr. 1 Buchst. a und b ErbStG ermöglicht es Personen der Steuerklasse I, Hausrat und andere bewegliche körperliche Gegenstände im Gesamtwert von 53.000 Euro steuerfrei zu übernehmen. Soweit der Wert von Hausrat einschließlich Wäsche und Kleidungsstücke insgesamt 41.000 Euro nicht übersteigt, sind diese von der Erbschaftsteuer befreit. Bei anderen beweglichen körperlichen Gegenständen, die nicht unter § 13 Abs. 1 Nr. 2 ErbStG fallen, wie beispielsweise Kunstgegenstände, darf deren Wert einen Betrag von 12.000 Euro nicht übersteigen.[493] Personen der Steuerklasse II und III erhalten nach § 13 Abs. 1 Nr. 1 Buchst. c ErbStG die Befreiung bis zu einem Betrag von 12.000 Euro.[494]

---

490 *Viskorf*, in: Viskorf/Schuck/Wälzholz, ErbStG, § 13 Rn. 92.
491 *Griesel*, in: Daragan/Halaczinsky/Riedel, ErbStG, § 13 Rn. 91.
492 *Hannes/Holtz*, in: Meincke/Hannes/Holtz, ErbStG, § 13 Rn. 58.
493 *Schienke-Ohletz*, in: von Oertzen/Loose, ErbStG, § 13 Rn. 6.
494 *Hannes/Holtz*, in: Meincke/Hannes/Holtz, ErbStG, § 13 Rn. 2.

Ausgeschlossen sind nach § 13 Abs. 1 Nr. 1 Satz 2 ErbStG allerdings Gegenständen wie Zahlungsmittel, Wertpapiere, Münzen, Edelmetalle, Edelsteine und Perlen, aber auch solche Gegenstände, die zum land- und forstwirtschaftlichen Vermögen, zum Grundvermögen oder zum Betriebsvermögen gehören.

Der Begriff „Hausrat" umfasst sämtliche Gegenstände, welche dem Zusammenleben der Familie, der Hauswirtschaft und der Wohnung dienlich sind.[495] Damit fällt die gesamte Wohnungseinrichtung, auch die einer Zweitwohnung, bestehend aus Wäsche, Geschirr, Bücher, größere Musikinstrumente, die einem Einrichtungsgegenstand nahekommen (z.B. Klavier), Lebensmittel (z.B. Weinkeller) sowie Tiere, hierunter.[496] Nicht dazu gehören die persönlichen Besitzgegenstände wie Uhren oder Schmuck bzw. Gegenstände, die auch außerhalb des Haushalts genutzt werden können (z.B. Mobiltelefon, Notebook). Diese könnten allerdings der Befreiung nach § 13 Abs. 1 Nr. 1 Buchst. b ErbStG unterliegen.[497] Umstritten ist, ob auch das überwiegend privat genutzte Fahrzeug vom Hausrat erfasst ist. Hiergegen spricht, dass die Definition auf die Zugehörigkeit zum Zusammenleben der Familie, der Hauswirtschaft und der Wohnung abstellt.[498] Geht man hingegen vom Sinn und Zweck des familiär genutzten Fahrzeuges und dementsprechend davon aus, dass ein Haushalt ohne Fahrzeug zur Herbeischaffung der Lebensgrundlage, insbesondere in ländlicheren Gegenden, nicht möglich ist, so spricht dies für eine Zuordnung des Personenkraftwagens zum Hausrat.[499] Auch nach der zivilrechtlichen Rechtsprechung ist das familiär genutzte Fahrzeug als Haushaltsgegenstand anzusehen, wenn es zu Familienzwecken verwendet wird.[500] Weil es bei der Zuordnung des Fahrzeugs zum Hausrat darauf ankommt, ob dieses von Personen der Steuerklasse I – und damit vorwiegend von Familienmitgliedern – genutzt wird,[501] erscheint die zivilrechtliche Zuordnung hier auch im Erbschaftsteuerrecht als sachgerecht.[502] Fraglich ist

---

495 *Jochum*, in: Jochum/Wilms, ErbStG (Juli 2018), § 13 Rn. 37.

496 *Jülicher*, in: Troll/Gebel/Jülicher/Gottschalk, ErbStG (EL 53 Juni 2017), § 13 Rn. 8; *Hannes/Holtz*, in: Meincke/Hannes/Holtz, ErbStG, § 13 Rn. 3.

497 *Kiebele*, in: Preißer/Rödl/Seltenreich, ErbStG, § 13 Rn. 16.

498 *Schienke-Ohletz*, in: von Oertzen/Loose, § 13 Rn. 7.

499 *Viskorf*, in: Viskorf/Schuck/Wälzholz, ErbStG, § 13 Rn. 13; *Hannes/Holtz*, in: Meincke/Hannes/Holtz, ErbStG, § 13 Rn. 3; *Jülicher*, in: Troll/Gebel/Jülicher/Gottschalk, ErbStG (EL 53 Juni 2017), § 13 Rn. 8; *Geck*, in: Kapp/Ebeling, ErbStG (75. Lfg. 02.2018), § 13 Rn. 4.

500 OLG Frankfurt a.M., Beschluss vom 25.02.2015 – 2 UF 356/14, NJW 2015, 2346 (2347).

501 *Schienke-Ohletz*, in: von Oertzen/Loose, ErbStG, § 13 Rn. 7.

502 im Ergebnis so auch: *Erle*, ZEV 2016, 240 (244).

zudem, ob auch höherwertige Einzelgegenstände vom Befreiungstatbestand des § 13 Abs. 1 Nr. 1 Buchst. a ErbStG erfasst sind. Hierbei kommt es entscheidend darauf an, ob der Gegenstand dem Wohnbereich zugeordnet und im Haushalt nutzbar gemacht werden kann. In diesem Fall ist er auch als Hausrat einzustufen.[503] Sofern es sich bei den jeweiligen zum Hausrat gehörenden Gegenständen um teure Luxusgegenstände handelt, sorgt ohnehin die Freigrenze in Höhe von 41.000 Euro dafür, dass darüber hinausgehende Wertgegenstände der Erbschaftsteuer unterliegen.[504]

Andere bewegliche körperliche Gegenstände sind folglich Solche, die nicht zum Hausrat zählen und auch nicht ausdrücklich von der Befreiung nach § 13 Abs. 1 Nr. 1 Satz 2 ErbStG ausgenommen sind. Hierzu gehören beispielsweise bestimmter Schmuck, Tiere, welche sich ausschließlich außerhalb der Wohnung aufhalten, Freizeitgeräte, welche außerhalb der Wohnung Verwendung finden sowie Kunstgegenstände, die keinen Hausrat darstellen und nicht unter § 13 Abs. 1 Nr. 2 ErbStG fallen.[505]

b. Bedeutung für den Schutz des Familienvermögens

Die Regelung zeigt, dass auch hier das Näheverhältnis in der Familie eine bedeutende Rolle einnimmt. Denn es wird nicht nur zwischen Hausrat und anderen beweglichen körperlichen Gegenständen, sondern auch zwischen den Erwerbern unterschieden. Je enger sie zum familiären Verbund gehören, desto höher ist der Freibetrag. Dem Gesetzgeber geht es folglich nicht nur um den sachlichen Zusammenhang, sondern auch um das familiäre Näheverhältnis der Beteiligten.[506] Dies zeigt sich auch in dem vom Gesetzgeber intendierten Zweck bei Einführung der Regelung mit Jahressteuergesetz 1997,[507] nämlich die Freistellung des persönlichen Gebrauchsvermögens, so wie es das Bundesverfassungsgericht im Beschluss zur Vermögensteuer fordert.[508] Der Gesetzgeber darf folglich das

---

503 *Jochum*, in: Wilms/Jochum, ErbStG (Juli 2018), § 13 Rn. 38; *Viskorf*, in: Viskorf/Schuck/Wälzholz, ErbStG, § 13 Rn. 14; **a.A.** *Kien-Hümbert*, in: Moench/Weinmann, ErbStG (Stand: 81/05.18), § 13 Rn. 10, die darauf abstellt, ob die Nutzung als Hausrat deswegen überschritten ist, weil besonders viele und besonders wertvolle Ausstattungsgegenstände vorhanden sind.

504 *Schienke-Ohletz*, in: von Oertzen/Loose, ErbStG, § 13 Rn. 7.

505 *Griesel*, in: Daragan/Halaczinsky/Riedel, ErbStG, § 13 Rn. 6.

506 *Erle*, ZEV 2016, 240 (241).

507 BGBl. I 1996, 2049 (2056).

508 vgl. hierzu die Ausführungen unter 1. Teil A II 2; *Viskorf*, in: Viskorf/Schuck/Wälzholz, ErbStG, § 13 Rn. 8; *Schienke-Ohletz*, in: von Oertzen/Loose, ErbStG, § 13 Rn. 6.

Vermögen, welches vom Steuerpflichtigen zur Grundlage seiner individuellen Lebensgestaltung bestimmt ist, nicht durch weitere Besteuerung mindern. Die Regelung dient damit auch der Verwirklichung des im Erbschaftsteuerrechts verankerten Familienprinzips.[509] Dabei wurde allerdings die zunächst im Zuge der Gesetzgebung angedachte vollständige Freistellung von Hausrat bei Erwerbern der Steuerklasse I[510] aufgrund der angespannten Haushaltslage der Länder nicht durchgesetzt. [511] Es ging dabei vorrangig darum, Gegenstände des Alltags, wofür in der Familie ein gemeinschaftliches Nutzungsverhältnis bestehen kann, für den üblichen Haushalt freizustellen.[512] Auch das von der Familie im Rahmen der Haushaltsführung genutzte Fahrzeug ist daher vom Hausrat umfasst. Unbeachtet bleibt dabei, dass Familien mit hochwertiger Ausstattung wohl nur in geringem Maße von der Befreiungsregelung profitieren und damit deren Lebensstandard hiervon nicht geschützt ist. Durch die wertmäßige Begrenzung kommt die Regelung dem Schutz des familiären Gebrauchsvermögens daher nur in eingeschränktem Umfang zu Gute.

2. *Kulturgüter*

Die Steuerbefreiung für Kulturgüter ist vor allem für Familien, welche auf eine jahrzehntelange Sammlertätigkeit zurückblicken können oder die im Besitz von Vermögen von (kunst)geschichtlichem Wert (etwa Herrenhäuser, Schlösser) sind, bedeutsam.[513] Im Gegensatz zu § 13 Abs. 1 Nr. 1 ErbStG liegt hier keine wertmäßige Begrenzung vor.

Die Steuerbefreiung dient zwei verschiedenen Zwecken, nämlich einerseits der Berücksichtigung der eingeschränkten Ertragskraft dieser Gegenstände und andererseits dem Erhalt dieser Vermögenswerte für das öffentliche Interesse.[514] Da Schlössern und Herrenhäusern, Sammlungen und Bibliotheken einen hohen Gegenstandswert haben können, vermag die Befreiung außerordentlich bedeutsam zu sein,[515] wird in der Praxis allerdings wohl nur wenige Familien betreffen.

---

509 *Erle*, ZEV 2016, 240 (244).

510 BT-Drucks. 13/4839, S. 18; *Jülicher,* in: Troll/Gebel/Jülicher/Gottschalk, ErbStG (53 EL Juni 2017), § 13 Rn. 6.

511 *Kien-Hümbert*, in: Moench/Weinmann, ErbStG (Stand: 84/04.19), § 13 Rn. 2.

512 *Erle*, ZEV 2016, 240 (242).

513 *Schlünder/Geißler*, FamRZ 2005, 73 (77).

514 *Kobor,* in: Fischer/Pahlke/Wachter, ErbStG, § 13 Rn. 10.

515 *Kien-Hümbert*, in: Moench/Weinmann, ErbStG (Stand: 81/05.18), § 13 Rn. 14.

a. Voraussetzungen für die Steuerbefreiung von Familienkulturgut

Zu den von § 13 Abs. 1 Nr. 2 ErbStG (teil)befreiten Gegenständen oder Sachgesamtheiten gehören Grundbesitz oder Teile von Grundbesitz, Kunstgegenstände, Kunstsammlungen, wissenschaftliche Sammlungen, Bibliotheken und Archive. Entscheidend ist deren geschichtlicher, kunstgeschichtlicher oder wissenschaftlicher Wert. Auch ein kulturgeschichtlicher Wert dürfte hierunter fallen, nicht jedoch Gegenstände, die lediglich eine familiengeschichtliche Bedeutung aufweisen.[516]

Damit langjährigem Familienbesitz die Steuerbefreiung des § 13 Abs. 1 Nr. 2 Buchst. b Doppelbuchst. bb ErbStG zu Gute kommt, müssen zunächst die Voraussetzungen für die teilweise Steuerbefreiung nach § 13 Abs. 1 Nr. 2 Buchst. a ErbStG vorliegen. Voraussetzung hierfür ist, dass die Erhaltung der Gegenstände wegen ihrer Bedeutung für Kunst, Geschichte oder Wissenschaft im öffentlichen Interesse liegt, die jährlichen Kosten in der Regel die erzielten Einnahmen übersteigen und die Vermögenswerte den Zwecken der Forschung oder Volksbildung zugänglich gemacht werden.[517] Die vollständige Steuerbefreiung verlangt zusätzlich, dass die Gegenstände den geltenden Bestimmungen der Denkmalspflege unterstellt werden und sich seit mindestens 20 Jahren im Besitz der Familien befinden oder in dem Verzeichnis national wertvollen Kulturgutes oder national wertvoller Archive eingetragen sind.[518] Ist die Eintragung in Denkmalbücher nicht möglich, etwa weil ein Bundesland nur Gegenstände mit Bezug zum Land selbst aufnimmt, so genügt die Eintragung in das Verzeichnis national wertvollen Kulturgutes,[519] wodurch auch größere Familiensammlungen dem Schutz des § 13 Abs. 1 Nr. 2 ErbStG unterliegen.[520] Die Steuerbefreiung entfällt nach § 13 Abs. 1 Nr. 2 Satz 2 ErbStG mit Wirkung für die Vergangenheit, wenn die Gegenstände innerhalb von zehn Jahren nach deren Erwerb veräußert werden oder die Voraussetzungen für die Steuerbefreiung innerhalb dieses Zeitraums entfallen. Damit besteht eine besondere Behaltenspflicht.

b. Personenkreis: Familie

Der Begriff „Familie“ ist in dieser Vorschrift weit zu verstehen. Bereits seit Einführung dieser Steuerbefreiung mit Erbschaftsteuergesetz des Jahres 1919 waren

516 *Hannes/Holtz*, in: Meincke/Hannes/Holtz, ErbStG, § 13 Rn. 10.
517 *Schlünder/Geißler*, FamRZ 2005, 73 (78).
518 *Viskorf*, in: Viskorf/Schuck/Wälzholz, ErbStG, § 13 Rn. 26.
519 *Jülicher*, in: Troll/Gebel/Jülicher/Gottschalk, ErbStG (EL 57 April 2019), § 13 Rn. 36.
520 *Leisner*, ZEV 2003, 436 (437).

auch Seitenverwandte hiervon erfasst.[521] Jedenfalls galt die Steuerbefreiung für die ersten drei Steuerklassen, wozu nach § 9 Abs. 1 ErbStG 1925[522] auch Eltern und Geschwister zählen.[523] Als Familie können auch nach heutiger Ansicht alle Erwerber der Steuerklasse I und II angesehen werden.[524] Umfasst sind darüber hinaus auch Familienstiftungen, soweit zum Destinatärkreis nur Familienangehörige zählen. Es existieren in Deutschland verschiedene Familienstiftungen, die den Kunstbesitz ehemals herrschender Häuser oder alter Familien erhalten und der Öffentlichkeit zur Verfügung stellen. Der Begriff Familienstiftung ist allerdings nur dann erfüllt, wenn die Stiftung nicht ausschließlich selbstlos im Allgemeininteresse tätig ist. Die Familie hat auch dann einen Vermögensvorteil, wenn sie mit dem Stiftungsvermögen leben und von diesem umgeben sein kann.[525]

c. *Bedeutung für den Schutz des Familienvermögens*

Die Vorschrift ist damit ausschließlich für solche Familien bedeutsam, die einen langjährigen kulturell und geschichtlich wertvollen Besitz haben bzw. auf eine langjährige Sammlertätigkeit zurückblicken können. Indem unter den Begriff „Familie“ sowohl Personen der Steuerklasse I wie auch der Steuerklasse II fallen, gewährleistet das Gesetz einen weiten Anwendungsbereich und vor allem auch die Befreiung von altem Kulturbesitz, welcher bereits vor einigen Generationen begründet wurde. Dass derartige Vermögenswerte von Gesetzes wegen zu schützen sind, lässt sich auch aus den vom Bundesverfassungsgericht entwickelten Grundsätzen im Erbschaftsteuerbeschluss herleiten. Wenn der Gesetzgeber hiernach Familienbetriebe nicht zerschlagen darf, dann sollte er auch berechtigt sein, langjährig bestehende Familiensammlungen und -archive abgabenrechtlich zu begünstigen.[526] Es liegt gleichermaßen der Grundsatz zugrunde, dass das vom Erblasser bzw. das insgesamt von der Familie geschaffene Lebenswerk in der Person des Erben fortgesetzt wird. Abgeleitet aus der Institutsgarantie des Erbrechts nach Art. 14 Abs. 1 Satz 1 GG,[527] handelt es

---

521 *Heuer/von Cube*, DStR 2017, 129 (131); *Jülicher*, in: Troll/Gebel/Jülicher/Gottschalk, ErbStG (EL 57 April 2019), § 13 Rn. 38a.

522 RGBl. I 1925, S. 320 (322).

523 *Kipp*, ErbStG 1925, § 18 Rn. 23.

524 *Griesel*, in: Daragan/Halaczinsky/Riedel, ErbStG, § 13 Rn. 19; *Geck*, in: Kapp/Ebeling, ErbStG (75. Lfg. 02.2018), § 13 Rn. 23.1.

525 *Heuer/von Cube*, DStR 2017, 129 (131); vgl. hierzu im Folgenden unter 3. Teil D II 1 b.

526 *Leisner*, ZEV 2003, 436 (440).

527 vgl. zur Institutsgarantie die Ausführungen unter 2. Teil B III 1 b aa (2).

sich dabei auch um einen verfassungsrechtlich legitimen Zweck.[528] Gegen die Privilegierung lässt sich zwar einwenden, dass der Erbe eines Kunst- oder Kulturgutes – anders als der Unternehmenserbe – keiner besonderen Gemeinwohlgebundenheit oder -verpflichtung hinsichtlich der Sicherung und des Erhalts von Arbeitsplätzen unterliegt.[529] Aufgrund der althergebrachten Tradition und den moralischen, familiären Verpflichtungen dürfte bei Kulturvermögen allerdings eine größere Veräußerungshemmung als bei einem Unternehmenserben bestehen, welche wohl auch nicht von wirtschaftlichen Erwägungen allzu leicht überwunden werden kann. Der Kulturerbe steht daher gewissermaßen unter einer „Pietätsbelastung".[530] Denn der langjährige, familiäre Kulturbesitz pflegt zudem kulturelle Traditionen, welche der Familie auch als Grundlage der Gemeinschaftsbildung dient.

3. *Übertragungen des Familienheims*

Die Regelungen des § 13 Abs. 1 Nr. 4a bis 4c ErbStG normieren Steuerbefreiungen für das sogenannte „Familienheim", wobei sich die Anwendungsbereiche hinsichtlich des begünstigten steuerpflichtigen Vorgangs (Erwerb unter Lebenden oder von Todes wegen) und hinsichtlich der begünstigten Erwerber (Ehegatten oder Kinder und verwaiste Enkel) unterscheiden.

a. *Familienheimerwerb unter Lebenden*

Während § 13 Abs. 1 Nr. 4b und 4c ErbStG den Erwerb von Todes wegen regelt, geht es in § 13 Abs. 1 Nr. 4a ErbStG um den lebzeitigen Erwerb des Familienheims. Die Steuerbefreiung gilt allerdings lediglich für Zuwendungen zwischen Ehegatten. Außerdem enthält die Regelung im Gegensatz zu den anderen beiden Erwerbstatbeständen keinen Nachversteuerungsvorbehalt.

aa. *Grundlagen*

Der schenkweise Erwerb an einem im Inland oder in einem Mitgliedstaat der Europäischen Union bzw. des Europäischen Wirtschaftsraumes belegenen bebauten Grundstücks im Sinne von § 181 Abs. 1 Nr. 1 bis 5 BewG durch den Ehegatten ist nach § 13 Abs. 1 Nr. 4a Satz 1 ErbStG von der Schenkungsteuer befreit, sofern darin eine Wohnung zu eigenen Wohnzwecken genutzt wird. Dies

528 *Leisner*, ZEV 2003, 436 (441) unter Fußnote 33.
529 *Heuer*, DStR 2002, 845 (847).
530 *Leisner*, ZEV 2003, 436 (439).

gilt auch, wenn ein Ehegatte den anderen Ehegatten von eingegangenen Verpflichtungen im Zusammenhang mit der Anschaffung oder Herstellung eines Familienheims freistellt. Gleichfalls steuerbefreit sind Zuwendungen für nachträgliche Herstellungs- und Erhaltungsaufwendungen für ein Familienheim, welches entweder im gemeinsamen Eigentum der Ehegatten oder im alleinigen Eigentum des anderen Ehegatten steht.[531]

Derartige Zuwendungen sind allerdings nur befreit, soweit eine Wohnung zu eigenen Zwecken genutzt wird. Die Regelung befreit damit nur anteilig von der Steuer.[532] Dem Bundesfinanzhof zufolge müssen die Räumlichkeiten nach dem Nutzungs- und Funktionszusammenhang aufgeteilt werden. Die Steuerbefreiung wird sodann auch nur anteilig für die von den Ehegatten zu eigenen Wohnzwecken genutzten Räumen gewährt.[533]

Für die Befreiung besteht keine Behaltensfrist. Somit führt es nicht zu einer Nachversteuerung, wenn der Ehegatte das erworbene Familienheim nicht mehr zu eigenen Wohnzwecken nutzt.[534] Auch nach Neufassung der Regelung im Zuge der Erbschaftsteuerreform 2009[535] hat der Gesetzgeber eine solche Behaltensfrist nicht eingeführt.[536] Dem Gesetzestext lässt sich außerdem keine Wertgrenze entnehmen und auch die Finanzverwaltung fordert eine Solche nicht.[537] Damit können auch luxuriöse Immobilien mithilfe dieser Begünstigung dem Ehegatten steuerfrei übertragen werden.[538] Die Steuerbefreiung kann lediglich dann nicht in Anspruch genommen werden, wenn die Übertragung des Familienheims dazu führt, dass der beschenkte Ehegatte gleichzeitig (Mit-)Eigentümer mehrerer Immobilien wird.[539]

bb. Tatbestandsmerkmale mit ehelichem bzw. familiärem Bezug

Da folgende Tatbestandsmerkmale der Norm einen ehelichen bzw. familiären Bezug aufweisen, wird hierauf, mit Blick auf die daran anschließende

---

531 *Jochum*, in: Wilms/Jochum, ErbStG (Juli 2018), § 13 Rn. 66.

532 *Tiedtke/Schmitt*, NJW 2009, 2632 (2633).

533 BFH, Urteil vom 26.02.2009 – II R 69/06, BStBl. II 2009, 480 (481); nach alter Rechtslage war dies lange umstritten, vgl. hierzu die alte Auffassung der Finanzverwaltung: R 43 Abs 1 Satz 5 ff. ErbStR 2003.

534 *Kien-Hümbert*, in: Moench/Weinmann, ErbStG (Stand: 83/02.19), § 13 Rn. 32.

535 BGBl. I 2008, 3018 (3020 f.).

536 *Griesel*, in: Daragan/Halaczinsky/Riedel, ErbStG, § 13 Rn. 35.

537 R E 13.3 Abs. 5 Satz 2 ErbStR 2019.

538 *Hannes/Holtz*, in: Meincke/Hannes/Holtz, ErbStG, § 13 Rn. 31.

539 *Geck*, in: Kapp/Ebeling, ErbStG (77. Lfg. 08.2018), § 13 Rn. 38.8.

Untersuchung der Bedeutung der Norm für den Schutz des Familienvermögens, näher eingegangen.

(1) Zuwendungen

Die Steuerbefreiung setzt zunächst voraus, dass eine Zuwendung oder ein Zuwendungsvorgang im Sinne von § 7 ErbStG vorliegt.[540] Das heißt, der lebzeitige Erwerb des Familienheims zwischen Ehegatten stellt grundsätzlich einen schenkungsteuerpflichtigen Vorgang dar, welcher jedoch nach § 13 Abs. 1 Nr. 4a ErbStG befreit sein kann.

Diese Systematik lag dem Erbschaftsteuerrecht jedoch nicht immer zugrunde. Unbenannte Zuwendungen zwischen Ehegatten qualifizierten nach früherer Ansicht des Bundesgerichtshofs schon nicht als Schenkung im Sinne von §§ 516 ff. BGB. Dies galt insbesondere für den von Ehegatten gemeinsam vorgenommenen Erwerb eines Wohnhauses, wofür der alleinverdienende Ehegatte die Zahlung der Zins- und Tilgungsraten übernimmt, während der andere den Haushalt führt.[541] Der Bundesfinanzhof folgte dieser Ansicht.[542] Mit Urteil vom 02.03.1994 gab der Bundesfinanzhof diese Rechtsprechung jedoch auf und entschied, dass jede unbenannte Zuwendung unter Ehegatten eine steuerpflichtige Schenkung darstellt und die Schenkungsteuerpflicht sich nach § 7 Abs. 1 Nr. 1 ErbStG 1974[543] beurteilt.[544] Die Finanzverwaltung schloss sich dieser Auffassung im Erlass vom 26.04.1994 an.[545] Infolgedessen reagierte der Gesetzgeber mit der Einführung der Befreiungsregelung im Jahressteuergesetz 1996.[546] Der Gesetzesbegründung zufolge sollten solche Zuwendungen, welche klassischerweise zum engeren Bereich der ehelichen Lebens- und Wirtschaftsgemeinschaft gehören von der Erbschaftsteuer befreit werden, um Abgrenzungsschwierigkeiten zwischen Schenkungen und unbenannten Zuwendungen zu verhindern. Außerdem verwirklichen die Ehegatten „durch die gemeinsame partnerschaftliche Einwirkung auf das Familienwohnheim […] die eheliche Lebens- und Wirtschaftsgemeinschaft in besonderem Maße und tragen dem Gleichberechtigungsgedanken und der Erwartung in den Fortbestand der Ehe Rechnung."[547]

---

540 *Hannes/Holtz*, in: Meincke/Hannes/Holtz, ErbStG, § 13 Rn. 22.
541 BGH, Urteil vom 26.11.1981 – IX ZR 91/80, BGHZ 82, 227 (231).
542 BFH, Urteil vom 28.11.1984 – II R 133/83, BStBl. II 1985, 159.
543 BGBl. I 1974, 933 (935).
544 BFH, Urteil vom 02.03.1994 – II R 59/92, BStBl. II 1994, 366.
545 BStBl. I 1994, 297 (297).
546 BGBl. I 1995, 1250 (1403).
547 BT-Drucks. 13/901, S. 157.

Mit der Neufassung der Norm im Zuge der Erbschaftsteuerreform 2008/2009[548] hat der Gesetzgeber ihre grundlegende Systematik beibehalten und in subjektiver Hinsicht auf eingetragene Lebenspartner erweitert.[549]

(2) Ehegatten

Die Steuerfreistellung gilt unabhängig vom Güterstand, in welchem die Eheleute zur Zeit der Vermögensverschiebung leben und auch losgelöst von den Ehegattenfreibeträgen der § 16 Abs. 1 Nr. 1 und § 17 Abs. 1 ErbStG.[550] Voraussetzung ist lediglich das Bestehen der Ehe im Zeitpunkt der Zuwendung.[551] Nach der Rechtsprechung des Bundesfinanzhofs ist im Fall des Getrenntlebens der Ehegatten sogar allein die Nutzung durch den beschenkten Ehegatten, gegebenenfalls zusammen mit den Kindern, ausreichend.[552] Entscheidend ist, dass die Schenkung vor Rechtskraft der Scheidung ausgeführt wurde.[553]

(3) Familienheim

Es muss sich um eine Zuwendung im Zusammenhang mit dem Familienheim handeln. Der Gesetzgeber definiert dieses als ein bebautes Grundstück im Sinne von § 181 Abs. 1 Nr. 1 bis 5 BewG, in welchem eine Wohnung zu eigenen Wohnzwecken genutzt wird.[554] Nach Ansicht der Finanzverwaltung ist die Nutzung zu eigenen Wohnzwecken gegeben, wenn sich in der Wohnung der Mittelpunkt des familiären Lebens befindet. Nicht umfasst sind Ferien-, Wochenend- oder Zweitwohnungen. Es kommt auf die Nutzung der Eheleute und der zur Familie gehörenden Kinder an. Eine Mitbenutzung durch Enkelkinder, Eltern oder Hausgehilfen ist unschädlich.[555] Entscheidend ist das tatsächliche Bestehen eines gemeinsamen ehelichen Haushaltes.[556]

---

548 BGBl. I 2008, 3018 (3020 f.).

549 vgl. BT-Drucks. 16/11107, S. 8:

550 *Geck*, in: Kapp/Ebeling, ErbStG (75. Lfg. 02.2018), § 13 Rn. 38.2.

551 *Jochum*, in: Wilms/Jochum, ErbStG (Juli 2018), § 13 Rz. 77.

552 BFH, Urteil vom 26.02.2009 – II R 69/06, BStBl. II 2009, 480 (482).

553 *Wachter*, ZEV 2014, 191 (193); *Hannes/Holtz*, in: Meincke/Hannes/Holtz, ErbStG, § 13 Rn. 27.

554 *Jochum*, in: Wilms/Jochum, ErbStG (Juli 2018), § 13 Rn. 68.

555 R E 13.3 Abs. 2 Sätze 2 ff. ErbStR 2019; *Geck*, in: Kapp/Ebeling, ErbStG (77. Lfg. 08.2018), § 13 Rn. 38.4; *Kien-Hümbert*, in: Moench/Weinmann, ErbStG (Stand: 83/02.19), § 13 Rn. 32.

556 *Griesel*, in: Daragan/Halaczinsky/Riedel, ErbStG, § 13 Rn. 32.

cc. Bedeutung für den Schutz des Familienvermögens

Allgemein betrachtet liegt der Sinn und Zweck der Norm nicht nur darin, den gemeinsamen Wohnraum zu erhalten, sondern auch, dem begünstigten Erwerber die Versorgung im Alter zu sichern.[557] Damit steht die Vorschrift wiederum in Einklang mit der Rechtsprechung des Bundesverfassungsgerichts, wonach Ehegatten aus Art. 6 Abs. 1 GG einen Anspruch auf Kontinuität des zu Lebzeiten erschaffenen Ehe- und Familiengutes haben.[558]

Die Schenkung des Familienheims unter Lebenden privilegiert gerade nicht die Weitergabe an die nächste Generation, sondern nur die Übertragung zwischen Ehegatten. Dies untermauert die besondere Bedeutung der Ehe als Lebens- und Wirtschaftsgemeinschaft.[559] Es wäre nämlich mit dem Wesen der Ehe nicht vereinbar, wenn man alle Vermögensbewegung innerhalb der Ehe, welche nicht durch eine konkrete Gegenleistung ausgeglichen werden, der Schenkungsteuer unterwerfen würde. Dies gilt insbesondere für Vermögensübertragungen im Rahmen der gemeinsamen Haushaltsführung und bei Zuerwerben, welche der gemeinsamen Altersvorsorge dienen.[560] Aus diesem Grunde wird auch explizit die den Ehegatten als Familienheim dienende Wohnstätte von der Besteuerung ausgenommen. Denn gerade hier verwirklichen die Ehegatten die eheliche Lebens- und Wirtschaftsgemeinschaft. Dem Familienheim kommt damit in der Masse des familiären Privatvermögens eine besondere Stellung zu. Weil das Familienheim den Kernbereich dieser ehelichen Lebens- und Wirtschaftsgemeinschaft darstellt, hat der Gesetzgeber nach Änderung der Rechtsprechung die Zuwendung des Familienheims zwischen Ehegatten ohne steuerliche Belastung beibehalten. Der besondere Schutz dieses Immobilienvermögens zeigt sich bereits in der quotalen Aufteilung bei nur teilweise eigengenutzten Immobilien. Auch die Tatsache, dass der Bundesfinanzhof in seiner Entscheidung vom 26.02.2009 nicht einmal das Getrenntleben der Ehegatten als steuerschädlich ansieht, unterstreicht die Bedeutung des Familienheims. Solange der Rest der Familie das Familienheim zu eigenen Wohnzwecken nutzt, bleibt die Privilegierung erhalten. Die Grundexistenz der Familie soll verschont bleiben.[561] Der Schutz des familiären Lebensraumes ist selbst dann gegeben, wenn die Ehegatten in kurzen Zeitabständen hintereinander das Familienheim immer wieder

---

557 *Geck*, in: Kapp/Ebeling, ErbStG (75. Lfg. 02.2018), § 13 Rn. 38.1.

558 vgl. hierzu die Ausführungen unter 1. Teil A II 3.

559 *Schienke-Ohletz*, in: von Oertzen/Loose, ErbStG, § 13 Rn. 32.

560 *Gebel*, in: Troll/Gebel/Jülicher/Gottschalk,ErbStG (EL 47 April 2014), § 7 Rn. 172.

561 *Schienke-Ohletz*, in: von Oertzen/Loose, ErbStG, § 13 Rn. 33.

wechseln. Zudem macht der Gesetzgeber keine wertmäßigen Unterscheidungen. Der Steuerbefreiung unterliegt sowohl die kleine Eigentumswohnung wie auch die „Villa am Starnberger See".[562]

b. Familienheimerwerb unter Ehegatten von Todes wegen

Die Regelung des § 13 Abs. 1 Nr. 4b ErbStG stellt den Erwerb des Familienheims vom Ehegatten von Todes wegen von der Erbschaftsteuer frei, wenn dieses vom Erwerber weitere zehn Jahre selbst genutzt wird.[563]

aa. Inhalt der Regelung

In den wesentlichen Grundzügen entspricht die Regelung des § 13 Abs. 1 Nr. 4b ErbStG derjenigen des § 13 Abs. 1 Nr. 4a ErbStG. Im Unterschied zu § 13 Abs. 1 Nr. 4a ErbStG ist jedoch nur die Übertragung von Eigentum an einer im Sinne der Vorschrift begünstigten Wohnung steuerbefreit, nicht jedoch die Freistellung des Ehegatten von eingegangenen Verpflichtungen oder die Übernahme von Kosten im Zusammenhang mit der Immobilie.[564] Nachfolgend wird somit auf die zusätzlichen Voraussetzungen des § 13 Abs. 1 Nr. 4b ErbStG näher eingegangen.

(1) Erwerbstatbestände

Begünstigt wird lediglich der Erwerb des (Mit-)Eigentums am Familienheim durch den überlebenden Ehegatten vom verstorbenen Erblasser, welcher zuvor zivilrechtlicher (Mit-)Eigentümer war. Allein die Einräumung eines dinglichen Wohn- und Mitbenutzungsrechts lässt der Bundesfinanzhof nicht ausreichen.[565] Von der Steuerbefreiung erfasst sind sämtliche Erwerbsvorgänge von Todes wegen im Sinne von § 3 ErbStG, wie beispielsweise der Erwerb durch Erbanfall, durch Vermächtnis oder auch durch Schenkung auf den Todesfall.[566]

---

562 *Wachter*, ZEV 2014, 191 (191).

563 *Wachter*, ZEV 2014, 191 (191).

564 *Kiebele*, in: Preißer/Rödl/Seltenreich, ErbStG, § 13 Rn. 93.

565 BFH, Urteil vom 3.06.2014 – II R 45/12, BStBl. II 2014, 806 (807).

566 Umstritten ist dies für den Erwerb des Familienheims in Erfüllung eines geltend gemachten Pflichtteils- oder Vermächtnisanspruchs. Dagegen: *Geck*, in: Kapp/Ebeling, ErbStG (77. Lfg. 08.2018), § 13 Rn. 39.2; *Jülicher*, in: Troll/Gebel/Jülicher/Gottschalk, ErbStG (EL 56 Dez. 2018), § 13 Rn. 71; **a.A.**: *Viskorf*, in: Viskorf/Schuck/Wälzholz, ErbStG, § 13 Rn. 51; *Tiedtke/Schmitt*, NJW 2009, 2632 (2636); *Geck*, ZEV 2008, 557 (559).

Nach § 13 Abs. 1 Nr. 4b Satz 4 ErbStG kommt dem überlebenden Ehegatten die Steuervergünstigung auch dann zu Gute, wenn er das begünstigte Vermögen im Wege der Erbauseinandersetzung erbt.[567] Geregelt ist der Fall, dass ein Erbe, beispielsweise das Kind der Eheleute als Miterbe, erworbenes begünstigtes Vermögen im Rahmen der Teilung des Nachlasses auf einen Dritten, gemeint ist hier der Ehegatte, überträgt. Im Gegenzug hierzu überlässt der Dritte diesem Erwerber nicht begünstigtes Vermögen – etwa in der Form von Barvermögen –, welches er vom Erblasser erworben hat. In diesem Fall soll sich der Wert des begünstigten Vermögens des Dritten um den Wert des hingegebenen Vermögens erhöhen, höchstens jedoch um den Wert des übertragenen Vermögens.[568] Der Gesetzesbegründung zufolge soll der erwerbende Dritte so gestellt werden, als habe er von Anfang an begünstigtes Vermögen erhalten.[569]

(2) Nutzung durch den Erblasser

Die Steuerbefreiung greift nur ein, wenn der Erblasser in dem Familienheim bis zum Erbfall eine Wohnung zu eigenen Wohnzwecken genutzt hat oder aus zwingenden Gründen an einer Nutzung zu eigenen Wohnzwecken gehindert war. Demnach ist es auch nicht erforderlich, dass das Familienheim das familiäre Zentrum beider Ehegatten verkörpert.[570] Objektiv zwingende Gründe, die den Erblasser an einer Selbstnutzung gehindert haben, liegen vor, wenn der Erblasser beispielsweise pflegebedürftig war und dies die Führung eines eigenen Haushalts nicht mehr zugelassen hat. Gemeint sind Gründe, worauf der Erblasser keinen Einfluss hat.[571] Nach Ansicht der Finanzverwaltung sind rein subjektive Hinderungsgründe im Zusammenhang mit der beruflichen Tätigkeit, wie beispielsweise eine berufliche Versetzung oder Leerstand der Wohnung aufgrund beruflicher Pendeltätigkeit, jedoch gerade nicht ausreichend.[572]

(3) Nutzung durch den Erwerber

Der Erwerber muss die Wohnstätte unverzüglich, also ohne schuldhaftes Zögern,[573] zu eigenen Wohnzwecken nutzen. Lebt der Ehegatte bereits mit dem

567 *Schienke-Ohletz*, in: von Oertzen/Loose, ErbStG, § 13 Rn. 38.

568 *Jochum*, in: Wilms/Jochum, ErbStG (Juli 2018), § 13 Rn. 84.

569 BT-Drucks, 16/11107, S. 8.

570 *Viskorf*, in: Viskorf/Schuck/Wälzholz, ErbStG, § 13 Rn. 50 ff.

571 *Schienke-Ohletz*, in: von Oertzen/Loose, ErbStG, § 13 Rn. 36.

572 R E 13.4 Abs. 2 Satz 3 ErbStR 2019; *Kiebele*, in: Preißer/Rödl/Seltenreich, ErbStG, § 13 Rn. 99.

573 *Jochum*, in: Wilms/Jochum, ErbStG (Juli 2018), § 13 Rn. 83.

Erblasser zusammen, reicht die schlichte Weiternutzung der Wohnstätte hierfür aus. Das Zusammenleben der Ehegatten in dem Familienheim vor dessen Übertragung ist allerdings nicht Voraussetzung.[574] Der erwerbende Ehegatte muss das Objekt lediglich danach tatsächlich selbst nutzen.[575] Die Absicht und Umsetzung der Selbstnutzung hat nach Ansicht des Bundesfinanzhofs innerhalb eines angemessenen Zeitraums von regelmäßig sechs Monaten nach dem Erbfall zu erfolgen.[576]

(4) Nachversteuerungsvorbehalt

Entgegen der Regelung des § 13 Abs. 1 Nr. 4a ErbStG hat der Ehegatte den Erwerb jedoch gemäß § 13 Abs. 1 Nr. 4b Satz 5 ErbStG rückwirkend vollständig[577] zu versteuern, wenn er die Nutzung des Familienheims innerhalb von zehn Jahren nach dem Erwerb aufgibt. Zwingende Hinderungsgründe sind jedoch zulässig.[578] Der Gesetzesbegründung zufolge reicht es hierfür aus, wenn der Erwerber zum Beispiel als Berufspendler mehrere Wohnsitze hat, das Familienheim aber seinen Lebensmittelpunkt bildet. Zwingende Hinderungsgründe liegen außerdem bei Pflegebedürftigkeit oder Tod vor.[579] Auch die Finanzverwaltung sieht darin zwingenden Hinderungsgründe, schließt allerdings berufliche Gründe, wie eine Versetzung, hiervon aus.[580]

(5) Ausschluss der Steuerbefreiung

Die Steuerbefreiung kann gemäß § 13 Abs. 1 Nr. 4b Satz 2 ErbStG nicht in Anspruch genommen werden, soweit der Erwerber aufgrund letztwilliger oder rechtsgeschäftlicher Verfügung des Erblassers das Erwerbsobjekt auf einen Dritten übertragen muss. Gemäß § 13 Abs. 1 Nr. 4b Satz 3 ErbStG gilt dies auch, soweit der Erbe im Rahmen einer Nachlassteilung begünstigtes Vermögen auf einen Miterben überträgt. Er soll die Befreiung nur insoweit nicht erhalten, als er das Familienheim oder Teile davon übertragen muss.[581]

574 *Hannes/Holtz*, in: Meincke/Hannes/Holtz, ErbStG, § 13 Rn. 35.

575 BFH, Urteil vom 23.06.2015 – II R 39/13, BStBl. II 2016, 225 (226); *Geck*, in: Kapp/Ebeling, ErbStG (77. Lfg. 08.2018), § 13 Rn. 39.6.

576 BFH, Urteil vom 23.06.2015 – II R 39/13, BStBl. II 2016, 225 (227).

577 *Schienke-Ohletz*, in: von Oertzen/Loose, ErbStG, § 13 Rn. 40.

578 *Schulte/Birnbaum*, Erbschaftsteuerrecht, Rn. 605.

579 BT-Drucks. 16/11107, S. 8.

580 R E 13.4 Abs. 6 Satz 9 ErbStR 2019.

581 *Tiedtke/Schmitt*, NJW 2009, 2632 (2636).

bb. Bedeutung für den Schutz des Familienvermögens

Allgemein betrachtet liegt der Sinn und Zweck der Regelung auch hier wiederum darin, den überlebenden Ehegatten im Alter abzusichern[582] und den Anspruch der Ehegatten auf Kontinuität des zu Lebzeiten erschaffenen Ehe- und Familiengutes zu wahren.[583] Mit Erlass der Vorschrift des § 13 Abs. 1 Nr. 4b ErbStG im Zuge der Erbschaftsteuerreform hat der Gesetzgeber die bisherige Befreiung des Familienheims nicht nur auf Erwerbe von Todes wegen durch Ehegatten, sondern auch hinsichtlich des Erwerberkreises erweitert und damit auch Kindern bzw. verwaisten Enkeln die Vergünstigung ermöglicht.[584] Der Gesetzesbegründung zufolge geht es um den Schutz des gemeinsamen familiären Lebensraum. Darüber hinaus dient die Steuerbefreiung dem Ziel, Grundvermögen bereits zu Lebzeiten des Erblassers an die nächste Generation zu übermitteln. Insbesondere vor dem Hintergrund der Finanzmarktentwicklung des Jahres 2008 soll das Familiengebrauchsvermögen krisenfest erhalten bleiben. Andererseits ist der familiäre Lebensraum gerade dann nicht mehr in Form des Familienheims schutzbedürftig, wenn die Nutzung zu eigenen Wohnzwecken innerhalb der Behaltefrist nicht weiter gewährleistet ist.[585]

(1) Schutz des familiären Lebensraumes

Auch diese Norm bringt die besondere Bedeutung des Familienheims innerhalb familiärer Vermögensgüter zum Ausdruck. Allerdings scheint der Gesetzgeber keine vollständige Privilegierung des Familienheimerwerbs bezwecken zu wollen. Vielmehr lässt die Norm vermuten, dass soziale Motive bei Erlass der Vorschrift im Vordergrund standen und dem Gesetzgeber deswegen ein ganz bestimmtes Bild vor Augen lag, nämlich das der jahrelang verheirateten Witwe[586], die sich gemeinsam mit ihrem verstorbenen Ehemann vor einigen Jahren ein Eigenheim zulegte, welches sie gemeinsam mit diesem bis zu dessen Tod bewohnte. Um die anfallende Erbschaftsteuer tilgen zu können, wäre sie nun zur Veräußerung gezwungen, was der Gesetzgeber mit Erlass dieser Norm vermeiden wollte. Dieser Eindruck lässt sich anhand einer Gesamtschau der Norm festmachen. Lediglich der Eigentumserwerb von Todes wegen im Sinne eines Substanzerwerbs der Immobilie ist steuerbefreit. Jegliche Art von Zahlungen,

582 vgl. hierzu die Ausführungen unter 3. Teil A I 2 a.
583 vgl. hierzu die Ausführungen des Bundesverfassungsgerichts unter 1. Teil A II 3.
584 *Kien-Hümbert*, in: Moench/Weinmann, ErbStG (Stand: 83/02.19), § 13 Rn. 37.
585 BT-Drucks. 16/11107, S. 8.
586 aus Vereinfachungsgründen wird hier von der weiblichen Form ausgegangen.

die der Ehegatte stattdessen erhält, lassen die Steuerbefreiung entfallen. Dies lässt sich anhand des Ausschlusses der Befreiung aufgrund einer Weitergabeverpflichtung festmachen. Darüber hinaus belegen die vorausgesetzte Selbstnutzung durch den Erblasser sowie den überlebenden Ehegatten und die eng begrenzten Hinderungsgründe hierfür, nämlich Pflegebedürftigkeit oder Tod[587], den Eindruck, dass es um Familienheimübertragungen in der älteren Generation und die Sicherstellung des Erwerbs von „Omas kleinem Häuschen"[588] geht. Ebenso wie bei Übertragungen unter Lebenden gewährt der Gesetzgeber einen umfassenden Schutz des Familienheims, indem er keine wertmäßige Grenze vorgibt.

Der Schutz des familiären Lebensraums wird allerdings nur insoweit gewährleistet, als der überlebende Ehegatte dort weitere zehn Jahre wohnt. Eine weitere Übertragung an die Kinder innerhalb der zehnjährigen Frist, würde hingegen eine zweifache Besteuerung auslösen. Entgegen der Gesetzesbegründung zur Sicherung des Grundvermögens in der Familie entspricht es wohl nicht dem Willen des Gesetzgebers, den Erhalt des Familienheims innerhalb der Familie insgesamt sicherzustellen.

(2) Familienheim als familiäres Gebrauchsvermögen

Schließlich lässt sich der Gesetzesbegründung noch ein weiterer Grund entnehmen, warum gerade dem Familienheim eine besondere Bedeutung zukommt: das Familiengebrauchsvermögen soll krisenfest erhalten bleiben. Der Gesetzgeber greift dabei auf den Vermögensteuerbeschluss des Bundesverfassungsgerichts zurück, wonach zum Gebrauchsvermögen die Wirtschaftsgüter gehören, die der persönlichen Lebensführung des Steuerpflichtigen und seiner Familie dienen und welche zusammengefasst die ökonomische Basis individueller Freiheit bilden. Dieses Gebrauchsvermögen genießt besonderen Schutz und darf in bestimmten Grenzen nicht durch weitere Besteuerung gemindert werden.[589] Damit weist der Gesetzgeber dem Familienheim eine verfassungsrechtliche Komponente zu. Das Familienheim ist folglich nicht nur Kernbereich der ehelichen Lebens- und Wirtschaftsgemeinschaft und damit die Grundexistenz

---

587 vgl. BT-Drucks. 16/11107, S. 8; so auch die Finanzverwaltung: R E 13.4 Abs. 6 Satz 9 ErbStR 2019.

588 *Wachter*, ZEV 2014, 191 (191).

589 so das Bundesverfassungsgericht im Beschluss zur Vermögensteuer, vgl. unter 1. Teil A II 2; vgl. auch oben 1 Teil A II 1; *Hannes/Holtz*, in: Meincke/Hannes/Holtz, ErbStG, § 13 Rn. 32.

der Familie, sondern stellt in der Masse der familiären Vermögenswerte ein Wirtschaftsgut dar, welches die ökonomische Basis individueller Freiheit der Familie verkörpert.

c. Familienheimerwerb durch Kinder von Todes wegen

Die Regelung des § 13 Abs. 1 Nr. 4c ErbStG befreit schließlich den Erwerb des Familienheims durch Kinder oder Waisenenkel von Todes wegen von der Erbschaftsteuer, soweit die Wohnfläche 200 qm nicht übersteigt und der Erwerber das Familienheim zehn weitere Jahre selbst nutzt.[590]

aa. Inhalt der Regelung

Die Regelung des § 13 Abs. 1 Nr. 4c ErbStG entspricht im Wesentlichen der Vorschrift des § 13 Abs. 1 Nr. 4b ErbStG.

Unterschiede ergeben sich hinsichtlich der von der Erbschaftsteuer befreiten Personengruppe. Es muss sich um einen Erwerb durch Kinder im Sinne der Steuerklasse I Nr. 2 und Kinder verstorbener Kinder im Sinne der Steuerklasse I Nr. 2 handeln. Begünstigt sind damit die unmittelbaren, leiblichen Kinder bzw. Stief- und Adoptivkinder sowie deren Kinder, wenn es zu einer direkten Übertragung auf diese kommt, weil die Eltern bereits verstorben sind.[591]

Entsprechend der Regelung des § 13 Abs. 1 Nr. 4b Satz 5 ErbStG fällt die Steuerbefreiung weg, wenn der Erwerber das Familienheim innerhalb von zehn Jahren nicht mehr zu Wohnzwecken selbst nutzt, es sei denn er ist aus zwingenden Gründen hieran gehindert. Dem Gesetzgeber zufolge handelt es sich dabei um dieselben Gründe, wie bei einem Erwerb unter Ehegatten.[592] Nach Auffassung der Finanzverwaltung stellt jedoch auch die durch Minderjährigkeit des Kindes verhinderte Selbstnutzung, beispielsweise aufgrund von Unterbringung, in einer Pflegefamilie einen Hinderungsgrund dar, nicht dagegen eine berufliche Versetzung.[593]

Schließlich darf der Erwerb des Familienheims durch Kinder eine Wohnfläche von 200 qm nicht übersteigen. Hat das zugewendete Familienheim eine größere Wohnfläche, so führt dies zu einer anteiligen Steuerpflicht im Hinblick auf die jeweils übersteigende Fläche.[594] Auch bei mehreren begünstigten Erwerbern

---

590 *Wachter*, ZEV 2014, 191 (191).

591 *Wilms*, in: Wilms/Jochum, ErbStG (Juli 2018), § 13 Rn. 89.

592 BT-Drucks. 16/11107, S. 9.

593 R E 13.4 Abs. 7 Satz 5 ErbStR 2019.

594 *Kobor*, in: Fischer/Pahlke/Wachter, ErbStG, § 13 Rn. 41; *Tiedtke/Schmitt*, NJW 2009, 2632 (2639).

bleibt es bei der flächenmäßigen Begrenzung von 200 qm.[595] Der Gesetzesbegründung zufolge soll die begrenzte Freistellung der grundsätzlich eingeschränkten Bindung erwachsener Kinder an ihre Eltern Rechnung tragen. Die an eine Quadratmeterzahl gebundene Begrenzung soll außerdem die regional bestehenden Unterschiede der Grundstückswerte ausgleichen. Die Beschränkung der Wohnfläche auf 200 qm soll typisierend eine noch angemessene Größenordnung für ein Familienheim abbilden.[596]

bb. Bedeutung für den Schutz des Familienvermögens

Ebenso wie § 13 Abs. 1 Nr. 4b ErbStG bezweckt § 13 Abs. 1 Nr. 4c ErbStG nach der Intention des Gesetzgebers den Schutz des familiären Lebensraums und des Familiengebrauchsvermögens, um dieses angesichts der Finanzmarktentwicklung krisenfest zu erhalten.[597] Im Gegensatz zum Familienheimerwerb unter Ehegatten, gibt der Gesetzgeber hier jedoch eine wertmäßige Begrenzung in Form einer flächenmäßigen Einschränkung vor. Die Übertragung des Familienheims an Kinder von Todes wegen genießt daher keinen umfassenden Schutz.

Durch die Erweiterung der zwingenden Hinderungsgründe auf minderjährige Kinder, welche rechtlich an der Führung eines eigenständigen Haushalts gehindert sind, erkennt die Finanzverwaltung auch den Aspekt der familiären Für- und Vorsorge durch Erhalt des Familienheims für minderjährige Kinder an. Deren finanzielles Wohlergehen soll abgesichert werden.[598] Dies zeigt sich auch in der Gesetzesbegründung. Hiernach soll gewährleistet werden, dass Wohneigentum bis zu einer gewissen Grenze an die in Hausgemeinschaft lebenden Kinder steuerfrei vererbt werden kann, wenn der Erbe ansonsten wegen seiner Erbschaftsteuerverpflichtungen zur Veräußerung gezwungen wäre.[599] Bei erwachsenen Kindern lassen hingegen weder der Gesetzgeber noch die Finanzverwaltung weitere Hinderungsgründe ausreichen. Damit hält der Gesetzgeber das Familiengebrauchsvermögen nur unter strengen Voraussetzungen beim Erwerb durch Kinder für schützenswert, nämlich wenn diese mit den Eltern in Hausgemeinschaft leben oder wenn diese bereit sind, das Familienheim

---

595 *Kiebele*, in: Preißer/Rödl/Seltenreich, ErbStG; § 13 Rn. 134.

596 BT-Drucks. 16/11107, S. 9.

597 BT-Drucks. 16/11107, S. 9.

598 vgl. hierzu die Ausführungen zur sozialwissenschaftlich begründeten erbschaftsteuerlichen Begünstigung der Familie unter 3. Teil A I 3 a.

599 BT-Drucks. 16/11107, S. 9.

unverzüglich nach Erwerb zu eigenen Wohnzwecken für weitere zehn Jahre zu nutzen.[600]

d. Zusammenfassung zum Familienheimerwerb

Insgesamt unterstreichen die Vorschriften zur Übertragung des Familienheims die Wichtigkeit des Wohn- und Lebensraumes der Familie und dessen Erhalt. Dass dem Familienheim eine besondere Stellung in der Masse der familiär zu schützenden Vermögensgüter zukommt, hat der Gesetzgeber bereits Mitte der 90iger Jahre zum Ausdruck gebracht, als die Schenkungsteuerpflicht für Zuwendungen unter Ehegatten eingeführt wurde. Aber auch über zehn Jahre später im Zuge der Erbschaftsteuerreform 2008/2009 wird dem Familienheim ein besonderer Wert beigemessen und der Anwendungsbereich von steuerfreien Übertragungen auf Ehegatten und auf Kinder nochmals erweitert. Hintergrund war die Finanzmarktentwicklung und das damit einhergehende Ziel des krisensicheren Erhalts von familiärem Grundvermögen.

Den besonderen Schutz des Familienheims begründet der Gesetzgeber damit, dass dieses nicht nur den Kern der ehelichen Lebens- und Wirtschaftsgemeinschaft darstellt, sondern darüber hinaus auch zum sogenannten Familiengebrauchsvermögen gehört. In Anlehnung an die Rechtsprechung des Bundesverfassungsgerichts genießt es folglich als Wirtschaftsgut, welches der persönlichen Lebensführung des Steuerpflichtigen dient, einen besonderen Schutz und darf nur in bestimmten Grenzen durch Besteuerung gemindert werden.

In subjektiver Hinsicht ist allerdings auch nur der Erwerb durch Ehegatten bzw. eingetragene Lebenspartner und Kinder bzw. verwaiste Enkel geschützt.[601] Der subjektive Anwendungsbereich für Familienheimübertragungen wurde im Zuge der Erbschaftsteuerreform 2008/2009 auf Kinder bzw. verwaiste Enkel erweitert, womit dem Familienheim ein noch größerer Schutz vor Besteuerung zukommt. Bei der Reform ging es jedoch insbesondere darum, die Besteuerung des langjährig genutzten Eigenheimes von älteren Ehegatten zu verhindern. Bei der Übertragung auf Kinder bzw. verwaiste Enkel steht vor allem der Schutz von Minderjährigen im Vordergrund, wobei derartige Übertragungen wertmäßig begrenzt sind.

---

600 *Kien-Hümbert*, in: Moench/Weinmann, ErbStG (Stand: 83/02.19), § 13 Rn. 40.

601 *Wachter*, ZEV 2014, 191 (192).

Den weitreichendsten Schutz erfährt das Familienvermögen in der Form des Familienheims durch Übertragungen an den Ehegatten zu Lebzeiten.[602] Die Übertragung ist an keine Behaltefrist gebunden, sie ist vollständig möglich, ohne dass eine Begrenzung auf die Erbquote erfolgt oder einen bestimmten Wert erfolgt. Von einer Zuwendung zu Lebzeiten sollte nur dann abgeraten werden, wenn der spätere Erblasser aus zwingenden Gründen an der Eigennutzung des Familienheims gehindert ist und auch der erwerbende Ehegatte seinen Lebensmittelpunkt im Zeitpunkt der lebzeitigen Zuwendung nicht dort hat.[603] Der Erwerb des Familienheims von Todes wegen wäre in dem Fall nämlich steuerbefreit, solange gewährleistet ist, dass der Erwerber das Familienheim nach Erwerb von Todes wegen dann doch selbst nutzt. Der Erwerb von Todes wegen ist jedoch durch die zehnjährige Haltefrist des Erwerbers begrenzt. Erfolgt der Erwerb durch Kinder, so ist zusätzlich die wertmäßige Begrenzung des Familienheims zu beachten. Familienheimschenkungen an Kinder bzw. verwaiste Enkel sind nicht steuerfrei möglich.

Für den Schutz des Familienvermögens in der Form des Familienheims bedeutet dies zusammenfassend, dass dessen steuerfreie Übertragung zu Lebzeiten in der Ehe unter einfach erfüllbaren Voraussetzungen möglich ist. Der steuerfreie Erhalt in der Familie kann hingegen nur unter engen Voraussetzungen gewährleistet werden, wozu insbesondere die Selbstnutzung des Erblassers und der jeweiligen Erwerber – bis auf sehr enge Ausnahmen – unerlässliche Voraussetzung sind.

4. *Zuwendungen an erwerbsunfähige Eltern oder Großeltern*

Die Steuerbefreiung des § 13 Abs. 1 Nr. 6 ErbStG soll Zuwendungen an erwerbsunfähige Eltern oder Großeltern vor steuerlichem Zugriff schützen.[604]

a. *Inhalt der Regelung*

Erwerbe durch die in § 13 Abs. 1 Nr. 6 ErbStG vorgesehenen erwerbsunfähigen Personen sind bis zu einem Betrag von 41.000 Euro steuerfrei bzw. werden darüber hinaus nur zum Teil der Steuer unterworfen.[605] Zum von der Regelung begünstigten Personenkreis gehören Eltern, Adoptiveltern, Stiefeltern oder

602 *Griesel*, in: Daragan/Halaczinsky/Riedel, ErbStG, § 13 Rn. 38; *Viskorf*, in: Viskorf/Schuck/Wälzholz, ErbStG, § 13 Rn. 59.

603 *Geck*, ZEV 2008, 557 (558).

604 *Schienke-Ohletz*, in: von Oertzen/Loose, ErbStG, § 13 Rn. 48.

605 *Kiebele*, in: Preißer/Rödl/Seltenreich, ErbStG, § 13 Rn. 156.

Großeltern des Erblassers. Wie bei der Einteilung in Steuerklassen, folgt auch diese Regelung nicht den zivilrechtlichen Vorgaben zur Adoption, weshalb leibliche Eltern in gleicher Weise begünstigt werden, wie Adoptiveltern.[606]

Erwerbe im Sinne der Vorschrift sind jedoch nicht nur dann steuerbefreit, wenn der jeweils begünstigte Elternteil als erwerbsunfähig einzustufen ist. Auch wenn die Eltern aufgrund der Führung eines gemeinsamen Haushaltes mit erwerbsunfähigen oder in der Ausbildung befindlichen Abkömmlingen, wie beispielsweise die Mutter mit minderjährigen Kindern, daran gehindert sind, erwerbstätig zu sein, greift die Steuerbefreiung.[607] Die erforderliche Erwerbsunfähigkeit muss auf dauerhaft körperlichen oder geistigen Einschränkungen basieren, wozu auch eine fortgesetzte Altersschwäche zählt.[608]

Die Begünstigung stellt einen Freibetrag dar. Es wird jedoch in vollem Umfange Erbschaftsteuer erhoben, sobald der Wert des Erwerbs zusammen mit dem übrigen Vermögen des Erwerbers den Betrag von 41.000 Euro übersteigt. Gemäß § 13 Abs. 1 Nr. 6 Satz 2 ErbStG fällt die Erbschaftsteuer allerdings nur insoweit an, als sie aus der Hälfte des die Wertgrenze übersteigenden Betrags gedeckt werden kann.[609]

b. Bedeutung für den Schutz des Familienvermögens

Die Norm bringt insbesondere den Aspekt familiärer Verantwortung und Fürsorge bei altersbedingter Pflegebedürftigkeit zum Ausdruck.[610] Gerade in Zeiten einer immer älter werdenden Gesellschaft, ist die Bedeutung dieser Vorschrift nicht zu unterschätzen. Weil für Erwerbe durch Eltern, Adoptiveltern und Großeltern allerdings ohnehin ein Freibetrag in Höhe von 100.000 Euro gewährt wird und dieser bereits die Grenze von 41.000 Euro übersteigt, ist die Regelung für diesen Personenkreis gegenstandslos. Bedeutung hat sie jedoch bei Erwerben von Todes wegen durch Stiefeltern und bei Schenkungen unter Lebenden, da diese der Steuerklasse II zugeordnet sind.[611]

---

606 *Kien-Hümbert*, in: Moench/Weinmann, ErbStG (Stand: 68/04.14), § 13 Rn. 48; vgl. hierzu die Ausführungen bei den Steuerklassen unter 3. Teil A II 2 a bb (2).

607 *Griesel*, in: Daragan/Halaczinsky/Riedel, ErbStG, § 13 Rn. 71.

608 *Kobor*, in: Fischer/Pahlke/Wachter, ErbStG, § 13 Rn. 50; *Jülicher*, in: Troll/Gebel/Jülicher/Gottschalk, ErbStG (EL 56 Dez. 2018), § 13 Rn. 88.

609 *Jochum*, in: Wilms/Jochum, ErbStG (Juli 2018), § 13 Rn. 101.

610 vgl. hierzu die sozialwissenschaftlichen Begründungsansätze zur begünstigten Besteuerung von Familienangehörigen unter 3. Teil A I 3 a.

611 *Jochum*, in: Wilms/Jochum, ErbStG (Juli 2018), § 13 Rn. 98.

Für Erwerbe von Todes wegen durch Stiefeltern bedeutet die Regelung damit eine Ausnahme zu der sonst im Erbschaftsteuerrecht schlechteren Behandlung von Stiefeltern im Vergleich zu leiblichen oder Adoptiveltern sowie im Vergleich zu Stiefkindschaftsverhältnissen.[612] Die Regelung stellt lediglich ein eigenständiges Privileg für Erwerbe durch Stiefeltern dar, führt allerdings in diesem Bereich aufgrund des unterschiedlichen Freibetrages trotzdem nicht zu einer Gleichstellung mit leiblichen oder Adoptiveltern. Bei Schenkungen unter Lebenden stellt die Norm Stiefeltern mit leiblichen oder Adoptiveltern gleich. In der Praxis hat dies allerdings dann keine Bedeutung, wenn die Zahlung nicht als Einmalzahlung, sondern als laufende Unterhaltszahlung ausgestaltet ist. Denn diese sind ohne betragsmäßige Begrenzung bereits gemäß § 13 Abs. 1 Nr. 12 ErbStG vollständig steuerbefreit.[613] Davon betroffen sind allerdings lediglich freiwillige Unterhaltsleistungen, da gesetzliche Unterhaltszahlungen ohnehin nicht steuerbar sind.[614]

5. *Vermögensrückfall an Eltern und Voreltern*

Für den Schutz des Familienvermögens bedeutsam ist auch die Steuerbefreiung für Vermögensrückfälle an Eltern von Todes wegen gemäß § 13 Abs. 1 Nr. 10 ErbStG. Diese Norm steht nämlich im Zusammenhang mit § 15 Abs. 1 Steuerklasse I Nr. 4 ErbStG, wonach Eltern und Voreltern bei Erwerben von Todes wegen unter Steuerklasse I fallen.[615] Grundsätzlich steht Eltern in diesem Fall nach § 16 Abs. 1 Nr. 4 ErbStG ein Freibetrag in Höhe von 100.000 Euro zu. Stellt das an die Eltern übertragene Vermögen jedoch eine vorangegangene Schenkung dieser an das Kind dar, so ist dieser todesbedingte Vermögensrückfall von der Erbschaftsteuer befreit.

a. *Tatbestandsmerkmale im Einzelnen*

Dem Wortlaut des Gesetzes nach fällt nur der Erwerb durch Eltern oder Voreltern unter den Befreiungstatbestand. Erwerbe von Stiefeltern unterliegen nach § 15 Abs. 1 Steuerklasse II Nr. 4 ErbStG der Steuerklasse II und sind damit nicht von § 13 Abs. 1 Nr. 10 ErbStG erfasst. Anders als bei der Regelung des § 13 Abs. 1 Nr. 6 ErbStG werden Stiefeltern in dieser Norm auch nicht explizit erwähnt. Erfasst ist außerdem nur der todesbedingte Rückfall von Abkömmlingen auf die

---

612 vgl. hierzu die Ausführungen unter 3. Teil A II 3 b bb (2).

613 *Kiebele*, in: Preißer/Rödl/Seltenreich, ErbStG, § 13 Rn. 159.

614 vgl. hierzu die einleitenden Ausführungen unter 3. Teil A IV.

615 vgl. hierzu die Ausführungen unter 3. Teil A II 2 a aa.

Eltern, nicht jedoch der umgekehrte Fall des Vermögensrückfalls von vorangegangenen Schenkungen der Kinder an die Eltern. Begünstigt ist darüber hinaus nur der Rückfall an den ursprünglichen Schenker.[616] Erben daher beide Elternteile einen von nur einem Elternteil geschenkten Vermögensgegenstand im Zuge der gesetzlichen Erbfolge zu gleichen Teilen, so kommt dem am vorangegangenen Schenkungsvorgang nicht beteiligten Elternteil die Steuerbefreiung nicht zugute.[617] Befreit ist außerdem nur der Rückfall bei Erbschaften, nicht jedoch die Rückschenkung.[618] Der Gesetzgeber begründet dies damit, dass Eltern im Fall der Schenkung nur eine Zwischenstation für eine eigentlich beabsichtigte Schenkung unter Geschwistern darstellen.[619]

Der Rechtsprechung des Bundesfinanzhofs zufolge muss Identität zwischen dem zuvor geschenkten und zurückfallenden Vermögensgegenstand bestehen. Wurde der zugewendete Gegenstand gegen einen anderen Vermögenswert ausgetauscht, so fällt das Surrogat nicht unter die Steuerbefreiung. Der Bundesfinanzhof verlangt jedoch keine strikte Identität. Es ist ausreichend, wenn zwischen dem zugewandten und dem zurückfallenden Gegenstand bei objektiver Betrachtung eine „Art- und Funktionsgleichheit" herrscht.[620] Die Finanzverwaltung hat sich dieser Ansicht angeschlossen.[621] Außerdem sind nach der Rechtsprechung des Bundesfinanzhofs etwaige Früchte, Erlöse oder Nutzungen, die aus dem Gegenstand gezogen worden sind, nicht von der Steuerbefreiung erfasst.[622] Nach Ansicht der Finanzverwaltung stehen jedoch Wertsteigerungen, die ausschließlich auf der wirtschaftlichen Entwicklung beruhen, der Steuerfreiheit nicht entgegen.[623] Das Bundesverfassungsgericht hat diese Aufteilung mit Beschluss vom 28.10.1997 verfassungsrechtlich bestätigt.[624]

b. Bedeutung für den Schutz des Familienvermögens

Die Vorschrift sorgt dafür, dass zumindest der Rückfall des Vermögens, welches verschenkt wurde, beim Schenker nicht nochmals besteuert wird. Damit

---

616 *Kiebele*, in: Preißer/Rödl/Seltenreich, ErbStG, § 13 Rn. 211.

617 *Viskorf*, in: Viskorf/Schuck/Wälzholz, ErbStG, § 13 Rn. 113.

618 *Kobor*, in: Fischer/Pahlke/Wachter, ErbStG, § 13 Rn. 65.

619 BT-Drucks. VI/3418, S. 68.

620 BFH, Urteil vom 22.06.1994 – II R 1/92, BStBl. II 1994, 656 (657).

621 R E 13.6 Abs. 2 Satz 3 ErbStR 2019.

622 BFH, Urteil vom 22.06.1994 – II R 13/90, BStBl. II 1994, 759 (762); *Schienke-Ohletz*, in: von Oertzen/Loose, ErbStG, § 13 Rn. 64.

623 R E 13.6 Abs. 2 Satz 4 ErbStR 2019.

624 BVerfG, Beschluss vom 28.10.1997 – 1 BvR 1644/94, BVerfGE 97, 1 (8).

soll verhindert werden, dass auf denselben Vermögensgegenstand drei Mal Erbschaft- bzw. Schenkungsteuer erhoben wird, wenn nach Vermögensrückfall eine Weitergabe des Vermögensgegenstandes durch die Eltern an die nächste Generation erfolgen würde.[625] Die Regelung soll folglich erbschaftsteuerliche Belastungen in der Familienerbfolge verhindern.[626] Allerdings handelt es sich dabei nur um einen sehr begrenzten und wohl eher untypisch anfallenden Anwendungsbereich. Denn für den umgekehrten Fall, also bei vorheriger Schenkung eines Kindes an die Eltern, wird eine derartige Belastung mit Erbschaftsteuer nicht durch eine zusätzlich, zum Freibetrag hinzutretende Steuerbefreiung abgemildert.

Die Regelung zeigt außerdem, dass Erwerbe durch Stiefeltern nicht genauso geschützt werden, wie solche durch leibliche Eltern. Erwerbe durch Erstere unterfallen nämlich nicht nur der vergleichsweise schlechteren Steuerklasse II und einem geringfügigeren Freibetrag, sondern erhalten darüber hinaus auch keine Steuerbefreiung im Sinne der hier behandelten Vorschrift.

In der Praxis wird die Steuerbelastung jedoch oftmals durch die Vereinbarung eines vertraglichen oder gesetzlichen Rückforderungsrechts abgemildert. Die Rückgabe des Geschenks bzw. dessen Surrogats ist in diesem Fall kein steuerbarer Vorgang, so dass es auch einer Befreiungsregelung nicht bedarf.[627]

6. *Zusammenfassung zu den sachlichen Steuerbefreiungen*

Zahlreiche Tatbestände des umfangreichen Befreiungskatalogs nach § 13 ErbStG haben ihren Grund in der ehelichen und familiären Beziehung der Beteiligten. Den wohl betragsmäßig umfangreichsten Befreiungstatbestand bildet die Übertragung des Familienheims. Insbesondere hier und beim Erwerb von Hausrat verdeutlicht sich die Absicht des Gesetzgebers, familiären Zuwendungen zur Sicherung und zum Erhalt des gewohnten Lebensstandards und vor allem der materiellen Lebensgrundlage, eine besondere Bedeutung zuzuerkennen.[628]

Aus der Masse der Vermögensgüter, welche innerhalb einer Ehe oder an Kinder übertragen werden können, kommt dem Familienheim durch die vollständig steuerbefreite Übertragungsmöglichkeit eine besondere Bedeutung zu. Denn es soll der familiäre Lebensraum geschützt und dessen Erhalt in der Familie

---

625 *Schienke-Ohletz*, in: von Oertzen/Loose, ErbStG, § 13 Rn. 61.

626 BFH, Urteil vom 22.06.1994 – II R 13/90, BStBl. II 1994, 759 (762).

627 *Hannes/Holtz*, in: Meincke/Hannes/Holtz, ErbStG, § 13 Rn. 53; *Jülicher*, in: Troll/Gebel/Jülicher/Gottschalk, ErbStG (EL 46 Sept. 2013), § 15 Rn. 67.

628 *Erle*, ZEV 2016, 240 (242).

unter bestimmten Voraussetzungen gewährleistet werden. Die Befreiung lebzeitiger Übertragungen unter Ehegatten bringt darüber hinaus zum Ausdruck, dass es sich bei dem gemeinsamen Familienheim um den Kern der ehelichen Lebens- und Wirtschaftsgemeinschaft handelt. Durch Erweiterung der Übertragungsmöglichkeiten des Familienheims im Zuge der Erbschaftsteuerreform 2008/2009 auf Erwerbe von Todes wegen durch Ehegatten und an Kinder, wollte der Gesetzgeber vor allem die Besteuerung des langjährig genutzten Eigenheimes von älteren Ehegatten verhindern. Dies ist vor dem Hintergrund der Finanzmarktentwicklung zu sehen, weshalb der Gesetzgeber zu lebzeitigen Investitionen in Grundvermögen motivieren will. Aus diesem Grunde hat er auch die Vererbung des Familienheims an Kinder bzw. verwaiste Enkel unter engen Voraussetzungen von der Erbschaftsteuer freigestellt hat. Abgesehen von lebzeitigen Erwerben unter Ehegatten, ist die Übertragung des Familienheims von Todes wegen allerdings nur unter der strengen Voraussetzung der Selbstnutzung durch den Erblasser und danach durch den Erwerber möglich. Die lebzeitige Übertragung zwischen Ehegatten bietet damit den bestmöglichen Schutz des Familienheims vor Besteuerung.

Daneben zählt der Gesetzgeber auch Hausrat und andere körperliche Gegenstände zum familiären Gebrauchsvermögen. Je näher das familiäre Verhältnis, desto höher ist der Freibetrag. Durch die wertmäßige Begrenzung lässt der Gesetzgeber hier gerade keinen vollständigen Erhalt des zu Lebzeiten geschaffenen Lebensstandards zu. Eine andere Intention liegt der steuerbefreiten Übertragungsmöglichkeit von Kulturgütern zugrunde. Hier geht es – ähnlich wie beim Erhalt von Familienbetrieben – darum, das vom Erblasser bzw. von der Familie geschaffene Lebenswerk in der Person des Erben fortzusetzen. Der Erhalt dieses Lebenswerks ist durch den Schutz kultureller Traditionen, welche die Familie zur Grundlage der Gemeinschaft machen, aufgrund des langjährigen Besitzes gerechtfertigt.

Durch die Freigrenze bei Zuwendungen an erwerbsunfähige Eltern, Adoptiveltern, Stiefeltern und Großeltern bringt der Gesetzgeber den Aspekt der familiären Verantwortung und Fürsorge zum Ausdruck. Aufgrund des hohen Freibetrages für Erwerbe durch Eltern, Adoptiveltern und Großeltern hat die Regelung allerdings nur für Erwerbe von Todes wegen durch Stiefeltern und für Schenkungen zu Lebzeiten, da diese der Steuerklasse II unterliegen, Bedeutung. Erwerbe durch Stiefeltern erhalten damit ein Privileg, werden aber dennoch nicht mit Erwerben durch leibliche oder Adoptiveltern gleichgestellt. Leibliche (Vor-)Eltern und Adoptiveltern erhalten darüber hinaus noch eine Steuerbefreiung für den Fall, dass Vermögen, welches sie ihren Kindern geschenkt haben, todesbedingt an sie zurückfällt. Die Befreiungsvorschrift bezweckt die

Abmilderung einer Dreifachbelastung, wenn die Eltern den Vermögensgegenstand nach Rückfall des Vermögens wiederum an die nächste Generation weiterschenken würden.

V. Steuersätze

Auch die Steuersätze sind Ausdruck des Schutzes familiärer Vermögensübergänge. Die begünstigten Steuersätze knüpfen nämlich an die Steuerklassen an und damit auch an das persönliche Näheverhältnis zwischen Zuwendendem und Erwerber.[629] Nur wenn ein solches Verhältnis nicht besteht, kommt es zur Anwendung von Steuerklasse III.[630] Der Tarifverlauf ist außerdem doppeltprogressiv ausgestaltet. Daher stehen die mit der Höhe des steuerpflichtigen Erwerbs ansteigenden Steuersätze mit dem abnehmenden Verwandtschaftsverhältnis in Zusammenhang.[631]

Es wird im Folgenden zunächst auf die Vorgaben des Bundesverfassungsgerichts zu den Steuersätzen (1.) und im Anschluss daran auf die gesetzlichen Grundlagen (2.) und deren Bedeutung für den Schutz des Familienvermögens (3.) näher eingegangen.

1. Vorgaben des Bundesverfassungsgerichts

Den Beschlüssen des Bundesverfassungsgerichts lassen sich nicht nur Vorgaben zur Verringerung der Steuersätze innerhalb der Familie, sondern auch zu deren Berechnung entnehmen.

Im Beschluss zur Erbschaftsteuer fordert das Bundesverfassungsgericht einen gemäßigten erbschaftsteuerlichen Zugriff bei Familienangehörigen, was der Gesetzgeber durch eine deutliche Verringerung der Steuersätze im Erbschaftsteuerrecht berücksichtigt.[632] Für die Berechnung der Steuer formuliert das Bundesverfassungsgericht im Beschluss zur Vermögensteuer den Halbteilungsgrundsatz. Hiernach darf jedenfalls die Vermögensteuer zu den übrigen Steuern auf den Ertrag nur hinzutreten, soweit die steuerliche Gesamtbelastung in der Nähe einer hälftigen Teilung zwischen privater und öffentlicher Hand verbleibt.[633] Zwar hat sich das Bundesverfassungsgericht in einem späteren

629 *Stein*, in: von Oertzen/Loose, ErbStG, § 19 Rn. 3.
630 *Hannes/Holtz*, in: Meincke/Hannes/Holtz, ErbStG, § 19 Rn. 2.
631 *Kugelmüller-Pugh*, in: Viskorf/Schuck/Wälzholz, ErbStG, § 19 Rn. 2.
632 vgl. hierzu die Ausführungen unter 1. Teil A I 1.
633 vgl. hierzu die Ausführungen unter 1. Teil A II 1.

Beschluss hiervon wiederum distanziert.[634] Dafür, dass der Halbteilungsgrundsatz allerdings dennoch auch auf die Erbschaftsteuer anwendbar ist, spricht vor allem aber die Eigenverantwortlichkeit des einzelnen Bürgers. Es würde nämlich dem der Verfassung zugrunde liegende Bild eines Menschen, der primär für sich und seine Familien verantwortlich ist und dem Wesensgehalt des privatnützigen Eigentümerhandelns widersprechen, wenn es hier zu einer Besteuerung von mehr als der Hälfte des Erworbenen käme.[635] Außerdem erscheint dies auch vor dem Hintergrund einer möglichen Doppelbelastung mit Erbschaft- und Schenkungsteuer als gerechtfertigt, wenn das Vermögen zunächst vererbt und sodann weiter verschenkt wird.[636] Der aktuelle Höchststeuersatz im Erbschaftsteuergesetz liegt allerdings ohnehin bei 50%. Insofern kann man davon ausgehen, dass der Gesetzgeber diesen Grundsatz durch Absenkung des Höchststeuersatzes von 70% im Zuge der Erbschaftsteuerreform 1996 zu berücksichtigen beabsichtigt.[637] Aus der Formulierung im Erbschaftsteuerbeschluss, wonach Familienangehörigen der auf sie überkommenen Nachlass zum deutlich überwiegenden Teil zugutekommen muss, könnte man schlussfolgern, dass das Bundesverfassungsgericht den Halbteilungsgrundsatz zu einem zwei Drittel Grundsatz ausbaut.[638] Erwerbe durch Angehörige der Steuerklasse I besteuert der Gesetzgeber allerdings ohnehin nur mit höchstens 30%. Dies legt die Vermutung nahe, dass auch der Gesetzgeber von einem solchen zwei Drittel Grundsatz ausgeht. Allerdings lässt sich der Aussage des Bundesverfassungsgerichts nicht entnehmen, dass die Verschonung der Angehörigen nach Steuerklasse I zwangsläufig über den Steuersatz erfüllt werden muss. Demnach kann dies auch durch höhere Freibeträge und besondere Steuerbefreiungen gewährleistet werden.[639]

2. Grundlagen

Der Regelsteuersatz nach § 19 Abs. 1 ErbStG ist anhand der Steuerklasse des Erwerbers und anhand des steuerpflichtigen Erwerbs zu bestimmen. Dieser

634 BVerfG, Beschluss vom 18.01.2006 – 2 BvR 2194/99, BVerfGE 115, 97 (114).

635 vgl. hierzu die Ausführungen unter 2. Teil B III 1 b bb (2); ähnlich: *Weinmann*, in: Moench/Weinmann, ErbStG (Stand: 84/04.19), § 19 Rn. 8, der dies „ein Gebot der steuerpolitischen Vernunft“ nennt; **a.A.** *Ramb*, in: Preißer/Rödl/Seltenreich, ErbStG, § 19 Rn. 22.

636 *Geck*, in: Kapp/Ebeling, ErbStG (71. Lfg. 11.2016), § 19 Rn. 6.

637 BGBl. I 1974, 933 (940).

638 *Seer*, StuW 1997, 283 (297).

639 *Halaczinsky*, in: Daragan/Halaczinsky/Riedel, ErbStG, § 19 Rn. 5.

Steuersatz ist als Stufentarif („Vollmengenstaffeltarif") ausgestaltet, wonach der zu den einzelnen Wertstufen bei der jeweiligen Steuerklasse angegebene Steuersatz auf den gesamten steuerpflichtigen Erwerb anzuwenden ist. Wird die jeweilige Wertstufe nur geringfügig überschritten, so kann dies zu einer erheblich höheren Belastung führen, was durch § 19 Abs. 3 ErbStG ausgeglichen werden soll.[640]

a. *Tarife der Steuerklasse I*

In Steuerklasse I liegt die Spannbreite der Steuersätze zwischen 7% (bei Erwerben bis zu 75.000 Euro) und 30% (bei Erwerben über 26.000.000 Euro). Der Tarif enthält sieben Stufen, im Rahmen einer Viererreihe. Beginnend mit 7% steigt der Steuersatz um jeweils 4% an, wobei innerhalb der letzten Stufe die Steigerung nur 3% beträgt. Anders als bei den Freibeträgen wird innerhalb der Personen von Steuerklasse I nicht mehr unterschieden.[641] Bei Erwerben zwischen 600.001 Euro und 6.000.000 Euro erfolgt zudem keine Abstufung mehr, was im unteren Bereich dieser Stufe zu hohen Belastungen führt.

Die Tarife für Steuerklasse I sind seit ihrer Änderung durch das ErbStG 1996 infolge der Einheitswertbeschlüsse wertgleich geblieben.[642] Bis zur Erbschaftsteuerreform 1996 war das System jedoch weiter ausdifferenziert. Das bis dahin geltende ErbStG 1974 sah insgesamt 25 Wertgrenzen und bei Personen der Steuerklasse I eine Spannbreite der Steuersätze von 3% für Erwerbe bis zu 50.000 DM und 35% für Erwerbe bis 100.000.000 DM vor.[643] Im Zuge der Erbschaftsteuerreform 1996 wurden die Anzahl der Wertstufen auf sieben verringert und die Steuersätze insgesamt angehoben.[644] Sämtliche Erwerbsgruppen waren folglich einer höheren erbschaftsteuerlichen Belastung ausgesetzt.[645] Durch die Erbschaftsteuerreform 2008 wurden die Wertstufen angehoben. Lediglich die Steuersätze für Erwerber der Steuerklasse I blieben gleich.[646] Die Steuersätze und Wertstufen

---

640 *Halaczinsky*, in: Daragan/Halaczinsky/Riedel, ErbStG, § 19 Rn. 3.

641 *Geck*, in: Kapp/Ebeling, ErbStG (71. Lfg. 11/2016), § 19 Rn. 4.

642 vgl. *Götz*, in: Wilms/Jochum, ErbStG (Feb. 2014), § 19 Rn. 20 ff.; *Stein*, in: von Oertzen/Loose, ErbStG, § 19 Rn. 9.

643 BGBl. I 1974, 933 (940).

644 BGBl. I 1996, 2049 (2059).

645 *Stein*, in: von Oertzen/Loose, ErbStG, § 19 Rn. 8; *Jülicher*, in: Troll/Gebel/Jülicher/Gottschalk, ErbStG (EL 56 Dez. 2018), § 19 Rn. 13.

646 BGBl. I 2008, 3018 (3026); *Weinmann*, in: Moench/Weinmann, ErbStG (Stand: 84/04.19), § 19 Rn. 8.

sind für diese Erwerber auch im Zuge des Wachstumsbeschleunigungsgesetzes 2009 nicht verändert worden.[647]

b. Tarife der Steuerklasse II

Steuerklasse II sieht eine Besteuerung von 15% (bei Erwerben bis zu 75.000 Euro) bis zu höchstens 43% (bei Erwerben über 26.000.000 Euro) vor. Auch hier steigt der Steuersatz innerhalb von sieben Stufen im Rahmen einer Fünferreihe. Bei Erwerben über 26.000.000 Euro erhöht sich der Steuersatz lediglich um 3% auf 43%.

Im Zuge der Erbschaftsteuerreform 2008 wurden die Tarife für Erwerber der Steuerklasse II und III mit nur zwei unterschiedlichen Steuersätzen – jeweils 30% und 50% – vereinheitlicht.[648] Indem neben die für alle Erwerber geltende Anhebung der Wertstufen für Steuerklasse II (und auch für Steuerklasse III) zusätzlich die Steuersätze angehoben wurden, kam es hier zu einer deutlichen Belastungssteigerung.[649] Denn einerseits war dadurch der Eingangssteuersatz mehr als doppelt so hoch als vor 2009.[650] Andererseits blieben in der Folge bestehende verwandtschaftliche Beziehungen, wie sie bei Geschwistern, Nichten und Neffen vorliegen, durch die Gleichstellung mit Steuerklasse III vollständig unbeachtet.[651] Jedenfalls den Gleichlauf der Steuerklassen hat der Gesetzgeber im Zuge des Wachstumsbeschleunigungsgesetzes wieder rückgängig gemacht.[652] Der Gesetzesbegründung zufolge soll dadurch dem familiären Näheverhältnis Rechnung getragen werden und die erbrechtliche Sonderstellung naher Verwandter gegenüber fremden Dritten Beachtung finden. Die Differenzierung ist außerdem mit Blick auf den demographischen Wandel gerechtfertigt.[653] Dennoch bleiben die Prozentsätze für Erwerber der Steuerklasse II mit einer Spanne von 15% bis 43% gegenüber der Spanne von 12% bis 40%, wie sie im Erbschaftsteuergesetz 1996[654] vorgesehen waren, höher als vor der Erbschafsteuerreform 2009.[655] Für den Erwerbskorridor von

---

647 BGBl. I 2009, 3950 (3953).
648 BGBl. I 2008, 3018 (3026).
649 *Weinmann*, in: Moench/Weinmann, ErbStG (Stand: 84/04.19), § 19 Rn. 7.
650 *Weinmann*, in: Moench/Weinmann, ErbStG (Stand: 84/04.19), § 19 Rn. 2.
651 *Kugelmüller-Pugh*, in: Viskorf/Schuck/Wälzholz, ErbStG, § 19 Rn. 5.
652 BGBl. I 2009, 3950 (3953).
653 BT-Drucks. 17/15, S. 21.
654 BGBl. I 1996, 2049 (2059).
655 *Stein*, in: von Oertzen/Loose, ErbStG. § 19 Rn. 9.

600.001 Euro bis 6.000.000 Euro behielt der Gesetzgeber die Vereinheitlichung von Steuerklasse II und III bei.[656]

c. *Tarife der Steuerklasse III*

In Steuerklasse III sind nur zwei Wertstufen vorgesehen, nämlich ein Steuersatz von 30% für Erwerbe zwischen 75.000 Euro bis 6.000.000 Euro und von 50% für Erwerbe über 6.000.000 Euro.

Vergleicht man die Steuersätze für Erwerber der Steuerklasse III im ErbStG 1996 mit denen nach der Erbschafsteuerreform 2009, so lässt sich hierin ein deutlicher Anstieg erkennen. Das ErbStG 1996 sah für die sieben Wertstufen noch entsprechend unterschiedliche Steuersätze, beginnend bei 17% bis höchstens 50%, vor.[657] Im Zuge der Erbschaftsteuerreform 2009 wurden Erwerber der Steuerklasse III auf zwei Wertstufen, nämlich 30% und 50%, reduziert. Damit liegt der Eingangssteuersatz um 70% höher als noch vor der Reform.[658] Durch das Wachstumsbeschleunigungsgesetz 2009 erfolgte lediglich für Erwerber der Steuerklasse II eine Erleichterung. Die Wertstufen bei Steuerklasse III wurden hingegen beibehalten.

3. *Bedeutung für den Schutz des Familienvermögens*

Insgesamt verdeutlichen die Steuersätze, dass der Gesetzgeber die Vorgaben des Bundesverfassungsgerichts innerhalb der Steuersätze umgesetzt hat. Die Übertragung von Vermögen zwischen Ehegatten und in der Familie wird bei geringfügigem Überschreiten der Freibeträge lediglich mit 7% besteuert. Allerdings sieht der Gesetzgeber bei wohlhabenden Familien auch eine Teilhabe des Staates am Familienvermögen von bis zu fast einem Drittel als gerechtfertigt an.

Dadurch, dass sich die Tarife für Vermögensübertragungen innerhalb der Steuerklasse I trotz Anhebung der Wertstufen im ErbStG 1996 durch die nachfolgenden Erbschaftsteuerreformen nicht verändert haben,[659] wird die vom Gesetzgeber intendierte Privilegierung der Erwerbe durch Angehörige der Steuerklasse I deutlich. Lediglich bei der Verringerung der Wertstufen im Zuge der Erbschaftsteuerreform 1996 kam es – wie bei sämtlichen Erwerbsgruppen – zu einer verstärkten steuerlichen Belastung. Der Gesetzgeber hält sich damit an die

656 *Hannes/Holtz*, in: Meincke/Hannes/Holtz, ErbStG, § 19 Rn. 1; *Wachter*, DStR-Beih 2014, 90 (101).

657 BGBl. I 1996. 2049 (2059).

658 *Weinmann*, in: Moench/Weinmann, ErbStG (Stand: 84/04.19), § 19 Rz. 2.

659 *Kugelmüller-Pugh*, in: Viskorf/Schuck/Wälzholz, ErbStG, § 19 Rn. 2.

vom Bundesverfassungsgericht in den Einheitswertbeschlüssen vorgegebenen Grundsätze. Bei Erwerben durch Angehörige der Steuerklasse II kam es hingegen zu einer erheblichen Belastung im Zuge der Erbschaftsteuerreform 2009, da nicht nur die Wertstufen, sondern auch die Steuersätze deutlich angehoben wurden. Das Verhältnis zwischen Angehörigen der Steuerklasse II hat der Gesetzgeber denen mit fremden Dritten gleichgestellt, durch das Wachstumsbeschleunigungsgesetz jedoch wieder rückgängig gemacht. Allerdings sind die Steuersätze trotzdem leicht angehoben geblieben. Familiäre Näheverhältnisse erkennt er hier jedenfalls an. Der Gesetzesbegründung zufolge sind diese auch vor dem Hintergrund einer demographischen Entwicklung zu sehen. Übertragungen zwischen Angehörigen der Steuerklasse II dienen daher auch der sozialen Absicherung im Alter.[660] Dies ist insbesondere vor dem Hintergrund zu sehen, dass auch Schenkungen an Eltern unter Steuerklasse II fallen. Bei einem Erwerbsvolumen von 600.001 Euro bis 6.000.000 Euro werden Erwerbe der Steuerklasse II hingegen genauso hoch mit einem Tarif von 30% besteuert, wie solche an fernerstehende Verwandte oder nichtverwandte Fremde.[661] Eine deutliche erbschaftsteuerliche Belastung zeigt sich schließlich erst bei Erwerbern der Steuerklasse III. Der Gesetzgeber hält sich jedoch auch hier an den Halbteilungsgrundsatz.

VI. Zusammenfassung zur Berechnung der Steuer

Innerhalb der Steuerberechnung zeigt sich der besondere Schutz des Familienvermögens im Erbschaftsteuerrecht vor allem in den Regelungen zur Steuerklasseneinteilung, den persönlichen und sachlichen Steuerbefreiungen, sowie den unterschiedlichen Steuersätzen.

Verfassungsrechtlich knüpft diese Privilegierung an den Schutz von Ehe und Familie nach Art. 6 Abs. 1 GG und an die in Art 14 GG geregelten Prinzipien der Testierfreiheit und des Verwandtenerbrechts an. Zivilrechtlich kommt es dabei vor allem auf erb- und familienrechtliche Regelungen an. Die Begünstigung von familiären Vermögensübertragungen gründet außerdem im gesamtwirtschaftlichen Interesse, da der Erhalt des geschaffenen Vermögens für die nachfolgende Generation zur lebzeitigen Vermögensbildung antreibt. Aus sozialwissenschaftlicher Perspektive liegt der Grund für die Privilegierung familiärer Vermögensübertragungen vor allem darin, das Wohlergehen und den Erhalt der Familie

660 vgl. hierzu die sozialwissenschaftlichen Begründungsansätze unter 3. Teil A I 3 a.

661 *Hannes/Holtz*, in: Meincke/Hannes/Holtz, ErbStG, § 19 Rn. 1.

durch finanzielle Für- und Vorsorge abzusichern und insofern den Sozialstaat zu entlasten.

Der Aspekt der sozialstaatlichen Entlastung durch familiäre Fürsorge findet sich auch in einigen ehe- und familienbezogenen Regelungen des Erbschaftsteuergesetzes wieder. Zu erwähnen sind beispielsweise die Gewährung des Versorgungsfreibetrages für überlebende Ehegatten und Kinder bis zu einer gewissen Altersgrenze oder die Steuerbefreiung für Zuwendungen an erwerbsunfähige Eltern. Aber auch die Gesamtkonzeption der Steuerklasseneinteilung, wonach den Erwerbern der Steuerklasse I eine besondere Stellung eingeräumt wird, bringt den Aspekt der familiären Für- und Vorsorge zum Ausdruck. Einem besonderen erbschaftsteuerlichen Schutz unterliegen außerdem Adoptivkinder, deren Verwandtschaftsverhältnis zu den leiblichen Eltern – anders als im Zivilrecht – nicht erlischt sowie Stiefkinder. Letztere erhalten auch dann weiterhin das Privileg der Steuerklasse I, wenn die Ehe zum Stiefelternteil nicht mehr besteht. Übertragungen an Stiefeltern werden hingegen nach Steuerklasse II besteuert. Lediglich Zuwendungen an erwerbsunfähige Stiefeltern sind bis zu einem bestimmten Grenzbetrag steuerbefreit.

Den persönlichen Steuerbefreiungen lässt sich neben der Begünstigung von Ehegatten und Kindern entnehmen, dass die Bedeutung von Erwerben durch Enkelkinder gestiegen ist. Diese unterliegen nämlich seit Änderung der Freibeträge im Zuge der Erbschaftsteuerreform 2008/2009 einem erhöhten Freibetrag und werden nicht mehr den übrigen Personen der Steuerklasse II gleichgestellt. Übertragungen in seitlicher Linie werden hingegen weder im Rahmen der Steuerklasseneinteilung noch bei den persönlichen Freibeträgen in besonderer Weise erbschaftsteuerlich entlastet. Sie unterliegen demselben Freibetrag wie fremde Dritte und werden lediglich im Rahmen der Steuersätze gegenüber fremden Dritten entlastet. Allerdings bleibt es auch hier im Erwerbskorridor von 600.001 Euro bis 6.000.000 Euro bei einer Gleichstellung mit Steuerklasse III. Erwerber der Steuerklasse I werden hingegen auch hinsichtlich der Steuersätze begünstigt.

Während Steuerklassen, Freibeträge und Steuersätze auf das Vermögen allgemein Bezug nehmen, wird innerhalb der sachlichen Steuerbefreiungen mitunter zwischen den verschiedenen Vermögensgütern unterschieden. Insbesondere die steuerfreie Übertragung des Familienheims zwischen Ehegatten zeigt, dass es dem Gesetzgeber dabei nicht nur um den Erhalt des Familienheims als Kern der ehelichen Lebens- und Wirtschaftsgemeinschaft geht. Verhindert werden soll zudem, dass die Besteuerung trotz steigender Grundstückspreise, insbesondere in Ballungsgebieten, zum Verlust des familiären Wohnraums führt. Mit der Steuerbefreiung des Familienheims und auch des Hausrats bezweckt der Gesetzgeber damit die Sicherung und den Erhalt des zu Lebzeiten erschaffenen

Lebensstandards, wie es vom Bundesverfassungsgericht für Ehegatten und Kinder gefordert wird. Daneben bietet die steuerbefreite Übertragungsmöglichkeit von familiären Kulturgütern die Möglichkeit, langjährige Traditionen und Lebenswerke in der Familie zu erhalten. Durch die Steuerbefreiung von Vermögensrückfällen an Eltern korrigiert der Gesetzgeber ungerechtfertigte Mehrfachbesteuerungen.

B. Privilegierung des ehelichen Zusammenlebens

Das eheliche Zusammenleben wird an mehreren Stellen im Erbschaftsteuergesetz besonders hervorgehoben: Bei Begründung des ehelichen Güterstandes, während der Ehe im Rahmen von unbenannten Zuwendungen und bei Beendigung der Ehe durch Scheidung oder Tod.

Die unterschiedlichen Güterstände, welche im 4. Buch des BGB geregelt sind, werden auch im Erbschaftsteuerrecht berücksichtigt. Hierzu gehören die Zugewinngemeinschaft nach §§ 1363 ff. BGB, die Gütertrennung nach § 1414 BGB sowie die Gütergemeinschaft nach §§ 1415 ff. BGB. Gemäß §§ 6 und 7 LPartG gelten die zivilrechtlichen Güterstände für eingetragene Lebenspartner entsprechend.[662]

Grundsätzlich leben die Ehegatten im gesetzlichen Güterstand der Zugewinngemeinschaft, sofern keine anderweitige Einigung erfolgt.[663] Auch wenn der Güterstand der Gütergemeinschaft umfassend im BGB geregelt ist, hat er kaum praktische Relevanz.[664] Erbschaftsteuerlich hat der Güterstand der Gütergemeinschaft lediglich mit Blick auf die Vorschrift des § 7 Abs. 1 Nr. 4 ErbStG Bedeutung, da hiernach bei Begründung des Güterstandes Schenkungsteuer anfallen kann.[665] Auf den Güterstand der Gütertrennung kommt es an, wenn während bestehender Ehe ein Wechsel der Güterstände herbeigeführt wird.[666] Darstellungen hierzu erfolgen daher im Rahmen der Beendigung des Güterstandes der Zugewinngemeinschaft. Im Übrigen wird im Folgenden schwerpunktmäßig der gesetzliche Güterstand der Zugewinngemeinschaft näher betrachtet.

---

662 *Schulte/Birnbaum*, Erbschaftsteuerrecht, Rn. 221.

663 *Viskorf*, NWB Nr. 39 vom 24.09.2001, S. 3229 (3234), Fach 10 S. 1243 (1248).

664 *Meyer-Wehage*, Das eheliche Güterrecht, NZF 2016, 1057 (1058); *Gottschalk*, in: Troll/Gebel/Jülicher/Gottschalk, ErbStG (EL 50 April 2016), § 4 Rn. 7; *Kobor*, in: Fischer/Pahlke/Wachter, ErbStG, § 4 Rn. 1; *Geck*, in: Kapp/Ebeling, ErbStG (71. Lfg. 11/2016), § 4 Rn. 2.

665 vgl. hierzu die Ausführungen unter 3. Teil B I 2.

666 *Sontheimer*, NJW 2001, 1315 (1320).

I. Begründung des ehelichen Güterstandes

Für die Steuerpflicht bei Begründung des ehelichen Güterstandes kommt es darauf an, ob die jeweiligen Vermögen der Ehegatten durch Eheschluss bzw. vertragliche Vereinbarung getrennt bleiben (1.) oder gemeinschaftliches Vermögen werden (2.).

1. Getrennte Vermögensmassen

Bei Begründung des Güterstandes der Zugewinngemeinschaft erfolgt nach § 1363 Abs. 2 Satz 1 BGB kein Vermögensübergang von einem Ehegatten auf den anderen. Das Vermögen der Ehegatten bleibt getrennt. Mangels Bereicherung kommt es auch nicht zu einen schenkungsteuerpflichtigen Vorgang.[667]

2. Gemeinschaftsvermögen

Anders ist dies hingegen bei Begründung des Güterstandes der Gütergemeinschaft gemäß § 1415 BGB. Nach § 1416 Abs. 1 Satz 1 BGB wird das jeweilige Vermögen der Ehegatten durch die Gütergemeinschaft zum Gemeinschaftsvermögen, wodurch gegen den Ehegatten, welcher eine Bereicherung erfährt, Schenkungsteuer nach § 7 Abs. 1 Nr. 4 ErbStG erhoben wird. Der Gesetzesbegründung zufolge kommt es dabei nicht auf den Willen der Freigebigkeit an. Denn hiernach entspricht es dem Willen des einen Ehegatten, den anderen Ehegatten zu bereichern, da er andernfalls nicht bereit gewesen wäre, den Güterstand, abweichend vom gesetzlichen Güterstand der Zugewinngemeinschaft, zu vereinbaren.[668]

Die Steuerpflicht bezieht sich jedoch nur auf das Gesamtgut nach § 1416 BGB. Das Sondergut nach § 1417 BGB oder das Vorbehaltsgut nach § 1418 BGB sind hiervon ausgenommen.[669] Zum Sondergut gehören diejenigen Vermögenswerte, die nicht durch Rechtsgeschäft übertragen werden können, wie beispielsweise nicht abtretbare Forderungen, Schmerzensgeldansprüche oder Beteiligungen an Personengesellschaften, soweit diese nicht nach dem Gesellschaftsvertrag übertragbar sind.[670] Vorbehaltsgut meint Vermögensteile, welche die Ehegatten ausdrücklich vom Übergang auf das Gemeinschaftsvermögen ausnehmen.[671]

---

667 *Schlünder/Geißler*, FamRZ 2005, 149 (153 f.).

668 BT-Drucks. VI/3418, S. 64.

669 *Fischer*, in: Fischer/Pahlke/Wachter, ErbStG, § 7 Rn. 410.

670 *Kanzleiter*, in: MüKo-BGB, § 1417 Rn. 4.

671 *Kanzleiter*, in: MüKo-BGB, § 1418 Rn. 1.

Die Bereicherung des weniger vermögenden Ehegatten tritt kraft Gesetzes ein. Dass der Ehegatte am neu gebildeten Gesamtvermögen teilnimmt, ist nämlich auch gesetzliche Folge des vertraglich begründeten Güterstandes der Gütergemeinschaft.[672] Die Steuerpflicht erfasst dabei nicht nur die zu Beginn einer Ehe stehende Vereinbarung der Gütergemeinschaft. Wechseln die Ehegatten während bestehender Ehe vom gesetzlichen Güterstand in den Güterstand der Gütergemeinschaft, so löst auch dies einen schenkungsteuerpflichtigen Vorgang nach § 7 Abs. 1 Nr. 4 ErbStG aus.[673]

3. *Bedeutung für den Schutz des Familienvermögens*

Die Ehe stellt eine gemeinsame Lebens-, Erwerbs- und Wirtschaftsgemeinschaft dar, deren Erhalt über Art. 6 Abs. 1 GG geschützt und gefördert wird.[674] Gerade zu Beginn der Ehe geht es dabei oftmals nicht nur um den gemeinsamen Lebens-, sondern auch Vermögensaufbau. Eine zusätzliche Steuerlast, welche allein aufgrund der Begründung der Ehe erschwerend hinzukommt, würde damit an sich dem Grundgedanken des Schutzes und der Förderung der Ehe nach Art. 6 Abs. 1 GG widersprechen. Aus diesem Grunde steht die steuerfreie Möglichkeit des Eheschlusses nicht nur in verfassungsrechtlichem Einklang mit Art. 6 Abs. 1 GG. Sie ist auch für den Schutz des ehelichen Vermögens wirtschaftlich sinnvoll. Der gesetzliche Güterstand ist folglich dem Wahlgüterstand der Gütergemeinschaft vorzuziehen. Dies ist auch vor dem Hintergrund zu sehen, dass der Gesetzgeber bereits die Wahl des Güterstandes der Gütergemeinschaft als Bereicherung des weniger vermögenden Ehegatten und damit als Schenkung an diesen ansieht. Wählt man den Güterstand der Gütergemeinschaft, so löst zwar nur die den Freibetrag übersteigende Bereicherung eine Steuerpflicht beim weniger vermögenden Ehepartner aus.[675] Allerdings gilt es zu bedenken, dass – bei voller Ausschöpfung der Freibeträge – aufgrund der Regelung des § 14 ErbStG eine weitere Vermögensübertragung innerhalb von zehn Jahren nicht mehr möglich ist, ohne dass dies während bestehender Ehe Steuerpflichten auslösen kann.

---

672 *Esskandari*, in: von Oertzen/Loose, ErbStG, § 7 Rn. 272.
673 *Esskandari*, in: von Oertzen/Loose, ErbStG, § 7 Rn. 275.
674 vgl. hierzu die Ausführungen unter 2. Teil B III 2 b bb.
675 *Viskorf*, NWB Nr. 39 vom 24.09.2001, S. 3229 (3234), Fach 10 S. 1243 (1248).

II. Zuwendungen unter Ehegatten während der Ehe

Schenkungen während der Ehe werden nach § 7 Abs. 1 Nr. 1 ErbStG als unbenannte Zuwendungen besteuert. Gemeint sind damit Vermögensübergänge, welche der ehelichen Gemeinschaft mit Blick auf deren Verwirklichung, Ausgestaltung oder Bewahrung dienlich sind.[676] Neben den hierfür notwendigen Tatbestandsvoraussetzungen wird im Folgenden auch auf die Rechtsprechungsentwicklung und die rechtlichen Konsequenzen hieraus näher eingegangen.

1. Voraussetzungen des § 7 Abs. 1 Nr. 1 ErbStG

Nach § 7 Abs. 1 Nr. 1 ErbStG gilt als Schenkung jede freigebige Zuwendung unter Lebenden. Dies setzt in objektiver Hinsicht voraus, dass die Leistung zu einer Bereicherung des Bedachten auf Kosten des Zuwendenden führt und die Zuwendung objektiv unentgeltlich ist. In subjektiver Hinsicht kommt es auf den Willen der Freigebigkeit an, wofür der Schenker erkennen muss, dass er keine oder jedenfalls keine entsprechende Gegenleistung erhalten wird.[677] Der Rechtsprechung des Bundesfinanzhofs zufolge gelten diese Grundsätze zum subjektiven Tatbestand jedoch nicht für Zuwendungen unter Ehegatten.[678] Der Ehegatte als Empfänger muss lediglich über das zugewendete Vermögen tatsächlich und rechtlich frei verfügen können, wobei es auf die zivilrechtliche Betrachtungsweise ankommt. Solange der Empfänger den Vermögenswert zivilrechtlich zurückgewähren muss, liegt keine objektive Bereicherung des Empfängers vor.[679]

2. Entwicklung der Rechtsprechung

Die erbschaft- und schenkungsteuerliche Zuordnung von unentgeltlichen Zuwendungen zwischen Ehegatten basiert historisch auf unterschiedlichen Beurteilungen durch die Rechtsprechung.[680] Der Bundesfinanzhof folgte hierbei zunächst den Vorgaben der Rechtsprechung durch den Bundesgerichtshof. Demzufolge qualifizierten Zuwendungen um der Ehe willen oder als Beitrag zur Verwirklichung oder Ausgestaltung, Erhaltung oder Sicherung der ehelichen Lebensgemeinschaft, nicht als Schenkungen, sondern als sogenannte „ehebedingte, freigebige Zuwendungen", welche als eigenständige Rechtsfigur

---

676 *Schulte/Birnbaum*, Erbschaftsteuerrecht, Rn. 253.

677 *Geck*, in: Kapp/Ebeling, ErbStG (80. Lfg. 05/2019), § 7 Rn. 2.

678 BFH, Urteil vom 2.03.1994 – II R 59/92, BStBl. II 1994, 366 (369).

679 *Fischer*, ErbStB 2004, 231 (235).

680 *Schlünder/Geißler*, FamRZ 2005, 149 (151).

anzusehen waren.[681] Dem höchsten Zivilgericht zufolge ergibt sich eine andere rechtliche Beurteilung nur dann, wenn eine solche Zuwendung eine wertmäßige Grenze übersteigt, wonach sie nicht mehr als Ausgleich für geleistete Mitarbeit oder als angemessene Beteiligung an den Früchten des ehelichen Zusammenlebens angesehen werden kann. Auch vor dem Hintergrund des gemeinschaftlichen Aufbaus einer Altersvorsorge ist es demnach verfehlt, von gegenseitigen Schenkungen oder zwei getrennten Vermögensbereichen auszugehen. Ebenso sieht der Bundesgerichtshof das Vertrauen auf den dauerhaften Bestand der Ehe als Grundlage für größere Vermögensübertragungen an.[682] Der Bundesfinanzhof folgte dieser Rechtsprechung zunächst und ging bei angemessenen, ehebedingten Zuwendungen nicht von einem schenkungsteuerpflichtigen Vorgang aus.[683]

Hiervon hat sich der Bundesfinanzhof jedoch im weiteren Verlauf abgewandt und freigebige Zuwendungen zwischen Ehegatten insgesamt als schenkungsteuerpflichtig angesehen. Dabei kommt es dem Bundesfinanzhof allein darauf an, ob der objektive Tatbestand des § 7 Abs. 1 Nr. 1 ErbStG erfüllt ist. Für den subjektiven Tatbestand reicht es schon aus, wenn die Vermögensverschiebung in dem Bewusstsein der Unentgeltlichkeit erfolgt. Das heißt, der Zuwendende muss sich allein darüber klar sein, dass seine Leistung keine Verpflichtung zur Gegenleistung und keinen rechtlichen Zusammenhang nach sich zieht. Ehebezogene Motive, wonach die Leistung als Ausgleich für die Mitarbeit oder als angemessene Beteiligung an den Früchten des ehelichen Zusammenlebens anzusehen ist, entscheiden demnach nicht darüber, ob der Tatbestand erfüllt ist.[684] Damit hat der Bundesfinanzhof über die grundsätzliche Steuerbarkeit von ehebezogenen Zuwendungen entschieden. Hieran hat sich auch durch die nachfolgenden Erbschaftsteuerreformen nichts geändert.[685]

3. Rechtsfolgen der Rechtsprechung

Vor dem Hintergrund, dass im gesetzlichen Güterstand der Zugewinngemeinschaft die Ehegatten Eigentümer ihres Vermögens bleiben und während der Ehe weiterhin eigenes Vermögen erwerben, hat die Rechtsprechung des Bundesfinanzhofs Konsequenzen für jede Ausgabe, die ein Ehegatte aus seinen eigenen

681 BGH, Urteil vom 27.11.1991 – IV ZR 164/90, BGHZ 116, 167 (169 f.).

682 BGH, Urteil vom 7.01.1972 – IV ZR 231/69, NJW 1972, 580 (580).

683 BFH, Urteil vom 28.11.1984 – II R 133/83, BStBl. II 1985, 159 (159 f.).

684 BFH, Urteil vom 02.03.1994 – II R 59/92, BStBl. II 1994, 366 (367 ff.).

685 *Gebel*, in: Troll/Gebel/Jülicher/Gottschalk, ErbStG (EL 47 April 2014), § 7 Rn. 172.

Mitteln für den anderen Ehegatten bzw. für die eheliche Gemeinschaft tätigt. Solange er hierfür keine Gegenleistung verlangt – wie dies in einer ehelichen Gemeinschaft wohl allgemein üblich ist – handelt es sich dabei also grundsätzlich um eine unentgeltliche Zuwendung an den anderen Ehegatten.[686] Allerdings würde es auch der Ehe in ihrer Eigenschaft als Erwerbsgemeinschaft widersprechen, wenn sämtliche Vermögensbewegungen zwischen den Ehegatten der Besteuerung unterlägen.[687] Daher haben die Rechtsprechung und die Gesetzgebung verschiedene Fallgruppen entwickelt, wonach bestimmte Vorgänge von der grundsätzlichen Besteuerung ausgenommen worden sind. Zu unterscheiden sind dabei Vermögensübergänge, wonach der Anwendungsbereich des Gesetzes bereits nicht eröffnet ist (a.) und solche, welche den Anwendungsbereich zwar eröffnen, von der grundsätzlichen Besteuerung aber nur in Ausnahmefällen Gebrauch machen (b.) oder von der Steuerbarkeit insgesamt befreien (c.)

a. Nicht steuerbare Zuwendungen

Der Anwendungsbereich des Schenkungsteuergesetzes ist nur dann eröffnet, wenn eine steuerbare Zuwendung vorliegt. Dies setzt wiederum eine unentgeltliche Leistung voraus. Zu den entgeltlichen Leistungen, welche die Steuerbarkeit entfallen lassen, gehören insbesondere solche Leistungen, welche entweder auf einer rechtlichen Verpflichtung beruhen oder mit einer gleichartigen Gegenleistung in rechtlich bedeutender Weise verbunden sind.[688]

aa. Familienunterhalt

Nach §§ 1360, 1360a BGB sind Ehegatten einander zum Unterhalt verpflichtet. Ein angemessener Unterhalt der Familien umfasst nach § 1360a Abs. 1 BGB alles, was nach den Verhältnissen der Ehegatten erforderlich ist, um die Kosten des Haushalts zu bestreiten und die persönlichen Bedürfnisse der Ehegatten sowie den Lebensbedarf der gemeinsamen, unterhaltsberechtigten Kinder zu befriedigen. Ob es sich dabei um eine Leistung handelt, mit welcher ein Ehegatte seiner Verpflichtung zum Familienunterhalt nachkommt, richtet sich danach, ob diese zur Bedarfsdeckung herangezogen werden oder ausschließlich der Vermögensbildung dient. Schenkungsteuerpflichtig sind folglich nur solche Leistungen, welche der Vermögensbildung zuzuordnen sind.[689]

---

686 *Weinmann*, in: Moench/Weinmann, ErbStG (Stand: 83/02.19), § 7 Rn. 131.
687 *Gebel*, in: Troll/Gebel/Jülicher/Gottschalk, ErbStG (EL 47 April 2014), § 7 Rn. 172.
688 *Schlünder/Geißler*, FamRZ 2005, 149 (153).
689 *Schlünder/Geißler*, ZEV 2005, 505 (507).

bb. Vorsorgeunterhalt zur Alterssicherung

Der Rechtsprechung der Zivilgerichte zufolge umfasst der Familienunterhaltsanspruch nach §§ 1360, 1360a BGB bei intakter Ehe auch den Anspruch auf Vorsorgeunterhalt und folglich gegenseitige Leistungen, welche der gemeinsamen Altersvorsorge dienen.[690] Folglich kann eine unbenannte oder sogar ausdrücklich zur Alterssicherung bestimmte Zuwendung objektiv einen Anspruch zum Familienunterhalt entsprechen. Dem Bundesgerichtshof zufolge kann es sich daher in einem solchen Fall offensichtlich nicht um eine unentgeltliche Leistung handeln.[691] Der Bundesfinanzhof folgt dem jedoch nicht. Dem unterhaltsberechtigten Ehegatten steht daher während bestehender Ehe kein Anspruch gegen den unterhaltsverpflichteten Partner auf Herausgabe des der gemeinsamen Altersversorgung dienenden Vermögens zu.[692]

cc. Gegenseitige Verträge

Darüber hinaus fehlt es auch dann am Tatbestandsmerkmal der Unentgeltlichkeit, wenn ein Ehegatte Leistungen im Rahmen eines gegenseitigen Vertrages, den er mit dem anderen Ehepartner abgeschlossen hat, erbringt. Auch wenn die Ehe eine Erwerbs- und Wirtschaftsgemeinschaft zur Erschaffung gemeinschaftlichen Vermögens darstellt, können dennoch Vertragsverhältnisse zwischen den Eheleuten bestehen, welche auf gegenseitigem Leistungsaustausch und wechselseitigen Ansprüchen beruhen.[693]

dd. Ehegatteninnengesellschaft

Entgeltlich und damit nicht steuerbar sind schließlich auch Leistungen eines Ehegatten, welche dieser als Gesellschafter einer Ehegatteninnengesellschaft erbringt. Voraussetzung ist jedoch, dass diese Innengesellschaft einen über die reinen Wirkungen der Ehe hinausgehenden Zweck verfolgt. Hierzu kann auch ein gemeinsamer Vermögensaufbau gehören, sofern dieser nicht lediglich auf der gemeinsamen Wohnstätte oder auf anderen Vermögensverfügungen beruht, welche allein der Verwirklichung der ehelichen Lebensgemeinschaft dienlich

---

690 BGH, Urteil vom 27.11.1991 – IV RZ 164/90, BGHZ 116, 167 (173); BGH, Urteil vom 11.05.2005 – XII ZR 211/02, BGHZ 163, 84 (96 ff.).

691 BGH, Urteil vom 27.11.1991 – IV ZR 164/90, BGHZ 116, 167 (173).

692 BFH, Urteil vom 24.10.2001 – II R 10/00, BStBl. II 2002, 153 (155); ebenso: BFH, Urteil vom 2.03.1994 – II R 59/92, BStBl. II 1994, 366 (367).

693 *Gebel*, in: Troll/Gebel/Jülicher/Gottschalk, ErbStG (EL 53 Juni 2017), § 7 Rn. 177.

sind.[694] Leistungen eines Ehegatten aus seinem eigenen Vermögen in seiner Position als Gesellschafter und im Zusammenhang mit der Gesellschaft stellen schon deswegen keine freigebigen Zuwendungen dar, weil Gesellschafter im Allgemeinen keine Schenkungen an die Gesellschaft erbringen.[695]

b. Steuerpflichtige, ehebedingte Zuwendungen

Die Rechtsprechung des Bundesfinanzhofs zu unbenannten ehebedingten Zuwendungen hat unter den vielfältigen Varianten, in denen unbenannte Zuwendungen stattfinden können, insbesondere für die Errichtung eines gemeinsamen Oder-Kontos aber auch für die gegenseitige Schuldentilgungen, Relevanz. Im Zentrum steht dabei die Frage, ob der bereicherte Ehegatte über den Vermögensgegenstand auch tatsächlich und rechtlich frei verfügen kann.

aa. Gemeinsame Kontenführung

Mit Eröffnung eines Gemeinschaftskontos in der Form eines Oder-Kontos werden die Ehegatten als Kontoinhaber im Verhältnis zur Bank zu Gesamtgläubigern und sind gemäß § 430 BGB, soweit nichts anderes bestimmt ist, im Verhältnis zueinander zu gleichen Anteilen berechtigt. Wird folglich das Bankkonto des einen Ehegatten auf ein Gemeinschaftskonto umgestellt oder werden auf ein bestehendes Gemeinschaftskonto lediglich von einem Ehegatten Beträge eingezahlt, so bewirkt die Auslegungsregel des § 430 BGB, dass zunächst der andere Ehegatte in Höhe von 50% des Kontobestandes unentgeltlich bereichert wurde.[696]

Nach der Rechtsprechung scheidet während intakter Ehe der beiden Kontoinhaber eine Ausgleichspflicht in der Regel jedoch aus. Denn die Ausgleichspflicht nach § 430 BGB besteht nur, soweit nicht ein anderes bestimmt ist. Eine derart andere Bestimmung lässt sich während bestehender, intakter Ehe jedoch den ausdrücklichen oder stillschweigenden Vereinbarungen sowie dem Zweck und der Handhabung des Kontos entnehmen.[697] Liegen keine schriftlichen oder mündlichen Vereinbarungen der Eheleute über das Innenverhältnis vor, so kommt es auf deren Verhalten an.[698] Grundsätzlich handelt es sich nicht um eine freigebige

---

694 *Schlünder/Geißler*, FamRZ 2005, 149 (153).

695 *Weinmann*, in: Moench/Weinmann, ErbStG (Stand: 83/02.19), § 7 Rn. 139.

696 *Seltenreich*, in: Preißer/Rödl/Seltenreich, ErbStG, § 7 Rn. 525.

697 BGH, Urteil vom 29.11.1989 – IVb ZR 4/89, NJW 1990, 705 (705); BFH, Urteil vom 23.11.2011 – II R 33/10, BStBl. II 2012, 473 (475); *Weinmann*, in: Moench/Weinmann, ErbStG (Stand: 83/02.19), § 7 Rn. 138.

698 BFH, Urteil vom 22.08.2007 – II R 33/06; BStBl. II 2008, 28 (29).

Zuwendung des einen Ehegatten an den anderen, wenn in einer Alleinverdiener-Ehe das Gehalt des verdienenden Ehegatten auf das Gemeinschaftskonto überwiesen wird. Denn es ist davon auszugehen, dass er diese Verfügungen zum Erhalt der ehelichen bzw. familiären Lebensgemeinschaft tätigt.[699] Etwas anderes gilt hingegen dann, wenn der nicht einzahlende Ehegatte auf diese Mittel auch zur Bildung eigenen Vermögens zurückgreifen kann. In diesem Fall dürfte es bei der gesetzlichen Ausgleichsregel des § 430 BGB bleiben und die Annahme gelten, dass dieser Ehegatte über den Anteil tatsächlich und rechtlich frei verfügen kann.[700] Verwendet der nicht einzahlende Ehegatte dagegen nur im Einzelfall die Mittel für eigene Zwecke, so kann dies der Rechtsprechung des Bundesfinanzhofs zufolge darauf hindeuten, dass lediglich in Höhe diesen Betrages eine Zuwendung des einzahlenden Ehegatten an den anderen Ehegatten vorliegt und folglich nicht eine freigebige Zuwendung in Höhe des hälftigen Kontobestandes. Schließlich trägt der Rechtsprechung zufolge das Finanzamt die Feststellungslast dafür, dass der nicht einzahlende Ehegatte über das Guthaben tatsächlich und rechtlich frei verfügen kann, wenn sich weder aus Vereinbarungen noch aus den Umständen Anhaltspunkte für Abweichungen von der Auslegungsregelung des § 430 BGB finden lassen. Bestehen hingegen hinreichend deutliche, objektive Anhaltspunkte dafür, dass beide Ehepartner gleichermaßen am Kontoguthaben partizipieren, obliegt die Feststellungslast dem zur Schenkungsteuer herangezogenen Ehegatten. Er muss darlegen, dass im Innenverhältnis lediglich der einzahlende Ehegatte berechtigt ist und diesem folglich ein Rückzahlungsanspruch zusteht.[701] Der Fall tritt beispielsweise dann ein, wenn der nicht einzahlende Ehegatte häufiger Beträge zur Anschaffung eigenen Vermögens verwendet.[702]

bb. Schuldentilgung

Eine steuerpflichtige ehebedingte Zuwendung kann schließlich auch dann vorliegen, wenn ein Ehegatte die Schulden des anderen Ehegatten im Rahmen der Zusammenveranlagung tilgt. Dies ist grundsätzlich als freigebige Zuwendung anzusehen. Ehegatten gelten prinzipiell als Gesamtschuldner nach § 44 Abs. 1 AO, weshalb der Ehegatte, welcher die Einkommensteuer entrichtet hat, einen Ausgleichsanspruch nach § 426 Abs. 1 Satz 1 BGB gegen den anderen Ehegatten

699 *Seltenreich*, in: Preißer/Rödl/Seltenreich, ErbStG, § 7 Rn. 525.
700 BFH, Urteil vom 22.08.2007 – II R 33/06; BStBl. II 2008, 28 (29).
701 BFH, Urteil vom 23.11.2011 – II R 33/10, BStBl. II 2012, 473 (475 f.).
702 *Meßbacher-Hönsch*, SteuK 2012, 238 (238).

hat.[703] Folglich ist dieser Ehegatte nicht bereichert. Denn dem die Einkommensteuerlast tilgenden Ehegatten steht ein Ausgleichsanspruch gegen den anderen zu. Verzichtet dieser jedoch auf diesen Anspruch, dann handelt es sich dabei um eine freigebige Zuwendung an den anderen Ehegatten.[704]

Darüber hinaus führt auch die Saldierung der positiven Einkünfte des einen Ehegatten mit den negativen Einkünften des anderen Ehegatten zunächst nicht zu einer freigebigen Zuwendung des Ehegatten mit den negativen Einkünften in Höhe der durch die Verrechnung ersparten Steuer. Denn der Ehegatte mit den negativen Einkünften verzichtet lediglich auf eine Erwerbsaussicht, welche entsprechend der zivilrechtlichen Beurteilung nach § 517 BGB noch keine Schenkung darstellt.[705] Findet hingegen eine Ausgleichszahlung der erzielten Steuerersparnis von dem Ehegatten mit den positiven Einkünften an den Ehegatten mit den negativen Einkünften statt, liegt nach der Rechtsprechung eine freigebige Zuwendung mangels einer bestehenden Verpflichtung zum Ausgleich der Steuerersparnis vor.[706]

c. *Steuerbefreite, ehebedingte Zuwendungen*

Da die allgemeine Steuerbarkeit sämtlicher Vermögensverschiebungen innerhalb der Ehe dem Wesen der Ehe als Erwerbs- und Wirtschaftsgemeinschaft widersprechen würde, sah sich der Gesetzgeber unter anderem gehalten, eine Steuerbefreiung für das gemeinsame Familienwohnheim gemäß § 13 Abs. 1 Nr. 4a ErbStG einzuführen.[707] Der Finanzverwaltung zufolge ist hiervon nicht nur die Übertragung des Allein- oder Miteigentums bzw. der Kauf oder die Herstellung aus den Mitteln eines Ehegatten unter Einräumung einer Miteigentümerstellung des anderen Ehegatten, sondern auch die Anschaffung oder Herstellung durch einen Ehegatten aus den eigenen Mitteln des anderen Ehegatten umfasst. Befreit ist demnach auch die Tilgung eines Darlehens aus dem Vermögen eines Ehegatten im Zusammenhang mit dem Kauf einer Immobilie, welches durch einen oder beide Ehegatten aufgenommen wurde sowie die Befreiung von einer Schuld des einen Ehegatten gegenüber dem anderen Ehegatten, welche

---

703 *Weinmann*, in: Moench/Weinmann, ErbStG (Stand: 83/02.19), § 7 Rn. 139; *Schlünder/Geißler*, FamRZ 2005, 149 (153).

704 *Seltenreich*, in: Preißer/Rödl/Seltenreich, ErbStG, § 7 Rn. 534.

705 *Seltenreich*, in: Preißer/Rödl/Seltenreich, ErbStG, § 7 Rn. 536.

706 FG Rheinland-Pfalz, Urteil vom 4.10.2001 – 4 K 1832/00, EFG 2002, 209 (210).

707 *Griesel*, in: Daragan/Halaczinsky/Riedel, ErbStG, § 7 Rn. 20; vgl. hierzu die Ausführungen unter 3. Teil A IV 3 a bb (1).

im Zusammenhang mit dem Kauf oder der Herstellung der Immobilie stehen, sowie die Begleichung nachträglicher Herstellungs- und Erhaltungsaufwendungen am Familienheim aus den Mitteln nur eines Ehegatten.[708] Demnach sind von der Steuerbefreiung sämtliche Vermögensleistungen eines Ehegatten an den anderen Ehegatten, welche mit dem Familienheim im Zusammenhang stehen, erfasst.

Darüber hinaus bietet sich über die Vorschrift des § 13 Abs. 1 Nr. 14 ErbStG die Möglichkeit, übliche Gelegenheitsgeschenke von der Schenkungsteuer zu befreien. Für die Beurteilung, ob es sich um ein übliches Gelegenheitsgeschenk handelt, kommt es auf die persönlichen Verhältnisse des Schenkers und des Beschenkten an. Ihrer Art nach üblich sind grundsätzlich alle Geld- und Sachgeschenke, nicht aber Grundstücks- oder Betriebsübertragungen. Ob ein Geschenk seinem Wert nach üblich ist, muss nach den individuellen Verhältnissen der Beteiligten (Verwandtschafts-, Einkommens- und Vermögensverhältnisse, soziale Schicht) beantwortet werden. Der Schenker soll über § 13 Abs. 1 Nr. 14 ErbStG nicht in die Lage versetzt werden, sein gesamtes Vermögen übertragen zu können. Er muss die Zuwendung vielmehr aus seinen laufenden Einkünften ohne Einbußen in seiner Lebensführung bezahlen können.[709]

Schließlich können Vermögensverschiebungen zwischen Ehegatten auch unter dem Aspekt der angemessenen Unterhalts- und Ausbildungszahlung nach § 13 Abs. 1 Nr. 12 ErbStG von der Schenkungsteuer befreit sein. Voraussetzung hierfür ist jedoch, dass der Leistende nicht aufgrund einer gesetzlichen Vorschrift zur Unterhaltszahlung verpflichtet ist. Damit geht es hier lediglich um solche Unterhaltsleistungen, welche den gesetzlichen Umfang überschreiten. Dennoch ist die Angemessenheit dieser Aufwendungen zu beachten, bei deren Beurteilung die Vermögensverhältnisse und Lebensstellung des Bedachten eine Rolle spielen.[710]

4. *Bedeutung für den Schutz des Familienvermögens*

Die Rechtsprechungsentwicklung des Bundesgerichtshofs und des Bundesfinanzhofs zu den ehebedingten unbenannten Zuwendungen sowie die gesetzgeberischen Ausgestaltungen zeigen, dass es grundsätzlich darum geht, nur dasjenige Vermögen nicht der Besteuerung zu unterwerfen, welches beide Ehegatten während der Ehe gemeinschaftlich erwirtschaftet haben.[711]

---

708 R E 13.3 Abs. 4 Nr. 1 bis 6 ErbStR 2019.

709 *Griesel*, in: Daragan/Halaczinsky/Riedel, ErbStG, § 13 Rn. 93.

710 *Kobor*, in: Fischer/Pahlke/Wachter, ErbStG, § 7 Rn. 71.

711 *Schlünder/Geißler*, FamRZ 2005, 149 (157).

Bis auf die gesetzlich normierten Steuerbefreiungen basiert die schenkungsteuerliche Behandlung ehebedingter Vermögensverschiebungen jedoch allein auf der Rechtsprechung. Für den Schutz des ehelichen – und dem daraus resultierenden familiären – Vermögens bedeutet dies, dass Vermögensverschiebungen zwischen Ehegatten Unsicherheiten hinsichtlich ihrer Besteuerung ausgeliefert und insbesondere größere Vermögensdispositionen stets risikobehaftet sind. Weil die Ehe eine auf Dauer angelegte Lebensgemeinschaft ist, führen gerade im Lebensalltag der Ehegatten ständig vorkommende Vermögensverschiebungen dazu, dass Eheleute diese regelmäßig überhaupt nicht als Schenkungen ansehen.[712] Auslegungsschwierigkeiten ergeben sich bei den nicht steuerbaren Vermögensübertragungen insbesondere dann, wenn Ehegatten diese im Vertrauen darauf tätigen, damit dem Familienunterhalt zu dienen, wozu dem Wortlaut des § 1360a Abs. 1 BGB nach nicht nur Leistung für den familiären Haushalt, sondern auch für die persönlichen Bedürfnisse der Ehegatten gehören. Insbesondere die Ansicht des Bundesfinanzhofs, Leistungen zur Altersvorsorge nicht als entgeltliche Leistung im Sinne von § 1360a Abs. 1 BGB anzusehen, dürfte sich dem Laien nicht ohne Weiteres erschließen. Die Ansicht des Bundesfinanzhofs steht damit nicht nur in Widerspruch zur zivilrechtlichen Rechtsprechung, sondern auch zum Grundgedanken des Erhalts des ehelichen Vermögens zur Sicherung der gegenseitigen Vorsorge.[713]

Im Rahmen der gemeinsamen Kontenführung erkennt die Rechtsprechung, dass aufgrund regelmäßiger Einzahlungen und Entnahmen eine Zuordnung im Einzelfall zu Schwierigkeiten führt und, zum Schutz dieser das eheliche Vermögen betreffenden Vorgänge durch die Ehegatten, die Beweislastumkehr des § 430 BGB zu Lasten des Finanzamtes entwickelt. Ein Restrisiko bleibt allerdings insofern, als dass diese Beweislastumkehr dann nicht greift, wenn einseitig größere Vermögensverschiebungen erfolgen. Um Streitigkeiten mit dem Finanzamt zu vermeiden, wird daher in der Praxis der Verzicht auf die Errichtung von Gemeinschaftskonten empfohlen.[714] Dies steht allerdings wiederum in Widerspruch mit dem verfassungsrechtlichen Grundsatz der Ehe als Erwerbs- und Wirtschaftsgemeinschaft, wozu auch ein gemeinsamer Vermögensaufbau gehört. Unsicherheiten und Risiken für das eheliche Vermögen ergeben sich darüber hinaus auch dann, wenn es um die Verrechnung der Verluste im Rahmen der Zusammenveranlagung geht.

---

712 *Seltenreich*, in: Preißer/Rödl/Seltenreich, ErbStG, § 7 Rn. 517.
713 vgl. hierzu die Ausführungen unter 3. Teil A I 2 a.
714 *Esskandari*, in: von Oertzen/Loose, ErbStG, § 7 Rn. 180.

Rechtssicherheit innerhalb der ehelichen Vermögensverschiebungen bietet dem Laien damit lediglich die Übertragung des Familienheims. Die Regelung zeigt, dass der Gesetzgeber den Gedanken der Steuerfreiheit ehebedingter unbenannter Zuwendungen, jedenfalls in diesem Bereich nicht vollständig aufgegeben hat. Denn es ist nicht nur die Übertragung der Immobilie steuerbefreit, sondern sämtliche, damit im Zusammenhang stehende Leistungen, wozu beispielsweise auch die einseitige Schuldübernahme oder Schuldentilgung gehört. Auch übliche Gelegenheitsgeschenke sowie über den gesetzlichen Unterhalt hinausgehende Unterhaltszahlungen sind vor Besteuerung geschützt, wobei sich hier wiederum Auslegungsschwierigkeiten und damit auch Unsicherheiten für den Laien hinsichtlich des Begriffs der „Angemessenheit" ergeben.

III. Beendigung des ehelichen Güterstandes

Weil im gesetzlichen Güterstand der Zugewinngemeinschaft das Vermögen des Mannes und der Frau getrennt bleibt, fällt auch der Zugewinn, den die Ehegatten während der Ehe erzielen, nicht beiden Ehegatten gemeinschaftlich zu. Aufgrund der gegenseitigen Unterstützung des Vermögenserwerbs durch die Ehegatten, wird der Zugewinn erst ausgeglichen, wenn die Zugewinngemeinschaft endet.[715] Erbschaftsteuerrechtlich erfolgt dies über § 5 ErbStG, wonach bei Beendigung der Zugewinngemeinschaft durch Todesfall eine fiktive (1.), und bei Beendigung in sonstiger Weise, die tatsächliche (2.) Ausgleichsforderung von der Erbschaftsteuer freigestellt werden. Systematisch betrachtet stellt § 5 ErbStG, ähnlich wie §§ 16 und 17 ErbStG, eine besondere Steuerbefreiung dar.[716]

1. Beendigung der Zugewinngemeinschaft durch Todesfall

Wird der Güterstand der Zugewinngemeinschaft durch Tod beendet, kommt es auf die zivilrechtliche Regelung des § 1371 BGB an. Die Berechnung des nachträglichen Zugewinnausgleichs folgt entweder der erbrechtlichen oder der güterrechtlichen Lösung.[717] Ist der überlebende Ehegatte (Mit-)Erbe oder Vermächtnisnehmer, erfolgt nach der erbrechtlichen Lösung der Ausgleich, indem sich das gesetzliche Viertel des Ehegatten nach § 1931 Abs. 1 BGB um ein weiteres Viertel des Nachlasses nach § 1371 Abs. 1 Hs. 1 BGB erhöht. Ob tatsächlich ein Zugewinn erzielt wurde, spielt folglich keine Rolle.[718] Durch die pauschale

715 *Hannes/Holtz*, in: Meincke/Hannes/Holtz, ErbStG, § 5 Rn. 6.
716 *Schulte/Birnbaum*, Erbschaftsteuerrecht, Rn. 107.
717 *Götz*, in: Fischer/Pahlke/Wachter, ErbStG, § 5 Rn. 7.
718 *Hannes/Holtz*, in: Meincke/Hannes/Holtz, ErbStG, § 5 Rn. 5.

Erhöhung der Erbquote wird die komplizierte Berechnung des Zugewinnausgleichs vermieden und die Abwicklung des Erbfalls vereinfacht.[719] Bei der güterrechtlichen Lösung gemäß § 1371 Abs. 2 BGB kommt es hingegen auf die tatsächliche Berechnung der schuldrechtlichen Zugewinnausgleichsforderung im Sinne von §§ 1373 ff. BGB an.[720]

a. Erbschaftsteuerliche Behandlung

Das Erbschaftsteuerrecht folgt der Vereinfachung nach § 1371 Abs. 1 BGB hingegen nicht, sondern stellt die Güterstandsbeendigung durch Tod des Partners mit der Güterstandsbeendigung zu Lebzeiten gleich.[721] Erfolgt also der Zugewinnausgleich im Rahmen der erbrechtlichen Lösung nach § 1371 Abs. 1 BGB, ist nach § 5 Abs. 1 ErbStG beim überlebenden Ehegatten der Teil des Erbes von der Erbschaftsteuer befreit, den der überlebende Ehegatte nach Maßgabe des § 1371 Abs. 2 BGB als güterrechtlichen Zugewinnausgleich geltend machen könnte. Es kommt also auch für die Ermittlung des Freibetrages bei Beendigung des Güterstandes durch Tod auf den Zugewinnausgleichsanspruch im Fall der Scheidung und damit auf eine fiktive, und nicht eine tatsächliche Forderung, an.[722]

Diese erbschaftsteuerliche Sonderbehandlung geht auf die Regelung des § 6 ErbStG 1959[723] zurück. Entsprechend den zivilrechtlichen Vorgaben ist hiernach bei Beendigung der Zugewinngemeinschaft von Todes wegen pauschal ein Viertel der Erbschaft von der Erbschaftsteuer freigestellt. Gerade bei hohen Nachlasswerten steht dem überlebenden Ehegatten jedoch eine über die pauschalierte Erhöhung der Erbquote hinausgehende Ausgleichsforderung zu. Folglich waren Ehegatten hier gezwungen, die Erbschaft auszuschlagen und stattdessen neben dem Pflichtteil die güterrechtliche Ausgleichsforderung zu verlangen. Dieses Defizit hat der Gesetzgeber im Zuge der Erbschaftsteuerreform 1974 beseitigt und den Umfang des Zugewinnausgleichsanspruchs nach § 5 Abs. 1 ErbStG dem des § 5 Abs. 2 ErbStG angepasst.[724]

---

719 *Meßbacher-Hönsch*, in: Wilms/Jochum, ErbStG (Okt. 2015), § 5 Rn. 70.

720 *Schlünder/Geißler*, FamRZ 2005, 149 (154).

721 *Griesel*, in: Daragan/Halaczinsky/Riedel, § 5 Rn. 9.

722 *Sontheimer*, NJW 2001, 1315 (1315 f.); *Reich*, in: von Oertzen/Loose, ErbStG, § 5 Rn. 22.

723 BGBl. I 1959, 187 (189).

724 BT-Drucks. VI/3418, S. 63.

b. Berechnung des Zugewinnausgleichs

Voraussetzung für die Inanspruchnahme des § 5 Abs. 1 ErbStG ist, dass die Zugewinngemeinschaft durch Tod eines Ehegatten beendet wird, der überlebende Ehegatte infolge gesetzlicher oder gewillkürter Anordnung Erbe oder Vermächtnisnehmer geworden ist, und es nicht zur Ausschlagung der Erbschaft oder des Vermächtnisses gekommen ist.[725]

In der Rechtsfolge erhält der überlebende Ehegatte denselben Betrag als Zugewinnausgleich und damit als Freibetrag, welchen er nach § 1371 Abs. 2 BGB verlangen kann. § 1371 Abs. 2 BGB verweist wiederum auf die §§ 1373 bis 1378, 1390 BGB. Damit beträgt die Ausgleichsforderung gemäß § 1378 Abs. 1 BGB die Hälfte des Überschusses, um den der Zugewinn eines Ehegatten den Zugewinn des anderen übersteigt. Der Zugewinn stellt nach § 1373 BGB den Betrag dar, um den das Endvermögen eines Ehegatten dessen Anfangsvermögen übersteigt. Das Anfangsvermögen ist nach § 1374 Abs. 1 BGB das Vermögen, welches einem Ehegatten nach Abzug der Verbindlichkeiten bei Eintritt des Güterstandes gehört. Nach § 1374 Abs. 2 BGB sind dem Anfangsvermögen Vermögenswerte, die ein Ehegatte nach Eintritt des Güterstandes von Todes wegen oder mit Rücksicht auf ein künftiges Erbrecht, durch Schenkung oder Ausstattung erwirbt hinzuzurechnen. Nach der Rechtsprechung des Bundesfinanzhofs ist bei der Ermittlung des Anfangsvermögens durch Indexierung auch der Kaufkraftschwund zu berücksichtigen.[726] Endvermögen ist das Vermögen, welches einem Ehegatten nach Abzug der Verbindlichkeiten bei Beendigung des Güterstandes gehört. Übersteigt der Zugewinn des einen Ehegatten den Zugewinn des anderen, so steht diesem gemäß § 1378 Abs. 1 BGB die Hälfte des Überschusses als Ausgleichsforderung zu.[727]

c. Erbschaftsteuerliche Besonderheiten

Bei dieser Berechnung sind jedoch einige erbschaftsteuerrechtliche Besonderheiten zu beachten. Gemäß § 5 Abs. 1 Satz 2 ErbStG bleiben abweichende güterrechtliche Vereinbarungen unberücksichtigt. Denkbar sind beispielsweise vertragliche Einigungen, wonach gesonderte Vermögenswerte vom Zugewinn ausgeschlossen werden oder der Zugewinn grundsätzlich nur für den Todesfall gefordert werden darf.[728] Darüber hinaus bleibt nach § 5 Abs. 1 Satz 3 ErbStG

---

725 *Griesel*, in: Daragan/Halaczinsky/Riedel, ErbStG, § 5 Rn. 11.

726 BFH, Urteil vom 27.06.2007 – II R 39/05, BStBl. II 2007, 783 (784).

727 *Reich*, in: von Oertzen/Loose, ErbStG, § 5 Rn. 28 ff.

728 *Schulte/Birnbaum*, Erbschaftsteuerrecht, Rn. 239.

die gesetzliche Vermutung des § 1377 Abs. 3 ErbStG, wonach im Zweifel das Endvermögen eines Ehegatten seinen Zugewinn darstellt, unbeachtlich.[729] Denn anders als im Fall der Scheidung, besteht bei Ermittlung der fiktiven Ausgleichsforderung kein Interessengegensatz, bei welchem es darum geht, der anderen Partei die Offenlegung der Vermögensverhältnisse zu verschweigen.[730] Nach § 5 Abs. 1 Satz 4 ErbStG ist es den Ehegatten außerdem verwehrt, bei Vereinbarung des Güterstandes der Zugewinngemeinschaft den Zeitpunkt frei zu bestimmen. Es gilt der Tag des Vertragsschlusses. Die Vorschrift will damit verhindern, dass Ehegatten im Zuge des Güterstandwechsels während bestehender Ehe den Zeitpunkt der Feststellung des Anfangsvermögens nicht auf das Vertragsdatum, sondern beispielsweise auf den Zeitpunkt der Eheschließung festlegen und damit einen größeren Zugewinnausgleich erzielen.[731] Schließlich begrenzt § 5 Abs. 1 Satz 5 ErbStG den Wert des Ausgleichs auf den steuerlichen Wert des Endvermögens. Im Zivilrecht besteht nämlich der Grundsatz, dass der wirkliche Wert der einzelnen Vermögensgegenstände und damit regelmäßig der Verkehrswert ermittelt werden muss.[732] Mit der Erbschaftsteuerreform 2008 verfolgte der Gesetzgeber jedoch ohnehin das Ziel, die steuerlichen Bewertungsgrundsätze einheitlich am Verkehrswert auszurichten. Damit hat die Begrenzung nach § 5 Abs. 1 Satz 5 ErbStG an Bedeutung verloren. In Ausnahmefällen können aber insbesondere Grundstücksbewertungen und die Anwendung des vereinfachten Ertragswertverfahrens in Unternehmensnachfolgefällen weiterhin zu Bewertungsunterschieden führen.[733]

2. Beendigung der Zugewinngemeinschaft in sonstiger Weise

Die Regelung des § 5 Abs. 2 ErbStG betrifft demgegenüber zwei Fallgruppen, nämlich einerseits die Beendigung des Güterstands zu Lebzeiten der Eheleute. Andererseits regelt die Norm den Fall des enterbten Ehegatten, wonach der überlebende Ehegatte für den Fall der Beendigung des Güterstandes durch Tod weder Erbe noch Vermächtnisnehmer des Verstorbenen geworden ist. Den Ehegatten steht in diesen Fällen ein Zugewinnausgleichsanspruch nach § 1378 BGB zu, welcher nach § 5 Abs. 2 ErbStG von der Erbschaftsteuer befreit ist.[734] Weil

729 *Sontheimer*, NJW 2001, 1315 (1316).

730 *Reich*, in: von Oertzen/Loose, ErbStG, § 5 Rn. 54.

731 *Schlünder/Geißler*, FamRZ 2005, 149 (154).

732 *Koch*, in: MüKo-BGB, § 1376 Rn. 8; *Schlünder/Geißler*, FamRZ 2005, 149 (155).

733 *Schulte/Birnbaum*, Erbschaftsteuerrecht, Rn. 236.

734 *Hannes/Holtz*, in: Meincke/Hannes/Holtz, ErbStG, § 5 Rn. 2.

allerdings auf die Leistung ohnehin ein Anspruch besteht und folglich keine Unentgeltlichkeit gegeben ist, hat die Regelung nur klarstellenden Charakter.[735]

a. *Modifikationen des § 5 Abs. 2 ErbStG*

Die Regelung des § 5 Abs. 2 ErbStG verweist nicht auf § 5 Abs. 1 Sätze 2 bis 4 ErbStG. Folglich ist der güterrechtliche Ausgleich nach § 5 Abs. 2 ErbStG in der Höhe freigestellt, der sich aus der ehevertraglichen Vereinbarung ergibt. Außerdem ist auch eine abweichende Bestimmung des Anfangsvermögens möglich, weil es nicht auf den Tag des Eheschlusses ankommt.[736] Wird die Ausgleichsforderung modifiziert, beispielsweise durch Herausnahme einzelner Vermögenswerte aus dem Zugewinn, der Bestimmung des Anfangs- bzw. Endvermögens oder dem Ausschluss des Zugewinnausgleichs, so findet die Regelung des § 5 Abs. 2 ErbStG zugunsten des ausgleichsberechtigten Partners weiterhin Anwendung. In Ausnahmefällen kann dies allerdings dennoch dazu führen, dass die Ausgleichsforderung als teilweise freigebige Zuwendung angesehen wird, wenn die Beteiligten bewusst weitreichende Abweichungen vereinbaren.[737] Nach Ansicht des Bundesfinanzhofs ist dies jedenfalls dann der Fall, wenn einem Ehegatten eine überhöhte Ausgleichsforderung zusteht.[738] Die Finanzverwaltung folgt dem und sieht in der Gewährung einer überhöhten güterrechtlichen Ausgleichsforderung eine steuerpflichtige Schenkung auf den Todesfall nach § 3 Abs. 1 Nr. 4 ErbStG bzw. eine Schenkung unter Lebenden nach § 7 Abs. 1 ErbStG, wenn es den Beteiligten mit der Vereinbarung sichtlich um die Herbeiführung erbrechtlicher Wirkungen geht.[739]

b. *Zwischenzeitliche Beendigung der Zugewinngemeinschaft*

Wird die Zugewinngemeinschaft nicht beendet, sondern findet nur zwischenzeitlich ein schuldrechtlicher Zugewinnausgleich statt, dann unterliegt die freigebige Zuwendung der Schenkungsteuer. Nur die tatsächliche Beendigung der Zugewinngemeinschaft bewirkt einen Zugewinnausgleich nach § 5 Abs. 2 ErbStG.[740] Ähnlich ist dies dann zu beurteilen, wenn durch notarielle Gütertrennungsvereinbarung der Wechsel von der Zugewinngemeinschaft zur

---

735 *Weinmann*, in: Moench/Weinmann, ErbStG (Stand: 80/03.18), § 5 Rn. 54.
736 *Schlünder/Geißler*, FamRZ 2005, 149 (155).
737 *Griesel*, in: Daragan/Halaczinsky/Riedel, ErbStG, § 5 Rn. 47.
738 BFH, Urteil vom 28.06.1989 – II R 82/86, BStBl. II 1989, 897 (897 f.).
739 R E 5.2 Abs. 2 Satz 2 ErbStR 2019.
740 BFH, Urteil vom 24.08.2005 – II R 28/02, BFH/NV 2006, 63 (65 f.).

Gütertrennung erfolgt. In diesem Fall wird der Güterstand der Zugewinngemeinschaft tatsächlich beendet, weshalb eine nach § 5 Abs. 2 ErbStG steuerlich freigestellte Ausgleichsforderung besteht.[741] Die Beendigung des gesetzlichen Güterstandes und seine anschließende Neubegründung ist nach Ansicht des Bundesfinanzhofs regelmäßig nicht als rechtsmissbräuchlich anzusehen.[742] Es steht den Eheleuten damit frei, nach Vereinbarung der Gütertrennung wieder zurück zum Güterstand der Zugewinngemeinschaft zu wechseln.

3. *Bedeutung für den Schutz des Familienvermögens*

Die Regelung des § 5 ErbStG dient insgesamt dem Grundgedanken der gegenseitigen Teilhabe an dem während der Ehe erwirtschafteten Vermögen.[743] Der Gesetzgeber erkennt mit dieser Vorschrift, dass der einseitige Vermögensaufbau während Bestehens der Ehe nicht ohne das Zutun des anderen möglich wäre.

Grundsätzlich stellt der fiktive Zugewinnausgleich nach § 5 Abs. 1 ErbStG aufgrund seiner Funktion als Freibetrag einen erheblichen Vorteil für den Schutz des ehelichen Vermögens dar. Da diese Regelung nur für den Güterstand der Zugewinngemeinschaft gilt, ist diesem gegenüber den Güterständen der Gütertrennung und der Gütergemeinschaft in erbschaftsteuerlicher Hinsicht der Vorzug zu geben.[744] In der konkreten Ausgestaltung führt die güterrechtliche Lösung zwar gegenüber der erbrechtlichen Lösung zu Nachteilen, da Steuerpflichtige und Finanzämter mit der Ermittlung der Vermögenswerte belastet sind. Insbesondere bei langjährig bestehenden Ehen lassen sich diese Werte oftmals nur schätzen.[745] Dennoch bietet die Regelung erhebliche Vorteile, wenn der verstorbene Ehegatte weitgehend ausgleichspflichtiges Vermögen hinterlassen hat. Die Ausgleichspflicht hat vor allem aufgrund ihres unbegrenzten Umfangs eine hohe wirtschaftliche Bedeutung, weshalb die Regelung im Zweifel zu Kürzungen der Erbschaftsteuer in Millionenhöhe führen kann.[746]

Hinsichtlich der Berechnung des fiktiven Zugewinnausgleichs kann sich die durch Entscheidung des Bundesfinanzhofs eingeführte Indexierung des Anfangsvermögens insbesondere bei langjährig bestehenden Ehen negativ auf

---

741 *Reich*, in: von Oertzen/Loose, ErbStG, § 5 Rn. 82.

742 BFH, Urteil vom 12.07.2005 – II R 29/02, BStBl. II 2005, 843 (845).

743 BGH, Urteil vom 9.10.2013 – XII ZR 125/12, NJW 2013, 3642 (3644).

744 *Schlünder/Geißler*, FamRZ 2005, 149 (154).

745 *Weinmann*, in: Moench/Weinmann, ErbStG (Stand: 78/06.17), § 5 Rn. 11.

746 *Hannes/Holtz*, in: Meincke/Hannes/Holtz, ErbStG, § 5 Rn. 14; *Sontheimer*, NJW 2001, 1315 (1316).

den Ausgleichsanspruch auswirken, da dies zu einer Verringerung des Anspruchs führt.[747] Weil vertragliche Modifikationen gemäß § 5 Abs. 1 Satz 2 BGB nicht berücksichtigt werden dürfen, führt auch dies in den meisten Fällen zu steuerlich ungünstigeren Ergebnissen.[748]

Die Beendigung der Zugewinngemeinschaft durch güterrechtlichen Ausgleich hat hingegen keine Auswirkungen auf den erbschaft- und schenkungsteuerlichen Schutz des ehelichen Vermögens, da es sich dabei um einen entgeltlichen Anspruch handelt. Allerdings kann die Regelung bei Anwendung der vom Bundesfinanzhof anerkannten Güterstandschaukel zu erheblichen Erbschaftsteuerersparnissen führen, indem beträchtliche Zuwendungen vom vermögenderen Ehegatten an den anderen ohne Steuerbelastung gemacht werden können.[749] Die Güterstandschaukel erlaubt es folglich, das Vermögen der Eheleute gleichmäßig auf beide Ehegatten zu verteilen, ohne erhebliche steuerliche Konsequenzen. Damit können auch die Freibeträge der Kinder im Erbfall besser ausgenutzt werden. Insofern bietet die Güterstandschaukel insbesondere bei einseitig vermögenden Ehegatten eine Möglichkeit, das Familienvermögen vor erbschaftsteuerlichem Zugriff zu schützen.[750]

IV. Zusammenfassung zur Privilegierung des ehelichen Zusammenlebens

Am Anfang der ehelichen Lebensgemeinschaft steht oftmals der gemeinsame Vermögensaufbau, welchen es, dem Grundgedanken des Schutzes und der Förderung der Ehe nach Art. 6 Abs. 1 GG folgend, zu schützen gilt. Folglich steht die steuerfreie Möglichkeit der Begründung der Ehe im Güterstand der Zugewinngemeinschaft in verfassungsrechtlichem Einklang mit Art. 6 Abs. 1 GG.

Die Rechtsprechungsentwicklung zu den Zuwendungen während der Ehe sowie die gesetzlichen Regelungen zur Ausgleichspflicht aufgrund der Beendigung des gesetzlichen Güterstandes der Zugewinngemeinschaft zeigen, dass es grundsätzlich darum geht, das während der Ehe erworbene Vermögen von der Besteuerung auszunehmen. Allerdings sind Zuwendungen während der Ehe erheblichen schenkungsteuerlichen Unsicherheiten ausgesetzt, da es hierzu – abgesehen von den Steuerbefreiungen – keine gesetzliche Grundlage gibt. Ob die ständig zwischen Eheleuten vorkommenden Vermögensverschiebungen damit

747 *Weinmann*, in: Moench/Weinmann, ErbStG (Stand: 84/04.19), § 5 Rn. 19.
748 *Schlünder/Geißler*, FamRZ 2005, 149 (154).
749 *Götz*, in: Fischer/Pahlke/Wachter, ErbStG, § 5 Rn. 84.
750 *Escher*, in: Preißer/Rödel/Seltenreich, ErbStG, § 5 Rn. 52.

schenkungsteuerpflichtig sind, hängt von der Rechtsprechung hierzu ab. Risiken bestehen vor allem dann, wenn Ehegatten Leistungen im Vertrauen darauf tätigen, dass diese nicht nur der gemeinsamen Haushaltsführung, sondern auch der gemeinsamen Altersvorsorge dienen. Diese sind nämlich lediglich nach der Rechtsprechung der Zivilgerichte, nicht jedoch nach der Judikatur der Finanzgerichte, als entgeltlich im Sinne von § 1360a Abs. 1 BGB einzustufen, obwohl diese der ehelichen Vorsorge dienen. Problematisch sind darüber hinaus größere einseitige Vermögensübertragungen im Rahmen der gemeinsamen Kontenführung. Hierfür gilt die vom Bundesfinanzhof entwickelte Beweislastumkehr des § 430 BGB nicht mehr, weshalb eine solche Leistung Schenkungsteuer auslösen kann, solange der zur Schenkungsteuer herangezogene Ehegatte nicht beweisen kann, dass er zur Rückzahlung gegenüber dem anderen verpflichtet ist. Größere einseitige Vermögenswerte lassen sich lediglich über das Instrument der Güterstandschaukel, welche vom Bundesfinanzhof anerkannt ist, auf beide Ehegatten verteilen. Dies bedingt allerdings, dass der Güterstand der Zugewinngemeinschaft – jedenfalls für einen gewissen Zeitraum – beendet wird.

Um dem Umstand des gemeinschaftlichen Vermögensaufbaus gerecht zu werden, gewährt das Erbschaftsteuergesetz in § 5 Abs. 1 ErbStG einen weiteren Freibetrag bei Beendigung der Ehe von Todes wegen in Höhe eines fiktiven Ausgleichsanspruchs, wie er auch bei Scheidung der Ehe anfallen würde. Die Regelung kann insbesondere dann zu erheblichen Vorteilen führen, wenn der verstorbene Ehegatte im Wesentlichen ausgleichspflichtiges Vermögen hinterlassen hat. Die Ausgleichspflicht unterliegt dabei keiner Begrenzung, weshalb hohe Kürzungen der Erbschaftsteuer möglich sind.

C. Privilegierungen im Rahmen von Unternehmensübertragungen

Volkswirtschaftlich betrachtet kommt Familienunternehmen eine bedeutende Rolle zu. Dies lässt sich jedenfalls der Studie „Die volkswirtschaftliche Bedeutung von Familienunternehmen", welche im Auftrag der Stiftung Familienunternehmen bezogen auf das Jahr 2017 herausgegeben wurde, entnehmen. Die rund 2.947.000 Familienunternehmen stellen etwa 90% aller Unternehmen Deutschlands dar. Ihr Anteil am Gesamtumsatz beläuft sich auf 45% und an der Gesamtbeschäftigung auf 54%.[751] Diese volkswirtschaftlich wichtige Position von

751 *Stiftung Familienunternehmen* (Hrsg.): Die volkswirtschaftliche Bedeutung von Familienunternehmen, S. 3

Familienunternehmen in Deutschland hat das Bundesverfassungsgericht bereits im Erbschaftsteuerbeschluss erkannt und folglich die erbschaftsteuerliche Schonung mittelständischer Unternehmen gefordert. Als Garant von Produktivität und Arbeitsplätzen sind diese Unternehmen nämlich in besonderer Weise gemeinwohlgebunden und -verpflichtet.[752] In ähnlicher Weise hat das Bundesverfassungsgericht im Beschluss zur Betriebsvermögensverschonung nicht nur die erbschaftsteuerlichen Regelungen zur Verschonung unternehmerischen Vermögens dem Grunde nach für verfassungsgemäß erachtet, sondern auch den besonderen personalen Bezug von familiären und mittelständischen Unternehmen betont und die erbschaftsteuerliche Verschonung zur Vermeidung von Liquiditätsengpässen, welche Arbeitsplätze gefährden können, gefordert.[753]

Inwiefern auch der Gesetzgeber im Erbschaftsteuerrecht die Bedeutung dieser Unternehmen durch steuerliche Verschonungen erkennt, ist Gegenstand der folgenden Untersuchungen. Zum besseren Verständnis wird dabei zunächst überblicksartig die Systematik der Verschonungsregelungen erläutert (I.), bevor sodann in einem zweiten Schritt auf Normen mit Bezug zu Familienunternehmen eingegangen wird. Hierzu gehören einerseits Regelungen zu Poolvereinbarungen bei Familien-Kapitalgesellschaften im Rahmen der Ermittlung des begünstigten Vermögens nach § 13b ErbStG (II.). Darüber hinaus ermöglicht der Gesetzgeber bei Anwendung der Verschonungsregelung den Abzug eines Vorwegabschlags für Familienunternehmen (III.).

I. Systematik der Begünstigungsregelungen

Die Begünstigung des Übergangs von Unternehmensvermögen ist in den §§ 13a, 13b, 13c, 19a, 28 und 28a ErbStG geregelt. Dabei handelt es sich bei §§ 13a, 13b, 13c und § 28a ErbStG um sachliche Steuerbefreiungen, welche bei der Wertermittlung zur Anwendung kommen. §§ 13a und 13b ErbStG betreffen Erwerbe bis zu 26 Mio. Euro. Die Regelungen der §§ 13c und 28a ErbStG enthalten zwei verschiedene Verschonungsmodelle bei Erwerben über 26 Mio. Euro. § 19a ErbStG ist als Tarifverschonung bei der Berechnung der Steuer zu verstehen und § 28 Abs. 1 ErbStG enthält eine Stundungsmöglichkeit im Rahmen der Steuererhebung und -festsetzung.[754]

Für die folgende Untersuchung mit Blick auf den Schutz des unternehmerischen Familienvermögens im Erbschaftsteuerrecht kommt es im Besonderen

752 vgl. hierzu die Ausführungen unter 1. Teil A I 2.
753 vgl. hierzu die Ausführungen unter 1. Teil C I 3.
754 *Schulte/Birnbaum*, Erbschaftsteuerrecht, Rn. 695.

lediglich auf die Regelungen der §§ 13a, 13b ErbStG an. Folglich werden diese Normen allgemein und überblicksartig vorweg erläutert.

1. Begünstigtes Vermögen nach § 13b ErbStG

Innerhalb der Systematik der unternehmerischen Begünstigungsregelungen ist auf erster Stufe zunächst festzustellen, ob es sich bei der übertragenen betrieblichen Einheit um dem Grunde nach begünstigungsfähiges Vermögen im Sinne von § 13b Abs. 1 ErbStG handelt. Hierzu zählen drei Vermögensarten, nämlich land- und forstwirtschaftliches Vermögen, Betriebsvermögen einschließlich Beteiligungen an Mitunternehmerschaften sowie Anteile an Kapitalgesellschaften. Gemäß § 13b Abs. 2 ErbStG ist hiervon der in § 13b Abs. 6 ErbStG geregelte Nettowert des sogenannten Verwaltungsvermögens, dessen Gegenstände in § 13b Abs. 4 ErbStG abschließend aufgelistet sind, abzuziehen. Zu diesem in § 13b Abs. 4 ErbStG geregelten Verwaltungsvermögen zählen Vermögensgegenstände, welche typischerweise als Kapitalanlage und nicht als unternehmerisches Produktivvermögen dienen, wie beispielsweise – jedoch mit zahlreichen Ausnahmen – Dritten überlassene Grundstücke, Anteile an Kapitalgesellschaften von 25% oder weniger oder auch Finanzmittel ab einer bestimmten Größe. Die Begünstigung hierfür entfällt jedoch nach § 13b Abs. 2 Satz 2 ErbStG, wenn das Verwaltungsvermögen mehr als 90% des gemeinen Wertes der betrieblichen Einheit ausmacht. Vom Verwaltungsvermögen ausgenommen sind Altersversorgungsverpflichtungen nach § 13b Abs. 3 ErbStG. Dies allerdings nur bis zur Höhe der damit im Zusammenhang stehenden Schulden. Eine Ausnahme stellt bei Erwerben von Todes wegen nach § 13b Abs. 5 ErbStG auch solches Vermögen dar, welches entsprechend einem Plan des Erblassers innerhalb von zwei Jahren nach dem Erwerb in begünstigtes Vermögen investiert wird.[755] Der Nettowert des schädlichen Verwaltungsvermögens ergibt sich nach § 13b Abs. 6 ErbStG schließlich, indem dieses bislang ermittelte Verwaltungsvermögen um die hierauf anteilig entfallenden Schulden gemindert wird. Nach § 13b Abs. 2 ErbStG ist dieser Nettowert nochmals um das unschädliche Verwaltungsvermögen im Sinne von § 13b Abs. 7 ErbStG – ein Freibetrag in Höhe von 10% des Betriebsvermögens – zu kürzen.[756] Junges Verwaltungsvermögen, welches dem Betrieb noch nicht länger als zwei Jahre zuzurechnen ist, und junge Finanzmittel, welche in Höhe des Saldos aus innerhalb der letzten zwei Jahre eingelegten

---

755 *Holtz*, NJW 2016, 3750 (3751 ff.).

756 vgl. hierzu die Darstellung bei *S. Viskorf/Löcherbach/Jehle*, DStR 2016, 2425 (2426).

und entnommenen Finanzmitteln stammen, sind nach § 13b Abs. 8 ErbStG von der Schuldenverrechnung ausgenommen. Sie werden folglich vollständig als Verwaltungsvermögen angesetzt. § 13b Abs. 9 ErbStG gibt die Ermittlung des begünstigten Vermögens in Holdingstrukturen durch Erstellung einer Verbundvermögensaufstellung an. Verfahrensrechtliche Anordnungen trifft § 13b Abs. 10 ErbStG.[757]

2. *Verschonungsregelungen nach § 13a ErbStG*

Auf zweiter Stufe erfolgt sodann die Anwendung der Verschonungsregelungen auf das im ersten Schritt über § 13b Abs. 2 ErbStG ermittelte begünstigte Vermögen. Unabhängig davon, ob die 26 Mio. Euro-Wertgrenze eingehalten wurde, sind zunächst die Voraussetzungen des Vorwegabschlags für Familienunternehmen nach § 13a Abs. 9 ErbStG zu prüfen.[758] Hieran anschließend hat der Erwerber bei Erwerben bis zu 26 Mio. Euro die Wahl zwischen der Regelverschonung nach § 13a Abs. 1 ErbStG mit einem 85% Abschlag und der Vollverschonung mit einem 100% Abschlag nach § 13a Abs. 10 ErbStG. Voraussetzung für die Anwendung der Regelverschonung nach § 13a Abs. 1 ErbStG ist, dass nach § 13a Abs. 3 Satz 1 ErbStG die Mindestlohnsumme von 400% der Ausgangslohnsumme – die durchschnittliche Lohnsumme der letzten fünf Wirtschaftsjahre vor Entstehung der Steuer – nicht unterschritten und die Behaltensfrist von fünf Jahren gemäß § 13a Abs. 6 ErbStG eingehalten wird. Zusätzlich gewährt § 13a Abs. 2 ErbStG im Rahmen der Regelverschonung einen Abzugsbetrag in Höhe von 150.000 Euro, der jedoch prozentual abschmilzt, wenn der Wert des verbleibenden begünstigten Vermögens mehr als 150.000 Euro beträgt. Ab einem Betrag von 450.000 Euro oder mehr, entfällt der Abzugsbetrag nach § 13a Abs. 2 ErbStG vollständig. Die Vollverschonung im Sinne von § 13a Abs. 10 ErbStG wird auf Antrag nur dann gewährt, wenn die Mindestlohnsumme von 700% der Ausgangslohnsumme und die Behaltensfrist von 7 Jahren eingehalten wird. Die Wahl der Vollverschonung kann nach § 13a Abs. 10 Satz 2 ErbStG außerdem nur dann erfolgen, wenn der Anteil des Verwaltungsvermögens am gemeinen Wert des Betriebs nicht mehr als 20% beträgt.

---

757 *Hannes/Holtz*, in: Meincke/Hannes/Holtz, ErbStG, § 13b Rn. 1.

758 *S. Viskorf/Löcherbach/Jehle*, DStR 2016, 2425 (2429).

II. Poolvereinbarungen bei Kapitalgesellschaften

Bei Familienunternehmen führt die Generationennachfolge häufig zu einer Zersplitterung des Gesellschafterkreises, wodurch die gemeinsame Interessenwahrnehmung in der Familie erheblich erschwert wird. Um dies zu verhindern, werden in der Praxis oftmals Stimmbindungs- und Poolvereinbarungen innerhalb der Familiengesellschafter geschlossen.[759]

Diese Problematik hat auch der Erbschaftsteuergesetzgeber erkannt und die Begünstigung von Anteilen an Kapitalgesellschaften, welche über derartige Verträge gebunden sind, eingeführt. Konkret knüpft der Gesetzgeber hier an zwei Stellen an: innerhalb der Qualifikation der Anteile als begünstigungsfähiges Vermögen nach § 13b Abs. 1 ErbStG (1.) und im Rahmen der Verschonungsregelungen des § 13a ErbStG, da die Aufhebung der Poolvereinbarung nach § 13a Abs. 6 Satz 1 Nr. 5 ErbStG zum Wegfall der Verschonung führt (2.).

1. Poolvereinbarungen im Begünstigungssystem

Poolvereinbarungen werden bei der Feststellung des begünstigungsfähigen Vermögens nach § 13b Abs. 1 ErbStG berücksichtigt. Grundsätzlich werden nämlich nur Anteile an Kapitalgesellschaften in Höhe von mehr als 25% begünstigt. Eine Ausnahme von dieser Mindestbeteiligungshöhe gibt es für Poolvereinbarungen (a.). Korrespondierend dazu unterfallen Anteile an Kapitalgesellschaften in Höhe von höchstens 25% dem Verwaltungsvermögen nach § 13b Abs. 4 ErbStG, wobei auch hier wiederum Poolvereinbarungen die Ausnahme bilden (b.).

a. Anteile an Kapitalgesellschaften

Im Folgenden wird zunächst auf Inhalt und Zweck der Regelung des § 13b Abs. 1 Nr. 3 ErbStG eingegangen (aa. und bb.). Hierauf aufbauend werden die Tatbestandsmerkmale der Poolvereinbarung nach § 13b Abs. 1 Nr. 3 Satz 2 ErbStG mit Blick auf ihre Bedeutung für den Schutz von unternehmerischem Familienvermögen näher dargelegt (cc.).

aa. Inhalt der Regelung des § 13b Abs. 1 Nr. 3 ErbStG

Anteile an Kapitalgesellschaften gehören nach § 13b Abs. 1 Nr. 3 ErbStG zwar grundsätzlich zum begünstigungsfähigen Vermögen. Gemäß § 13b Abs. 1 Nr. 3 Satz 1 ErbStG sind diese unter anderem jedoch nur dann steuerbefreit, wenn der Erblasser oder Schenker zu mehr als 25% an der Gesellschaft unmittelbar

---

759 *Wachter*, ErbR 2016, 114 (114).

beteiligt war. Die Begünstigung betrifft nur Anteile an Kapitalgesellschaften, welche im Privatvermögen gehalten werden, da die Übertragung von Betriebsvermögen unabhängig von der Beteiligungshöhe bereits über § 13b Abs. 1 Nr. 2 ErbStG begünstigt ist.[760] Außerdem fallen nur solche Anteile unter das nach § 13b Abs. 1 Nr. 3 ErbStG begünstigte Vermögen, welche unmittelbar vom Erblasser gehalten werden. Damit werden Kapitalgesellschaftsanteile, welche der Erblasser bzw. Schenker in eine Gesellschaft bürgerlichen Rechts einlegt, nicht begünstigt.[761]

Von dieser Mindestbeteiligung in Höhe von mehr als 25% macht § 13b Abs. 1 Nr. 3 Satz 2 ErbStG eine Ausnahme, wenn der Erblasser oder Schenker aufgrund einer Poolvereinbarung über seine Anteile nur einheitlich verfügen oder diese ausschließlich auf andere derselben Verpflichtung unterliegende Gesellschafter übertragen und das Stimmrecht gegenüber nichtgebundenen Gesellschaftern nur einheitlich ausüben darf. Dieser über die Vereinbarung gebundene Anteil des Erblassers oder Schenkers darf nach der Regelung des § 13b Abs. 1 Nr. 3 Satz 2 ErbStG mit den anderen vertraglich gebundenen Anteilen zusammengerechnet werden. Sofern diese Anteile die 25%-Hürde überschreiten, kann auch der unter der 25%-Grenze liegende Anteil des Erblassers bzw. Schenkers begünstigt übertragen werden.

bb. Zweck der Regelung

Der Gesetzesbegründung zufolge dient die Regelung der Begünstigung von Familien-Kapitalgesellschaften, deren Gesellschafter aufgrund von Anteilsübertragungen über die Generationen hinweg oftmals nicht mehr die Mindestbeteiligungsquote erreichen. Dennoch sieht der Gesetzgeber, dass die Unternehmensgründer oder deren Nachfolger häufig für den Verbleib der Anteile in der Familie und damit dem Erhalt des bestimmenden Einflusses der Familie auf die Gesellschaft gesorgt haben. Weil die Unternehmensgrundsätze und die unternehmerische Praxis dieser Gesellschaften nicht nur Publikumsgesellschaften die Stirn bieten können, sondern auch für eine erhebliche Beschäftigungswirkung sorgen, ist die Verschonung dieser Anteile dem Gesetzgeber zufolge angebracht.[762]

---

760 *Wachter*, ErbR 2016, 174 (174 f.); *Preißer*, in: Preißer/Rödl/Seltenreich, ErbStG, § 13b Rn. 70; *Jülicher*, in: Troll/Gebel/Jülicher/Gottschalk, ErbStG (EL 56 Dez. 2018), § 13b Rn. 172.

761 *Hannes/Holtz*, in: Meincke/Hannes/Holtz, ErbStG, § 13b Rn. 22.

762 BT-Drucks. 16/7918, S. 35.

Anders als in der Gesetzesbegründung, wird im Gesetz allerdings nicht explizit von Familien-Kapitalgesellschaften gesprochen. Die Regelung gilt vielmehr gleichermaßen für alle Kapitalgesellschaften, die derartigen Poolvereinbarungen unterliegen, unabhängig davon, ob es sich um Familien- oder Publikumsgesellschaften handelt.[763] Der Gesetzgeber hat sich damit gerade nicht für ein Sonderrecht für Familiengesellschaften entschieden, was trotz deren Vorbildfunktion im Rahmen des Gesetzgebungsprozesses bei der Auslegung zu berücksichtigen ist.[764]

cc. Pooling

Der Anwendungsbereich des § 13b Abs. 1 Nr. 3 Satz 2 ErbStG ist jedoch nur eröffnet, wenn die Familie oder Gesellschaftergruppe ihre Anteile über eine Poolvereinbarung bindet.[765] Voraussetzung einer solchen Poolvereinbarung sind kumulativ die einheitliche Stimmrechtsausübung sowie die Beschränkung der Verfügung über die Anteile.[766] Nach Auffassung der Finanzverwaltung sind in die Poolvereinbarung nur solche Anteile einzubeziehen, welche dem Erblasser bzw. Schenker unmittelbar zuzurechnen sind.[767] Dies gilt auch dann, wenn die Anteile über eine vermögensverwaltende Personengesellschaft gehalten werden.[768]

(1) Verfügungsbeschränkung

Was unter einer einheitlichen Verfügung zu verstehen ist, wird weder im Gesetz näher definiert noch in der Gesetzesbegründung erläutert.[769] Den von der Finanzverwaltung aufgestellten Kriterien zur Anwendung der Vorschriften des Erbschaft- und Schenkungsteuergesetzes zufolge, setzt eine einheitliche Verfügung die in der Poolvereinbarung getroffene Festlegung der gleichen Verfügungsregelungen für die Poolmitglieder hinsichtlich der gepoolten Anteile voraus. Hieraus muss sich ergeben, dass die Anteile nur an einen bestimmten

763 *Wachter*, ErbR 2016, 174 (176).

764 *Hannes/Holtz*, in: Meincke/Hannes/Holtz, ErbStG, § 13b Rn. 28.

765 *Kirnberger*, in: Wilms/Jochum: ErbStG (Juni 2018), § 13b Rn. 46.

766 *Preißer*, in: Preißer/Rödl/Seltenreich, ErbStG, § 13b Rn. 95.

767 R E 13b.6 Abs. 3 Satz 2 ErbStR 2019.

768 H E 10.4 ErbStH 2011; zu den Einzelheiten, wenn die Personengesellschaft selbst Poolmitglied ist; vgl. die Darstellung bei *Geck*, in: Kapp/Ebeling, ErbStG (78. Lfg. 10.2018), § 13b Rn. 58.

769 *Kamps*, FR 2009, 353 (356).

Personenkreis, z.B. Familienmitglieder, einen Familienstamm oder eine Familienstiftung, übertragen werden dürfen oder dass eine Übertragung der Zustimmung der Mehrheit der Poolmitglieder bedarf.[770] Dies entspricht zudem der vorherrschenden Ansicht in der Literatur.[771] Auch der Bundesfinanzhof ist diesen Grundsätzen in einer Entscheidung vom 20.02.2019 gefolgt.[772] Denn der Gesetzesbegründung zufolge soll die Regelung insbesondere Familiengesellschaften zu Gute kommen. Anders als bei Publikumsgesellschaften entsprechen derartige Einschränkungen hinsichtlich der auf bestimmte Personen begrenzten Veräußerbarkeit der Anteile in Familiengesellschaften dem allgemeinen Geschäftsgebaren.[773]

Alternativ zur einheitlichen Verfügungsverpflichtung kann der Poolvertrag auch derart ausgestaltet sein, dass sich die Poolmitglieder dahingehend vertraglich binden, ihre Anteile ausschließlich auf andere, derselben Verpflichtung unterliegende Anteilseigner zu übertragen. Der Finanzverwaltung zufolge muss der Erwerber dabei nicht bereits im Zeitpunkt der Anteilsübertragung Gesellschafter sein. Es reicht aus, wenn der Erwerber zeitgleich mit der Übertragung der Poolvereinbarung beitritt.[774]

(2) Stimmrechtsbindung

Darüber hinaus sind die Anteilseigner verpflichtet, ihr Stimmrecht gegenüber nicht gebundenen Gesellschaftern nur einheitlich auszuüben. Dies wird entweder dadurch bewirkt, dass im Rahmen einer Poolvereinbarung vor der eigentlichen Gesellschafterversammlung eine Vorabstimmung stattfindet. Voraussetzung ist allerdings, dass diese Willensbildung ordnungsgemäß protokolliert wird. Daneben besteht auch die Möglichkeit, dass bestimmte Gesellschafter vertraglich auf ihr Stimmrecht verzichten oder die Poolmitglieder sich darauf einigen, einen gemeinschaftlichen Vertreter zu ernennen, welcher das Stimmrecht in der Gesellschafterversammlung ausübt.[775] Dabei sind entsprechend der Gesetzesbegründung auch stimmrechtslose Anteile einzubeziehen. Denn die

---

770 R E 13b.6 Abs. 4 Sätze 2 ff. ErbStR 2019.

771 *Lahme/Zikesch*, DB 2009, 527 (528); *Kamps*, FR 2009, 353 (357); *Wachter*, in: Fischer/Pahlke/Wachter, ErbStG, § 13b Rn. 64 ff; *Stalleiken*, in: von Oertzen/Loose, ErbStG, § 13b Rn. 72.

772 BFH, Urteil vom 20.02.2019 – II R 25/16, BFH/NV 2019, 873 (875).

773 *Hannes/Onderka*, ZEV 2008, 16 (20); *Lahme/Zikesch*, DB 2009, 527 (528).

774 R E 13b.6 Abs. 4 Satz 5 ErbStR 2019.

775 *Stalleiken*, in: von Oertzen/Loose, ErbStG, § 13b Rn. 74 ff.

Einheitlichkeit der Stimmrechtsausübung kann demnach auch dadurch erreicht werden, dass bereits im Vorfeld die Anteile stimmrechtslos sind.[776] Außerdem kommt es bei der Stimmrechtsausübung allein darauf an, dass das Stimmrecht in Abstimmung mit den anderen Poolmitgliedern ausgeübt wird. Übernimmt ein Poolmitglied einen solchen stimmrechtslosen Anteil, dann bringt es darin zum Ausdruck, dass es auf sein Beteiligungsrecht in der Form eines Stimmrechts verzichtet und damit grundsätzlich nicht im Widerspruch zu den anderen Poolmitgliedern steht.[777]

b. *Kein Verwaltungsvermögen*

Korrespondierend dazu, dass nur Beteiligungen an Kapitalgesellschaften über 25% zum begünstigungsfähigen Vermögen gehören, regelt § 13b Abs. 4 Nr. 2 Satz 1 ErbStG, dass Anteile von 25% oder weniger schädliches Verwaltungsvermögen darstellen. Würde der Gesetzgeber diese geringfügigen Anteile an Kapitalgesellschaften nicht als Verwaltungsvermögen qualifizieren, dann könnten die Gesellschafter diese Anteile in eine Personengesellschaftsholding einbringen und sodann die erbschaftsteuerliche Begünstigung für Betriebsvermögen nach § 13b Abs. 1 Nr. 2 ErbStG in Anspruch nehmen. Betriebsvermögen ist nämlich ohne Rücksicht auf die Beteiligungshöhe begünstigt.[778] Auch hier gibt es wiederum eine Ausnahme für poolgebundene Gesellschaftsanteile. Solange diese geringfügigen Kapitalgesellschaftsanteile im Rahmen einer Poolvereinbarung verfügungsbeschränkt und stimmrechtsgebunden sind, handelt es sich hierbei gerade nicht um schädliches Verwaltungsvermögen.[779] Die zur Herbeiführung dieser Rechtsfolge notwendigen Tatbestandsmerkmale entsprechen denen des § 13b Abs. 1 Nr. 3 Satz 2 ErbStG.[780]

---

776 BT-Drucks. 16/7918, S. 35.

777 *Geck*, in: Kapp/Ebeling, ErbStG (78. Lfg. 10.2018), § 13b Rn. 60; **gl. A.**: *Hannes/Holtz*, in: Meincke/Hannes/Holtz, ErbStG, § 13b Rn. 31; **a.A.**: die Finanzverwaltung in R E 13b.6 Abs. 5 Sätze 1 ff. ErbStR 2019; *Jülicher*, in: Troll/Gebel/Jülicher/Gottschalk, ErbStG (EL 56 Dez. 2018), § 13b Rn. 211; *Weinmann*, in: Moench/Weinmann, ErbStG (Stand: 80/03.18), § 13b Rn. 73.

778 *Stalleiken*, in: von Oertzen/Loose, ErbStG, § 13b Rn. 142.

779 *Kamps*, FR 2009, 353 (362).

780 *Stalleiken*, in: von Oertzen/Loose, ErbStG, § 13b Rn. 148 f.

2. *Aufhebung von Poolvereinbarungen*

Im Zusammenhang mit den Regelungen zu Poolvereinbarungen hat der Gesetzgeber in § 13a Abs. 6 Satz 1 Nr. 5 ErbStG einen eigenständigen Nachversteuerungstatbestand eingeführt. Zur Vermeidung dieser Sanktion darf es nicht zur Aufhebung der Poolvereinbarung innerhalb der dort normierten Haltefristen kommen.[781] Damit tritt neben die Verfügungsbeschränkung und Stimmrechtsbindung das Einhalten der fünf- bzw. siebenjährigen Haltefrist als weiteres Tatbestandsmerkmal, um die Ausnahmeregelung der Begünstigung von durch eine Poolvereinbarung gebundene Anteile an Kapitalgesellschaften in Anspruch nehmen zu können.[782]

a. *Inhaltliche Anforderungen an die Aufhebung*

Dem Wortlaut der Regelung des § 13a Abs. 6 Satz 1 Nr. 5 ErbStG zufolge führt jedenfalls die einvernehmliche Aufhebung der Poolvereinbarung zum Wegfall der Begünstigung. Es reicht dabei jedoch bereits aus, wenn entweder die Stimmrechtsbindung oder die Verfügungsbeschränkung wegfällt.[783] Der Wortlaut dieses Nachversteuerungstatbestandes enthält einen grammatikalischen Fehler, da Satzanfang und -ende nicht zusammenpassen: „soweit der Erwerber innerhalb von fünf Jahren (Behaltensfrist) […] 5. im Fall des § 13b Absatz 1 Nummer 3 Satz 2 die Verfügungsbeschränkung oder die Stimmrechtsbündelung aufgehoben wird". Unklar ist daher, ob die Aufhebung personenunabhängig oder allein durch den Erwerber für die Nachversteuerung entscheidend ist.[784] Grundsätzlich gilt, dass das Tatbestandsmerkmal der Aufhebung nicht eng zu verstehen ist. Damit führt nicht nur die einvernehmliche vertragliche Vereinbarung zu einer Beendigung der Poolvereinbarung.[785] Vor dem Hintergrund, dass die Poolmitglieder eine Innengesellschaft bilden und somit an die gesellschaftsvertraglichen Vorschriften einer Gesellschaft bürgerlichen Rechts gebunden sind, führt folglich auch das Ausscheiden eines Poolmitgliedes, beispielsweise durch Kündigung, Ausschluss oder Versterben, zur Aufhebung der Poolvereinbarung, soweit nichts Abweichendes vereinbart ist.[786] Schließlich löst auch die Übertragung des Geschäftsanteils an einen Rechtsnachfolger, welcher nicht in die

---

781 *Wachter*, ErbR 2016, 174 (181).

782 *Söffing*, in: Wilms/Jochum, ErbStG (April 2017), § 13a Rn. 210.

783 *Jülicher*, in: Troll/Gebel/Jülicher/Gottschalk, ErbStG (EL 54 Nov. 2017), § 13a Rn. 401.

784 *Stalleiken*, in: von Oertzen/Loose, ErbStG, § 13a Rn. 182.

785 *Geck*, in: Kapp/Ebeling, ErbStG (77. Lfg. 08.2018), § 13a Rn. 154.

786 *Hannes/Holtz*, in: Meincke/Hannes/Holtz, ErbStG, § 13a Rn. 89.

Poolvereinbarung eintritt, bei dem ausscheidenden Gesellschafter eine Nachversteuerung aus.[787]

b. Schädliche Verfügungen

Eine für die Begünstigung schädliche Verfügung stellt damit auch die Veräußerung der Anteile dar. Nach Ansicht der Finanzverwaltung führt dies bereits nach § 13a Abs. 6 Satz 1 Nr. 4 ErbStG zum Wegfall der Begünstigung bei dem veräußernden Poolgesellschafter, und zwar nicht nur bei einer Veräußerung an fremde Dritte, sondern auch bei entgeltlichen Übertragungen an Poolmitglieder. Für die verbleibenden Poolmitglieder gilt hiernach, dass deren Anteile begünstigt bleiben, solange diese weiterhin über mehr als 25% der Anteile verfügen.[788] Das Absinken der Beteiligungsquote der poolgebundenen Gesellschafter auf 25% und weniger führt nach Ansicht der Finanzverwaltung generell zum Wegfall der Begünstigung der übrigen Poolmitglieder. Dies kann beispielsweise durch Ausscheiden eines oder mehrerer Gesellschafter oder infolge einer Kapitalerhöhung eintreten.[789]

Eine begünstigungsunschädliche Verfügung und damit keine Aufhebung im Sinne von § 13a Abs. 6 Satz 1 Nr. 5 ErbStG stellt nach Ansicht der Finanzverwaltung die Bestellung eines Nießbrauchs am Anteil eines Gesellschafters dar, solange das Stimmrecht beim Nießbrauchbesteller bleibt. Auch die Verpfändung des Anteils führt per se noch nicht zur Aufhebung der Poolvereinbarung. Schädlich ist erst die Verwertung des Pfandguts durch die Pfandgläubiger. Dies erfüllt jedoch bereits den Tatbestand des § 13a Abs. 6 Satz 1 Nr. 4 ErbStG. Schließlich führt auch die Konfusion, also die Vereinigung aller Anteile bei dem letzten Poolgesellschafter einer Poolgemeinschaft, nicht zum Verlust der Begünstigung.[790] Unschädlich sind zudem nachträgliche Änderungen der Poolabrede, soweit die Stimmrechtsbündelung oder Verfügungsbeschränkung nicht aufgehoben werden.

c. Rechtsfolgen

In der Rechtsfolge führt die Aufhebung der Poolvereinbarung nicht dazu, dass die durch die Poolvereinbarung gebundenen Anteile rückwirkend zum

---

787 *Geck*, in: Kapp/Ebeling, ErbStG (77. Lfg. 08.2018), § 13a Rn. 154.

788 R E 13a.17 Abs. 2 Nr. 1 ERbStR 2019; *Stalleiken*, in: von Oertzen/Loose, ErbStG, § 13a Rn. 181.

789 R E 13a.17 Abs. 2 Nr. 3 ErbStR 2019.

790 R E 13a.17 Abs. 1 Nr. 1 bis 3 ErbStR 2019.

Verwaltungsvermögen werden. Vielmehr löst dies eine anteilige Nachversteuerung aus.[791] Nach § 13a Abs. 6 Satz 2 ErbStG beschränkt sich der Wegfall des Verschonungsabschlags auf den Teil, der dem Verhältnis der verbleibenden Behaltensfrist zur gesamten Behaltensfrist entspricht. Die Nachversteuerung erfolgt daher nur zeitanteilig. Gegenständlich ist sie auf die von der Aufhebung betroffenen Anteile beschränkt.[792]

3. *Bedeutung für den Schutz des Familienvermögens*

Die Regelungen zu Poolvereinbarungen tragen erleichternd dem Umstand Rechnung, dass Anteile an Familien-Kapitalgesellschaften oftmals aufgrund der Generationennachfolge unter die 25%-Beteiligungsschwelle geraten und sichern durch die Bindungsvoraussetzungen die Wahrung des maßgeblichen Einflusses der Familie auf die Geschäftspolitik der Gesellschaft.[793] Der Gesetzgeber hat es zwar unterlassen, im Gesetzestext den Ausdruck „Familien-Kapitalgesellschaften" zu verwenden. Dennoch verdeutlicht nicht nur die Gesetzesbegründung die Förderungsabsichten des Gesetzgebers in Bezug auf familiär geführte Unternehmen. Auch die Auslegung des Tatbestandsmerkmals der einheitlichen Verfügung durch die Finanzverwaltung deutet darauf hin.

Allerdings fordert der Gesetzgeber auch eine verhältnismäßig lang andauernde Einhaltung der in der Poolvereinbarung getroffenen Bindungsvoraussetzungen von fünf bzw. sieben Jahren.[794] Dadurch soll sichergestellt werden, dass derartig bindende Vereinbarungen nicht nur auf kurze Zeit zur Erlangung der erbschaftsteuerlichen Begünstigung geschlossen werden.[795] Darüber hinaus bezweckt die Bindungsdauer die Wahrung des familiären Einflusses in der Gesellschaft, welcher durch die Unternehmensnachfolge und die damit einhergehende Zersplitterung der Anteile verloren gehen kann.[796] Für die Praxis führt dies jedoch gerade bei zahlreichen Gesellschaftern zu einem erheblichen Verwaltungsaufwand, da sämtliche Erwerbe der gepoolten Anteile stets überwacht werden müssen.[797] Ebenfalls problematisch ist die Ansicht der Finanzverwaltung, wonach das Absinken des Quorums der Poolmitglieder auf unter

791 *Geck*, in: Kapp/Ebeling, ErbStG (78. Lfg. 10.2018), § 13b Rn. 130.
792 *Hannes/Holtz*, in: Meincke/Hannes/Holtz, ErbStG, § 13a Rn. 87.
793 *Seer*, in: Tipke/Lang, Steuerrecht, § 15 Rn. 111.
794 *Wachter*, ErbR 2016, 174 (182).
795 *Philipp*, in: Viskorf/Schuck/Wälzholz, ErbStG, § 13a Rn. 132.
796 *Söffing*, in: Wilms/Jochum, ErbStG (April 2017), § 13a Rn. 210.2.
797 *Philipp*, in: Viskorf/Schuck/Wälzholz, ErbStG, § 13a Rn. 134.

25% entweder durch Ausscheiden eines oder mehrerer Gesellschafter(s) oder aufgrund einer Kapitalerhöhung zum Wegfall der Begünstigung führt. Dadurch wird nicht mehr allein nur der rechtliche Rahmen derartiger Vereinbarungen vorgegeben, sondern direkt in die unternehmerischen Entscheidungen der Gesellschaft eingegriffen. Selbst wenn man jedoch entgegen der Auffassung der Finanzverwaltung die Begünstigung auch bei einem Absinken des Quorums auf unter 25% infolge einer Kapitalerhöhung beibehält, können die Poolmitglieder ihre Anteile dann nicht mehr steuerbegünstigt an die Nachfolgegeneration übertragen.

III. Vorwegabschlag für Familienunternehmen

Eine Sonderstellung innerhalb der Verschonungsregelungen des § 13a ErbStG nimmt der Vorwegabschlag nach § 13a Abs. 9 ErbStG ein. Die Regelung ist darauf zurückzuführen, dass Gesellschafter von Familienunternehmen in der Regel durch gesellschaftsvertragliche Vereinbarungen gebunden sind, welche die Unternehmenssicherung und die Begrenzung des Gesellschafterkreises auf die Familie bezwecken.[798] Folglich mindert dies den wirtschaftlichen Wert dieser Anteile. Die Regelung des § 13a Abs. 9 ErbStG versucht dies zu berücksichtigen, indem unter bestimmten Voraussetzungen ein Wertabschlag von bis zu 30% gewährt wird.[799] Systematisch betrachtet stellt § 13a ErbStG eine sachliche Steuerbefreiung für das über § 13b ErbStG ermittelte begünstigte Vermögen dar.[800]

1. Inhalt der Regelung

Der Regelung des § 13a Abs. 9 Satz 1 ErbStG zufolge muss der Gesellschaftsvertrag oder die Satzung des übertragenden Unternehmens vorsehen, dass die Entnahmen oder Ausschüttungen nach Abzug der auf die Gewinnanteile oder Ausschüttungen entfallenden Steuern auf höchstens 37,5 % (§ 13a Abs. 9 Satz 1 Nr. 1 ErbStG) begrenzt und die Verfügungen über die Beteiligungen ausschließlich auf Mitgesellschafter, Angehörige im Sinne des § 15 AO oder Familienstiftungen beschränkt sind (§13a Abs. 9 Satz 1 Nr. 2 ErbStG). Zudem muss der Gesellschaftsvertrag für den Fall des Ausscheidens aus der Gesellschaft eine Abfindungsbeschränkung enthalten (§13a Abs. 9 Satz 1 Nr. 3 ErbStG).[801]

---

798 *Stalleiken,* in: von Oertzen/Loose, ErbStG, § 13a Rn. 220.

799 *Schulte/Birnbaum*, Erbschaftsteuerrecht, Rn. 731.

800 *Stalleiken,* in: von Oertzen/Loose, ErbStG, § 13a Rn. 15.

801 *Stalleiken,* in: von Oertzen/Loose, ErbStG, § 13a Rn. 222.

Entsprechen die Bestimmungen nicht den tatsächlichen Verhältnissen, so wird nach § 13a Abs. 9 Satz 2 ErbStG die Verschonung nur anteilig gewährt. Die Höhe des Abschlags entspricht nach § 13a Abs. 9 Satz 3 ErbStG der Minderung der Abfindung im Sinne von § 13a Abs. 9 Satz 1 Nr. 3 ErbStG. Schließlich müssen die vertraglichen Vereinbarungen nach § 13a Abs. 9 Sätze 4 und 5 ErbStG bereits seit zwei Jahren bestehen und für weitere zwanzig Jahre eingehalten werden. Der Gesetzesbegründung zufolge soll die Fristenregelung sicherstellen, dass die gesellschaftsvertraglichen Regelungen auch den tatsächlichen Verhältnissen entsprechen und nicht durch Gestaltungen umgangen werden.[802] Kommt es zu Änderungen der genannten Bestimmungen oder der tatsächlichen Verhältnisse, ist der Erwerber nach § 13a Abs. 9 Satz 6 Nr. 1 ErbStG verpflichtet, dies innerhalb einer Frist von einem Monat dem Finanzamt anzuzeigen. Die Festsetzungsfrist endet nach § 13a Abs. 9 Satz 6 Nr. 2 ErbStG nicht vor Ablauf des vierten Jahres, nachdem das Finanzamt Kenntnis erlangt hat.

2. *Entstehung der Regelung*

Eingeführt wurde der Vorwegabschlag nach § 13a Abs. 9 ErbStG in das Begünstigungssystem für Betriebsvermögen durch das Gesetz zur Anpassung des Erbschaftsteuergesetzes an die Rechtsprechung des Bundesverfassungsgerichts.[803] In diesem Beschluss zur Betriebsvermögensverschonung fordert das Bundesverfassungsgericht zwar nicht die Verschonung familiär geführter Unternehmen. Nichtsdestotrotz erkennt es die Förderung solcher Unternehmen als gewichtigen Gemeinwohlgrund an.[804] Infolge dieser Rechtsprechung erging bereits im September 2015 durch die Bundesregierung ein Gesetzesentwurf. Dieser sah zwar keinen Vorwegabschlag vor, gewährte familiengeführten Unternehmen jedoch eine erhöhte Prüfschwelle von 52 Mio. Euro anstatt 26 Mio. Euro.[805] Diesem Entwurf zufolge ist eine nachhaltige Unternehmensfortführung und eine hieraus resultierende Sicherung der Beschäftigung für Familienunternehmen typisch. Um dies zu gewährleisten enthalten die gesellschaftsvertraglichen Vereinbarungen in Familienunternehmen oftmals Beschränkungen, welche den freien Handel der Geschäftsanteile regelmäßig erschwert oder ausschließt.[806]

802 BT-Drucks. 18/8911, S. 38.

803 BGBl. I 2016, 2464 (2466); *Geck*, in: Kapp/Ebeling, ErbStG (77. Lfg. 08.2018), § 13a Rn. 2.

804 vgl. hierzu die Ausführungen unter 1. Teil C I 3.

805 BT-Drucks. 18/5923, S. 10.

806 BT-Drucks. 18/5923, S. 24.

Allerdings blieben sich Bundesregierung und Bundesrat über diesen Gesetzesentwurf insgesamt uneinig.[807] Im weiteren Gesetzgebungsverfahren wurde folglich die erhöhte Prüfschwelle von 52 Mio. Euro durch den Vorwegabschlag ersetzt. Diesem Bundestagsbeschluss vom 24.06.2016 zufolge gründen gesellschaftsvertragliche Beschränkungen familiär geführter Unternehmen in der Person des Steuerpflichtigen und werden gemäß § 9 Abs. 2 Satz 3 BewG nicht im Rahmen der Unternehmensbewertung berücksichtigt. Dies soll daher durch eine besondere Steuerbefreiung auf Ebene der Steuerfestsetzung gewährleistet werden.[808] Der Bundesrat verwies diesen Bundestagsbeschluss am 1.07.2016 zwar in den Vermittlungsausschuss.[809] Hinsichtlich der Regelung des § 13a Abs. 9 ErbStG basiert die endgültige Einigung vom 22.09.2016 jedoch im Wesentlichen auf dem Bundestagsbeschluss vom 24.06.2016.[810]

3. *Vertragliche bzw. satzungsmäßige Voraussetzungen*

Die Entnahme-, Verfügungs- und Abfindungsbeschränkungen müssen gesellschaftsvertraglich bzw. satzungsmäßig festgelegt sein und den tatsächlichen Verhältnissen entsprechen. Es reicht nicht aus, wenn diese Beschränkungen in gesellschaftsrechtlichen Poolvereinbarungen oder Gesellschaftervereinbarungen außerhalb des Gesellschaftsvertrags festgelegt werden.[811]

a. Entnahme- bzw. Ausschüttungsbeschränkungen

Nach § 13a Abs. 9 Satz 1 Nr. 1 Hs. 1 ErbStG muss im Gesellschaftsvertrag bzw. in der Satzung eine Regelung enthalten sein, worin die Beschränkung der Entnahme oder Ausschüttung auf 37,5% des steuerlichen Gewinns, welcher um die auf den Gewinnanteil oder die Ausschüttungen aus der Gesellschaft entfallenden Steuern vom Einkommen gekürzt wird, geregelt ist. Dabei bleiben gemäß § 13a Abs. 9 Satz 1 Nr. 1 Hs. 2 ErbStG Entnahmen zur Begleichung der auf den Gewinnanteil oder die Ausschüttungen aus der Gesellschaft entfallenden Steuern vom Einkommen von dieser Beschränkung unberücksichtigt.

---

807 vgl. zum Gesetzgebungsprozess: *Wachter,* FR 2016, 690 (690 f.).

808 BT-Drucks. 18/8911, S. 38.

809 BT-Drucks. 18/9155.

810 vgl. BT-Drucks. 18/9690, S. 2.

811 *Söffing*, in: Wilms/Jochum, ErbStG (April 2017), § 13a Rn. 286.2; *Weber/Schwind*, ZEV 2016, 688 (689).

aa. Steuerlicher Gewinn

Die Bemessungsgrundlage für den Entnahme- bzw. Ausschüttungshöchstbetrag ergibt sich aus der Differenz des steuerrechtlichen Gewinns abzüglich des Kürzungsbetrages. Damit ist der steuerrechtliche Gewinn einer Personen- bzw. Kapitalgesellschaft die maßgebende Ausgangsgröße.

Bei einer gewerblichen Personengesellschaft stellt sich dabei die Frage, ob auf den Gesamtgewinn der Mitunternehmerschaft oder auf den Gewinn der Gesamthand abzustellen ist. Der steuerrechtliche Gewinn eines Gesellschafters bzw. Mitunternehmers nach § 15 Abs. 1 Satz 1 Nr. 2 Satz 1 EStG setzt sich aus seinem Gewinnanteil am Ergebnis der Gesamthand sowie seinen Sondervergütungen zusammen. Fasst man auch die Sondervergütungen unter den steuerrechtlichen Gewinn, dann würde das für den Gesellschafter aufgrund der Entnahmebeschränkung bedeuten, dass er seine Tätigkeitsvergütung nur anteilig entnehmen dürfte. Insofern ist die Regelung des § 13a Abs. 9 Satz 1 Nr. 1 ErbStG eng auszulegen und auf das Gesamthandergebnis zu beschränken.[812] Hinzu kommt, dass es dem Wortlaut der Vorschrift nach auf die Gewinnentnahme nach dem Gesellschaftsvertrag ankommt. Dieser regelt jedoch nur den Gewinn der Gesamthand und lässt steuerliche Besonderheiten, wie Sonder- und Ergänzungsbilanzen unberücksichtigt.[813] Bei Kapitalgesellschaften stellt sich demgegenüber die Frage, ob auch verdeckte Gewinnausschüttungen dem steuerlichen Gewinn hinzuzurechnen sind. Im Ergebnis ist dies zu bejahen. Denn bei der Ermittlung der zulässigen Ausschüttungen an die Gesellschafter sind alle offenen und verdeckten Ausschüttungen zu berücksichtigen, unabhängig davon, dass verdeckte Gewinnausschüttungen ertragsteuerlich durch Hinzurechnung korrigiert werden. Hinzukommt, dass verdeckte Gewinnausschüttungen als Entnahmen gesellschaftsvertraglich ohnehin nicht geregelt sind, es für die Entnahmebeschränkung allerdings auf die gesellschaftsvertraglichen Regelungen ankommt.[814]

---

812 *Weber*, DStZ 2017, 13 (15).

813 *Wachter*, in: Fischer/Pahlke/Wachter, ErbStG, § 13a Rn. 631; **gl. A.** mit anderen Argumenten: *Hannes/Holtz*, in: Meincke/Hannes/Holtz, ErbStG, § 13a Rn. 107; *Geck*, in: Kapp/Ebeling, ErbStG (77. Lfg. 08.2018), § 13a Rn. 199; auch die Finanzverwaltung sieht dies so: R E 13a.20 Abs. 3 Satz 5 ErbStR 2019.

814 *Wachter*, in: Fischer/Pahlke/Wachter, ErbStG, § 13a Rn. 635; *Söffing*, in: Wilms/Jochum, ErbStG (April 2017), § 13a Rn. 289.10; *Jülicher*, in: Troll/Gebel/Jülicher/Gottschalk, ErbStG (EL 54 Nov. 2017), § 13a Rn. 481; **a.A.**: *Geck*, in: Kapp/Ebeling, ErbStG (77. Lfg. 08.2018), § 13a Rn. 197.

bb. Kürzungsbetrag

Der Kürzungsbetrag ergibt sich sodann aus der auf den Gewinnanteil der Personengesellschaft, bzw. bei einer Kapitalgesellschaft, aus der auf die Ausschüttungen aus der Kapitalgesellschaft entfallenden Steuern vom Einkommen. Obwohl sich aufgrund des Transparenzprinzips bei Personengesellschaften und dem Trennungsprinzip bei Kapitalgesellschaften im Rahmen der Anwendung der Steuersätze Unterschiede für Gewinnanteile an Personengesellschaften und Ausschüttungen aus einer Kapitalgesellschaft ergeben, behandelt die Vorschrift diese gleich.[815] Bei Personengesellschaften wird dem Mitunternehmer aufgrund des Transparenzprinzips der Gewinnanteil unmittelbar zugewiesen, welcher sodann nach dem jeweiligen individuellen Steuersatz zu versteuern ist.[816] Kapitalgesellschaften unterliegen hingegen dem Trennungsprinzip. Die Steuern vom Einkommen, welche auf die Ausschüttung aus der Gesellschaft entfallen, setzen sich aus Körperschaftsteuer zuzüglich Solidaritätszuschlag und Gewerbesteuer sowie Abgeltungssteuer zuzüglich Solidaritätszuschlag zusammen.[817] Um diesen Unterschieden zwischen Personen- und Kapitalgesellschaften gerecht zu werden, kann der Finanzverwaltung zufolge aus Vereinfachungsgründen bei einer Personengesellschaft die auf den Gewinnanteil entfallende Steuer, oder bei einer Kapitalgesellschaft, die auf die Ausschüttung entfallende Steuer mit einem Steuersatz von 30% angenommen werden.[818] Einer Ansicht in der Literatur zufolge wird daneben vorgeschlagen, die maximale Entnahme- bzw. Ausschüttungsquote auf Basis der Höchststeuersätze zu ermitteln, womit man ungefähr einen Gleichlauf zwischen Personen- und Kapitalgesellschaften erreicht.[819]

cc. Ausnahme: Steuern auf den Anteil

Schließlich werden nach § 13a Abs. 9 Satz 1 Nr. 1 Hs. 2 ErbStG Entnahmen zur Begleichung der auf den Gewinnanteil bzw. auf die Ausschüttung entfallenden

---

815 *Söffing*, in: Wilms/Jochum ErbStG (April 2017), § 13a Rn. 289.1 f.; *Wachter*, in: Fischer/Pahlke/Wachter, ErbStG, § 13a Rn. 629.

816 *Söffing*, in: Wilms/Jochum, ErbStG (April 2017), § 13a Rn. 289.6; **a.A.**: *Thonemann-Micker*, DB 2016, 2312 (2315), welche nur die anteilige Gewerbesteuer bei der Personengesellschaft berücksichtigt.

817 vgl. *Geck*, in: Kapp/Ebeling, ErbStG (77. Lfg. 08.2018), § 13a Rn. 201; *Thonemann-Micker*, DB 2016, 2312 (2315); *Söffing*, in: Wilms/Jochum, ErbStG (April 2017), § 13a Rn. 289.12.

818 R E 13a.20 Abs. 3 Satz 3 ErbStR 2019.

819 vgl. hierzu die Darstellung bei *S. Viskorf/Löcherbach/Jehle*, DStR 2016, 2425 (2430).

Steuern vom Einkommen bei der Ermittlung des Entnahme- bzw. Ausschüttungsbetrages nicht miteinbezogen.[820] Gemeint sind damit die Steuern, welche auf den über § 13a Abs. 9 Satz 1 Nr. 1 Hs. 1 ErbStG ermittelten Entnahme- bzw. Ausschüttungshöchstbetrag entfallen. Dadurch soll gewährleistet werden, dass jeder Gesellschafter nicht nur den Entnahmehöchstbetrag, sondern zusätzlich die auch die seiner individuellen Steuersituation entsprechenden, hierauf anfallenden Steuern vom Einkommen entnehmen darf.[821]

b. *Verfügungsbeschränkungen*

Die Regelung des § 13a Abs. 9 Satz 1 Nr. 2 ErbStG setzt zusätzlich voraus, dass Verfügungen über die Beteiligung bzw. den Anteil auf Mitgesellschafter, Angehörige im Sinne von § 15 AO oder auf eine Familienstiftung beschränkt sind. Der von § 15 Abs. 1 AO erfasste Personenkreis ist dabei deutlich umfassender, als die in Steuerklasse I und II nach § 15 Abs. 1 ErbStG eingeteilten Personen. Die Regelung des § 15 Abs. 1 AO erfasst beispielsweise auch Verlobte (§ 15 Abs. 1 Nr. 1 AO), Schwägerinnen und Schwager (§ 15 Abs. 1 Nr. 6 AO), Tanten und Onkel (§ 15 Abs. 1 Nr. 7 AO) sowie Pflegeeltern (§ 15 Abs. 1 Nr. 8 AO). Der Personenkreis des § 15 AO erfasst nicht nur solche Personen, zu denen eine verwandtschaftliche Beziehung besteht, sondern auch einstige Angehörige, wie beispielsweise der geschiedene Ehegatte. Ausgeschlossen bleiben jedoch nichteheliche Lebenspartner.[822] Die Begrenzung auf Mitgesellschafter hat zur Folge, dass an neu in die Gesellschaft eintretende Gesellschafter nicht verfügt werden kann, es sei denn, diese sind Angehörige oder eine Familienstiftung.[823] Vermögensverwaltende Familiengesellschaften gehören hingegen nicht zum begünstigten Empfängerkreis.[824] Nach Ansicht der Finanzverwaltung erfüllen diese nämlich gerade nicht die Voraussetzungen der erbschaftsteuerlichen Verfügungsbeschränkung. Zudem will die Finanzverwaltung auch solche Verfügungen nicht ausreichen lassen, welche zwar an andere Personen erfolgen, jedoch unter der Zustimmung der Gesellschafterversammlung.[825]

Ähnlich wie bei Poolvereinbarungen[826] stellt sich auch hier die Frage, wie sich das Tatbestandsmerkmal der Verfügungsbeschränkung definiert. Nicht umfasst

---

820 *Geck*, in: Kapp/Ebeling, ErbStG (77. Lfg. 08.2018), § 13a Rn. 197.
821 *Söffing*, in: Wilms/Jochum, ErbStG (April 2017), § 13a Rn. 289.7.
822 *Riedel*, in: Daragan/Halaczinsky/Riedel, ErbStG, § 13a Rn. 353.
823 *Steger/Königer*, BB 2016, 3099 (3102).
824 *Wachter*, in: Fischer/Pahlke/Wachter, ErbStG, § 13a Rn. 646.
825 R E 13a.20 Abs. 2 Satz 2 Nr. 2 Satz 2 ErbStR 2019.
826 vgl. hierzu die Ausführungen unter 3. Teil C II 1 a cc (1).

sind jedenfalls Verfügungen von Todes wegen, da diese bereits nach § 2302 BGB nicht wirksam beschränkt werden können. Folglich können nur Verfügungen unter Lebenden erfasst sein.[827] Hiervon ausgenommen sind jedoch die Verpfändung von Anteilen oder die Bestellung eines Nießbrauchs. Andernfalls wäre es einem Gesellschafter nicht mehr möglich, ohne Verstoß gegen die steuerliche Begünstigung, seiner Bank den Gesellschaftsanteil als Kreditsicherheit hinzugeben.[828] Erbschaftsteuerrechtlich sind damit nur dingliche Übertragungen der Gesellschaftsanteile vom Verfügungsbegriff erfasst.[829]

c. *Abfindungsbeschränkungen*

Schließlich setzt § 13a Abs. 9 Satz 1 Nr. 3 ErbStG voraus, dass der Gesellschaftsvertrag oder die Satzung für den Fall des Ausscheidens des Gesellschafters aus der Gesellschaft eine Abfindung vorsieht, die unter dem gemeinen Wert der Beteiligung an der Personengesellschaft oder des Anteils an der Kapitalgesellschaft liegt. In den Gesellschaftsverträgen ist die Höhe der Abfindung jedoch regelmäßig nicht als prozentuale Ermäßigung auf den gemeinen Wert des Anteils geregelt. Folglich muss zunächst der gemeine Wert des Anteils und sodann die Abfindung nach dem Gesellschaftsvertrag ermittelt werden.[830] Die Höhe der Abfindungsbeschränkung bestimmt gleichzeitig die Bemessung des Wertabschlages nach § 13a Abs. 9 Satz 3 ErbStG.[831] Schließlich dürfte die Inanspruchnahme der Begünstigung jedoch insofern problematisch sein, da eine unter dem gemeinen Wert liegende Abfindungsbeschränkung, zugleich den Besteuerungstatbestand des § 7 Abs. 7 ErbStG erfüllt.[832]

4. *Rechtsfolgen*

Liegen die Tatbestandsvoraussetzungen vor, wird der Vorwegabschlag vor Anwendung der Begünstigungsregelungen der §§ 13a Abs. 1, 13a Abs. 10, 13c und § 28a ErbStG vom begünstigungsfähigen Vermögen abgezogen.[833] Die Regelung des § 13a Abs. 9 Satz 1 ErbStG ist allerdings nicht nur vorrangig anwendbar, sondern ermöglicht auch eine Verschonung ohne Bindung an das

---

827 *Weber/Schwind*, ZEV 2016, 688 (692).
828 *Wachter*, in: Fischer/Pahlke/Wachter, ErbStG, § 13a Rn. 655 ff.
829 *Stalleiken*, in: von Oertzen/Loose, ErbStG, § 13a Rn. 233.
830 *Wachter*, in: Fischer/Pahlke/Wachter, ErbStG, § 13a Rn. 675.
831 *Riedel*, in: Daragan/Halaczinsky/Riedel, ErbStG, § 13a Rn. 358.
832 *Stalleiken*, in: von Oertzen/Loose, ErbStG, § 13a Rn. 236.
833 BT-Drucks. 18/8911, S. 38.

die Verschonung legitimierende Lenkungsziel des Arbeitsplatzerhalts nach § 13a Abs. 3 ErbStG.[834] Für den Vorwegabschlag ist es zudem unerheblich, ob die fünf- bzw. siebenjährige Haltefrist des § 13a Abs. 6 ErbStG bzw. des § 13a Abs. 10 Satz 1 Nr. 6 ErbStG eingehalten wird und der Erwerber dauerhaft Gesellschafter bleibt. Veräußerungen der Anteile bzw. Beteiligungen, Überentnahmen sowie die Aufhebung der Beschränkungen der Poolvereinbarungen haben daher keine Auswirkungen auf den Vorwegabschlag. Es kommt lediglich darauf an, dass die gesellschaftsvertraglichen oder satzungsmäßigen Regelungen zwei Jahre vor und zwanzig Jahre nach Übertragungsstichtag eingehalten werden.[835]

Im Rahmen der Rechtsfolgen ist zunächst die Anwendung des Wertabschlags und dessen Berechnung bedeutsam (a.). Daneben ist fraglich, welche Folgen ein Verstoß gegen die Voraussetzungen der Norm nach sich zieht (b.).

a. Höhe des Wertabschlags

Liegen die Voraussetzungen für den Vorwegabschlag vor, so gewährt § 13a Abs. 9 Satz 3 ErbStG auf das begünstigte Vermögen einen Wertabschlag in Höhe der Differenz zwischen satzungsmäßigem Abfindungsvertrag und gemeinem Wert der Beteiligung. Dieser ist jedoch auf höchstens 30% begrenzt. Damit stellt der Vorwegabschlag nicht nur eine zusätzliche Steuerbefreiung für Familienunternehmen dar, sondern erhöht darüber hinaus auch die Prüfschwelle von 26 Mio. Euro auf ca. 37 Mio. Euro, wenn man von dem 30%igen Höchstabzugsbetrag ausgeht.[836] Problembehaftet ist die Abschlagsberechnung jedoch dann, wenn der Gesellschaftsvertrag andere Berechnungsmethoden für die Abfindung bestimmt und wenn für einzelnen Gesellschafter oder bestimmte Fallgruppen, wie etwa das Ausscheiden durch Kündigung oder durch Ausschluss, unterschiedliche Abfindungshöhen geregelt sind.[837]

b. Verstoß gegen den Gesellschaftsvertrag bzw. die Satzung

Dem Wortlaut des Gesetzes zufolge fällt bei einem Verstoß gegen die erforderlichen Regelungen des Gesellschaftsvertrags bzw. der Satzung der Vorwegabschlag und die damit einhergehende Steuerbefreiung in vollem Umfang rückwirkend weg. Dies ist vor allem dann der Fall, wenn der Gesellschaftsvertrag oder die Satzung derart geändert wird, dass die notwendigen Voraussetzungen für den

---

834 *Weinmann*, in: Moench/Weinmann, ErbStG (Stand: 79/12.17), § 13a Rn. 214.
835 *Thonemann-Micker*, DB 2016, 2312 (2314).
836 *Söffing*, in: Wilms/Jochum, ErbStG (April 2017), § 13a Rn. 287.2.
837 *Wachter*, in: Fischer/Pahlke/Wachter, ErbStG, § 13a Rn. 707 f.

Vorwegabschlag nicht mehr gegeben sind. Anders als bei Verstößen gegen die Behaltensanforderungen gemäß § 13a Abs. 6 Satz 2 ErbStG führt dies nicht zu einem anteiligen, sondern einem vollständigen Wegfall der Begünstigung.[838] Wenn sich innerhalb der Haltefrist von 20 Jahren hinsichtlich der Abfindungsbeschränkung ein niedrigerer Prozentsatz ergibt, so ist der Vorwegabschlag entsprechend anzupassen. Die Übertragung des begünstigten Vermögens von Todes wegen oder durch Schenkung unter Lebenden ist jedoch für den Vorwegabschlag unerheblich, solange das begünstigte Vermögen auf Personen im Sinne von § 13a Abs. 9 Satz 1 Nr. 2 ErbStG und unter Beachtung der gesellschaftsvertraglichen Beschränkungen übergeht. Verstoßt der nachfolgende Erwerber gegen die Voraussetzungen des Vorwegabschlags, führt dies auch bei dem vorangegangenen Erwerber zur Nachversteuerung, wenn hierbei die 20-jährige Frist noch nicht abgelaufen ist.[839]

5. *Bedeutung für den Schutz des Familienvermögens*

Die Regelung des § 13a Abs. 9 ErbStG zeigt, dass das Erbschaftsteuergesetz unternehmerischem Familienvermögen unter bestimmten Voraussetzungen nicht nur gegenüber privatem Familienvermögen eine besondere Stellung zukommen lässt, sondern auch gegenüber unternehmerischem Vermögen mit Fremdbeteiligungen. Ähnlich wie es bei Vermögensübertragungen zwischen Ehegatten und an Kinder vertreten wird,[840] stellt auch hier die eingeschränkte Verfügung über die Anteile bzw. deren Realisierung durch Verkauf eine Minderung der wirtschaftlichen Leistungsfähigkeit dar.[841]

In ihrer Ausgestaltung ist die Regelung in mehrfacher Hinsicht vorteilhaft für unternehmerisches Familienvermögen. Die Norm stellt einen zusätzlichen Freibetrag dar, welcher nur aufgrund der familiären Bindung eines Unternehmens gewährt wird. Dies sogar unabhängig davon, ob der Arbeitsplatzerhalt gesichert ist oder die Behaltensfristen des § 13a Abs. 6 ErbStG eingehalten werden. Außerdem kann jedes Familienunternehmen unabhängig von der Höhe des Wertes des begünstigten Vermögens den Vorwegabschlag in Anspruch nehmen. Schließlich wird auch die Prüfschwelle erhöht, wodurch trotz Überschreiten der 26 Mio. Euro-Grenze die Anwendung der Regelverschonung nach § 13a Abs. 1 ErbStG möglich ist. Im Gegensatz zu privaten Vermögensübertragungen innerhalb der

---

838 *Wachter*, in: Fischer/Pahlke/Wachter, ErbStG, § 13a Rn. 693.

839 *Weinmann*, in: Moench/Weinmann, ErbStG (Stand: 79/12.17), § 13a Rn. 234 ff.

840 vgl. hierzu die Ausführungen unter 2. Teil A I 2.

841 *Wachter*, FR 2016, 690 (699).

Familie, knüpft der Gesetzgeber gerade nicht an die Steuerklasseneinteilung des § 15 Abs. 1 ErbStG an. Durch den Verweis auf § 15 AO ermöglicht er dadurch nicht nur Übertragungen in der Seitenlinie und an nicht blutsverwandte Angehörige, sondern auch an schlicht nahestehende Personen, wie Verlobte oder Pflegeeltern. Auf der anderen Seite sind vermögensverwaltende Familiengesellschaften gerade nicht vom Empfängerkreis umfasst, obwohl die Gesellschafter Angehörige im Sinne von § 15 AO sind. Auch eine Verfügung unter Zustimmung aller Mitgesellschafter reicht nicht aus.

Problematisch mit Blick auf den Schutz des familiären Unternehmensvermögens sind vor allem aber die Komplexität der Berechnung und die damit einhergehenden Unklarheiten der Norm. Dies zeigt sich nicht nur bei der Ermittlung des Kürzungsbetrages im Rahmen der Entnahme- bzw. Ausschüttungsbeschränkungen, wofür sogar die Finanzverwaltung aus Vereinfachungsgründen die Annahme eines pauschalen Steuersatzes zulässt. Schwierigkeiten ergeben sich insbesondere auch bei der Höhe des Verschonungsabschlags. Dabei muss nämlich nicht nur der tatsächliche Wert der Abfindung ermittelt werden, sondern auch dessen gemeiner Wert im Sinne des Bewertungsgesetzes. Schließlich führt der lang andauernde Haltezeitraum gerade bei größeren Familiengesellschaften zu faktisch dauerhaften Entnahme- und Ausschüttungsbeschränkungen und zwar insbesondere dann, wenn Anteile im Wege der vorweggenommenen Erbfolge übertragen werden.[842] Denn dadurch beginnt stets ein neuer Fristlauf.[843] Diese faktisch dauerhafte Bindung verhindert unternehmerisch notwendige Anpassungen und erschwert zudem die familiäre Unternehmensfortführung.

IV. Zusammenfassung

Die Regelungen zur erbschaft- und schenkungsteuerlich begünstigten Übertragung von Betriebsvermögen ist allgemein aufgrund ihres gesamtwirtschaftlich bedeutenden Einflusses durch die Schaffung von Arbeitsplätzen und ihrem Beitrag zur Sicherung des Bruttosozialproduktes gerechtfertigt.[844] Eine besondere Stellung innerhalb der Unternehmenskultur Deutschlands nehmen dabei Familienunternehmen ein. Sie haben nicht nur einen großen Anteil am Gesamtumsatz aller Unternehmen, sondern gelten allgemein auch als Garant für Produktivität und Arbeitsplatzerhalt. Im Übrigen sind sie auf Dauer und Beständigkeit

842 *Wachter*, in: Fischer/Pahlke/Wachter, ErbStG, § 13a Rn. 591 und Rn. 697.

843 *Steger/Königer*, BB 2016, 3099 (3104).

844 *Bockhoff/Friedrich-Büttner/Garbe/Milatz/Schulz*, in: Milatz, Die Übertragung von Familienvermögen, S. 93.

angelegt. Dies ist nicht nur durch volkswirtschaftliche Studien belegt, sondern auch rechtlich anerkannt. Das Bundesverfassungsgericht hat bereits in zwei Grundsatzbeschlüssen zur Erbschaftsteuer die Wichtigkeit familiär geführter Betriebe zum Ausdruck gebracht. Das Erbschaftsteuergesetz verdeutlicht dies, indem in das Begünstigungsregime für unternehmerisches Vermögen explizit auf Familienvermögen gerichtete Sonderregelungen in das Gesetz aufgenommen worden sind.

Zunächst gewährt das Gesetz ganz allgemein auf jedes unternehmerisch nach dem Erbschaftsteuergesetz begünstigte Vermögen, welches aufgrund gesellschaftsvertraglicher bzw. satzungsmäßiger Beschränkungen an die Unternehmerfamilie gebunden ist, einen besonderen Vorwegabschlag. Darüber hinaus werden auch geringfügige Anteile an Kapitalgesellschaften als erbschaftsteuerlich begünstigungsfähiges Vermögen angesehen. Hintergrund dieser Privilegierung ist der Umstand, dass der Generationenübergang in Familiengesellschaften häufig eine Zersplitterung der Anteile bewirkt und daher nicht mehr die notwendige Mindestbeteiligungsquote erreicht wird. Das Gesetz setzt hierbei jedoch voraus, dass diese Anteile durch Verfügungsbeschränkungen und Stimmrechtsbindungen im Rahmen einer sogenannten Poolvereinbarung gebunden sind. Darüber hinaus muss eine solche Poolvereinbarung über einen Zeitraum von fünf bzw. sieben Jahren fortbestehen, damit der Einfluss der Familie auf die Gesellschaft nicht verloren geht.

Im Gegensatz zur Poolung bei Anteilen an Kapitalgesellschaften setzt der Vorwegabschlag für Familienunternehmen keine Stimmrechtsbindung voraus. Hierbei kommt es vielmehr auf Entnahme-, Verfügungs- und Abfindungsbeschränkungen an. Beim Vorwegabschlag darf nur an bestimmte Erwerber verfügt werden, nämlich Mitgesellschafter, Angehörige im Sinne von § 15 AO oder Familienstiftungen. Eine Übertragung an transparente Personengesellschaften oder unter Zustimmung sämtlicher Mitgesellschafter soll der Finanzverwaltung zufolge jedoch nicht ausreichen. Zudem müssen die Beschränkungen im Gesellschaftsvertrag oder in der Satzung enthalten sein. In ihrer Ausgestaltung selbst ist die Regelung zwar vorteilhaft für unternehmerisches Familienvermögen. Insbesondere gewährt sie nicht nur einen weiteren Freibetrag, sondern erhöht auch die Prüfschwelle, ohne dass es auf den Erhalt von Arbeitsplätzen ankommt. Die Anteile können auch veräußert oder übertragen werden, solange der Erwerber zum empfangsberechtigten Personenkreis gehört. Allerdings ist die Regelung an einen außergewöhnlich langen Haltezeitraum hinsichtlich der vertraglichen bzw. satzungsmäßigen Beschränkungen gebunden, weshalb es faktisch zu dauerhaften Entnahme- bzw. Ausschüttungsbeschränkungen kommt. Im Ergebnis führt dies zu einer Blockade von wirtschaftlichen und unternehmerischen Entscheidungen. Dies erschwert die Unternehmensfortführung insgesamt.

D. Behandlung von Familienstiftungen

Für den Fall, dass kein geeigneter Nachfolger für ein Familienunternehmen gefunden wird, besteht letztlich die Möglichkeit, die Fortführung des Unternehmens durch Errichtung einer Familienstiftung sicherzustellen. Allerdings kann nicht nur Betriebs-, sondern auch Privatvermögen auf eine solche Stiftung übertragen werden. Im Rahmen der Besteuerung von Familienstiftungen privilegiert der Gesetzgeber vor allem deren Errichtung und Aufhebung. Eine erbschaftsteuerliche Besonderheit stellt dabei die turnusmäßige Besteuerung des Stiftungsvermögens dar. Den Ausführungen hierzu ist zunächst ein Überblick über die erbschaftsteuerliche Behandlung von (Familien-)Stiftungen vorangestellt. Gegenstand der folgenden Darstellungen sind lediglich inländische Familienstiftungen. Mangels praktischer Relevanz werden Familienvereine im Folgenden nicht näher erläutert.[845]

I. Familienstiftungen im Überblick

Die rechtsfähige Stiftung ist nach § 2 Abs. 1 Nr. 1 Satz 2 Buchst. d ErbStG ein eigenständiges Erbschaftsteuersubjekt. Folglich gelten für Vermögensübertragungen an Stiftungen die allgemeinen Regelungen, soweit diese ihre Geschäftsleitung oder ihren Sitz im Inland haben.[846]

1. Anwendbarkeit allgemeiner Grundsätze

Die Besteuerung von Familienstiftungen erfolgt bei deren Errichtung und Aufhebung sowie turnusmäßig alle 30 Jahre. Dabei finden die bisweilen erörterten erbschaftsteuerlichen Grundsätze auch hier Anwendung. Die Ermittlung des steuerpflichtigen Erwerbs erfolgt nach §§ 10 ff. ErbStG, so dass auch die allgemeinen Steuerbefreiungen und Begünstigungen für Unternehmensvermögen anwendbar sein können. Dasselbe gilt für die erbschaftsteuerlichen Freibeträge[847] mit Ausnahme des Versorgungsfreibetrags nach § 17 ErbStG, welcher

---

845 *Schiffer*, in: Fischer/Pahlke/Wachter, ErbStG, § 1 Rn. 64; *von Oertzen*, in: von Oertzen/Loose, ErbStG, § 1 Rn. 29.

846 *Schulte/Birnbaum*, Erbschaftsteuerrecht, Rn. 915.

847 *Reiter*, in: Weinmann/Revenstorff/Offerhaus/Erkis, ErbStR, Familienstiftung Rn. 9; *Schulte/Birnbaum*, Erbschaftsteuerrecht, Rn. 922; *Wachter*, FR 2017, 130 (135).

nur bei Erwerben von Todes wegen Anwendung findet.[848] Besonderheiten im Rahmen der allgemeinen Steuerbefreiungen ergeben sich bei Familienstiftungen beispielsweise mit Blick auf den Erwerb des Familienheims nach § 13 Abs. 1 Nr. 4a bis 4c ErbStG. Denn Stiftungen vermögen dieses nicht zu eigenen Wohnzwecken selbst zu nutzen.[849] Gemeinnützigen Familienstiftungen kommt dagegen die Steuerbefreiung des § 13 Abs. 1 Nr. 16 Buchst. a ErbStG zu Gute. Diese sind jedoch nicht Gegenstand vorliegender Ausführungen.

2. Unternehmerisches Familienvermögen

Besonderheiten im Rahmen der Übertragung von unternehmerischem Vermögen finden sich vor allem bei der Anwendung des Vorwegabschlags für Familienunternehmen.[850] Nach § 13a Abs. 9 Satz 1 Nr. 2 ErbStG wird der Vorwegabschlag unter anderem auch dann gewährt, wenn die gesellschaftsvertragliche bzw. satzungsmäßige Verfügungsbeschränkung sich nicht nur auf Mitgesellschafter oder Angehörige im Sinne von § 15 AO bezieht, sondern auch, wenn sie zugunsten von Familienstiftungen gilt. Die Familienstiftung muss dabei nicht von Mitgesellschaftern oder Angehörigen errichtet worden sein. Diese müssen auch nicht zu den Destinatären der Familienstiftung gehören.[851] Hinsichtlich der Entnahme- und Ausschüttungsbeschränkungen nach § 13a Abs. 9 Satz 1 Nr. 1 ErbStG gilt es zu beachten, dass die dauernde und nachhaltige Erfüllung des Stiftungszwecks gesichert sein muss. Das Stiftungsvermögen ist demnach sicher und ertragbringend anzulegen. Damit die Stiftung ihren Stifungszweck erfüllen kann, müssen ihr folglich Erträge aus einer Unternehmensbeteiligung zukommen.[852]

II. Errichtung und Aufhebung einer Familienstiftung

Zunächst wird die Besteuerung bei der Errichtung einer Familienstiftung (1.) und sodann bei ihrer Aufhebung (2.) sowie anschließend die damit einhergehende Bedeutung für den Schutz des Familienvermögens (3.) erläutert.

---

848 *Stein*, in: von Oertzen/Loose, ErbStG, § 15 Rn. 103.

849 *Viskorf*, in: Viskorf/Schuck/Wälzholz, ErbStG, § 13 Rn. 3.

850 vgl. allgemein die Ausführungen zu Unternehmensübertragungen unter 3. Teil C.

851 *Wachter*, FR 2017, 69 (81).

852 *Wachter*, FR 2017, 69 (84).

1. Errichtung

In zivilrechtlicher Hinsicht setzt die Errichtung einer Familienstiftung ein Stiftungsgeschäft im Sinne von §§ 80 ff. BGB und deren staatliche Anerkennung voraus.[853] Sobald die Stiftung durch anerkanntes Stiftungsgeschäft errichtet worden ist, handelt es sich um eine rechtsfähige Einrichtung im Sinne einer selbstständigen, personenungebundenen Vermögensmasse mit eigenen Zuständigkeiten.[854] Der Bestand des Stiftungsvermögen muss gesichert sein. Weil die Stiftung als selbstständige Vermögensmasse qualifiziert, hat sie keine Eigentümer, Gesellschafter oder Mitglieder, sondern lediglich Nutzer, sogenannte Destinatäre. Diesen stehen zwar die Vorteile der Stiftung, grundsätzlich aber kein einklagbarer Anspruch gegen die Stiftung, zu.[855] Dem Stifter bleibt es jedoch unbenommen, eine Stiftung zum alleinigen Zweck der Begünstigung seiner Familie zu errichten.[856]

a. Erbschaftsteuerpflichtige Vorgänge

Erbschaftsteuerlich kann die Errichtung einer Familienstiftung sowohl im Wege einer Schenkung wie auch von Todes wegen erfolgen. Für den Erwerb unter Lebenden richtet sich die Steuerpflicht nach § 7 Abs. 1 Nr. 8 Satz 1 ErbStG. Wie die Grundnorm des § 7 Abs. 1 Nr. 1 ErbStG setzt auch diese Regelung voraus, dass die Stiftung über das auf sie übergegangene Vermögen im Verhältnis zum Stifter tatsächlich und rechtlich frei verfügen kann.[857] Der Rechtsprechung des Bundesfinanzhofs zufolge ist dies ausgeschlossen, solange sich der Stifter Weisungs- und Entscheidungsrechte, beispielsweise durch Gewährung eines Darlehens oder Vermietung und Verpachtung von Vermögensgegenstände an die Stiftung, vorbehält.[858] Dies gilt der Rechtsprechung nach auch für Erwerb von Todes wegen nach § 3 Abs. 2 Nr. 1 Satz 1 ErbStG, wobei es hierbei auf das durch den Tod des Stifter bedingte Erlöschen der von ihm vorbehaltenen Herrschaftsbefugnisse ankommt. Denn nur dann gehen diese Befugnisse nicht auf die Erben über.[859] Der Erwerb von Todes wegen erfasst nach der Rechtsprechung

853 *Gottschalk*, in: Troll/Gebel/Jülicher/Gottschalk, ErbStG (EL 48 Okt. 2014), § 3 ErbStG Rn. 318.

854 *Gebel*, in: Troll/Gebel/Jülicher/Gottschalk, ErbStG (EL 50 April 2016), § 7 Rn. 332.

855 *Schiffer*, in: Fischer/Pahlke/Wachter, ErbStG, § 1 Rn. 60.

856 *Griesel*, in: Daragan/Halaczinsky/Riedel, ErbStG, § 1 Rn. 8.

857 *von Oertzen*, in: von Oertzen/Loose, ErbStG, § 7 Rn. 345.

858 BFH, Urteil vom 28.06.2007 – II R 21/05, BStBl. II 2007, 669 (671); bestätigt durch BFH, Urteil vom 5.12.2018 – II R 9/15, BFH/NV 2019, 632 (635).

859 BFH, Urteil vom 5.12.2018 – II R 9/15, BFH/NV 2019, 632 (635).

außerdem sämtliche Fälle des Vermögensübergangs auf eine vom Erblasser angeordnete Stiftung. Damit wird sowohl dann Erbschaftsteuer ausgelöst, wenn der Erbe oder Vermächtnisnehmer mit der Auflage beschwert ist, seinerseits eine Stiftung durch Rechtsgeschäft unter Lebenden zu errichten. Aber auch durch Einsetzen der Stiftung als Erbin unterliegt das übertragene Vermögen der Erbschaftsteuer.[860]

Schließlich lösen auch Zustiftungen, also Vermögensübertragungen auf eine bereits bestehende Stiftung, Erbschaft- und Schenkungsteuer aus. Der Rechtsprechung des Bundesfinanzhofs zufolge kann es sich dabei entweder um eine unter § 7 Abs. 1 Nr. 8 Satz 1 ErbStG fallende Erstausstattung einer Stiftung, welche bei einer Familienstiftung die Steuerklassenbegünstigung des § 15 Abs. 2 Nr. 1 ErbStG nach sich zieht, oder um eine freigebige Zuwendung unter Lebenden nach § 7 Abs. 1 Nr. 1 ErbStG handeln.[861] Entscheidend ist dabei, ob die Zustiftung im ursprünglichen Stiftungsgeschäft vereinbart wird. In diesem Fall ist die Vermögensübertragung wie bei der Errichtung einer Stiftung zu behandeln. Kommt es erst nach Errichtung der Stiftung zu einer Zustiftung, so handelt es sich dabei regelmäßig um eine freigebige Zuwendung nach § 7 Abs. 1 Nr. 1 ErbStG[862], welche der Steuerklasse III unterliegt.[863]

b. Steuerklasse

Da zwischen dem Stifter und der Stiftung keine Verwandtschaft bestehen kann, fällt die Vermögensausstattung einer Stiftung grundsätzlich unter Steuerklasse III. Für Familienstiftungen hat der Gesetzgeber jedoch eine Ausnahme geregelt.[864] Demnach gibt § 15 Abs. 2 Satz 1 ErbStG für die Errichtung einer im wesentlichen Interesse einer oder bestimmter Familien stehenden Stiftung die Steuerklasse entsprechend dem Verwandtschaftsverhältnis des Stifters zum entferntesten Bezugsberechtigten der Stiftung vor.[865]

aa. Bezugsberechtigung nach Verwandtschaftsgrad

Die Bezugsberechtigung im Sinne der Norm lässt sich gewöhnlich dem Inhalt des Stiftungsgeschäfts bzw. der Stiftungsurkunde und der Stiftungssatzung

860 BFH, Urteil vom 25.10.1995 – II R 20/92, BStBl. II 1996, 99 (100 f.).
861 BFH, Urteil vom 9.12.2009 – II R 22/08, BStBl. II 2010, 363 (364).
862 *Wachter*, FR 2017, 69 (71).
863 *Reiter*, in: Weinmann/Revenstorff/Offerhaus/Erkis, ErbStR, Familienstiftung Rn. 14.
864 *Wachter*, FR 2017, 69 (75).
865 *Jülicher*, in: Troll/Gebel/Jülicher/Gottschalk, ErbStG (EL 56 Dez. 2018), § 1 Rn. 21.

entnehmen. Es kommt dabei auf die Verwandtschaft an.[866] Für das Verwandtschaftsverhältnis ist das persönliche Verhältnis des am entferntesten Berechtigten zum Erblasser oder Schenker maßgeblich. Die Regelung des § 1589 BGB spielt daher gerade keine Rolle.[867] Ein solches Verhältnis kann folglich auch auf einer Schwägerschaft gründen. Geht das Vermögen auf eine Stiftung über, deren Satzung lediglich den überlebenden Ehegatten, die Kinder und die Abkömmlinge der Kinder als Nutzungsberechtigte ausweist und folglich mit dem Tod des letzten Abkömmlings aufgehoben wird, so ist der Vermögensübergang nach Steuerklasse I zu versteuern. Sind darüber hinaus auch andere Personen bezugsberechtigt, so kommt es für die Besteuerung des Vermögensübergangs auf die Steuerklasse zwischen diesen und dem Erblasser bzw. Schenker an.[868] Die nach § 15 Abs. 2 Satz 1 ErbStG geltende Steuerklasse ist nicht nur für den Steuersatz, sondern auch den persönlichen Freibetrag entscheidend. Solange neben dem Ehegatten auch Kinder bzw. Kinder vorverstorbener Kinder bezugsberechtigt sind, führt dies insgesamt zur Anwendung des Kinder-Freibetrages nach § 16 Abs. 1 Nr. 2 ErbStG.[869] Der Finanzverwaltung zufolge ist es darüber hinaus ausreichend, wenn dem nach der Satzung entferntest Berechtigten noch kein unmittelbares Bezugsrecht zukommt, dieses aber im Rahmen der Generationennachfolge noch entstehen wird.[870] Allerdings führt ihrer Auffassung zufolge auch die Aufnahme bisher nicht bezugs- oder anfallsberechtigter Familienmitglieder in den Kreis der Destinatäre durch Satzungsänderung zu einer vollständigen Neuerrichtung einer Stiftung.[871]

bb. Wesentlich im Interesse der Familie

Der Rechtsprechung des Bundesfinanzhofs zufolge – welcher auch die Finanzverwaltung folgt[872] – sind unter den Interessen der begünstigten Familien Interessen mit Vermögensbezug zu verstehen. Dazu gehören jedenfalls Bezugsrechte, welche die laufenden Erträge erfassen und Anfallsrechte, welche über die Aufteilung des Stiftungsvermögens bei Auflösung der Stiftung entscheiden.[873] Darüber

---

866 *Halaczinsky*, in: Daragan/Halaczinsky/Riedel, ErbStG, § 15 Rn. 13.

867 RGH, Urteil vom 3.07.1930 – I e A 832/29, RGBl. I 1930, 557 (557).

868 *Hannes/Holtz*, in: Meincke/Hannes/Holtz, ErbStG, § 15 Rn. 21.

869 *Kugelmüller-Pugh*, in: Viskorf/Schuck/Wälzholz, ErbStG, § 15 Rn. 48.

870 R E 15.2 Abs. 1 Satz 2 ErbStR 2019.

871 R E 1.2 Abs. 4 Satz 2 ErbStR 2019; *Weinmann*, in: Moench/Weinmann, ErbStG (Stand: 80/03.18), § 15 Rn. 41.

872 R E 1.2 Abs. 3 Satz 1 ff. ErbStR 2019.

873 *Griesel*, in: Daragan/Halaczinsky/Riedel, ErbStG, § 1 Rn. 11.

hinaus sind alle Vermögensvorteile erfasst, die den begünstigten Familien aus dem Stiftungsvermögen zukommen können. Hierunter fallen auch die unentgeltliche oder verbilligte Nutzung des Stiftungsvermögens. Der Bundesfinanzhof listet hier beispielhaft die Nutzung der stiftungseigenen Immobilien zu Wohnzwecken, der Einsatz des Personals der Stiftung für Arbeiten im Rahmen des eigenen Hausstandes und bei Stiftungen mit Kunstbesitz den Zustand, damit zu leben und hiervon umgeben zu sein, auf.[874]

Um eine Familienstiftung handelt es sich jedoch erst dann, wenn die Stiftung wesentlich im Interesse einer oder mehrerer Familien errichtet wird. Sind nach der Satzung der Stifter, seine Angehörigen und deren Abkömmlinge zu mehr als der Hälfte bezugs- oder anfallsberechtigt, so geht die Finanzverwaltung ohne Weiteres von einer Familienstiftung aus. Beläuft sich die Bezugs- und Anfallsberechtigung auf lediglich mehr als ein Viertel, muss zusätzlich ein wesentliches Familieninteresse bestehen, welches durch einen bestehenden, wesentlichen Einfluss der Familie auf die Geschäftsführung gegeben sein kann.[875] Im Gegensatz zur Finanzverwaltung legt sich der Bundesfinanzhof diesbezüglich nicht auf solche Beteiligungsgrenzen fest. Diesem zufolge ist es ausreichend, wenn die begünstigten Familien nach der Satzung das Stiftungsvermögen, sofern es dem privaten Gebrauch zugänglich ist, nutzen und an den Stiftungserträgen partizipieren können. Diese Möglichkeit lässt sich aus dem Wesen des Stiftungszwecks, aber auch im Zusammenhang mit dem Einfluss der Familie auf die Geschäftsführung entnehmen. Für den Bundesfinanzhof kommt es dabei allein auf die Bezugsberechtigung an, nicht jedoch auf die tatsächlich an Familienmitglieder ausgeschütteten Erträge. Allein die Bezeichnung der Stiftung in der Satzung als Familienstiftung, reicht jedoch nicht aus.[876]

Die Familie wird schließlich unter Heranziehung des § 15 AO definiert.[877] Dabei stellt sich jedoch die Frage, ob Pflegekinder und Personen, auf welche die Voraussetzungen des § 15 Abs. 2 AO zutreffen, mitumfasst sind. Der Fragestellung kommt jedoch keine große Bedeutung zu, weil sowohl § 15 Abs. 2 Satz 1

---

874 BFH, Urteil vom 10.12.1997 – II R 25/94, BStBl. II 1998, 114 (116).

875 R E 1.2 Abs. 2 ErbStR 2019.

876 BFH, Urteil vom 10.12.1997 – II R 25/94, BStBl. II 1998, 114 (116); BFH, Urteil vom 18.11.2009 – II R 46/07, BFH/NV 2010, 898 (899).

877 so die h.M.: *Griesel*, in: Daragan/Halaczinsky/Riedel, ErbStG, § 1 Rn. 10; *Meßbacher-Hönsch*, in: Wilms/Jochum, ErbStG (Juli 2019), § 1 Rn. 39; *Richter*, in: v.Campenhausen/Richter, Stiftungsrechts-Handbuch, § 13 Rn. 56; *Hannes/Holtz*, in: Meincke/Hannes/Holtz, ErbStG, § 1 Rn. 17; **a.A.**: *Flämig*, DStZ 1986, 11 (14), welcher nur die Kernfamilie als Gegenstand steuerrechtlicher Folgen ansehen will.

ErbStG wie auch § 1 Abs. 1 Nr. 4 ErbStG auch solche Stiftungen erfasst, die im Interesse mehrerer Familien errichtet sind. Für die Anwendung der Begünstigung ist es daher unerheblich, wenn entferntere Verwandte begünstigt werden, die man (auch) einer anderen Familie zuordnen kann.[878]

2. *Aufhebung*

Die Aufhebung einer Stiftung ist gemäß § 87 BGB nur mit Genehmigung der Aufsichtsbehörde möglich. Sie ist schenkungsteuerpflichtig und unterliegt einem besonderen Steuersatz. Darüber hinaus bietet das Erbschaftsteuergesetz unter bestimmten Voraussetzungen die Möglichkeit, eine Steuerermäßigung in Anspruch zu nehmen.

a. Zuwendung unter Lebenden

Fällt bei Aufhebung der Stiftung den Bezugs- und Anfallberechtigten Vermögen zu, so gilt dies als Schenkung unter Lebenden nach § 7 Abs. 1 Nr. 9 Satz 1 ErbStG. Bei mehreren Berechtigten wird jeder Erwerb gesondert besteuert. Unter das Tatbestandsmerkmal der Aufhebung fallen sämtliche Varianten des Erlöschens einer Stiftung, wie beispielsweise das Erlöschen durch Zeitablauf oder aufgrund einer auflösenden Bedingung, aber auch durch Eröffnung des Insolvenzverfahrens oder schlicht durch Erreichung des Stiftungszwecks.[879] Der Finanzverwaltung zufolge soll nicht nur die Änderung des Stiftungscharakters einer Familienstiftung im Zuge einer Satzungsänderung, sondern auch die Aufnahme von bisher nicht berechtigten Familienmitgliedern oder Dritten in den Kreis der durch die Stiftung Begünstigten als Errichtung einer neuen Familienstiftung gelten. Folglich qualifiziert die Finanzverwaltung die hierdurch entstandene „neue" Stiftung als Erwerberin der bisherigen Stiftung, wobei die Aufhebung der Stiftung in ihrer bisherigen Form keine Besteuerung auslöst.[880]

b. Steuerklasse

Auch für den Fall der Stiftungsauflösung gewährt der Gesetzgeber ein Steuerklassenprivileg in § 15 Abs. 2 Satz 2 ErbStG. Für die Bestimmung der Steuerklasse sowie des persönlichen Freibetrags ist demnach nicht die Stiftung, sondern der Stifter als Schenker anzusehen. Nach der Rechtsprechung des Bundesfinanzhofs

---

878 *Viskorf*, in: Viskorf/Schuck/Wälzholz, ErbStG, § 1 Rn. 13.
879 *von Oertzen*, in: von Oertzen/Loose, ErbStG, § 7 Rn. 384.
880 R E 1.2 Abs. 4 Sätze 1 ff. ErbStR 2019.

handelt es sich bei der Regelung allerdings lediglich um eine Fiktion. Denn die Zuwendung des Vermögens erfolgt im Fall der Aufhebung durch die Stiftung. Für den Fall, dass bei Auflösung der Stiftung der Stifter selbst das Vermögen zurückerlangt, greift der Rechtsprechung zufolge die Fiktion des Steuerklassenprivilegs hier gerade nicht ein, weshalb der Erwerb nicht begünstigt sein soll. Folglich ist in dem Fall die Stiftung als Schenkerin bzw. Zuwenderin des Vermögens anzusehen, zu welcher der Stifter in keinem persönlichen Näheverhältnis nach Steuerklasse I oder II steht.[881] Damit wird der Rückerwerb des Stiftungsvermögens durch den Stifter nach Steuerklasse III besteuert.[882]

Für den Fall, dass kurzzeitig nach dem Anfall der Ersatzerbschaftsteuer eine Auflösung der Stiftung erfolgt, gewährt das Gesetz eine Abmilderungsmöglichkeit der Besteuerung. Nach § 26 Buchst. a ErbStG kommt es daher im Fall der Auflösung einer Familienstiftung zu einer Ermäßigung der Steuer um 50%, wenn seit dem Anfall der Steuer nicht mehr als zwei Jahre vergangen sind. Sind seitdem zwar mehr als zwei, aber weniger als vier Jahre vergangen, so wird die Steuer um 25% reduziert.

3. *Bedeutung für den Schutz des Familienvermögens*

Generell stellt die Errichtung einer Stiftung von Todes wegen oder als Zuwendung unter Lebenden sowie deren Aufhebung einen erbschaft- und schenkungsteuerlichen Vorgang dar. Handelt es sich dabei jedoch um eine Familienstiftung, privilegiert der Erbschaftsteuergesetzgeber deren Errichtung und Auflösung durch Besonderheiten im Rahmen der Steuerklasseneinteilung.

Insbesondere bei Errichtung einer Familienstiftung kann die Begünstigung der Steuerklasse aufgrund der in den einzelnen Steuerklassen breit variierenden Steuersätze (von 7% bis 50%) einen wirtschaftlich großen Unterschied machen.[883] Allerdings kann diese Begünstigung nur dann einen entscheidenden Vorteil bewirken, wenn in der Stiftungsurkunde geregelt ist, dass neben dem Ehegatten nur Abkömmlinge des Stifters bezugs- und anfallberechtigt sind. Denn nur in diesem Fall erfolgt die Einordnung in die günstigste Steuerklasse I.[884] Solange gewährleistet ist, dass stets direkte Abkömmlinge vorhanden sind,

---

881 BFH, Urteil vom 25.11.1992 – II R 77/90, BStBl. II 1993, 238 (239); *Stein*, in: von Oertzen/Loose, ErbStG, § 15 Rn. 95.

882 *Wachter*, FR 2017, 130 (137); *Richter*, in: v.Campenhausen/Richter, Stiftungsrechts-Handbuch, § 13 Rn. 113.

883 *Wachter*, FR 2017, 69 (76).

884 *Reiter*, in: Weinmann/Revenstorff/Offerhaus/Erkis, ErbStR, Familienstiftung Rn. 13.

bietet die Aufnahme des Ehegatten und der Kinder somit den größtmöglichen Schutz des Familienvermögens.

Auch wenn bei Auflösung der Stiftung die Privilegierung des § 15 Abs. 2 Satz 2 ErbStG dem Wortlaut nach nicht das Bestehen einer Familienstiftung voraussetzt, kommt die Regelung hauptsächlich solchen Stiftungen zu Gute. Um die Begünstigung in Anspruch nehmen zu können, muss nämlich ein Verwandtschaftsverhältnis zwischen Stifter und Anfallberechtigtem bestehen. Legt man die Rechtsprechung des Bundesfinanzhofs zugrunde, so sollte der Stifter auch vermeiden, dass es infolge der Auflösung der Stiftung zum Vermögensrückfall an sich selbst kommt. Außerdem sollte der Stifter bereits bei Errichtung der Stiftung den Kreis der Destinatäre festlegen. Andernfalls führt die spätere Erweiterung des Kreises der Destinatäre nach Ansicht der Finanzverwaltung zur Errichtung einer neuen Stiftung und löst erneut einen schenkungsteuerbaren Vorgang aus. Zwar wird eine Steuerermäßigung gewährt, wenn die Auflösung kurz nach Anfall der Ersatzerbschaftsteuer erfolgt. Die Regelung dürfte jedoch eher von geringer Bedeutung sein, da man aus Steuerersparnisgründen vor Erhebung der Ersatzerbschaftsteuer die Stiftung auflösen wird. Außerdem erfolgt die Abmilderung nur innerhalb von zwei bzw. vier Jahren nach Anfall der Ersatzerbschaftsteuer.

III. Ersatzerbschaftsteuer

Sobald der Stifter sein Vermögen auf die Stiftung übertragen hat, löst dessen Tod oder der seiner Abkömmlinge keine Erbschaftsteuer mehr aus. Folglich kann das Vermögen grundsätzlich über Generationen erbschaftsteuerfrei erhalten bleiben. Um dies zu verhindern, fingiert die Regelung des § 1 Abs. 1 Nr. 4 ErbStG eine Ersatzerbschaftsteuer.[885] Inhaltlich unterwirft die Regelung das Vermögen einer Stiftung, sofern sie im wesentlichen Interesse einer Familie oder bestimmter Familien errichtet ist, oder eines derartigen Vereins, in Zeitabständen von je 30 Jahren der Erbschaftsteuer. Entscheidendes Tatbestandsmerkmal ist die Errichtung der Stiftung im wesentlichen Interesse der Familie. Dieses definiert sich entsprechend den Voraussetzungen für die Steuerklasseneinteilung bei Stiftungserrichtung nach § 15 Abs. 2 Satz 1 ErbStG.[886]

885 *Weinmann*, in: Moench/Weinmann, ErbStG (Stand: 81/05.18), § 1 Rn. 9.
886 vgl. die Ausführungen hierzu unter 3. Teil D II 1 b bb.

1. Intention des Gesetzgebers

Die Einführung der Ersatzerbschaftsteuer soll den über Generationen andauernden erbschaftsteuerfreien Erhalt des auf eine Stiftung übertragenen Vermögens verhindern.[887] Der Gesetzesbegründung zufolge führt dies dazu, dass gerade bei größeren Vermögensmassen, um deren Erhaltung willen, vermehrt auf die Rechtsform einer Stiftung zurückgegriffen wird. Dies widerspricht allerdings dem Gedanken der Erbschaftsteuer, wonach einmal im Generationenwechsel das Vermögen besteuert werden soll. Im Gegensatz zu Kapitalgesellschaften, deren Vermögen durch Rückgriff auf die Gesellschafter besteuert wird, kann bei Stiftungen nicht auf die Begünstigten zurückgegriffen werden, da es keine Anteile gibt und der Wechsel innerhalb der Bezugsberechtigten keinen erbschaftsteuerlichen Vorgang auslöst. Der Gesetzgeber will diese einseitige Begünstigung durch Einführung der Ersatzerbschaftsteuer beseitigen.[888] Die Regelung des § 1 Abs. 1 Nr. 4 ErbStG wurde durch das Gesetz zur Reform des Erbschaft- und Schenkungsteuerrechts vom 17.04.1974 eingeführt und ist in seiner hiesigen Textfassung seit Inkrafttreten unverändert beibehalten worden.[889] Die Vorschrift ist allerdings nicht völlig unumstritten,[890] weil die Erbschaftsteuer hier als Vermögensteuer darstellt, obwohl diese als Bereicherungssteuer qualifiziert.[891] Das Bundesverfassungsgericht hat die Verfassungsmäßigkeit der Norm mit Beschluss vom 8.03.1983 jedoch anerkannt, ohne dabei allerdings auf das Wesen der Ersatzerbschaftsteuer einzugehen.[892]

2. Berechnung der Ersatzerbschaftsteuer

Für die Berechnung der Ersatzerbschaftsteuer gewährt die Regelung des § 15 Abs. 2 Satz 3 ErbStG eine Vergünstigung mit Blick auf die Freibeträge und den anzuwendenden Steuersatz. Liegt eine Familienstiftung im Sinne von § 1 Abs. 1 Nr. 4 ErbStG vor, so kommt der doppelte Freibetrag gemäß § 16 Abs. 1 Nr. 2 ErbStG zur Anwendung. Darüber hinaus ist die Steuer nach dem Prozentsatz der Steuerklasse I, der für die Hälfte des steuerpflichtigen Vermögens

---

887 *Richter*, in: v.Campenhausen/Richter, Stiftungsrechts-Handbuch, § 13 Rn. 83.

888 BT-Drucks. 7/1333, S. 3.

889 BGBl. I 1974, 933 (933); *von Oertzen*, in: von Oertzen/Loose, ErbStG, § 1 Rn. 56.

890 *Richter*, in: v.Campenhausen/Richter, Stiftungsrechts-Handbuch, § 13 Rn. 84; *Jülicher*, in: Troll/Gebel/Jülicher/Gottschalk, ErbStG (EL 56 Dez. 2018), § 1 Rn. 39.

891 *Geck*, in: Kapp/Ebeling, ErbStG (73. Lfg. 06.2017), § 1 Rn. 49.

892 BVerfG, Beschluss vom 8.03.1983 – 2 BvL 27/81, BVerfGE 63, 312 (323 ff.); *Jülicher*, in: Troll/Gebel/Jülicher/Gottschalk, ErbStG (EL 56 Dez. 2018), § 1 Rn. 39.

gelten würde, zu berechnen. Das Gesetz fingiert damit einen turnusmäßigen Generationenwechsel im Zeitabstand von 30 Jahren und darüber hinaus einen Vermögensübergang auf zwei Kinder bzw. Waisenenkel.[893] Den Gesetzesmaterialien zufolge soll der Regelung der Erbfall auf zwei Kinder von einem Elternteil zugrunde liegen.[894] Die Anwendung des doppelten Kinder-Freibetrages und sodann die Hälfte des steuerpflichtigen Erwerbs als Bemessungsgrundlage wird damit begründet, dass auch bei einem tatsächlichen Erwerb von zwei Personen jeweils ein Freibetrag Anwendung findet. Außerdem wird dabei nicht das Vermögen insgesamt, sondern nur der auf den jeweiligen Erben übergehende hälftige Anteil als Bemessungsgrundlage angesetzt.[895] Schließlich gewährt § 24 Satz 1 ErbStG eine Milderungsmöglichkeit, wonach der Steuerpflichtige verlangen kann, dass die Steuer in 30 gleichen jährlichen Teilbeträgen zu entrichten ist. Diese Verrentung erfolgt unter Berücksichtigung einer Tilgung und Verzinsung in Höhe von 5,5%.

3. *Bedeutung für den Schutz des Familienvermögens*

Grundsätzlich bieten Stiftungen die einzige Möglichkeit im Erbschaftsteuerrecht, Vermögen nach ihrer Errichtung auf Dauer und unbegrenzt ohne erbschaft- oder schenkungsteuerliche Belastung für weitere Generationen zu erhalten. Denn reine Vermögenstiftungen werden nach dem Erbschaftsteuergesetz nur bei deren Errichtung und Aufhebung besteuert. Im Gegensatz dazu wird das Vermögen von Familienstiftungen, deren Zweck an sich dem Erhalt des Vermögens für die nachfolgende Generation dient, wiederkehrend besteuert. Verglichen damit stellt die Ersatzerbschaftsteuer eine Belastung für das Familienvermögen dar. Darüber hinaus ist sie letztlich auch als Vermögensteuer einzuordnen, denn ihr liegt weder ein Erbfall noch eine Zuwendung unter Lebenden zugrunde.[896] Indem der Begriff der Familie über § 15 AO weit gefasst definiert ist, wird außerdem die Besteuerung möglichst vieler Familienstiftungen sichergestellt. Andererseits versucht der Gesetzgeber die turnusmäßige Besteuerung mild zu gestalten, indem er den doppelten Kinderfreibetrag und den Steuertarif nach Steuerklasse I, welcher für die Hälfte des steuerpflichtigen Erwerbs gelten

---

893 *Schulte/Birnbaum*, Erbschaftsteuerrecht, Rn. 931; *Stein*, in: von Oertzen/Loose, ErbStG, § 15 Rn. 123.

894 BT-Plenarprotokolle 7/69, S. 4120 (*Funcke*).

895 *Hannes/Holtz*, in: Meincke/Hannes/Holtz, ErbStG, § 15 Rn. 30.

896 *Jülicher*, in: Troll/Gebel/Jülicher/Gottschalk, ErbStG (Stand: EL 56 Dez. 2018). § 1 Rn. 38.

würde, ansetzt. Dabei kommt es auch nicht darauf an, in welchem Verhältnis die einzelnen Destinatäre tatsächlich zum Stifter stehen oder wer der entfernteste Verwandte ist. Der Gesetzgeber geht von vornherein davon aus, dass nur Familienmitglieder im erbschaftsteuerlichen Sinne zum Empfängerkreis gehören. Im Gegensatz zur sonstigen Besteuerung von familiärem Vermögen ermöglicht es der Gesetzgeber zudem, den Anfall der Steuer planbar zu gestalten und durch die Verrentungsoption die Zahlung der Steuer aus den Erträgen. Gegenüber reinen Vermögenstiftungen stellt die Besteuerung von Familienstiftungen zwar einen Nachteil dar. Vor dem Hintergrund, dass ein hoher Freibetrag und ein niedriger Steuersatz Anwendung finden, die Möglichkeit der Verrentung und Planbarkeit besteht sowie letztlich insgesamt auch die Zersplitterung des Vermögens im Zuge der Generationenfolge vermieden wird,[897] ist die Norm jedoch in ihrer Gesamtheit vorteilhaft gegenüber jeder anderen Form der Übertragung von Familienvermögen.

IV. Zusammenfassung

Während jeder Erbgang das Risiko der Vermögenszersplitterung und -verringerung durch Streit, Ehescheidungen der Nachkommen oder schlechtes Management der Erben in sich birgt, kann durch Errichtung einer Familienstiftung und entsprechender Ausgestaltung ihrer Satzung sowohl für eine verantwortungsvolle und fachlich geeignete Unternehmensführung als auch für die Versorgung der Nachkommen gesorgt werden. Die Familienstiftung ermöglicht es folglich nicht nur, das geschaffene oder fortgeführte Unternehmen mit seiner Tradition und seinen Arbeitsplätzen generationenübergreifend zu erhalten. Sie gewährleistet auch eine langfristige Versorgung und wirtschaftliche Absicherung der Nachkommen.

Die Errichtung und Aufhebung einer Familienstiftung werden durch Anwendung eines günstigen Freibetrages und Steuersatzes grundsätzlich begünstigt. Für die Errichtung sollten jedoch lediglich der Ehegatte sowie die direkten Abkömmlinge als Destinatäre benannt werden. Außerdem sollte der Kreis der Destinatäre bei Errichtung der Stiftung endgültig festgelegt sein, da die spätere Erweiterung nach Ansicht der Finanzverwaltung die Errichtung einer weiteren Stiftung darstellen kann.

Im Gegensatz zu reinen Vermögenstiftungen unterliegen Familienstiftungen jedoch einer turnusmäßigen Besteuerung im Rahmen der Ersatzerbschaftsteuer.

---

897 *Weinmann*, in: Moench/Weinmann, ErbStG (Stand: 81/05.18), § 1 Rn. 24.

Der uneingeschränkte Erhalt des Familienvermögens ohne erbschaftsteuerliche Belastung ist folglich auch dadurch nicht möglich. Gegenüber der erbschaftsteuerlichen Behandlung von sonstigen Vermögensübergängen innerhalb der Familie kann die Übertragung auf eine Familienstiftung dennoch vorteilhaft sein, da ein hoher Freibetrag und ein niedriger Steuersatz Anwendung finden und die Steuer – anders als bei plötzlichen Todesfällen – planbar ist. Zusammenfassend lässt sich schlussfolgern, dass das Erbschaftsteuergesetz die Vermögensübertragung auf Familienstiftungen zwar nicht generell begünstigt, einem solchen Vorhaben aber auch nicht erschwerend im Weg steht.[898]

E. Zwischenergebnis 3. Teil

Die in diesem Abschnitt erfolgte Untersuchung der Normen zeigt, dass das Erbschaft- und Schenkungsteuergesetz die vom Bundesverfassungsgericht und von der Verfassung vorgegebene schonende Besteuerung familiärer Vermögensübertragungen grundsätzlich berücksichtigt. Im Rahmen der Berechnung der Steuer macht sich dies vor allem bei der Steuerklasseneinteilung, den persönlichen und sachlichen Freibeträgen sowie den unterschiedlichen Steuersätzen bemerkbar. Sonderregelungen für familiär gebundene Anteile oder Familienbetriebe finden sich zudem innerhalb des Begünstigungsregimes für unternehmerisches Vermögen. Auch das eheliche Zusammenleben wird durch den zusätzlichen Freibetrag in Form des Zugewinnausgleichsanspruchs begünstigt. Die Einbringung des Familienvermögens in eine Familienstiftung wird jedenfalls bei ihrer Errichtung schonend besteuert.

Im Rahmen der Berechnung der Steuer steht vor allem die besondere Behandlung von Ehegatten bzw. eingetragenen Lebenspartnern und Kindern im Vordergrund. Durch die verschiedenen Abstufungen innerhalb der Steuerklasseneinteilung verdeutlich der Gesetzgeber, welche Übertragungen im Besonderen schonungswürdig sind. In Anlehnung an die Rechtsprechung des Bundesverfassungsgerichts werden dabei vor allem Ehegatten sowie Abkömmlinge in gerade Linie bzw. Adoptivkinder hervorgehoben. Auch Stiefkindschaftsverhältnisse werden günstig behandelt. Die persönliche Differenzierung von Steuerklasse I wird auch im Rahmen der Freibeträge beibehalten, wobei hier vor allem die Begünstigung von Enkelkindern hervorzuheben ist. Neben Vermögensübertragungen an Eltern zu Lebzeiten werden auch Solche an Verwandte der Seitenlinie deutlich schlechter behandelt, da sie im Rahmen der Freibeträge

898 *Zensus/Schmitz*, NJW 2012, 1323 (1323).

fremden Dritten gleichgestellt sind und lediglich innerhalb der Steuersätze eine Abstufung erfolgt. Im Übrigen wird bei den Steuersätzen nicht mehr nach Personen – auch nicht innerhalb Steuerklasse I – differenziert. Durch den besonderen Versorgungsfreibetrag im Todesfall des Ehegatten oder Elternteils begünstigt der Gesetzgeber zusätzlich vor allem Vermögensübertragungen an Ehegatten und Kinder bis zum 27. Lebensjahr und sichert damit deren weitere finanzielle Versorgung. Ehegatten und – unter deutlich strengeren Voraussetzungen – Kinder werden darüber hinaus gesondert im Rahmen der sachlichen Steuerbefreiungen begünstigt, wenn es um die Übertragung des Familienheims geht. Vor dem Hintergrund der ansteigenden Immobilienpreise gewährleistet der Gesetzgeber daher den Erhalt des Familienheims für die Kernfamilie. Unter strengen Voraussetzungen begünstigt er darüber hinaus auch den Erhalt von langjährig bestehenden familiären Kulturbesitz.

Schließlich unterliegt auch das eheliche Zusammenleben im Güterstand der Zugewinngemeinschaft einer schonenden Behandlung. Für den Fall der Auflösung der Ehe durch Scheidung oder Tod bzw. im Rahmen des Güterstandwechsels ist der Zugewinnausgleichsanspruch in voller Höhe von der Erbschaftsteuer befreit. Zuwendungen während der Ehe qualifizieren hingegen lediglich aufgrund differenzierter Einzelfallrechtsprechung nicht als Schenkung oder sind von der Schenkungsteuer befreit. Von Gesetzes wegen werden derartige Vermögensübertragungen nicht gesondert privilegiert.

Innerhalb der erbschaftsteuerlichen Begünstigungsregelungen für Unternehmensübertragungen gewährt der Gesetzgeber außerdem einen besonderen Vorwegabschlag für Familienunternehmen. In der Konsequenz stellt dieser nicht nur einen weiteren Freibetrag dar, sondern erhöht auch den Wert der Prüfschwelle. Diesen erhalten Unternehmenserben jedoch nur dann, wenn der Gesellschaftsvertrag bzw. die Satzung Entnahme-, Verfügungs- und Ausschüttungsbeschränkungen vorsieht. Außerdem ist dieser an eine langjährige Beibehaltung dieser Vorschriften gebunden. Daneben werden auch geringfügige Anteile an Kapitalgesellschaften dem begünstigungsfähigen Vermögen zugeordnet, wenn diese Teil einer Poolvereinbarung sind, was klassischerweise bei Familien-Kapitalgesellschaften der Fall ist. Auch hier bestehen jedoch langjährige Behaltensfristen, weshalb die Begünstigung kaum praktikabel erscheint.

Die Übertragung von Familienvermögen auf eine Familienstiftung kann zwar vorteilhaft sein, um eine Zersplitterung zu vermeiden und den generationenübergreifenden Erhalt zu sichern. Das Erbschaftsteuergesetz begünstigt die Errichtung und Auflösung von Familienstiftungen auch im Rahmen der Steuerklasseneinteilung. Im Gegensatz zu reinen Vermögenstiftungen wird das Vermögen einer Familienstiftung jedoch alle 30 Jahre der Erbschaftsteuer unterworfen.

4. Teil Änderungshinweise für das Erbschaftsteuergesetz

In Teil vier dieser Arbeit werden die vorhergehend untersuchten Normen einer kritischen Betrachtung hinsichtlich des Schutzes des Familienvermögens unterzogen. Während im Zentrum des dritten Teils der Schutz des Familienvermögens de lege lata steht, geht es nun darum, de lege ferenda auf Reformvorschläge für einen verbesserten Schutz des Familienvermögens im Erbschaftsteuergesetz einzugehen. Auch hier sei wiederum darauf hingewiesen, dass die folgenden Ausführungen für Ehegatten gleichermaßen auch für eingetragene Lebenspartner gelten, soweit nicht explizit darauf hingewiesen wird.

Aus den bisherigen Untersuchungen hat sich ergeben, dass das vom Bundesverfassungsgericht entwickelte Familienprinzip als Grenze für das Maß der Steuerbelastung von Erbschaften und Schenkungen zu verstehen ist. Daher sind die Steuerklassenstruktur und das System der persönlichen und sachlichen Steuerbefreiungen die „zentralen Instrumente des Steuergesetzgebers zur Respektierung des Familienprinzips."[899] Das Familienprinzip verdeutlicht sich allerdings auch anhand einiger anderer Regelungen im Erbschaftsteuergesetz.[900] Allerdings bestehen auch Defizite, insbesondere bei der Behandlung von Erwerben unter Ehegatten, an Eltern und unter Geschwistern. Die Weitergabe von unternehmerischem Familienvermögen erscheint aufgrund der komplexen Regelungen und der starren Behaltensgrenzen als in der Praxis kaum durchführbar. Überträgt man Vermögen auf eine Familienstiftung, so ist dies erbschaftsteuerlich nur unter Umständen förderlich.

Auf der Suche nach Reformvorschlägen werden daher Lösungen aufgezeigt, welche die negativen Folgen dieser gesetzgeberischen Ausgestaltungen ausmerzen sollen. Dabei werden nicht nur bereits bestehende Reformüberlegungen diskutiert, sondern auch neuartige Ideen entwickelt. Unter diesen Voraussetzungen wird im Folgenden auf die jeweiligen Problembereiche im Einzelnen und die hierauf aufbauenden Änderungsvorschläge im Rahmen der Behandlung von persönlichen Verhältnissen im Erbschaftsteuergesetz eingegangen (A.). Dem folgen sodann Diskussionen zu umstrittenen Tatbeständen, Rechtsfolgen und

899 *Eisele*, in: FS P. Kirchhof, § 187 Rn. 5, S. 2048.
900 vgl. hierzu die Ausführungen unter 3. Teil E (Zwischenergebnis).

Auslegungsvarianten sowie Reformvorschläge zu Unternehmensübertragungen (B.) und Vermögenstransfers auf Familienstiftungen (C.).

A. Persönliche Verhältnisse

Reformbedürftig innerhalb der persönlichen Verhältnisse sind vor allem die Steuerbefreiungen für Ehegattenerwerbe wie auch für Vermögensübertragungen an Kinder und Enkelkinder. Verstärkt schützenswert sind zudem Vermögensübertragungen zwischen Geschwistern. Letztlich verdient auch die unterschiedliche Behandlung von Eltern und Voreltern bei lebzeitigen Erwerben und Solchen von Todes wegen eine einheitliche Regelung.

I. Steuerbefreiung bei Ehegatten

Der Vermögenserwerb zwischen Ehegatten unterliegt grundsätzlich der Erbschaft- und Schenkungsteuer. Ehegatten steht jedoch ein Freibetrag von 500.000 Euro sowie ein besonderer Versorgungsfreibetrag von bis zu 256.000 Euro zu und auch das selbstgenutzte Familienheim ist wertunabhängig von der Steuer befreit. Zudem ist der Anspruch eines Ehegatten auf Ausgleich des Zugewinns steuerfrei.[901]

1. Problembereiche bei Ehegattenerwerben

Aufgrund der vielfältigen Sonderregelungen und Ausnahmen für Ehegatten schafft die Erfassung dieser Erwerbe und ihre Besteuerung viele Probleme.[902] Unter Heranziehung der in Teil drei erfolgten Untersuchungen werden im Folgenden die Hauptproblembereiche hinsichtlich der Zuwendungen unter Ehegatten zu Lebzeiten, der gegenseitigen Erbeinsetzung im Rahmen eines Berliner Testaments, der Versorgungsbezüge sowie der Steuerbefreiung des Familienheimerwerbs vertieft diskutiert. Daneben führt auch die Befreiung des fiktiven Zugewinnausgleichanspruchs von der Erbschaftsteuer vor allem bei langjährigen Ehen zu erheblichen Schwierigkeiten hinsichtlich der Ermittlung der Vermögenswerte sowie zu Nachteilen aufgrund der Indexierung des Anfangsvermögens. Im Anschluss daran werden Reformvorschläge zur erbschaftsteuerlichen Behandlung von Ehegattenerwerben diskutiert.

---

901 *Wachter*, DStR-Beih 2014, 90 (94).

902 *Weinmann*, in: Moench/Weinmann, ErbStG (Stand: 80/3.18), § 16 Rn. 8.

a. *Zuwendungen unter Ehegatten*

Die Änderung der Rechtsprechung des Bundesfinanzhofs, Zuwendungen unter Ehegatten nicht als Schenkungen anzusehen, führt an verschiedenen Stellen zu Rechtsunsicherheiten.[903] Auslegungsschwierigkeiten ergeben sich insbesondere, wenn Ehegatten Vermögensübertragungen im Vertrauen darauf tätigen, dass diese dem Familienunterhalt dienen. Denn nach der Rechtsprechung des Bundesfinanzhofs und entgegen der Rechtsprechung des Bundesgerichtshofs, zählen Leistungen zur gegenseitigen Altersvorsorge gerade nicht zum Familienunterhalt und sind folglich auch nicht von der Schenkungsteuer befreit. Darüber hinaus ergeben sich vor allem bei größeren Vermögensdispositionen Unsicherheiten.

Infolge der Rechtsprechungsänderung des Bundesfinanzhofs besteht zwar erbschaftsteuerlich insofern Klarheit, als dass Zuwendungen zwischen Ehegatten nicht mehr grenzen- und konturenlos möglich sind.[904] Allerdings widerspricht dies dem aus Art. 6 Abs. 1 GG folgenden Schutzgebot der Ehe vor staatlichen Eingriffen und dem damit einhergehenden Verbot des Staates, diese zu beeinträchtigen. Denn hieraus folgt, dass die Vermögensrechte des Einzelnen, welche aus einer ehelichen Verbindung entstanden sind oder diese fortsetzen, besonders schutzwürdig sind.[905] Außerdem widerspricht dies dem Förderungsgebot aus Art. 6 Abs. 1 GG, wonach für Ehegatten Vergünstigungen bestehen müssen, welche die Ehebindung stärken.[906] Auch das Bundesverfassungsgericht betont, dass die besondere Schutzwürdigkeit von Ehegatten im Erbschaftsteuerrecht vor allem auch aus der gemeinsamen Teilhabe an den wirtschaftlichen Grundlagen und den gegenseitigen Unterhalts- und Beistandspflichten folgt.[907] Die Rechtsprechung des Bundesfinanzhofs steht damit auch im Widerspruch zum Wesen der Ehe als Partnerschaft.[908]

b. *Berliner Testament*

Weitere belastende Probleme ergeben sich darüber hinaus, wenn Ehegatten sich gegenseitig durch Errichtung eines Berliner Testaments bedenken. Weil der letztversterbende Ehegatte Vollerbe des zuerst Verstorbenen wird, kommt es

---

903 *P. Kirchhof*, Bundessteuergesetzbuch, § 77 Rn. 10, S. 634; vgl. hierzu die Ausführungen unter 3. Teil B II 2.

904 *Schuck*, in: Viskorf/Schuck/Wälzholz, ErbStG, § 7 Rn. 26.

905 vgl. hierzu die Ausführungen unter 2. Teil B III 2 b aa (2).

906 vgl. hierzu die Ausführungen unter 2. Teil B III 2 b bb.

907 vgl. hierzu auch die Ausführungen unter 1. Teil B II.

908 *Hannes/Holtz*, in: Meincke/Hannes/Holtz, ErbStG, § 7 Rn. 94.

zu einer zweifachen Besteuerung beim Schlusserben. Insbesondere, wenn die Ehegatten kurzzeitig hintereinander versterben, werden die ehelichen und familiären Beziehungen dadurch stark belastet. Außerdem geht der Freibetrag des Schlusserben für den ersten Erbgang verloren.

Damit übernimmt es letztlich der Gesetzgeber, darüber zu entscheiden, ob der Erblasser den Ehegatten oder die Kinder direkt einsetzt.[909] Die steigende Anzahl an Berliner Testamenten zeigt jedoch, dass es den Ehegatten zunehmend darum geht, vor allem den überlebenden Partner im Alter abgesichert zu wissen.[910] Aufgrund der erheblichen erbschaftsteuerlichen Belastung des Schlusserben, ist den Ehegatten daher von der Errichtung eines Berliner Testaments abzuraten. Dies widerspricht jedoch der Testierfreiheit als subjektives Grundrecht der Erbrechtsfreiheit. Denn hiernach kann der Erblasser selbst darüber bestimmen, was mit seinem Nachlass geschehen soll und an wen er vererben möchte.[911] Überspitzt könnte man es auch so ausdrücken: „[W]er diese intimste Entscheidung des Vermögensrechts lenken will, trifft den Kern der Privatautonomie.“[912]

c. *Versorgungsbezüge*

Auch die Regelung des § 17 ErbStG unterliegt verfassungsrechtlichen Bedenken.[913] Fraglich ist nämlich, ob die Norm ihren Zweck, nämlich die Sicherung der Versorgung des hinterbliebenen Ehegatten, erfüllt, wenn der Witwe/ dem Witwer private Versorgungsbezüge zustehen, welche den Versorgungsfreibetrag überschreiten. Im Gegensatz zum Empfänger gesetzlicher und damit nicht steuerbarer Versorgungsbezüge, muss dieser den übersteigenden Betrag versteuern.[914] Auch der Bundesfinanzhof äußert Zweifel dahingehend, ob die unterschiedliche Behandlung von gesetzlichen und privaten Versorgungsbezügen verfassungsgemäß ist.[915] Seit Festlegung der Versorgungsfreibeträge im Zuge des Erbschaftsteuerreformgesetzes 1974 und Umstellung seit der Euroanpassung zum 1.01.2002 kam es nicht mehr – auch nicht bei genereller Anhebung der persönlichen Freibeträge im Zuge der Erbschaftsteuerreform 2009 – zur

---

909 *Michelsen*, Vermögensbewegungen unter Ehegatten, S. 171 f.
910 vgl. hierzu die Ausführungen unter 3. Teil A I 3 a.
911 vgl. hierzu die Ausführungen unter 2. Teil B III 1 b aa (1).
912 *Leisner*, Verfassungsrechtliche Grenzen, S. 119.
913 vgl. hierzu *Hannes/Holtz*, in: Meincke/Hannes/Holtz, ErbStG, § 17 Rn. 16 ff.
914 *Jülicher*, in: Troll/Gebel/Jülicher/Gottschalk, ErbStG (EL 53 Juni 2017), § 17 Rn. 2.
915 BFH; Beschluss vom 31.01.1979 – II B 30/76, BStBl. II 1979, S. 244 (245).

Anhebung dieser Versorgungsfreibeträge.[916] Dabei überschreitet bereits der Kapitalwert der Witwenpension bei nahezu allen Beamtengruppen des höheren Dienstes nach dem gegenwärtigen Besoldungstarif den Versorgungsfreibetrag von 256.000 Euro. Folglich dürften aber auch die auf privatem Anstellungsvertrag beruhenden Versorgungsbezüge den Versorgungsfreibetrag von 256.000 Euro überschreiten.[917]

Darüber hinaus geht der Versorgungsfreibetrag zu Lasten von jung hinterbliebenen Ehegatten, weil der Kapitalwert des Versorgungsfreibetrages mit fortschreitendem Alter abnimmt. Dennoch gibt es dem Bundesfinanzhof zufolge verfassungsrechtlich keinen Anlass dafür, den Versorgungsfreibetrag nach dem Lebensalter des überlebenden Ehegatten zu differenzieren, da „die aus den unterschiedlichen Lebensalter des überlebenden Ehegatten resultierenden Ungleichheiten“[918] nicht so gravierend sind.

d. Familienheimerwerb

Umstritten sind vor allem die Steuerbefreiungen zur Übertragung des Familienheims. Kritisiert wird, dass die Regelung eine einseitige Privilegierung von Hauseigentümern gewährt.[919] Zunächst folgt daher allgemein eine Auseinandersetzung mit dieser Kritik und die Begründung für die Beibehaltung der Regelungen. In einem zweiten Schritt wird vertieft auf die Probleme im Zusammenhang mit der zehnjährigen Behaltensfrist und dem Selbstnutzungszwang durch den Erwerber bei der steuerbefreiten Übertragungsmöglichkeit von Todes wegen nach § 13 Abs. 1 Nr. 4b ErbStG eingegangen.

aa. Allgemeine Kritik

Ein Blick auf die historische Entwicklung dieser sachlichen Steuerbefreiungsvorschriften lässt erkennen, dass der Gesetzgeber dazu neigt, die Befreiung des Familienheims nicht nur beizubehalten, sondern auch immer mehr auszuweiten. Erwerbe von Familienheimen innerhalb der Familie sollen möglichst nicht mit Erbschaft- und Schenkungsteuer belastet werden.[920]

---

916 BGBl. I 2008, 3018 (3026); *Weinmann*, in: Moench/Weinmann, ErbStG (Stand: ErbStG 81/05.18), § 17 Rn. 3.

917 *Eisele*, in: Kapp/Ebeling, ErbStG (75. Lfg. 02.2018), § 17 Rn. 3.

918 BFH, Urteil vom 14.07.1982 – II R 16/81, BStBl. II 1983, 19 (21).

919 vgl. hierzu *Hannes/Holtz*, in: Meincke/Hannes/Holtz, ErbStG, § 13 Rn. 21; *Birk/Desens/Tappe*, Steuerrecht, Rn. 1554.

920 *Meßbacher-Hönsch*, ZEV 2015, 382 (387); *Viskorf*, in: Viskorf/Schuck/Wälzholz, ErbStG, § 13 Rn. 34; *Geck*, in: Kapp/Ebeling, ErbStG (75. Lfg. 02.2018), § 13 Rn. 38.

Hiergegen wird eingewandt, dass dies eine ungerechtfertigte Begünstigung für Erwerber von Eigenheimen darstellt. Es sei nicht einsichtig, warum derjenige, der eine Mietwohnung bewohnt und dem Ehepartner Kapitalvermögen zuwendet, anders behandelt werde, als derjenige, der ein Familienheim auf den Ehepartner unentgeltlich überträgt.[921] Die fehlende betragsmäßige Begrenzung des Steuervorteils bewirke zudem, dass begüterte Ehegatten mit luxuriösen und aufwändigen Familienwohnheimen in besonderem Maße von der Befreiung profitieren können.[922]

Grundsätzlich lässt sich hiergegen einwenden, dass diese Regelungen beinahe unerlässlich sind, um – jedenfalls in teuren Ballungsgebieten – für Familien den gemeinsamen Wohnraum zu erhalten. Der Freibetrag für Steuerklasse I dürfte regelmäßig nicht ausreichen, um einen steuerfreien Erwerb des Familienheims zu ermöglichen.[923] Problematisch ist dies insbesondere für solche Immobilien, die bereits vor Jahren erworben wurden und aufgrund der stark angestiegenen Immobilien- und Grundstückspreise um ein Vielfaches an Wert gewonnen haben. Die Begünstigung von Eigenheimerwerben gegenüber Erwerbern von Kapitalvermögen lässt sich außerdem auch mit der besonderen grundrechtlichen Bedeutung des Wohnraums rechtfertigen. Zwar nicht der Wohnraum selbst, aber dessen Privatheit wird als „elementarer Lebensraum"[924] und die „räumliche Sphäre, in der sich das Privatleben entfaltet"[925] über Art. 13 Abs. 1 GG geschützt. Außerdem dient der Wohnraum der Menschenwürde und der freien Entfaltung der Persönlichkeit.[926] Ist der Erwerber des Familienheims damit mangels vorhandenem Barvermögen gezwungen, diese Wohnstätte zu veräußern, um die Steuerlast begleichen zu können, so stellt dies einen schwerwiegenderen Eingriff in die grundrechtlich geschützte Privatsphäre des Erwerbers dar, als wenn lediglich vererbtes Barvermögen zur Begleichung der Steuerlast verwendet werden muss. Dies trifft insbesondere für den Fall des Todes bedingten Familienheimerwerbs zu. Denn die Kreditaufnahme zur Steuerbegleichung durch eine Witwe im Rentenalter ist wenig erfolgversprechend, weil „Banken die Finanzierung von Erbschaftsteuer durch zudem noch im höheren Lebensalter befindliche

---

921 *Geck*, in: Kapp/Ebeling, ErbStG (Stand: Lfg. 75 Feb. 2018, § 13 Rn. 38.

922 *Viskorf*, in: Viskorf/Schuck/Wälzholz, ErbStG, § 13 Rn. 44.

923 *Geck*, in: Kapp/Ebeling, ErbStG (75. Lfg. 02.2018), § 13 Rn. 38.

924 BVerfG, Beschluss vom 26.05.1976 – 2 BvR 294/76, BVerfGE 42, 212 (219); BVerfG, Beschluss vom 3.04.1979 – 1 BvR 994/76, BVerfGE 51, 97 (110).

925 BVerfG, Beschluss vom 26.05.1993 – 1 BvR 208/93, BVerfGE 89, 1 (12).

926 BVerfG, Urteil vom 3.04.2004 – 1 BvR 2378/98, 1084/99, BVerfGE 279 (313); *Jarass*, in: Jarass/Pieroth, GG, Art. 13 Rn. 1.

Personen mit begrenzten laufenden Einkünften nicht gerade durch eine großzügige Vergabepraxis fördern."[927]

Die lebzeitige Übertragung des Familienheims unter Ehegatten steht daneben insbesondere aufgrund des weitreichenden Befreiungstatbestands unter Kritik.[928] Denn die Übertragung setzt weder eine Behaltensfrist, noch einen Selbstnutzungszwang oder eine wertmäßige Begrenzung voraus. Bei der verfassungsrechtlichen Bewertung des § 13 Abs. 1 Nr. 4a ErbStG darf allerdings nicht außer Acht gelassen werden, dass die Befreiung zu Lebzeiten dazu dient, es Eheleuten zu ermöglichen, auch ohne Beendigung des Güterstandes der Zugewinngemeinschaft, im Kernbereich der ehelichen Lebens- und Erwerbsgemeinschaft eine gleichmäßige Vermögensverteilung zu erreichen. Aus eben diesem Grunde hat der Bundesfinanzhof auch die Regelung zur Beweislastumkehr bei Gemeinschaftskonten entwickelt und der Finanzverwaltung die Feststellungslast auferlegt.[929]

bb. Behaltensfrist und Selbstnutzungszwang

Die Steuerbefreiung des Familienheimerwerbs von Todes wegen ist insbesondere aufgrund ihres Nachversteuerungstatbestandes und dem damit einhergehenden Selbstnutzungszwang durch den erwerbenden Ehegatten problematisch. Denn selbst wenn der erwerbende Ehegatte das Familienheim innerhalb der zehnjährigen Behaltensfrist an gemeinsame Kinder überträgt, kommt es zum Wegfall der Begünstigung. Aus der Zusammenschau der Begünstigungstatbestände des § 13 Abs. 1 Nr. 4b und 4c ErbStG lässt sich jedoch schlussfolgern, dass der Gesetzgeber die Selbstnutzung auch zumindest von Kindern oder Waisenenkeln begünstigen wollte. Der unmittelbare Erwerb durch letztgenannte Personen vom Erblasser selbst wäre ohne Weiteres steuerbefreit.[930]

Darüber hinaus stellt gerade bei älteren Ehepaaren die strenge Handhabung der Ausnahme zum Eigennutzungszwang eine besondere Härte dar. Denn Ehepartner stehen überwiegend in ungefähr gleicher Altersstufe. Auch wenn der

927 *Jülicher*, in: Troll/Gebel/Jülicher/Gottschalk, ErbStG (53 EL Juni 2017), § 13 Rn. 58.

928 BFH, Urteil vom 18.07.2013 – II R 35/11, BStBl II 2013, 1051 (1052); andererseits hat der Bundesfinanzhof in einem vorhergehenden Urteil die Regelung noch ohne verfassungsrechtliche Bedenken angewandt: BFH, Urteil vom 26.02.2009 – II R 69/06, BStBl. II 2009, 480 (481); vgl. hierzu auch die Ausführungen bei *Wachter*, ZEV 2014, 191 (192).

929 BFH, Urteil vom 23.11.2011 – II R 33/10, BStBl. II 2012, 473 (475); *Jülicher*, in: Troll/Gebel/Jülicher/Gottschalk, ErbStG (53 EL Juni 2017), § 13 Rn. 57.

930 *Geck*, in: Kapp/Ebeling, ErbStG (77. Lfg. 08.2018), § 13 Rn. 39.7.

Überlebende zum Zeitpunkt des Versterbens des Ehegatten nicht pflegebedürftig ist, kann häufig nicht davon ausgegangen werden, dass dieser weitere zehn Jahre dort wohnen wird. Aus Gründen der Vereinsamung oder auch bedingt durch die Versorgung durch nahe Angehörige, welche nicht in der Nähe wohnen, besteht oftmals die Notwendigkeit eines Umzugs, was durch die Nachversteuerung nicht nur erschwert, sondern unter Umständen auch verhindert wird. Damit einhergehend stellt dies auch eine Altersdiskriminierung dar, weil es einem jüngeren Ehepartner eher möglich ist, weiter in dem vormals gemeinsamen Familienheim zu wohnen.[931] Die Regelung fördert folglich die Immobilität, da der Erwerber trotz bestehender Notwendigkeit – beispielsweise aus beruflichen oder gesundheitlichen Gründen – gezwungen ist, den Wohnort nicht zu verlassen.[932]

2. *Reformvorschläge*

Ausgehend von den dargelegten Problemkreisen, bieten sich die im Folgenden dargestellten Reformvorschläge an. Die Vorschläge werden dabei im Einzelnen dargestellt und diskutiert.

a. *Erleichterte Übertragung des Familienheims von Todes wegen*

Hinsichtlich des Familienheimerwerbs sollte vor allem dessen bereits lebzeitige Übertragung an Kinder keinen Verstoß gegen die Befreiungsvorschriften darstellen, wenn der überlebende Ehegatte dieses innerhalb der zehnjährigen Behaltensfrist an die gemeinsamen Nachkommen weitergibt. Solange der Gesetzgeber die Weitergabe des Familienheims an Kinder von Todes wegen begünstigt, dürfte aus systematischer Hinsicht auch die Weitergabe zu Lebzeiten keinen Verstoß gegen die zehnjährige Behaltensfrist darstellen.[933] Darüber hinaus sollte der Gesetzgeber eine Lockerung der Ausnahmemöglichkeiten zur zwingenden Selbstnutzung des Familienheims, insbesondere für ältere Erwerber, bedenken. Da subjektive Gründe Beweisschwierigkeiten unterliegen, bietet es sich bei Ehegattenerwerben von Todes wegen auch generell an, die Behaltensfrist bzw. den Selbstnutzungszwang entfallen zu lassen. Damit würde es zudem keinen Unterschied mehr machen, ob die Übertragung des Familienheims von Todes wegen oder zu Lebzeiten erfolgt.

---

931 *Steiner*, NJOZ 2019, 465 (465).
932 *Geck*, in: Kapp/Ebeling, ErbStG (75. Lfg. 02.2018), § 13 Rn. 38.
933 *Geck*, in: Kapp/Ebeling, ErbStG (77. Lfg. 08.2018), § 13 Rn. 39.7.

b. Erhöhung des persönlichen Freibetrags

Durch die Erhöhung der Freibeträge könnte der kritisierten Ungleichbehandlung zwischen Ehegatten, welche Barvermögen erben, und Solchen, denen ein Familienheim zugewandt wird, Rechnung getragen werden. Es würde folglich jedenfalls für den Fall, dass neben dem Familienheim kein weiteres Barvermögen übertragen wird, weitgehend eine Gleichbehandlung zwischen diesen beiden Erwerbergruppen hergestellt werden.

Fraglich bleibt dabei jedoch, in welcher Höhe eine Anhebung angemessen ist. Einer Ansicht nach soll der Freibetrag von den bestehenden 500.000 Euro auf 1.500.000 Euro angehoben werden.[934] Allerdings wird diese Wertgrenze nicht näher begründet. Eine Lösung bietet die vom Bundesverfassungsgericht vorgegebene Orientierung an den Durchschnittswerten eines Einfamilienhauses. Dagegen lässt sich zwar einwenden, dass in Deutschland kein einheitlicher Immobilienmarkt existiert. Die Kaufpreise für Immobilien und Grundstücke unterscheiden sich erheblich. Gerade in den „Hochpreisgebieten" kann der Erwerb eines Einfamilienhauses damit Erbschaftsteuer auslösen, wenn kein weiteres Vermögen im Nachlass vorhanden ist.[935] Im Zuge der generellen Anhebung der Freibeträge mit Erbschaftsteuerreformgesetz 2008 wollte der Gesetzgeber die Freibeträge für Ehegatten und Kinder daher so bemessen, dass „ein übliches Einfamilienhaus auch in teuren Ballungsgebieten ohne Steuerbelastung übergehen kann."[936] Weil die Immobilien- und Grundstückspreise in Deutschland allerdings seit Anhebung dieser Freibeträge weiter angestiegen sind, stellt sich hier die Frage, ob die Freibeträgen diesem gesetzgeberischen Grundsatz noch gerecht werden. Ein Einfamilienhaus beispielsweise im Ballungsgebiet München dürfte heutzutage nicht mehr zu einem Kaufpreis in Höhe von 500.000 Euro übergehen. Um diesem Problem zu begegnen, könnte der Gesetzgeber die Freibeträge zunächst auf das aktuelle Niveau anheben und sodann an die jährliche Inflationsrate anpassen.[937]

c. Freistellung in Abhängigkeit von der Dauer der Ehe

Ein weiterer Reformvorschlag basiert auf dem der Ehe zugrunde liegenden Gedanken des gemeinsamen Vermögensaufbaus. Erst wenn die Ehe eine gewisse Dauer erreicht hat, kann man von gemeinsam erschaffenen Vermögen sprechen.

---

934 *Steiner*, NJOZ 2015, 465 (466).

935 *Ramb*, in: Preißer/Rödl/Seltenreich, ErbStG, § 16 Rn. 11.

936 BT-Drucks. 16/7918, S. 37; vgl. hierzu auch die Ausführungen unter 3. Teil A III 1 c.

937 *Jülicher*, in: Troll/Gebel/Jülicher/Gottschalk, ErbStG (EL 53 Juni 2017), § 16 Rn. 9.

Zuwendungen unter Ehegatten sollten folglich, nachdem die Ehe eine Weile bestanden hat, vollständig schenkungsteuerfrei gestellt werden.[938] Indem die Dauer einer Ehe über die Steuerverschonung entscheidet, könnte der Freibetrag nach Ablauf von fünf ununterbrochenen Ehe- bzw. Partnerjahren so gesteigert werden, dass ab beispielsweise 25-jähriger Partnerschaft eine vollständige Steuerbefreiung erlangt wird.[939]

d. *Vollständige Befreiung der Ehegattenerwerbe*

Schließlich wird in der Literatur auch die vollständige Freistellung von Ehegattenerwerben vorgeschlagen.[940] Das Bundesverfassungsgericht verlangt zunächst zwar lediglich, dass Erwerbern der Steuerklasse I kleinere Vermögensübergänge steuerfrei ermöglicht werden müssen, nicht jedoch einen vollständig steuerfreien Erwerb unter Ehegatten.[941]

Gegen die vollständige Steuerbefreiung von Ehegatten spricht zwar zunächst das Prinzip der Steuergerechtigkeit und der damit einhergehenden möglichst gleichmäßigen Belastung der Steuerpflichtigen. Die Gleichheit der Besteuerung meint zunächst die gleichmäßige Belastung eines jeden Erwerbers. Die Steuerlasten werden entsprechend der wirtschaftlichen Leistungsfähigkeit verteilt. Demnach müssten auch Erwerber des engeren familiären Umfelds entsprechend zur Steuer herangezogen werden.[942] Allerdings erfahren im Familienhaushalt lebende Mitglieder und vor allem Ehegatten nur eine geringfügige Steigerung an Leistungsfähigkeit. Nur wenn sie Vermögen erhalten, dass zuvor allein dem Erblasser zustand, kann von einer Steigerung der Leistungsfähigkeit gesprochen werden.[943]

De lege ferenda sprechen dennoch einige Gründe dafür, den Ehegattenerwerb erbschaft- und schenkungsteuerlich vollständig freizustellen.[944] Im Folgenden werden die hierfür sprechenden Hauptargumente dargestellt.

---

938 *Geck*, in: Kapp/Ebeling, ErbStG (80. Lfg. 05.2019), § 7 Rn. 22.2.

939 So ähnlich: *Steiner*, NJOZ 2019, 465 (466).

940 *von Oertzen*, FamRZ 2010, 1785 (1788); *Wachter*, ZEV 2014, 191 (194); *Schlünder/Geißler*, ZEV 2005, 505 (510); *Seer*, in: Tipke/Lang, Steuerrecht, § 15 Rn. 103.

941 vgl. hierzu die Ausführungen unter 1. Teil A I 1.

942 vgl. hierzu die Ausführungen unter 2. Teil I 2.; ähnlich: *Weinmann*, in: Moench/Weinmann, ErbStG (Stand: 84/04.19), § 16 Rn. 3.

943 vgl. hierzu die Ausführungen unter 2. Teil A I 2.

944 *Seer*, in: Tipke/Lang, § 15 Rn. 103.

aa. Europarechtlicher Vergleich

In einigen europäischen Ländern sind Ehegattenerwerbe vollständig von der Erbschaft- und Schenkungsteuer befreit.[945] Ein Vergleich aller Mitgliedstaaten der Europäischen Union ergibt, dass von den derzeit in der Europäischen Union befindlichen 28 Mitgliedstaaten in neun Staaten keine Erbschaftsteuer erhoben wird. Von den verbleibenden 19 Mitgliedstaaten sind Ehegatten in acht Mitgliedstaaten vollständig von der Erbschaftsteuer befreit und folglich nur in insgesamt elf Mitgliedstaaten der Erbschaftsteuer unterworfen.[946] Die erbschaftsteuerlichen Gesetzgeber der Europäischen Union und auch innerhalb der Staaten Europas insgesamt tendieren folglich dazu, Ehegattenerwerbe erbschaftsteuerlich vollständig zu befreien.[947] Vor dem Hintergrund, dass in den an Deutschland angrenzenden Nachbarländern Österreich, Schweiz, Dänemark und Tschechien entweder keine Erbschaftsteuer erhoben wird oder Ehegatten vollständig von der Erbschaftsteuer befreit sind, ist es folglich auch nicht abwegig, dass zur Umgehung der Erbschaftsteuer der Wohnsitz ins angrenzende Ausland verlagert wird.

bb. Fehlender Generationenübergang

Es ist außerdem charakteristisch für die Erbschaftsteuer, dass Vermögen an die nachfolgende Generation weitergegeben wird. Eine solche Übertragung an die nächste Generation liegt bei Ehegattenerwerben jedoch gerade nicht vor.[948] Es erfolgt lediglich eine horizontale Vermögensverlagerung. Zivilrechtlich betrachtet wirken derartige Vermögensübertragungen auch nicht zu Lasten von Pflichtteilsberechtigten, solange die Ehe Bestand hat. Die Frist zur Geltendmachung des Pflichtteilsergänzungsanspruchs beginnt nämlich nach § 2325 Abs. 3 Satz 3 BGB nicht vor Auflösung der Ehe. Hieran angelehnt sollten auch im Steuerrecht Zuwendungen unter Ehegatten steuerlich als unbeachtlich angesehen werden.[949] Zudem dürfte es sich bei Ehegatten in der Regel aufgrund Altersähnlichkeit um lediglich kurzzeitige Erwerbsstadien handeln. Häufig übernimmt der überlebende Ehegatte das Vermögen des zuerst verstorbenen Partners für eine

945 *Wachter*, DStR-Beih 2014, 90 (94).

946 Dies ergibt sich aus einer Auswertung der Länderberichte aus *Süß*, Erbrecht in Europa, S. 221 ff.

947 So auch *Steiner*, NJOZ 2019, 465 (466).

948 *P. Kirchhof*, Bundessteuergesetzbuch, § 77 Rn. 8, S. 633.

949 *Wachter*, DStR-Beih 2014, 90 (94).

vergleichsweise kurze Zeit und damit wohl eher treuhänderisch für die nachfolgende Generation.[950]

cc. *Fiskalische Auswirkungen*

Außerdem dürften die mit der Freistellung des Ehegattenerwerbs verbundenen Steuerausfälle überschaubar sein. Dies zeigt auch die vom statistischen Bundesamt erstellte Erbschaft- und Schenkungsteuerstatistik für das Jahr 2018. Hiernach wird für den Erhebungszeitraum für unbeschränkt steuerpflichtige Erwerbe nach dem Wert der Erwerbe vor Abzug eine Erbschaft- und Schenkungsteuer in Höhe von insgesamt 6,68 Mrd. Euro festgesetzt. Die Festsetzung für Ehegatten beläuft sich hierbei auf 518 Mio. Euro.[951] Die für Ehegatten festgesetzte Steuer bei unbeschränkt steuerpflichtigen Erwerben beläuft sich damit lediglich auf einen Anteil in Höhe von 7,8%.Dieser geringfügige Steuerbeitrag ist wohl mit den hohen Freibeträgen und den Steuerbefreiungen für das selbstgenutzte Familienheim zu begründen. Aber auch gestalterische Möglichkeiten, wie die Güterstandschaukel, tragen hierzu bei. Aufgrund der für die Laiensphäre undurchsichtigen Rechtsprechung des Bundesfinanzhofs bezüglich Zuwendungen zwischen Ehegatten liegt es auch nahe, dass den Finanzämtern Zuwendungen oftmals ohnehin nicht angezeigt werden.[952] Denn die Beteiligten gehen schon nicht davon aus, dass es sich um einen steuerpflichtigen Vorgang handelt. Die vollständige Freistellung von Ehegattenerwerben könnte folglich auch dieses Vollzugsrisiko beseitigen.[953]

dd. *Erhalt des Lebensstandards*

Für den Todesfall gilt schließlich aber vor allem die vom Bundesverfassungsgericht geforderte Kontinuität des Lebensstandards.[954] Die eheliche Erwerbsgemeinschaft dient dazu, dass beide Ehegatten durch Leistung nicht nur Vermögen in die Ehe einbringen, sondern auch erhalten und gemeinsam vermehren.

---

950 *Moench*, DStR 1996, 725 (728).

951 *Statistisches Bundesamt* (Hrsg.): Finanzen und Steuern – Erbschaft- und Schenkungsteuer 2018, S. 21, verfügbar unter https://www.destatis.de/DE/Themen/Staat/Steuern/Weitere-Steuern/Publikationen/Downloads-weitere-Steuern/erbschaft-schenkungsteuer-5736101187004.pdf?__blob=publicationFile, abgerufen am 17.07.2020.

952 vgl. hierzu die Ausführungen unter 3. Teil B II 2. und 3.

953 *Wachter*, DStR-Beih 2014, 90 (94 f.).

954 vgl. hierzu die Ausführungen oben unter 1. Teil A II 3.

Verstirbt ein Ehegatte, so ist der überlebende Partner auf den Erhalt des Lebensstandards in besonderer Weise angewiesen, da er für die Bewahrung des Erschaffenen nun allein verantwortlich ist. Daher sollte das Erbschaftsteuerrecht nicht erschwerend zur Minderung oder Zerstörung dieser Lebensbedingungen beitragen.[955]

e. *Stellungnahme*

Die Erleichterungen beim Erwerb des Familienheims bzw. ein genereller Wegfall des Nachversteuerungsvorbehalts würde jedenfalls den Erhalt des familiären Gebrauchsvermögens von Todes wegen und durch Schenkungen erleichtern. Eine allgemeine Lösung für die Schwierigkeiten, die sich bei Zuwendungen unter Ehegatten ergeben, bietet die erleichterte Übertragungsmöglichkeit des Familienheims dennoch nicht. Auch die übrigen Probleme im Zusammenhang mit Ehegattenerwerben bleiben dadurch erhalten.

Die Erhöhung des Freibetrags bietet nach wie vor noch keine vollständige Lösung dafür, dass Zuwendungen unter Ehegatten der Schenkungsteuer unterliegen und daher Unsicherheiten weiter bestehen. Dies insbesondere dann, wenn der persönliche Freibetrag ausgeschöpft ist. Auch für die Probleme im Rahmen des Versorgungsfreibetrages und der strengen Handhabung der Versteuerung des Familienheims bietet die Erhöhung des Freibetrages keine umfängliche Lösung.

Die vollständige Steuerbefreiung in Abhängigkeit von der Dauer der Ehe stellt lediglich eine partielle Lösung für die Probleme dar, die sich im Todesfall eines jungen Ehegatten ergeben. Hierunter fällt vor allem der Versorgungsfreibetrag, welcher gerade bei jung hinterbliebenen Ehegatten geringer ausfällt als bei älteren Ehepartnern. Dabei wird verkannt, dass gerade in solchen Fällen der hinterbliebene Ehegatte einer doppelten Belastung ausgesetzt ist, weil er zukünftig finanziell und persönlich allein für die Familie verantwortlich ist. Da auch die Übertragung des Familienheims nur unter der strengen Voraussetzung der weiteren Selbstnutzung möglich ist, wäre ein jung hinterbliebener Ehegatte gezwungen für weitere zehn Jahre an demselben Wohnort zu bleiben. Die vollständige Freistellung des Ehegatten ab einer gewissen Dauer der Ehe löst folglich für jung hinterbliebene Ehegatten ein Versorgungsdefizit aus und stellt vor allem vor dem Hintergrund, dass die Lebensdauer aufgrund von Schicksalsschlägen nicht planbar ist, eine besondere Härte dar.

---

955 *P. Kirchhof*, FR 2013, 97 (98).

Eine umfängliche Lösung bietet somit nur die bedingungslose, vollständige Freistellung der Erwerbe unter Ehegatten von der Erbschaft- und Schenkungsteuer. Es sprechen nicht nur gewichtige Argumente dafür. Auch werden dadurch Fallgestaltungen, wie beispielsweise die Güterstandschaukel, die nur auf Vermeidung von Schenkungsteuer zwischen Ehegatten gerichtet ist, überflüssig.[956] Daneben würden auch Unsicherheiten beseitigt werden, welche im Rahmen von Zuwendungen unter Ehegatten bestehen. Hinsichtlich der gegenseitigen Erbeinsetzung im Rahmen des Berliner Testaments würde die finanzielle Absicherung und Versorgung des überlebenden Ehegatten weiter gewährleistet bleiben und es würde, da der Erbfall zwischen den Ehegatten ohnehin nicht besteuert wird, auch eine zweifache Besteuerung des Erbfalls vermieden werden. Schließlich wären auch die Streitigkeiten hinsichtlich der Höhe des Freibetrages hinfällig. Damit ist die vollständige Befreiung von Ehegatten insgesamt der Steuervereinfachung dienlich, da das geltende Erbschaftsteuerrecht aufgrund der vielfältigen Probleme unnötig kompliziert gestaltet ist.

II. Steuerbefreiungen bei Kindern[957] und Enkelkindern[958]

Sowohl Kinder wie auch (Waisen-)Enkelkinder werden im Rahmen der persönlichen und der sachlichen Steuerbefreiungen gesondert behandelt.

1. Kinder

Besonderheiten hinsichtlich der erbschaftsteuerlichen Behandlung von Vermögensübertragungen an Kinder finden sich an drei Stellen im Rahmen der Steuerbefreiungen. Hierzu gehören der persönliche Steuerfreibetrag nach § 16 Abs. 1 Nr. 2 ErbStG, welcher von den übrigen Personen der Steuerklasse I losgelöst ist, der Versorgungsfreibetrag nach § 17 Abs. 2 ErbStG sowie die steuerbefreite Möglichkeit der Familienheimübertragung nach § 13 Abs. 1 Nr. 4c ErbStG.

Vergleicht man Vermögensübertragungen an Kinder mit den derzeit geltenden Regelungen zugunsten von Ehegatten, so werden Erstere aufgrund des geringeren persönlichen Freibetrages und der gestaffelten Versorgungsfreibeträge nachteilig behandelt.[959] Auch im Rahmen der Übertragung des Familienheims unterliegen Erwerbe von Kindern strengeren Voraussetzungen. Das

956 *P. Kirchhof*, Bundessteuergesetzbuch, § 74 Rn. 51, S. 606.
957 Gemeint sind sämtliche Freibetrags-Berechtigte im Sinne von § 16 Abs. 1 Nr. 2 ErbStG.
958 Gemeint sich sämtliche Freibetrags-Berechtigte im Sinne von § 16 Abs. 1 Nr. 3 ErbStG.
959 *Hannes/Holtz*, in: Meincke/Hannes/Holtz, ErbStG, § 16 Rn. 10.

Bundesverfassungsgericht unterscheidet dagegen im Beschluss zur Erbschaftsteuer nicht zwischen Ehegattenerwerben und Solchen durch Kinder, sondern fordert lediglich gleichermaßen einerseits den Erhalt der Ehe als Erwerbsgemeinschaft und andererseits die Berücksichtigung der Mitberechtigung von Kindern am familiär geschaffenen Gut.[960] Vor diesem Hintergrund sind folglich auch die Diskussion der Regelungsbereiche im Einzelnen und die entsprechenden Reformvorschläge zu sehen.

a. *Erhöhung des Freibetrages*

In erster Linie stellt sich damit die Frage nach einer Erhöhung des für Kinder geltenden persönlichen Freibetrags, da dieser der aktuell geltenden gesetzlichen Ausgestaltung zufolge geringer ist, als der Freibetrag für Ehegatten.

Gegen eine Erhöhung der Freibeträge für Kinder wird zwar eingewandt, dass diese im Erbfall regelmäßig zwei Überträgern gegenüberstehen. Folglich kann der Freibetrag in Höhe von 400.000 Euro, welcher sich nach den Vorgaben des Bundesverfassungsgerichts und des Gesetzgebers an den Werten durchschnittlicher Einfamilienhäuser orientiert, zweimal ausgenutzt werden. Kritikern zufolge könne allerdings aus Art. 6 Abs. 1 GG nicht gefolgert werden, dass jedem Kind von jedem Elternteil erbschaftsteuerfrei ein Einfamilienhaus übertragen werde.[961] In dieser Argumentation bleibt allerdings unberücksichtigt, dass die letzte Erhöhung der Freibeträge bereits zehn Jahre zurückliegt und insbesondere aufgrund des zwischenzeitlichen Anstiegs der Immobilienpreise wohl nicht mehr davon ausgegangen werden kann, dass in teuren Ballungsgebieten, wie es der Gesetzgeber bei der Gesetzesreform forderte, Einfamilienhäuser für einen Kaufpreis von 400.000 Euro erworben werden können.[962] Ausgehend hiervon werden also im Folgenden die Argumente dargestellt, welche für die Anhebung des Kinderfreibetrags sprechen.

aa. *Erbfolge bei Berliner Testament*

Die Anhebung des persönlichen Freibetrages würde jedenfalls eine Erleichterung bezüglich der erbschaftsteuerlichen Belastung von Abkömmlingen, welche als Schlusserben im Rahmen eines Berliner Testaments eingesetzt werden, darstellen. Diesen steht nämlich, obwohl das von zwei Personen erschaffene Vermögen

---

960 vgl. hierzu die Ausführungen unter 1. Teil A I 1.

961 *Tipke*, StRO Bd. II, S. 886; *Hey*, JZ 2007, 564 (571); *Seer*, StuW 1997, 283 (298).

962 vgl. hierzu bereits die Ausführungen zu den Erhöhungen der Freibeträge für Ehegatten 4. Teil A I 2 b.

übergeht, der persönliche Freibetrag nur einmal zu.[963] Die Diskussion gewinnt insbesondere vor dem Hintergrund der steigenden Anzahl an gemeinschaftlichen Testamenten an Relevanz.[964]

bb. Motive des Erblassers

Auch der oftmals bestehende Wunsch des Erblassers, Vermögen für sich und auch für seine Familie zu erarbeiten und sodann auch zu erhalten, spricht für möglichst hohe Freibeträge zugunsten von Kindern. Bedingt durch diese Motivation ist es nämlich naheliegend, dass vermögende Erblasser durch steuerplanerische Aktivitäten, wie beispielsweise die Wohnsitzverlegung ins Ausland, versuchen werden, erschaffenes Vermögen weitgehend für ihre Nachkommen in der Familie zu erhalten. Dies ist insbesondere vor dem Hintergrund zu sehen, dass einige Länder in Europa, wie beispielsweise Österreich,[965] von der Erhebung einer Erbschaftsteuer insgesamt absehen. Man könnte somit auch behaupten, dass die Erbschaftsteuer derart „dynastische Motive“[966] bedroht.

cc. Demographischer Wandel

Mit Blick auf Veränderungen in der Gesellschaft und ihrer zunehmenden Überalterung liegt jedoch insbesondere in der Zunahme an familiärer Eigenverantwortung ein gewichtiges Argument für die Erhöhung der Freibeträge der Kinder. Denn die Verfügbarkeit von Vermögen in der Familie sorgt nicht nur für eine Entlastung des Sozialstaates, sondern entspricht auch dem der Verfassung zugrunde liegenden Bild eines Menschen, der vorrangig für sich und seine Familie verantwortlich ist.[967] Ein Blick auf vergangene sozialrechtliche Reformen zeigt, dass der Gesetzgeber zur Entlastung der Solidargemeinschaft vermehrt auf die Förderung familiärer Eigenvorsorge und die damit einhergehende Entlastung der Solidargemeinschaft setzt.[968] Die Weitergabe von Vermögen an die unmittelbar nächste Generation dient damit nicht nur der sozialen Absicherung für etwaige Schicksalsschläge, sondern auch dem Aufbau einer Altersvorsorge für die nachfolgende Generation. Mit dem demographischen Wandel und der

---

963 *Stein*, in: von Oertzen/Loose, ErbStG, § 16 Rn. 35.

964 vgl. hierzu die Ausführungen unter 3. Teil A I 3 a.

965 *Haunschmidt*, Österreich, in: Süß, Erbrecht in Europa, Rn. 186, S. 992.

966 *Scheffler/Wigger*, BB 2006, 2443 (2446).

967 vgl. hierzu die Ausführungen unter 3. Teil A I 3 a.

968 *Lemmerz*, DNotZ 2014, 499 (510 f.) mit Beispielen zu gesetzlichen Neuerungen im sozial- und rentenversicherungsrechtlichen Bereich.

Zunahme an familiärer Eigenverantwortung geht letztlich auch der Zuwachs an Pflegebedürftigkeit im Alter einher. Kindern dürfte damit vermehrt die Pflicht obliegen, die Versorgung der Eltern im Altern zu gewährleisten.[969] Umgekehrt honorieren dies die Eltern oftmals durch Erbeinsetzungen oder Schenkungen.[970]

Damit spricht auch das System der Eigenverantwortung dafür, den Freibetrag für Kinder zu erhöhen. Werden diese Erbeinsetzungen und Schenkungen, welche Kindern als Gegenleistung für die Pflege der Eltern im Alter in Aussicht gestellt werden, der Erbschaftsteuer unterworfen, kann der Anreiz zur Erbringung dieser Leistungen verloren gehen. Die Erhöhung der Freibeträge für Kinder ist folglich systemkonform zur vom Gesetzgeber zugrunde gelegten eigenverantwortlichen Versorgung und Vorsorge.

dd. Stellungnahme und Reformvorschlag

Aus finanzwissenschaftlicher Perspektive wird nicht nur die Erhöhung, sondern die vollständige erbschaftsteuerliche Freistellung von Kindern gefordert.[971] In der Folge wären Kinder Ehegatten (de lege ferenda)[972] im Erbschaftsteuerrecht gleichgestellt. Wie bei Ehegatten würden dadurch auch diskussionswürdige Fragestellungen im Rahmen der Freibeträge, des Versorgungsfreibetrags und der sachlichen Steuerbefreiung zur Übertragung des Familienheims beseitigt werden. Im Gegensatz zu Ehegatten kommt für Kinder zwar erschwerend hinzu, dass diesen sowohl die Sorge für ihre eigene Altersvorsorge wie auch für die Pflege der Eltern im Alter zu Lasten fallen kann. Da zwischen Kindern und Eltern regelmäßig jedoch ein größerer Altersunterschied herrscht, als zwischen Ehegatten, haben sie jedenfalls noch die Möglichkeit, durch eigene Arbeitskraft Vermögen zu schaffen, auch wenn sie zum Zeitpunkt der Erbschaft bereits in höherem Alter sind. Außerdem haben sich Kinder, sofern sie losgelöst vom Elternhaus leben, regelmäßig einen eigenen Lebensstandard, unabhängig von

969 Nicht nur die Zahl der Pflegebedürftigen hat im Jahr 2017 im Vergleich zu 2015 um 19.4% zugenommen, sondern auch das Bedürfnis an der Versorgung durch Angehörige. Im Vergleich zu 2003 beträgt der Anstieg der zu Hause versorgten Pflegebedürftigen 80,6%, vgl. *Statistisches Bundesamt* (Hrsg.), Pflegestatistik 2017, Pflege im Rahmen der Pflegeversicherung, Deutschlandergebnisse, 2017, S. 8, verfügbar unter: file:///C:/Users/Admin/AppData/Local/Packages/Microsoft.MicrosoftEdge_8wekyb3d8bbwe/TempState/Downloads/pflege-deutschlandergebnisse-5224001179004.pdf;jsessionid=1776D77CF28A84B547C191E6D8AF795C.pdf, abgerufen am 17.07.2020.

970 vgl. hierzu die Ausführungen unter 3. Teil A I 3 a.

971 *Scheffler/Wigger*, BB 2006, 2443 (2446).

972 vgl. hierzu die Ausführungen unter 4. Teil A I 2 e.

den Eltern, aufgebaut. Folglich kann für Übertragungen an Kinder auch nicht der Erhalt des Lebensstandards, wie dies bei der ehelichen Erwerbsgemeinschaft der Fall ist,[973] angeführt werden. Damit ist eine vollständige erbschaftsteuerliche Befreiung von Kindern für den Schutz des Familienvermögens zwar wünschenswert. Allerdings würde dies die Legitimation der Erbschaftsbesteuerung insgesamt in Frage stellen, da Erbvermögen zum größten Teil in der Familie bleibt und in der Regel von Eltern auf Kinder übertragen wird.[974]

Es bleibt daher jedenfalls bei der Forderung nach einer Erhöhung der Freibeträge, wofür insbesondere das Argument des demographischen Wandels und die damit einhergehenden Folgen sprechen. Hierfür bietet es sich an, die Freibeträge auf das derzeit geltende Niveau in Höhe von 500.000 Euro für Ehegattenerwerbe anzuheben. Von beiden Ehegatten könnte folglich maximal ein Betrag in Höhe von 1 Mio. Euro auf ein Kind übertragen werden. Damit sollte jedenfalls der Erwerb eines Einfamilienhauses – so wie es das Bundesverfassungsgericht und der Gesetzgeber fordern – auch in teureren Ballungsgebieten möglich sein. Um Streitigkeiten bei weiteren Erhöhungen zu vermeiden, sollte dieser Freibetrag zudem an die jährliche Inflationsrate angepasst werden.

b. Versorgungsfreibetrag

Ähnlich wie bei Ehegatten stellt sich auch bei Kindern die Problematik, dass private Versorgungsbezüge bei Überschreiten des Freibetrags aufgrund der Besteuerung schlechter behandelt werden, als gesetzliche Hinterbliebenenbezüge.

Gegen eine Gleichbehandlung von steuerpflichtigen und steuerfreien Versorgungsbezügen spricht, dass steuerpflichtig erworbene Versorgungsbezüge auf durch den Erblasser zu Lebzeiten geschlossenem Vertrag beruhen und daher im Rahmen der Privatautonomie beeinflusst werden können. Auf steuerfrei erworbene Versorgungsbezüge haben Hinterbliebene hingegen einen unmittelbaren Rechtsanspruch.[975] Damit hat es der Erblasser in der Hand, in welcher Höhe er nach seinem Tod Vermögen an die Empfangsberechtigten hinterlässt.

Dabei bleibt allerdings unberücksichtigt, dass private Versorgungsbezüge auch eine Unterhaltsfunktion der Eltern im Sinne von §§ 1601 ff. BGB übernehmen können, wenn der Staat es der privaten Vorsorge überlässt, für die Alters- und Unterhaltssicherung zu sorgen.[976] Nach der Rechtsprechung des

---

973 vgl. hierzu die Ausführungen unter 4. Teil A I 2 d dd.

974 *Hey*, JZ 2007, 564 (573); *Nave-Herz*, ErbR 2009, 202 (207).

975 BT-Drucks. VI/3418, S. 71.

976 *Pahlke*, NWB Nr. 24 vom 13.06.2000, S. 2277 (2281 f.), Fach 10 S. 927 (931 f.).

Niedersächsischen Finanzgerichts steht sogar der besondere verfassungsrechtliche Schutzanspruch aus Art. 6 Abs. 1 und 2 GG im Zusammenhang mit Art. 3 Abs. 1 GG einer Besteuerung der von Hinterbliebenen erworbenen Ansprüche aus einer befreienden Lebensversicherung, welche auf dem Sozialversicherungsrecht basieren, entgegen.[977] Diese Argumentation lehnt der Bundesfinanzhof jedoch ab, weil keine zivilrechtliche Pflicht auf Zahlung von Unterhaltsleistungen über den Tod hinaus besteht.[978] Dennoch hat der Bundesfinanzhof bereits in einer Entscheidung aus dem Jahr 1979 Zweifel an der Ungleichbehandlung von auf Gesetz beruhenden Waisengeldern einerseits und Solchen, welche auf privatrechtlichem Anstellungsvertrag beruhen, andererseits geäußert.[979]

Es erscheint daher naheliegend, Versorgungsleistungen aus befreiender Lebensversicherungen, bzw. einer vergleichbaren Vorsorge, an gesetzliche Hinterbliebenenbezüge anzupassen.[980] Für eine zukünftige Regelung bietet es sich folglich an, sämtliche Hinterbliebenenbezüge der Erbschaftsteuer zu unterwerfen und gleichzeitig einen allgemeinen Versorgungsfreibetrag einzuführen.[981] Weil seit Festlegung der Versorgungsfreibeträge mit Erbschaftsteuerreformgesetz 1974 und Umstellung auf Euro zum 01.01.2002 keine Anhebung der Versorgungsfreibeträge erfolgte,[982] sollten diese an den aktuellen Stand angepasst werden.

c. *Übertragung des Familienheims*

Der erbschaftsteuerlich begünstigte Familienheimerwerb durch Kinder ist oftmals der Kritik einer ungerechtfertigten Privilegierung ausgesetzt.[983] Gegen die Begünstigung wird eingewandt, dass das Familienheim bereits durch den persönlichen Freibetrag steuerfrei übertragen werden kann. Durch die abgestuften Steuersätze in Steuerklasse I seien die Erwerber im Übrigen auch nicht zur Veräußerung des Familienheims gezwungen, um die Erbschaftsteuerlast tragen zu können.[984] Bei dieser Argumentation bleibt allerdings außer Acht, dass auch

---

977 Niedersächsisches FG, Urteil vom 29.09.1999 – III 532/92, EFG 2000, 507 (508).

978 BFH, Urteil vom 24.10.2001 – II R 11/00, BStBl. II 2002, 153 (155).

979 BFH, Urteil vom 31.01.1979 – II B 30/76, BStBl. II 1979, 244 (245).

980 *Pahlke*, NWB Nr. 24 vom 13.06.2000, S. 2277 (2282), Fach 10 S. 927 (932).

981 *Pahlke*, NWB Nr. 24 vom 13.06.2000, S. 2277 (2282), Fach 10 S. 927 (932); *Jülicher*, in: Troll/Gebel/Jülicher/Gottschalk, ErbStG (EL 53 Juni 2017), § 17 Rn. 3.

982 vgl. hierzu die Ausführungen unter 4. Teil A I 1 c.

983 vgl. *Meßbacher-Hönsch*, ZEV 2015, 382 bezeichnet dies als „großzügiges Geschenk des Gesetzgebers".

984 *Eisele*, in: FS P. Kirchhof, § 187 Rn. 11, S. 2052.

minderjährige Kinder Erben eines Familienheims sein können. Diese verfügen regelmäßig wohl nicht über bereits erschaffene Vermögenswerte, welche für die Begleichung der über den persönlichen Freibetrag hinausgehenden Erbschaftsteuer eingesetzt werden könnten. Gegen die Abschaffung dieser sachlichen Steuerbefreiung sprechen vor allem aber auch die stets ansteigenden und hohen Immobilienpreise in Ballungsgebieten und Großstädten. Der Erwerb und die Finanzierung eines Eigenheimes gestalten sich für viele Familien zunehmend als kaum realisierbar. Insofern sollte der Gesetzgeber jedenfalls den Übergang des ehemaligen Elternhauses über den erbrechtlichen Weg möglichst einfach für den Steuerpflichtigen gestalten und die Regelung des erbschaftsteuerfreien Familienheimerwerbs für Kinder beibehalten. Reformbedürftig ist diese Steuerbefreiungsvorschrift in dem Zusammenhang hinsichtlich der strengen Ausnahmen zum Selbstnutzungszwang. Gerade Kindern stehen nämlich meist beruflich zwingende Gründe einer solchen Selbstnutzung im Wege, wenn sie nicht mehr mit den Eltern in einer Hausgemeinschaft leben.

aa. Restriktive Auslegung

Laut Gesetzesbegründung und Finanzverwaltung stellen lediglich die Pflegebedürftigkeit und der Tod des Erwerbers sowie – jedenfalls der Finanzverwaltung zufolge – die fehlende Möglichkeit der Haushaltsführung aufgrund von Minderjährigkeit zwingende Gründe dar, welche den Selbstnutzungszwang des Familienheims beim Erwerb durch Kinder ausnahmsweise entfallen lassen.[985] Umstritten ist, ob die Selbstnutzung nicht nur aus gesundheitlichen oder medizinischen Gründen unmöglich sein kann, sondern auch aufgrund von beruflichen oder privaten Motiven. Der Gesetzgeber sieht eine Nutzung zu eigenen Wohnzwecken auch dann als gegeben an, wenn das Kind, beispielsweise als Berufspendler, mehrere Wohnsitze hat, das Familienheim aber seinen Lebensmittelpunkt darstellt.[986] Der Bundesfinanzhof gewährt die Steuerbefreiung jedenfalls dann nicht, wenn der Erwerber das Einfamilienhaus überhaupt nicht für eigene Wohnzwecke nutzt. Ob allerdings berufliche Gründe, welche einer Aufnahme der Selbstnutzung entgegenstehen könnten, im Rahmen von § 13 Abs. 1 Nr. 4c ErbStG Berücksichtigung finden, hat er dabei jedoch explizit offen gelassen.[987] Auch die unentgeltliche

---

985 vgl. hierzu die Ausführungen unter 3. Teil A IV 3 c aa.

986 BT-Drucks. 16/11107, S. 9.

987 BFH, Urteil vom 23.06.2015 – II R 13/13, BStBl. II 2016, 223 (224).

Überlassung der Wohnung an Angehörige soll dem Bundesfinanzhof zufolge nicht ausreichen.[988]

bb. Gebotene Erweiterung der Ausnahmegründe

Dennoch sprechen gewichtige Argumente – insbesondere beim Erwerb durch Kinder – für eine Erweiterung der Ausnahmen auf beruflich zwingende Hinderungsgründe.

Allgemein lässt sich hierfür zunächst der vom Gesetzgeber intendierte Schutz des familiären Lebensraumes anführen, worin die besondere Bedeutung des Familienheims als Ausdruck des familiären Zusammenhalts charakterisiert wird.[989] Hiervon ausgehend fehlt es an einem rechtfertigenden Grund für die unterschiedliche Behandlung von Kindern, welche zufälligerweise in der Nähe wohnen und die Immobilie daher selbst nutzen können, und solchen Abkömmlingen, welche an einem anderen Ort leben. Für beide Erwerbsgruppen bleibt das Elternhaus gleichermaßen Ausdruck des Familienverbundes. In einer Welt der zunehmenden Globalisierung und der damit einhergehenden Internationalisierung widerspricht dies außerdem der hierfür notwendigen Mobilität und Flexibilität.[990]

Bei Kindern, welche ihr Leben unabhängig von den Eltern führen und deswegen auch berufsbedingt nicht in deren Nähe wohnen, gebietet es vor allem auch das Grundrecht der Berufsfreiheit nach Art. 12 Abs. 1 GG, berufsbedingte Hinderungsgründe als Ausnahme zum Selbstnutzungszwang zuzulassen.[991] Art. 12 Abs. 1 GG schützt nämlich nicht nur den Beruf und die Berufswahl bzw. -ausübung, sondern auch die Wahl des Arbeitsplatzes und entfaltet seinen Schutz gegen alle staatlichen Maßnahmen, die diese Wahlfreiheit beschränken. Ein Eingriff liegt vor allem dann vor, wenn der Staat den Einzelnen am Erwerb eines zur Verfügung stehenden Arbeitsplatzes hindert, ihn zur Annahme eines bestimmten Arbeitsplatzes zwingt oder die Aufgabe seines Arbeitsplatzes verlangt.[992] Die besondere Schutzwirkung der Wahl des Arbeitsplatzes kommt

988 BFH, Urteil vom 5.10.2016 – II R 32/15, BStBl. II 2017, 130 (131).

989 vgl. hierzu die Ausführungen unter 3. Teil A IV 3 b bb (1).

990 *Crezelius*, ZEV 2009, 1 (2).

991 vgl. hierzu *Wachter*, ZEV 2014, 191 (193), welcher die Grundrechte des Erwerbers nach Art. 6, Art. 11 und Art. 12 GG heranzieht.

992 BVerfG, Urteil vom 10.12.1992 – 1 BvR 454, 479, 602, 616, 905, 939 – 955, 957 – 963, 1128, 1315 – 1318, 1453/91, BVerfGE 85, 360 (372 f.); BVerfG, Beschluss vom 3.07.2003 – 1 BvR 238/01, BVerfGE 108, 150 (165).

insbesondere beim Erwerb durch Kinder zum Tragen, da diese in den meisten Fällen an einem anderen Ort wohnen und dort ihr Familien- und Berufsleben eingerichtet haben.[993]

Schließlich führt auch eine nähere Betrachtung der durch den Gesetzgeber und die Finanzverwaltung restriktiv angenommenen Ausnahmegründe zu der Erkenntnis, dass den Eigenheiten dieser Erwerbsgruppe nicht genügend Beachtung geschenkt wird. Denn es sollen auch beim Erwerb durch Kinder lediglich Pflegebedürftigkeit und Tod dazu führen, dass die Steuerbefreiung nicht rückwirkend wegfällt.[994] In der Regel sind Kinder zum Zeitpunkt des Erwerbs jedoch noch nicht pflegebedürftig. Im Gegensatz zum Erwerb durch Ehegatten, bei welchen man regelmäßig davon ausgehen kann, dass diese in einem ähnlichen Alter sind, läuft die gleichlautende Ausnahmeregelung beim Erwerb durch Kinder weitgehend leer.[995] Der Gesetzgeber würde gerade diesem Erwerberkreis folglich besser entsprechen, wenn er hier beruflich zwingende Gründe als Ausnahme zum Selbstnutzungszwang zulassen würde.

2. *Enkelkinder*

Mit Jahressteuergesetz 1997 wurden Enkelkinder unabhängig davon, ob sie Waisenenkel sind oder nicht, insgesamt in Steuerklasse I aufgenommen.[996] Enkel, deren Eltern noch am Leben sind und Waisenenkel werden folglich im Rahmen der Anwendung des Steuersatzes nach § 19 ErbStG gleichbehandelt. Hinsichtlich der Freibeträge wurde diese Gleichstellung jedoch nicht übernommen. Damit unterliegen Schenkungen oder Erbschaften von Großeltern an ihre Enkel zu Lebzeiten der Kinder nicht dem Freibetrag, welcher Waisenenkeln zugestanden wird.[997] Eine Gleichstellung von Enkeln und Waisenenkeln erfordert letztlich nicht nur eine Angleichung des persönlichen Freibetrages, sondern auch die Anpassung der sachlichen Steuerbefreiung des Familienheimerwerbs. Da es dem Gesetzgeber bei der steuerbefreiten Übertragungsmöglichkeit des Familienheims jedoch um den Erhalt des familiären Wohnraums ging, kann diese Steuerbefreiung für Erwerbe durch Enkel nicht gefordert werden. Anders als möglicherweise bei Waisenenkeln, ist nämlich regelmäßig nicht davon

---

993 *Schienke-Ohletz*, in: von Oertzen/Loose, § 13 Rn. 43; *Jülicher*, ZErb 2009, 222 (223).

994 vgl. hierzu die Ausführungen unter 3. Teil A IV 3 c aa.

995 *Wachter*, DStR-Beih 2014, 90 (99); *Jülicher*, in: Troll/Gebel/Jülicher/Gottschalk, ErbStG (53 EL Juni 2017), § 13 Rn. 58.

996 vgl. hierzu die Ausführungen unter 3. Teil A II 2 a aa.

997 *Längle*, in: Fischer/Pahlke/Wachter, § 16 Rn. 12.

auszugehen, dass das großelterliche Haus den familiären Lebensraum für Enkelkinder darstellt. Die Steuerbefreiung des Familienheims wäre damit nicht mehr mit der gesetzgeberischen Intention vereinbar und kann folglich auch nicht gefordert werden.

Im Folgenden wird daher auf die Argumente eingegangen, welche für eine Anpassung des persönlichen Freibetrages zwischen Enkeln und Waisenenkeln sprechen.

a. Demographischer Wandel

Einhergehend mit den sozialen Veränderungen, welche durch den demographischen Wandel hervorgerufen werden, stellt sich gerade vor diesem Hintergrund die Frage der Gleichstellung von Kindern und Enkelkindern. Mit Blick auf eine immer älter werdende Gesellschaft gilt es nämlich zu bedenken, dass die eigenen Kinder des Erblassers im Zeitpunkt des Erbfalls oftmals bereits ein Alter und eine Vermögenssituation erlangt haben, in der sie sich einen eigenständigen Lebensstandard aufgebaut haben. Den unentgeltlichen Vermögenszuwachs benötigen sie regelmäßig hierfür nicht mehr in derselben Dringlichkeit, wie zu Beginn der Eigenständigkeit.[998] Kinder, welche aufgrund der gestiegenen Lebenserwartung ohnehin erst im 50. Lebensalter oder darüber hinaus erben, haben in der Regel die Errichtung eines Eigenheims, die Einrichtung eines Haushalts oder auch ihre berufliche Ausbildung bereits abgeschlossen. Bei Enkelkindern ist hingegen zum Zeitpunkt des Versterbens der Großeltern regelmäßig nicht davon auszugehen, dass diese sich bereits eigenes Vermögen aufgebaut haben. Hinzukommt, dass diese aufgrund der Verlängerung der Ausbildungszeiten mehr Kapital für die Ausbildung benötigen und erst später mit dem Vermögensaufbau beginnen können. Dies belegt auch die Tatsache, dass die Ausbildungskosten für Kinder seit Verlängerung der Ausbildungszeiten in den 1970 Jahren stark angestiegen sind. Außerdem sind diese fast bis zu ihrem 30igsten Lebensjahr zu einem Großteil von ihren Eltern abhängig.[999]

b. Änderungen in der Rechtsprechung des Bundesverfassungsgerichts

Darüber hinaus dürfte die Rechtsprechung des Bundesverfassungsgerichts im Erbschaftsteuerbeschluss, wonach nur die Freibeträge für Ehegatten und Kinder zu mäßigen sind,[1000] durch die aktuelle Rechtsprechung des

998 *Steiner*, ErbStB 2012, 160 (161).
999 *Nave-Herz*, ErbR 2009, 202 (205).
1000 vgl. hierzu die Ausführungen unter 1. Teil A I 1.

Bundesverfassungsgerichts eine Erweiterung erfahren haben.[1001] Mit Beschluss vom 24.06.2014 hat das Bundesverfassungsgericht nämlich ausdrücklich auch weitere familiäre Bindungen in den Schutzbereich von Art. 6 Abs. 1 GG aufgenommen.[1002] Hiernach können besondere Zuneigung und Nähe, familiäre Verantwortlichkeit füreinander, Rücksichtnahme und Beistandsbereitschaft vor allem auch im Verhältnis zwischen Enkeln und Großeltern zum Tragen kommen.

Folglich sprechen nicht nur die sozialen Auswirkungen des demographischen Wandels für eine Erhöhung und Angleichung des persönlichen Freibetrages für Enkelkinder an die Freibeträge für Waisenenkel, sondern vor allem auch Änderungen in der verfassungsrechtlichen Rechtsprechung. Legt man de lege ferenda einen Freibetrag für Kinder, und damit auch für Waisenenkel, in Höhe von 500.000 Euro – angepasst an die jährliche Inflationsrate – zugrunde,[1003] so sollte dies auch für Erwerbe durch Enkel gelten.

III. Behandlung von Geschwistern

Geschwister werden im Rahmen der persönlichen oder sachlichen Steuerbefreiungen nicht ausdrücklich erwähnt. Durch Absenkung der Steuersätze für Erwerber der Steuerklasse II im Zuge des Wachstumsbeschleunigungsgesetzes 2009 beabsichtigte der Gesetzgeber jedenfalls, die erbrechtliche Sonderstellung naher Verwandter gegenüber fremden Dritten zu berücksichtigen.[1004] Dennoch bleibt es umstritten, ob dem Näheverhältnis zwischen Geschwistern damit ausreichend Rechnung getragen wird.

1. Fehlende rechtlich verpflichtende Verantwortung füreinander

Gegen eine grundsätzlich umfassende Berücksichtigung von sämtlichen nahestehenden Familienangehörigen spricht, dass es im Erbschaftsteuergesetz auf emotionale Beziehungen, die etwa durch jahrelanges gemeinsames Zusammenleben oder gegenseitige Fürsorge und Pflege entstanden sind oder auf persönlicher Vertrautheit basieren, nicht ankommt.[1005]

1001 *Preißer*, in: Preißer/Rödl/Seltenreich, ErbStG, Einf. Rn. 42.

1002 BVerfG, Beschluss vom 24.06.2014 – 1 BvR 2926/13, BVerfGE 136, 382 (388 f.); vgl. hierzu auch die Ausführungen unter 2. Teil B III 2 a bb.

1003 vgl. hierzu die Ausführungen unter 4. Teil A II 1 a dd.

1004 vgl. hierzu die Ausführungen unter 3. Teil A V 2 b.

1005 *Kugelmüller-Pugh*, in: Viskorf/Schuck/Wälzholz, ErbStG, § 15 Rn. 2; *Schlünder/Geißler*, FamRZ 2005, 73 (82).

Speziell für die Beziehungen zwischen Geschwistern hat der Bundesfinanzhof entschieden, dass diese Ehegatten oder Verwandten in gerader Linie erbschaftsteuerrechtlich nicht gleichzustellen sind. Denn Ehegatten und eingetragene Lebenspartner sind gemäß § 1353 Abs. 1 Satz 2 BGB bzw. § 2 LPartG einander grundsätzlich zur ehelichen Lebensgemeinschaft verpflichtet und tragen füreinander Verantwortung. Bei Geschwistern gibt es hingegen keine derartige rechtliche Verpflichtung. Darüber hinaus bestehen unter Geschwistern auch keine gegenseitigen Unterhaltspflichten oder Pflichtteilsansprüche.[1006] Der Bundesfinanzhof hat dies verfassungsrechtlich unter Heranziehung von Art. 6 Abs. 1 GG begründet. Demzufolge soll sich aus Art. 6 Abs. 1 GG lediglich die Verpflichtung des Staates ergeben, die aus Eltern und Kindern bestehende Familiengemeinschaft sowohl in persönlicher wie auch in wirtschaftlicher Hinsicht anzuerkennen und zu fördern. Art. 6 Abs. 1 GG bezieht sich daher nur auf den Familienverbund zwischen Eltern und Kindern, nicht aber auf Familienmitglieder im weiteren Sinne, wie Geschwister oder deren Abkömmlinge.[1007]

Die dem Zivilrecht zugrunde liegende fehlende gegenseitige Verantwortung und Fürsorge von Geschwistern zeigt sich schon darin, dass Geschwister – im Gegensatz zu Ehegatten – kein gemeinschaftliches Vermögen bilden oder aufbauen. Das Verhältnis zwischen Geschwistern lässt sich daneben aber auch nicht mit dem Verhältnis zwischen Eltern und Kindern vergleichen. Denn Geschwister bauen sich in der Regel unabhängig voneinander und ohne gegenseitige (finanzielle) Unterstützung ihr eigenes Leben auf. Sie kommen daher nicht mit der jeweiligen Vermögenssphäre des anderen in Berührung.[1008]

2. *Gebotene Sonderbehandlung*

Allerdings stellt sich angesichts aktueller Entwicklungen in der verfassungsrechtlichen Rechtsprechung und neuartiger Formen des Zusammenlebens in der Familie die Frage, ob die Anknüpfung an die formalen Familien- und Verwandtschaftsverhältnisse noch der Realität entsprechen.[1009] Dies ist vor allem auch vor dem Hintergrund zu sehen, dass Erwerber der Steuerklasse II und III im Rahmen der Steuersätze in der Tarifstufe zwischen 600.001 Euro und 6.000.000 Euro

1006 BFH, Urteil vom 24.04.2013 – II R 65/11, BStBl II 2013, 633 (634).

1007 BFH, Beschluss vom 27.09.2012 – II R 9/11, BStBl II 2012, 899 (906); erneut bestätigend: BFH, Urteil vom 20.01.2015 – II R 9/11, BFH/NV 2015, 693 (694).

1008 *Mensch*, NWB-EV Nr. 7 vom 03.07.2013, S. 234 (235).

1009 *Wachter*, DStR-Beih 2014, 90 (100); *Jülicher*, in: Troll/Gebel/Jülicher/Gottschalk, ErbStG (EL 57 April 2019); § 15 Rn. 2.

dem gleichen Steuersatz von 30% unterliegen und diese beiden Steuerklassen damit aufgrund desselben Freibetrags vollständig gleichgestellt sind.[1010]

a. *Rechtsprechung des Bundesverfassungsgerichts*

Diskussionsbedarf besteht dabei zunächst hinsichtlich des verfassungsrechtlichen Begründungsansatzes des Bundesfinanzhofs, wonach Art. 6 Abs. 1 GG sich lediglich auf die Familie als Gemeinschaft zwischen Eltern und Kindern bezieht.[1011] Angesichts aktueller Entwicklungen in der Rechtsprechung des Bundesverfassungsgerichts dürfte dies nämlich nicht mehr haltbar sein. Zwar führt das Bundesverfassungsgericht im Beschluss zur Erbschaftsteuer noch aus, dass die Freibeträge für Ehegatten und Kinder zu mäßigen sind.[1012] Hieraus könnte man schließen, dass nur Ehegatten und die Familie bestehend aus Eltern und Kindern vom Schutzbereich des Art. 6 Abs. 1 GG erfasst sein sollen. Allerdings hat das Bundesverfassungsgericht mit Beschluss vom 24.06.2014 den auf die Kernfamilie beschränkten Schutz staatlicher Ordnung aufgegeben und auch weitere familiäre Bindungen in den Schutzbereich aufgenommen. Denn eine Familie ist von besonderer Nähe und Zuneigung, Verantwortungsbewusstsein und Beistandsbereitschaft geprägt. Derart intensive Familienbindungen treten allerdings nicht nur zwischen Eltern und Kindern, sondern auch zwischen nahen Verwandten der Seitenlinie auf.[1013] Verfassungsrechtlich sind daher Geschwister als nahe Verwandte der Seitenlinie in den Schutzbereich des Art. 6 Abs. 1 GG aufgenommen. Sofern sich das Erbschaftsteuerrecht auf den grundrechtlichen Schutz von Ehe und Familie bezieht, sind diese verfassungsrechtlichen Grundsätze auch hier anwendbar. Das Verbot der erbschaftsteuerrechtlichen Gleichstellung von Geschwistern mit Ehegatten und Kindern kann damit nicht mehr über Art. 6 Abs. 1 GG gerechtfertigt werden.

b. *Zivilrechtliche Betrachtungsweise*

Zivilrechtlich spricht jedenfalls die Tatsache, dass zwischen Geschwistern keine gegenseitigen Unterhaltsverpflichtungen bestehen, gegen die Gleichstellung mit Ehegatten und Kindern. Erbrechtlich besteht auch kein geschwisterlicher Pflichtteilsanspruch. Dabei bleibt jedoch unberücksichtigt, dass der Gesetzgeber

---

1010 vgl. hierzu die Ausführungen unter 3. Teil A V 2 b.

1011 vgl. hierzu die Ausführungen unter 4. Teil A III 1.

1012 vgl. hierzu die Ausführungen unter 1. Teil A I 1.

1013 vgl. hierzu die Ausführungen unter 2. Teil B III 2 a bb, sowie bereits zu Enkelkindern unter 4. Teil A II 2 a.

im Zivilrecht durchaus enge Verbindungen zwischen Geschwistern kennt. Dies verdeutlicht sich beispielsweise durch das Eheverbot unter Geschwistern nach § 1307 BGB, aber auch durch die Regelungen zur gesetzlichen Erbfolge nach §§ 1924 ff. BGB.[1014] Gemäß § 1925 Abs. 1 BGB sind nämlich die Eltern des Erblassers und deren Abkömmlinge gesetzliche Erben zweiter Ordnung. Erbrechtlich wird damit der Verbleib des familiären Vermögens in der Familie vorausgesetzt, auch wenn es dann nicht mehr um gegenseitige Fürsorge und Verantwortung geht. In erb- und familienrechtlicher Hinsicht beschränkt sich die Familie damit nicht auf die zwischen Eltern und Kindern bestehende Haus- und Erziehungsgemeinschaft. Die Regelungen zeigen also, dass es auf die Familie als Gemeinschaft im Sinne einer Blutsverwandtschaft ankommt.[1015]

Außerdem stellt der Gesetzgeber im Steuerrecht bei der Steuerklasseneinteilung auf die biologische Abstammung ab, welche sich an der familienrechtlichen Regelung des § 1589 BGB orientiert. Dabei kommt es zwar vorrangig auf die Abstammung in gerader Linie an. Bei der Betrachtung darf jedoch nicht außer Acht gelassen werden, dass auch Geschwister, zwar nicht in gerader, aber in seitlicher Linie, nach § 1589 Abs. 1 Satz 2 BGB miteinander verwandt sind.

c. *Sozialwissenschaftliche Betrachtungsweise*

Schließlich gewinnt das Vererben unter Geschwistern in sozialwissenschaftlicher Hinsicht insbesondere dann an Bedeutung, wenn der Erblasser kinderlos geblieben ist. Auch ohne die Gründung einer eigenen Familie hat der Erblasser eine Ursprungsfamilie. Daher haben Vermögensübertragungen an Geschwister stets einen familiären Bezug und können nicht mit solchen Übertragungen an sonstige nahestehende Dritte verglichen werden. Sie bezwecken einerseits den Erhalt ererbten Vermögens in der auf- bzw. absteigenden Verwandtschaftslinie des ursprünglichen Vermögensinhabers. Andererseits sind sie auch als Ausdruck geschwisterlicher Solidarität zu verstehen. Denn ein solcher Zusammenhalt reicht oftmals über das Zusammenleben im Elternhaus hinaus und zeigt sich im Erbfall als finanzielle Fürsorge für die Schwester bzw. den Bruder und deren Familien. Darüber hinaus hat der Erblasser die Sicherheit, das zu Lebzeiten erschaffene Vermögen nicht nur für sich selbst gespart zu haben.[1016] Hieraus lässt sich auch schlussfolgern, dass gerade Erblasser, welche ihr Vermögen an Geschwister und deren Familien übertragen, ein Interesse daran haben, ihr

1014 *Meincke*, ZEV 2013, 1 (3).

1015 *Leisner*, Verfassungsrechtliche Grenzen, S. 109 f.

1016 *Otte*, FamRZ 2013, 585 (587 f.).

zu Lebzeiten geschaffenes Gut in der Familie zu erhalten.[1017] Dass derartige Vermögensübertragungen Ausdruck familiärer Solidarität sind, zeigen auch sozialwissenschaftliche Untersuchungen, wonach alleinstehende und kinderlose Geschwister häufiger engeren Kontakt haben und größeres gegenseitiges Vertrauen empfinden, als Geschwisterpaare, die verheiratet sind und Kinder haben.[1018] Dies hängt wohl auch mit der Dauer von Geschwisterbeziehungen zusammen. In den meisten Fällen handelt es sich hierbei um die zeitlich längste Beziehungsphase im Leben eines Menschen.[1019]

3. *Reformvorschläge*

Vor allem die Änderungen in der Rechtsprechung des Bundesverfassungsgerichts zum Schutzbereich von Art. 6 Abs. 1 GG machen eine verstärkte erbschaftsteuerliche Berücksichtigung von Geschwisterbeziehungen erforderlich. Da Geschwister demselben Freibetrag unterliegen wie fremde Dritte, sollte der Gesetzgeber hier eine Abgrenzung zwischen Steuerklasse II und III in Erwägung ziehen. Dabei handelt es sich auch nicht um eine neuartige Forderung. Denn das Erbschaftsteuergesetz sah stets eine Abgrenzung der Freibeträge von Erwerbern der Steuerklasse II und III vor, bevor es im Zuge des Erbschaftsteuerreformgesetzes 2008 nicht nur zur Angleichung der Steuersätze zwischen diesen beiden Erwerbsgruppen kam, sondern auch zur Gleichstellung hinsichtlich der Freibeträge.[1020]

Damit wäre allerdings noch keine Abgrenzung zwischen Geschwistern und sonstigen Erwerbern der Steuerklasse II gewährleistet. Aufgrund des besonderen familiären Charakters von Geschwisterbeziehung sollte folglich im Rahmen der Freibeträge, ähnlich wie bei Steuerklasse I, nochmals eine Abstufung zwischen den Personengruppen der Steuerklasse II erfolgen. Denkbar ist es, den Freibetrag für Geschwister an den Freibetrag für Eltern in Höhe von 100.000 Euro anzugleichen. Eine Abgrenzung zu Vermögensübertragungen an die Eltern wäre damit weiterhin durch den Steuersatz gewährleistet.

Reformbedürftig sind darüber hinaus allerdings auch allgemein für Steuerklasse II die Steuersätze für Vermögensübertragungen in Höhe von 600.001 Euro und 6.000.000 Euro. Weil dabei nicht nur eine Gleichstellung mit Erwerbern der Steuerklasse III besteht, sondern auch die gleiche Tarifstufe für eine sehr

---

1017 *Ramb*, in: Preißer/Rödl/Seltenreich, ErbStG, § 16 Rn. 22.
1018 *Nave-Herz*, in: Lenz/Nestmann: Handbuch Persönliche Beziehungen, S. 337 (348 f.).
1019 *Nave-Herz*, ErbR 2009, 202 (207).
1020 vgl. hierzu die Ausführungen unter 3. Teil A III 1 b dd.

umfassende Spannbreite, sollten weitere Abstufungen innerhalb des Erwerbskorridors erfolgen.[1021]

IV. Behandlung von Eltern und Voreltern

Im Rahmen der Steuerklasseneinteilung fällt insbesondere auch die unterschiedliche Behandlung von Eltern und Voreltern bei Erwerben von Todes wegen und bei Schenkungen unter Lebenden auf. Nur für den Fall, dass das Kind verstirbt, unterliegt der Vermögensübergang an die Eltern der Steuerklasse I.

Für das Beibehalten dieser Einteilung spricht zunächst der Zweck der Regelung. Die Unterscheidung wurde bewusst angeordnet, um Geschwisterschenkungen nicht über die Eltern laufen zu lassen.[1022] Während eine Übertragung unter Geschwistern nach derzeitiger Rechtslage lediglich in Höhe von 20.000 Euro schenkungsteuerbefreit ist, könnte eine Übertragung zunächst an die Eltern – vorausgesetzt sie unterliegen dem Freibetrag in Höhe von 100.000 Euro nach Steuerklasse I – und sodann an das Geschwisterkind bis zu einem Betrag in Höhe von 100.000 Euro ohne schenkungsteuerliche Belastung erfolgen.

Würde man jedoch der vorgeschlagenen Reform[1023] folgen und Vermögensübertragungen unter Geschwistern de lege ferenda in Höhe desselben Freibetrages, wie er auch für Eltern gilt, freistellen, so würden derartige Konstrukte an Attraktivität verlieren. Unterstellt, Erwerbe durch Eltern unterfallen insgesamt der Steuerklasse I, so würde eine Schenkung über die Eltern aufgrund desselben Freibetrages keinen Vorteil bringen. Über den Freibetrag hinausgehende Schenkungen unterlägen somit zwar einem besseren Steuersatz. Allerdings würde dann immer noch eine zweifache Besteuerung erfolgen. Dies wäre sicherlich nicht günstiger, als eine einfache Besteuerung bei direkter Übertragung an das Geschwisterkind.

Selbst wenn es bei der derzeit geltenden Freibetragsregelung für Geschwister bleibt, ist jedoch nicht verständlich, warum gerade für Eltern und Voreltern eine solche Unterscheidung eingeführt wurde. Denn Eltern sind nicht nur blutsverwandt und erbberechtigt, sondern haben auch einen Anspruch auf Elternunterhalt gegen ihre Kinder nach § 1601 BGB und auf einen Pflichtteil nach § 2303 Abs. 2 Satz 1 BGB. Damit sind sie zivilrechtlich Ehegatten und Kindern gleichgestellt, werden schenkungsteuerlich jedoch beinahe wie außenstehende Dritte – jedenfalls im Erwerbskorridor von 600.001 Euro und 6.000.000 Euro – behandelt,

1021 *Wachter*, DStR-Beih 2014, 90 (101).
1022 *Jülicher*, in: Troll/Gebel/Jülicher/Gottschalk, ErbStG (EL 46 Sept. 2013), § 15 Rn. 68.
1023 vgl. hierzu die Ausführungen unter 4. Teil A III 3.

obwohl die Steuerklasseneinteilung die zivilrechtlichen Grundsätze zugrunde legt. Dass auch der Gesetzgeber prinzipiell von einer Einteilung der Eltern in Steuerklasse I ausgeht, zeigt bereits die grundsätzliche Aufnahme in Steuerklasse I und die Ausnahme hierzu hinsichtlich Schenkungen.[1024] Allein die Vermeidung der Umgehung der Erbschaftsteuer bei lebzeitigen Vermögensübertragungen unter Geschwistern vermag die gewählte Differenzierung durch den Gesetzgeber nicht zu überzeugen. Dies insbesondere auch vor dem Hintergrund, dass eine solche Unterscheidung eine Ausnahme vom gesetzlichen Grundsatz der Gleichbehandlung von Erbschaften und Schenkungen nach § 1 Abs. 2 ErbStG darstellt.[1025] Erwerbe durch Eltern sollten damit grundsätzlich der Steuerklasse I unterliegen.

V. Zusammenfassung der Reformvorschläge

Ehegatten sollten in einem zukünftigen Erbschaft- und Schenkungsteuergesetz vollständig von der Steuer befreit werden. Hierfür spricht nicht nur der europarechtliche Vergleich, sowie die marginalen fiskalischen Auswirkungen oder auch die Gewährleistung des Erhalts des Lebensstandards. Auch würden dadurch unnötig komplizierte Regelungen, Fortentwicklungen durch die Rechtsprechung und Gestaltungen in der Praxis hinfällig werden.

Für Kinder sollten die Freibeträge auf 500.000 Euro angehoben und diese sodann der jährlichen Inflationsrate angepasst werden. Eine Erhöhung bietet sich auch beim Versorgungsfreibetrag an. Dieser ist sodann auch einheitlich zu gewähren, da gesetzliche und private Hinterbliebenenbezüge erbschaftsteuerlich gleich zu behandeln sind. Hinsichtlich der Übertragung des Familienheims sollte der Gesetzgeber auch beruflich hindernde Gründe als Ausnahme vom Selbstnutzungszwang zulassen. Erwerbe durch Enkelkinder sind schließlich mit Blick auf den persönlichen Freibetrag mit Solchen durch Waisenenkel und damit auch durch Kinder gleichzustellen.

Vermögensübertragungen unter Geschwistern sollten verstärkt Beachtung finden. Hierfür dürfte der Gesetzgeber nicht nur insgesamt eine Anhebung der Freibeträge für Erwerber der Steuerklasse II gegenüber solchen der Steuerklasse III in Erwägung ziehen, sondern, aufgrund der Besonderheit von Geschwisterbeziehungen, auch einen eigenständigen Freibetrag für Geschwister einführen. Zusätzlich sollte eine Abstufung der Steuersätze im Erwerbskorridor von

---

1024 vgl. die Ausführungen hierzu unter 3. Teil A II 2 b bb (1).

1025 *Hannes/Holtz*, in: Meincke/Hannes/Holtz, ErbStG; § 16 Rn. 12.

600.001 Euro und 6.000.000 Euro erfolgen, um Erwerber der Steuerklasse II auch im Rahmen der Steuersätze von Erwerbern der Steuerklasse III abzugrenzen. Damit einhergehend wird auch die derzeit geltende Differenzierung bei Übertragungen an Eltern hinfällig. Erwerbe durch Eltern sollten damit insgesamt in Steuerklasse I aufgenommen werden.

B. Familienunternehmen

Im Zuge der Übertragung von familiär geführten Unternehmen berücksichtigt der Steuergesetzgeber Besonderheiten, die im Zusammenhang mit solchen Unternehmen auftreten können. Aufgrund der typischerweise in Familiengesellschaften bestehenden gesellschaftsvertraglichen Bindungen, wodurch der für den Erwerber realisierbare Wert der erworbenen Beteiligung häufig niedriger ist als der prozentual auf ihn entfallende Anteil am Wert der Gesellschaft, gewährt der Gesetzgeber in solchen Fällen einen besonderen Vorwegabschlag. Die Norm weist allerdings Auslegungsschwierigkeiten mit Blick auf die Anforderungen an die gesellschaftsvertraglichen Regelungen auf. Darüber hinaus erweist sich die Berechnung der Abschlagshöhe als komplex und die Bindung an den Gesellschaftsvertrag als ungewöhnlich langfristig.

Daneben begünstigt der Gesetzgeber auch klassischerweise in Familienhand liegende Anteile an Kapitalgesellschaften im Rahmen der Berechnung des begünstigten Vermögens nach § 13b ErbStG. Solange eine Poolvereinbarung zwischen den (Familien-)Gesellschaftern besteht, müssen deren jeweilige Anteile nicht das vorausgesetzte Quorum von mehr als 25% erreichen. Probleme bereitet hier insbesondere der Nachversteuerungstatbestand.

Der Diskussion hinsichtlich der Problembereiche der Regelungen im Einzelnen sowie den Reformvorschlägen hierzu ist zunächst die Frage nach der Berechtigung der erbschaftsteuerlichen Begünstigung von familiären Unternehmensübertragungen vorangestellt.

I. Berechtigung der Begünstigung von Familienunternehmen

Obwohl der Gesetzgeber Regelungen zur Begünstigung von Familienunternehmen vorsieht, ist es dennoch allgemein umstritten, ob die erbschaftsteuerliche Verschonung dieser Unternehmen gerechtfertigt ist.

1. Sonderlast für Nichtunternehmer

Die erbschaftsteuerlich privilegierte Behandlung und die damit einhergehende Förderung von Familienunternehmen führt in der Literatur zu der Befürchtung, dass eingefahrene traditionelle Strukturen neuen Entwicklungen entgegenstehen könnten. Denn der Erbfall biete eine Möglichkeit für Veränderung und jüngeren Kräften die Chance, ihr Potenzial zur Geltung zu bringen und sich zu etablieren. Darüber hinaus stelle der Erhalt eines Unternehmens in der Hand einer Sondergruppe keinen, dem Gemeinwohl dienenden Grund dar. Umgekehrt führe diese Sonderstellung eher zu einer Ungleichbehandlung der Gruppe der Nichtunternehmer.[1026] Es bestehen daher Bedenken, dass der Gesetzgeber durch steuerliche Mehrbelastung an anderer Stelle, beispielsweise im Rahmen der Übertragungen an nicht familiengeführte Unternehmen oder unter natürlichen Personen, fehlende Steuereinnahmen aufgrund der niedrigen Besteuerung von Familienunternehmen ausgleichen könnte.[1027]

2. Bedeutung von Familienunternehmen

Für die Verschonung von familiär geführten Unternehmen spricht andererseits vor allem deren gesamtwirtschaftliche Bedeutung. Der Gesetzgeber (a.), das Bundesverfassungsgericht (b.) und verschiedene Wirtschaftsverbände (c.) betonen dabei den Erhalt und die Garantie von Arbeitsplätzen, den bedeutenden Standort- und Wettbewerbsfaktor Deutschlands im internationalen Vergleich sowie die erhöhte Belastung bei der Übertragung von Familienunternehmen.

a. Gesetzgeber

Die bereits in Teil drei dieser Arbeit analysierte erbschaftsteuerliche Verschonung von familiär geführten Unternehmen lässt erkennen, dass der Gesetzgeber Familienbetriebe tendenziell verschont sehen möchte. Besonders verdeutlicht dies die Einführung des Vorwegabschlags gemäß § 13a Abs. 9 ErbStG im Zuge der Änderung des Erbschaftsteuergesetzes aufgrund der Rechtsprechung des Bundesverfassungsgerichts. Der Gesetzgeber hat die Regelung zur Verschonung von Familienunternehmen eingeführt, obwohl das Bundesverfassungsgericht dies nicht explizit forderte. Darüber hinaus wollte der Gesetzgeber auch zunächst eine Erhöhung der Prüfschwelle auf 52 Mio. Euro durchsetzen.[1028]

Damit liegt der Gesetzgeber auf seiner bereits seit Jahrzehnten bestehenden Linie. Die Verschonung familiär geführter Betriebe fordert er bereits seit 1992 in unterschiedlicher Gestalt. Schon im Steueränderungsgesetz 1992 betont er

---

1026 *Seer*, in: Tipke/Lang, Steuerrecht, § 15 Rn. 6.

1027 *Meincke*, in: Birk, Steuern auf Erbschaften und Vermögen, DStJG Bd. 22, 1999, S. 39 (45 f.).

1028 vgl. hierzu die Ausführungen unter 3. Teil C III 2.

etwa, dass „diesen zur Begleichung der Steuerschuld [nicht] über Gebühr Mittel entzogen werden“[1029] dürfen. Dass ausdrücklich Kapitalanteile an familienbezogenen Kapitalgesellschaften verschont werden sollen, fordert der Gesetzgeber bereits im Zuge des Jahressteuergesetzes 1997.[1030] Dadurch wird die Investitionsfähigkeit des Erwerbers und der Erhalt der Arbeitsplätze gewährleistet.[1031] Auf den Erhalt von Arbeitsplätzen und deren Garantie insbesondere durch familiär geführte Unternehmen stellt der Gesetzgeber immer wieder im Laufe der darauf folgenden Gesetzesreformen ab. Insbesondere im Erbschaftsteuerreformgesetz 2008 weist der Gesetzgeber nicht nur auf die Schaffung und den Erhalt von Arbeitsplätzen durch klein- und mittelständische Betriebe hin, sondern auch auf deren Bedeutung für die deutsche Wirtschaft im internationalen Wettbewerb.[1032] In der Regierungsbegründung zum Erbschaftsteuergesetz 2016 betont der Gesetzgeber, dass mittelständische und inhabergeführte Unternehmen sich vor allem in Krisenzeiten als Stabilisator für die Gesamtbeschäftigung und damit für das Wohlergehen der Bevölkerung etabliert haben.[1033]

b. Bundesverfassungsgericht

Auf die Gesetzesbegründung zum Erbschaftsteuerreformgesetz 2008 verweist auch das Bundesverfassungsgericht im Beschluss zur Betriebsvermögensverschonung vom 17.12.2014. Die besondere Bedeutung familiär geführter Unternehmen im internationalen Wettbewerb und das Bestehen von regional vernetzten Familienbetrieben als notwendige Voraussetzung für wirtschaftliches Wachstum erkennt es auch im Rahmen der Kontrolle am Maßstab der Verhältnismäßigkeit als legitimen Zweck an.[1034] Ähnlich formuliert es auch die Europäische Kommission im „Small Business Act for Europe“, worin das Wachstum und die Förderung von kleinen und mittelständischen Unternehmen in der Europäischen Union als wesentliches Ziel der Europa-Politik festgelegt wird.[1035] Daher fordert die Europäische Kommission mitunter, dass insbesondere bei Familienunternehmen, welche „meist lokal verwurzelt und sozial verantwortlich eingestellt

---

1029 BT-Drucks. 12/1108, S. 37.
1030 BT-Drucks. 13/901, S. 157; BT-Drucks. 13/4839, S. 67.
1031 BT-Drucks. 13/901, S. 158.
1032 BT-Drucks. 16/7918, S. 33.
1033 BT-Drucks. 18/5923, S. 1.
1034 vgl. hierzu auch die Ausführungen oben unter 1. Teil C I 1 a.
1035 Small Business Act für Europa, KOM 2008, 394, S. 2.

sind und die Fähigkeit besitzen, Tradition mit Innovation zu verbinden“[1036] eine Vereinfachung der Übertragung der Unternehmen ermöglicht wird.

c. Wirtschaftsverbände

Auch Wirtschaftsverbände, namentlich der Bundesverband der Deutschen Industrie, der Deutsche Industrie- und Handelskammertag, der Zentralverband des Deutschen Handwerks, die Stiftung Familienunternehmen sowie Die Familienunternehmer – ASU haben im Rahmen des Vorlagebeschlusses des Bundesfinanzhofs an das Bundesverfassungsgericht Stellung zu §§ 13a, 13b ErbStG bezogen und auf den bereits von der Europäischen Kommission hervorgehobenen Standort- und Wettbewerbsfaktor von Familienunternehmen hingewiesen. An der damalig geltenden Fassung des Erbschaftsteuergesetzes kritisieren die genannten Wirtschaftsverbände vor allem, dass bei Übertragungen an Familienunternehmen im Rahmen der Verkehrswertberechnung Sonderlasten aufgrund von gesellschaftsvertraglichen Veräußerungs- und Gewinnentnahmehindernissen nicht berücksichtigt werden. Mangels Kaufinteressenten stellt sich die Veräußerung eines solchen Betriebes aufgrund der erbschaftsteuerlichen Belastung daher oftmals als schwierig dar. Der Erhalt des Betriebes kann auch nicht durch die Stundungsregelung des § 28 ErbStG gesichert werden, weil als Nachweis für die von § 28 ErbStG vorausgesetzte Existenzgefährdung Bankauskünfte eingeholt werden müssen, was in der Praxis dazu führt, dass Banken Kredite kündigen, sobald sie von Liquiditätsengpässen erfahren.[1037]

3. Stellungnahme

Angesichts der hohen Steuersätze und der Bewertung von Familienunternehmen mit dem Verkehrswert ist die Begünstigung derartiger Unternehmensübertragungen nicht nur gerechtfertigt, sondern faktisch auch geboten.[1038]

Die Ansicht, wonach der Erbfall die Gelegenheit gebe, einen Wechsel eintreten zu lassen, verkennt, dass es oftmals das Ziel von Familienunternehmen ist, eine über Jahre entwickelte Unternehmenstradition zu bewahren und innerhalb der Familie fortzuentwickeln sowie eine lang jährig bestehende Unternehmensstrategie fortzuführen. Im Vordergrund steht dabei eine langfristige, Rendite

---

1036 Small Business Act für Europa, KOM 2008, 394, S. 6.

1037 vgl. die Stellungnahme der Wirtschaftsverbände im Beschluss des Bundesverfassungsgerichts zur Betriebsvermögensverschonung: BVerfG, Beschluss vom 17.12.2014 – 1 BvL 21/12, BVerfGE 138, 136 (167 f.).

1038 *Piltz*, ZEV 2018, 170 (178).

orientierte Unternehmensführung sowie der Erhalt von Arbeitsplätzen. Familienunternehmen zeichnen sich in der Regel durch soziale Verantwortung für ihre Mitarbeiter aus, denen gegenüber sie sich besonders verbunden und verpflichtet fühlen. Unternehmensinhaber vertrauen oftmals nur auf eng mit ihnen und dem Unternehmen selbst verbundene Familienmitglieder, wenn es um die zukünftige Entwicklung des in der Familie geschaffenen Lebenswerkes geht. Nur als letztes Mittel kommt eine Veräußerung in Betracht.[1039] Auch das Bundesverfassungsgericht erkennt, dass die Weitergabe des Familienvermögens über mehrere Generationen vielfach zentrales Anliegen der Erblasser ist und sieht dies als schutzwürdig an.[1040] Gerade diese enge, persönliche Bindung zum Unternehmen zeigt, dass es hier nicht um die Förderung von reinen Individualinteressen geht, sondern, aufgrund des dauerhaften Erhalt des Unternehmens und der damit einhergehenden Garantie der Arbeitsplätze, um ein gewichtiges Gemeinwohlinteresse. Die Privilegierung von Unternehmerfamilien gegenüber Nichtunternehmern ist aber nicht nur durch die hohe soziale Verantwortung gerechtfertigt. Auch gesellschaftsvertragliche und emotionale Bindungen von familiären Unternehmenserben an das Unternehmen legitimieren die Begünstigung. Insofern sollte zunächst an den geltenden Regelungen und Privilegierungen festgehalten werden. Inwiefern die Regelungen im Einzelnen verbesserungsbedürftig sind, wird im Folgenden diskutiert.

II. Poolvereinbarung

Durch die erbschaftsteuerlichen Begünstigungen von Poolvereinbarungen bringt der Gesetzgeber zum Ausdruck, dass Minderheitsgesellschaftern bei Familienunternehmen im Gegensatz zu Publikumsgesellschaften, deren Interesse oftmals nur in der reinen Kapitalanlage besteht, aufgrund des familiären Bezugs am Erhalt des Unternehmens gelegen ist. Diese tatsächliche Bindung zum Unternehmen – welche wohl auch aus dem Gedanken folgt, dass es einfacher ist, etwas bereits Erschaffenes zu übernehmen und zu vermehren, als etwas Neues aufzubauen – zeigt sich rechtlich oftmals durch gesellschaftsvertraglich bindende Poolvereinbarungen. Deren Eigenheiten bestehen in besonderen Bindungsverpflichtungen, welche gerade für Familienunternehmen typisch sind und in der Folge auch für den möglichst dauerhaften Erhalt sowie

---

1039 *Stiftung Familienunternehmen*, Das neue Erbschaft- und Schenkungsteuerrecht, S. 111.

1040 vgl. hierzu die Ausführungen unter 1. Teil B IV.

für wirtschaftliche Stabilität sorgen.[1041] Auch das Bundesverfassungsgericht hat in seiner Entscheidung zur Betriebsvermögensverschonung die Ausnahme zur Beteiligungsgrenze in Höhe von mehr als 25% zugunsten von familiär geführten Unternehmen als verfassungsgemäß erachtet. Denn bei familiengebundenen Minderheitsgesellschaftern besteht ein tatsächlicher und rechtlicher Bezug zum Unternehmen, welcher aufgrund der Generationenfolge verringert werden kann. Um einheitliches, unternehmerisches Handeln trotz gestückelter Anteile weiterhin gewährleisten zu können, wird oftmals durch gesellschaftsvertragliche Klauseln die Übertragbarkeit des Anteils und die Möglichkeit der Gewinnausschüttung eingeschränkt.[1042]

Inwiefern die Regelung im Einzelnen Probleme aufwirft und welche Verbesserungsmöglichkeiten ergriffen werden können, wird im Folgenden dargestellt.

1. Problembereiche

Mit der ausnahmsweisen Zurechnung von Anteilen weiterer Gesellschafter hat der Gesetzgeber die Möglichkeit geschaffen, dass auch Anteilseigner mit weniger als 25% in den Genuss der erbschaftsteuerlichen Privilegierung begünstigten Vermögens kommen.[1043] Zweifelsfragen wirft dabei insbesondere der Nachversteuerungstatbestand des § 13a Abs. 6 Satz 1 Nr. 4 und Nr. 5 ErbStG auf.

a. Verfügung über Anteile an Poolmitglieder

Die Veräußerung von Anteilen an Kapitalgesellschaften im Sinne von § 13b Abs. 1 Nr. 3 ErbStG führt nach § 13a Abs. 6 Satz 1 Nr. 4 ErbStG zur Nachversteuerung beim Erblasser oder Schenker. Dies gilt nach Ansicht der Finanzverwaltung nicht nur bei einer Veräußerung an fremde Dritte, sondern auch bei entgeltlichen Übertragungen an Poolmitglieder.[1044]

Damit widerspricht die Nachversteuerung nach § 13a Abs. 6 Satz 1 Nr. 4 ErbStG allerdings dem Wortlaut der ausnahmsweisen Anteilszurechnung nach § 13b Abs. 1 Nr. 3 Satz 2 ErbStG. Denn hiernach setzt die Zusammenrechnung der Anteile neben der Stimmrechtsbindung gerade voraus, dass der Erblasser oder Schenker und die weiteren Gesellschafter untereinander verpflichtet

---

1041 vgl. hierzu die Gesetzesbegründung: BT-Drucks. 16/7918, S. 35; vgl. auch die Ausführungen unter 3. Teil C II 1 a bb und 3. Teil C II 3.

1042 BVerfG, Beschluss vom 17.12.2014 – 1 BvL 21/12, BVerfGE 136, 138 (211 f.).

1043 *Weber/Schwind*, ZEV 2009, 16 (22).

1044 R E 13a.17 Abs. 2 Nr. 1 ErbStR 2019; *Stalleiken*, in: von Oertzen/Loose, ErbStG, § 13a Rn. 181.

sind, über die Anteile nur einheitlich zu verfügen oder diese ausschließlich auf andere derselben Verpflichtung unterliegende Anteilseigner zu übertragen. Die Anteilsübertragung auf ein Poolmitglied erfüllt damit gerade exemplarisch diesen Regelungszweck. Darüber hinaus führt diese Übertragung auch nicht zur Aufhebung der Poolvereinbarung. Diese bleibt weiterhin zwischen den übrigen Poolmitgliedern bestehen.[1045]

b. Absinken des Quorums

Ebenfalls problematisch ist die Ansicht der Finanzverwaltung, wonach das Absinken des Quorums der Poolmitglieder auf unter 25% den Nachversteuerungstatbestand des § 13a Abs. 6 Satz 1 Nr. 5 ErbStG erfüllt und somit zum Wegfall der Begünstigung führt, beispielsweise durch das Ausscheiden eines oder mehrere Poolgesellschafter(s) (aa.) oder infolge einer Kapitalerhöhung (bb.).[1046]

aa. Ausscheiden aus der Poolgesellschaft

Die übrigen Gesellschafter der Poolvereinbarung verlieren somit die Begünstigung, wenn infolge des Ausscheidens von mehreren Poolgesellschaftern oder eines einzigen Poolgesellschafters das Quorum der poolgebundenen Anteile auf 25% oder weniger sinkt. Hierfür lässt sich zwar anführen, dass die Benachteiligung der verbleibenden Poolgesellschafter infolge fremden Verhaltens oder aufgrund von äußeren Umständen durch gesellschaftsvertragliche Regelungen abgesichert werden kann.[1047] Gegen diese Annahme der Finanzverwaltung spricht vor allem aber der Gesetzeswortlaut des § 13a Abs. 6 Satz 1 Nr. 5 ErbStG. Der Besteuerungstatbestand ist nur dann erfüllt, wenn die Poolvereinbarung aufgehoben wird. Das Ausscheiden eines oder mehrerer Poolgesellschafter(s) lässt die Bindungen aus der Vereinbarung jedoch unberührt. Diese bestehen unverändert für die übrigen Poolmitglieder fort.[1048] Im Übrigen erfolgt auch bei einem Gesellschafter, der bereits allein die Mindestbeteiligung erreicht, keine

---

1045 *Söffing/Thonemann*, ErbStB 2009, 325 (331).

1046 R E 13a.17 Abs. 2 Nr. 3 ErbStR 2019.

1047 *Söffing*, in: Wilms/Jochum, ErbStG (April 2017), § 13a Rn. 210.1.

1048 *Korezkij*, DStR 2011, 1733 (1734); *Hannes/Holtz*, in: Meincke/Hannes/Holtz, ErbStG, § 13a Rn. 93; *Geck*, in: Kapp/Ebeling, ErbStG (77. Lfg. 08.2018), § 13a Rn. 154; *Stalleiken*, in: von Oertzen/Loose, ErbStG, § 13a Rn. 183; *Jülicher*, in: Troll/Gebel/Jülicher/Gottschalk, ErbStG (EL 54 Nov. 2017), § 13a Rn. 407; *Philipp*, in: Viskorf/Schuck/Wälzholz, ErbStG, § 13a Rn. 138.

Nachversteuerung, wenn sein Anteil während der Behaltensfrist auf 25% oder weniger sinkt.[1049]

bb. Kapitalerhöhung

Auch das Absinken der Quote der poolgebundenen Anteile aufgrund einer Kapitalerhöhung führt nach Ansicht der Finanzverwaltung zu einem nachträglichen Wegfall der Begünstigung. Dabei verkennt die Finanzverwaltung jedoch, dass sich das Vermögen der Kapitalgesellschaft im Zuge einer Kapitalerhöhung durch Hinzutritt neuer Gesellschafter bzw. infolge der Übernahme neuer Anteile durch bisherige Gesellschafter erhöht. Das Herabsinken der Quote der poolgebundenen Anteile ist damit lediglich eine Konsequenz aus der Erweiterung des Gesellschaftsvermögens. Der Umfang der poolgebundenen Anteile insgesamt und damit des begünstigten Vermögens bestehen jedoch weiter.[1050] Faktisch wäre daher der Pool zur Teilnahme an der Kapitalerhöhung gezwungen, da man nur in diesem Fall von einer Aufhebungshandlung der Poolgesellschafter ausgehen kann.[1051] Damit ist auch im Fall der Kapitalerhöhung mangels Aufhebung der Poolvereinbarung der Tatbestand der Nachversteuerung nach § 13a Abs. 6 Satz 1 Nr. 5 ErbStG nicht erfüllt.

2. Reformvorschläge

Mit Blick auf einen verstärkten erbschaftsteuerlichen Schutz des Familienvermögens bedürfen die Regelung des § 13a Abs. 6 Satz 1 Nr. 4 ErbStG hinsichtlich der Verfügung über den Anteil sowie die Regelung des § 13a Abs. 6 Satz 1 Nr. 5 ErbStG hinsichtlich des Absinken des Quorums der übrigen Poolgesellschafter aufgrund fremden Verhaltens einer präziseren Ausgestaltung durch den Gesetzgeber.

Der Nachversteuerungstatbestand des § 13a Abs. 6 Satz 1 Nr. 4 ErbStG sollte folglich eine Ausnahme enthalten, wonach die Übertragung eines nach § 13b Abs. 1 Nr. 3 Satz 2 ErbStG gebundenen Anteils an ein anderes Poolmitglied beim Übertragenden gerade nicht zur Nachversteuerung führt. Damit wird nicht nur die Flexibilität im Rahmen der Übertragung der Anteile unter den Poolmitgliedern erhöht, sondern auch dem Zweck von Poolvereinbarungen entsprochen.

1049 *Wachter*, ErbR 2016, 174 (181).

1050 *Korezkij*, DStR 2011, 1733 (1735); *Jülicher*, in: Troll/Gebel/Jülicher/Gottschalk, ErbStG (EL 54 Nov. 2017), § 13a Rn. 406; zustimmend hier auch *Söffing*, in: Wilms/Jochum, ErbStG (April 2017), § 13a Rn. 210.1.

1051 *Stalleiken*, in: von Oertzen/Loose, ErbStG, § 13a Rn. 183.

Denkbar wäre darüberhinausgehend auch die Übertragung an solche Poolmitglieder zu erfassen, welche erst infolge des Erwerbs in die Poolvereinbarung eintreten. Denn die Finanzverwaltung selbst lässt es im Rahmen der einheitlichen Anteilsverfügung gerade ausreichen, wenn der Erwerber erst im Zuge der Übertragung in die Poolvereinbarung eintritt.[1052]

Die Regelung des § 13a Abs. 6 Satz 1 Nr. 5 ErbStG ist sowohl in grammatikalischer Hinsicht[1053] wie auch bezüglich der in der Poolvereinbarung verbleibenden Anteile klarstellungsbedürftig. Soweit der Tatbestand weiterhin unter Absatz 6 der Regelung des § 13a ErbStG gefasst wird, müsste der Gesetzgeber die grammatikalische Ausgestaltung der Norm zunächst korrigieren und nur die Aufhebung der Poolvereinbarung durch den Erwerber selbst als schädliche Verfügung ansehen. Zusätzlich sollte geregelt werden, dass das Absinken der Beteiligungsquote der gebundenen Anteile insgesamt unter Beibehaltung der Poolvereinbarung für die verbleibenden Gesellschafter nicht zur Nachversteuerung führt.

III. Vorwegabschlag

Mit der Einführung des Vorwegabschlags im Zuge der Anpassung des Erbschaftsteuergesetzes an die Rechtsprechung des Bundesverfassungsgerichts im November 2016 erhielt das Erbschaftsteuergesetz erstmals eine Regelung zur gezielten Verschonung von familiengeführten Unternehmen.[1054] Der Gesetzgeber rechtfertigt dies damit, dass aufgrund der gesellschaftsvertraglichen Beschränkungen „der objektive gemeine Wert der erworbenen Geschäftsanteile aus subjektiver Sicht des Erwerbers wirtschaftlich nicht verfügbar ist."[1055] Weil persönliche Verfügungsbeschränkungen auf Ebene der Bewertung nicht berücksichtigt werden, kommt es in der Folge zu einer Überbewertung dieser Anteile und einer erhöhten erbschaftsteuerlichen Belastung. Insofern steht die systematische Einordnung als Verschonungs- und nicht als Bewertungsvorschrift in der Kritik. Bevor somit die Problembereiche des § 13a Abs. 9 Satz 1 Nr. 1 bis 3 ErbStG im Einzelnen diskutiert werden, wird zunächst auf die Frage der systemgerechten Verortung der Norm eingegangen.

1052 R E 13b.6 Abs. 4 Satz 5 ErbStR 2019; vgl. die Ausführungen hierzu unter 3. Teil C II 1 a cc (1).

1053 vgl. hierzu die Ausführungen unter 3. Teil C II 2 a.

1054 BGBl. I 2016, 2464 (2466); vgl. hierzu die Ausführungen unter 3. Teil C III 2.

1055 BT-Drucks. 18/8911, S. 38.

1. *Systematische Einordnung des Vorwegabschlags*

Allgemein ist die Verortung der Regelung des Vorwegabschlags im Erbschaftsteuergesetz umstritten. Weil Kritiker darin eine Vermengung von Verschonungs- und Bewertungsregelungen sehen, welche zu einer erneuten verfassungsgerichtlichen Überprüfung der Norm führen kann, hat die Frage ihrer richtigen Platzierung mittelbar auch Auswirkungen auf die Existenz des Vorwegabschlags und damit auf den Schutz von unternehmerischem Familienvermögen. Folglich wird hier auf die Diskussion eingegangen und Stellung zur systematischen Einordnung des Vorwegabschlags bezogen.

a. *Einordnung als Bewertungsvorschrift*

Gegen die Einbindung der gesellschaftsvertraglichen Verfügungsbeschränkungen bei Unternehmensübertragungen im Erbschaftsteuerrecht spricht, dass die für den Vorwegabschlag relevanten Tatbestandsmerkmale grundsätzlich die Bewertungsebene betreffen. Denn nach § 9 Abs. 2 Satz 3 BewG sind persönliche Verhältnisse bei der Bestimmung des gemeinen Wertes nicht zu berücksichtigen. Nach § 9 Abs. 3 Satz 1 BewG zählen hierzu auch Verfügungsbeschränkungen, die in der Person des Steuerpflichtigen begründet sind. Für die Berücksichtigung auf Ebene der Bewertung spricht zudem, dass das Bundesverfassungsgericht die Regelung in ihrer derzeitigen Ausgestaltung als Verschonungsregelung als verfassungswidrig ansehen könnte.[1056] Denn dem Bundesverfassungsgericht zufolge sind vom Gesetzgeber intendierte Lenkungszwecke erst im Anschluss an die Bewertungsebene zu berücksichtigen. Sofern der Gesetzgeber dabei jedoch auf die Bewertungsebene abstellt, löst er sich von seiner Belastungsgrundentscheidung und legt damit strukturell Brüche und Wertungswidersprüche zugrunde.[1057] Dem Bundesverfassungsgericht zufolge muss daher klar zwischen Bewertungs- und Verschonungsebene unterschieden werden.[1058] Um eine Überbewertung von Anteilen an Familienunternehmen zu verhindern, müsste also die Regelung des § 9 Abs. 3 Satz 1 BewG reformiert oder abgeschafft werden.[1059]

1056 *Wachter*, FR 2016, 690 (702).

1057 BVerfG, Beschluss vom 7.11.2006 – 1 BvL 10/02, BVerfGE 117, 1 (34 f.).

1058 *Weber*, DStZ 2017, 13 (19).

1059 *Seer/Michalowski*, GmbHR 2017, 609 (613 ff.); ähnlich: *Wachter*, NZG 2016, 1168 (1170).

b. *Gezielte Befreiungsvorschrift*

Die Regelung des § 9 Abs. 3 Satz 1 BewG geht allerdings lediglich davon aus, dass in der Person des Steuerpflichtigen begründete Verfügungsbeschränkungen als nicht zu berücksichtigende Verhältnisse qualifizieren. Der Vorwegabschlag enthält jedoch nicht nur eine Verfügungsbeschränkung in § 13a Abs. 9 Satz 1 Nr. 2 ErbStG, sondern auch die Entnahme- bzw. Ausschüttungsbeschränkung nach § 13a Abs. 9 Satz 1 Nr. 1 ErbStG und die Abfindungsbeschränkung nach § 13a Abs. 9 Satz 1 Nr. 3 ErbStG. Insofern stellt sich die Frage, ob auch diese beiden Begrenzungen neben der in § 13a Abs. 9 Satz 1 Nr. 2 ErbStG geregelten Verfügungsbeschränkung von dem Verbot des § 9 Abs. 3 Satz 1 ErbStG erfasst sind. Der Gesetzgeber differenziert hier nicht danach, ob und inwieweit der Tatbestand des § 9 Abs. 3 Satz 1 BewG erfüllt ist.[1060] Weil der Gesetzeswortlaut dieser Norm allerdings ausdrücklich nur Verfügungsbeschränkungen erwähnt, dürften etwaige Entnahme-, Ausschüttungs- und Abfindungsbeschränkungen hiervon nicht erfasst sein.[1061]

Darüber hinaus bleibt bei der Forderung nach Abschaffung der Regelung des § 9 Abs. 3 Satz 1 BewG unberücksichtigt, dass nicht nur das Erbschaftsteuergesetz auf das Bewertungsgesetz zurückgreift. Folglich ist wohl auch aus verfassungsrechtlichen Gründen und der daraus folgenden Wirkung für andere Steuerarten von der Abschaffung der Vorschrift abgesehen worden.[1062] Es lag vielmehr in der Intention des Gesetzgebers speziell für Familienunternehmen eine Verschonungsregelung im Erbschaftsteuergesetz zu schaffen. Daher ergänzt der Vorwegabschlag lediglich das Begünstigungskonzept des Erbschaftsteuergesetzes.[1063]

c. *Stellungnahme*

Für eine Änderung auf Bewertungsebene spricht zwar, dass der Gesetzgeber insbesondere mit Blick auf die in § 13a Abs. 9 Satz 1 Nr. 2 ErbStG geregelte Verfügungsbeschränkung Gefahr läuft, die Ebenen der Bewertung und Verschonung zu vermengen und die Vorschrift folglich einer verfassungsrechtlichen Überprüfung nicht standhalten könnte. Dem steht allerdings entgegen, dass die Regelung insgesamt nicht als Bewertungsvorschrift qualifiziert. Denn der gesetzgeberischen Intention nach handelt es sich hierbei um eine gezielte Steuerbefreiung im Rahmen der Steuerfestsetzung. Der Gesetzesbegründung zufolge ging es um

---

1060 *Blumers*, BB 2018, 865 (867).

1061 *Wachter*, NZG 2016, 1168 (1170).

1062 *Erkis*, DStR 2016, 1441 (1446).

1063 *Blumers*, BB 2018, 865 (868).

die Verschonung von familiengeführten Unternehmen, bei welchen typischerweise gesellschaftsvertragliche Entnahme-, Verfügungs- und Abfindungsbeschränkungen vorzufinden sind. Außerdem soll die Steuerbefreiung nur dann greifen, wenn kumulativ alle drei Beschränkungen vorliegen.[1064] Folglich wollte der Gesetzgeber wohl bewusst die Verschonung von familiär geführten Unternehmen in das Erbschaftsteuergesetz aufnehmen.[1065]

2. *Problembereiche im Einzelnen*

Insgesamt sind vor allem die Komplexität der Berechnung im Rahmen des § 13a Abs. 9 ErbStG und die damit im Zusammenhang stehenden Unsicherheiten problematisch. Dies zeigt sich einerseits bei den Voraussetzungen, welche an die gesellschaftsvertraglichen Regelungen gestellt werden. Andererseits ergeben sich auch bei der Höhe des Verschonungsabschlags Schwierigkeiten, weil dabei nicht nur der tatsächliche Wert der Abfindung ermittelt werden muss, sondern auch dessen gemeiner Wert im Sinne des Bewertungsgesetzes. Der lange Haltezeitraum führt letztlich dazu, dass nicht nur die Unternehmensfortführung erschwert, sondern auch die Begünstigung in der Praxis nicht angewandt wird. Die Regelung des § 13a Abs. 9 Nr. 1 bis 3 ErbStG sollte daher einerseits durch den Gesetzgeber in verschiedenen Punkten klargestellt werden. Andererseits sollte aber auch mehr Anwendungssicherheit hinsichtlich der bisher lediglich von der Finanzverwaltung und Literatur ausgelegten Tatbestandsmerkmale geschaffen werden.

a. *Gesellschaftsvertragliche Beschränkungen*

Im Rahmen der gesellschaftsvertraglichen Voraussetzungen des § 13a Abs. 9 Satz 1 Nr. 1 bis 3 ErbStG sind nicht nur die Entnahme- und Ausschüttungsbeschränkungen hinsichtlich der Komplexität der Berechnung des steuerlichen Gewinns und des Kürzungsbetrages konkretisierungs- und reformbedürftig. Auch die Verfügungsbeschränkung des § 13a Abs. 9 Satz 1 Nr. 2 ErbStG führt zu umstrittenen Auslegungen, welche der Gesetzgeber zugunsten des Schutzes unternehmerischen Familienvermögens klarstellen sollte. Widersprüchlich erscheint zudem, dass der Gesetzgeber im Rahmen der Abfindungsbeschränkung

---

1064 BT-Drucks. 18/8911, S. 38.

1065 *Jülicher*, in: Troll/Gebel/Jülicher/Gottschalk, ErbStG (57 EL April 2019), § 13a Rn. 472.

diese einerseits zur Voraussetzung für eine Steuerbefreiung macht und andererseits als Besteuerungsgrundlage nutzt.[1066]

aa. Entnahmebeschränkung

Kritikwürdig und insofern klarstellungsbedürftig ist die Entnahme- und Ausschüttungsregelung des § 13a Abs. 9 Satz 1 Nr. 1 ErbStG zunächst mit Blick auf die Referenzgröße des steuerrechtlichen Gewinns. Denn gerade bei Personengesellschaften ist nicht klar, ob damit der Gewinn der Mitunternehmerschaft oder der Gesamthandgewinn gemeint ist.[1067] Unklarheiten ergeben sich zudem bezüglich der Kürzung des steuerrechtlichen Gewinns um die auf den Gewinnanteil oder die Ausschüttung aus der Gesellschaft entfallenden Steuern vom Einkommen. Denn für die Mitunternehmer der gewerblichen Personengesellschaft kommt es auf deren jeweiligen Steuersatz an, wodurch eine für alle Mitunternehmer geltende, einheitliche Beschränkung nicht möglich ist. Zum anderen führt die Regelung zu Ungleichbehandlungen innerhalb der Rechtsformen.[1068]

Im Zuge einer Reform der Vorschrift sollte der Gesetzgeber folglich zum einen klarstellen, dass es bei Personengesellschaften auf den Gesamthandgewinn und gerade nicht auf den Gewinn der Mitunternehmerschaft ankommt. Anstatt im Rahmen des Kürzungsbetrages auf gesellschafter- und rechtsformspezifische Steuersätze abzustellen, sollte der Gesetzgeber zum anderen einen einheitlichen Kürzungsbetrag zugrunde legen und – der Ansicht der Finanzverwaltung folgend – klarstellen, dass der Betrag des steuerrechtlichen Gewinns pauschal um 30% zu kürzen ist.

bb. Verfügungsbeschränkung

Dem Gesetzeswortlaut des § 13a Abs. 9 Satz 1 Nr. 2 ErbStG nach erfüllt die Verfügung der Beteiligung an eine vermögensverwaltende Personengesellschaft gerade nicht die Voraussetzungen der Verfügungsbeschränkung, um den Vorwegabschlag in Anspruch nehmen zu können. Auch die Finanzverwaltung steht einer extensiven Auslegung der Vorschrift entgegen und lässt solche Verfügungen ausdrücklich nicht für die Inanspruchnahme des Vorwegabschlags ausreichen. Gleiches gilt demnach für Verfügungen, welche unter Zustimmung sämtlicher Gesellschafter erfolgen.[1069]

1066 *Wachter*, FR 2016, 690 (702).

1067 vgl. hierzu die Ausführungen unter 3. Teil C III 3 a aa.

1068 *Oppel*, SteuK 2016, 469 (475); vgl. hierzu die Ausführungen unter 3. Teil C III 3 a bb.

1069 vgl. hierzu die Ausführungen unter 3. Teil C III 3 b.

Dass Verfügungen zugunsten von vermögensverwaltenden Familiengesellschaften nicht ausreichen, ist steuersystematisch nicht überzeugend. Denn solche Beteiligungen werden für Zwecke des Erbschaftsteuergesetzes nach § 10 Abs. 1 Satz 4 ErbStG als transparent angesehen. Daher kann es keinen Unterschied machen, ob die Verfügung über einen Gesellschaftsanteil zu Gunsten eines Mitgesellschafters bzw. Angehörigen direkt oder mittelbar über dessen vermögensverwaltende Gesellschaft erfolgt.[1070] Außerdem dienen solche Beteiligungsstrukturen häufig der Haftungsvermeidung und dem Schutz der Privatsphäre der Gesellschafter, weshalb die Zwischenschaltung einer transparenten Personengesellschaft in diesem Fall nicht dazu dient, die erbschaftsteuerlichen Vorschriften zu umgehen.[1071]

Der Verfügungsbeschränkung sollte zudem auch dann Genüge getan sein, wenn der Gesellschaftsvertrag sämtliche Verfügungen unter Zustimmungsvorbehalt der Gesellschafterversammlung stellt. Gesellschaftsverträge von Familienunternehmen beinhalten in der Praxis klassischerweise derartige Vinkulierungsklauseln.[1072] Der Zweck der Verfügungsbeschränkung, nämlich die langfristige Sicherung und Fortführung des Familienunternehmens wird dabei ohnehin weiter beachtet. Denn auch im Fall des Zustimmungserfordernisses der übrigen Gesellschafter ist der freie Handel der Gesellschaftsanteile nicht möglich.[1073]

Der Gesetzgeber sollte die Regelung daher für steuerlich transparente Gesellschaften entsprechend öffnen. Darüber hinaus sollten auch Verfügungen, welche unter Zustimmung der Gesellschafterversammlung erfolgen, keinen Verstoß gegen die Verfügungsbeschränkung darstellen.

cc. Abfindungsbeschränkung

Problematisch ist zudem, dass der Gesetzgeber die Beschränkung der Abfindung einerseits zur Voraussetzung für eine Steuerbefreiung macht und andererseits die Regelung zur Besteuerungsgrundlage nach § 7 Abs. 7 ErbStG macht.[1074] Damit werden nämlich widersprüchliche Anreize geschaffen. Beide Regelungen zielen in unterschiedliche Richtungen, weshalb die vom Gesetzgeber für die

---

1070 *Wachter*, in: Fischer/Pahlke/Wachter, ErbStG, § 13a Rn. 646; *Geck*, in: Kapp/Ebeling, ErbStG (77. Lfg. 08.2018), § 13a Rn. 205.

1071 *Wachter*, FR 2016, 690 (700).

1072 *S. Viskorf/Löcherbach/Jehle*, DStR 2016, 2425 (2430).

1073 *Weber*, DStZ 2017, 13 (17).

1074 *Weber*, DStZ 2017, 13 (19); *Stalleiken*, in: von Oertzen/Loose, ErbStG, § 13a Rn. 236.

Möglichkeit der Inanspruchnahme der Steuerbefreiung vorausgesetzte Abfindungsbeschränkung als Verstoß gegen das über Art. 3 Abs. 1 GG im Steuerrecht normierte Folgerichtigkeitsgebot anzusehen ist.[1075]

Das Gebot der Folgerichtigkeit verlangt, dass der Gesetzgeber die einmal getroffene Belastungsentscheidung folgerichtig im Sinne der Belastungsgleichheit umsetzt. Widersprüchliche Belastungen stellen keine konsequente Umsetzung der Grundentscheidung dar und sind folglich gleichheitswidrig.[1076] Vorliegend dürfte daher die Abfindungsbeschränkung, welche den erbschaftsteuerrechtlichen Vorgaben nach im Gesellschaftsvertrag geregelt sein muss, um die Begünstigung des Vorwegabschlags in Anspruch nehmen zu können, gerade nicht zu einer Steuerpflicht auf Grundlage des § 7 Abs. 7 ErbStG führen. Folglich sollte der Gesetzgeber daher eine Ausnahme normieren, wonach bei kumulativer Erfüllung der gesellschaftsvertraglichen Beschränkungen des § 13a Abs. 9 ErbStG die Rechtsfolgen des § 7 Abs. 7 ErbStG in diesem Fall ausnahmsweise nicht eintreten.[1077]

b. Höhe des Abschlags

Die Berechnung der Höhe des Wertabschlages wirft insbesondere Probleme mit Blick auf die Bewertung des gemeinen Werts des Anteils sowie die Kopplung an die gesellschaftsvertragliche Abfindungsbeschränkung auf.

aa. Problembereiche im Einzelnen

Der Gesetzeswortlaut fordert zunächst, dass die Abfindung unter dem gemeinen Wert der Beteiligung bzw. des Anteils liegt. Problematisch sind in diesem Zusammenhang insbesondere Gesellschaftsverträge, die spezielle Wertermittlungsvorschriften vorsehen und gerade nicht auf den Verkehrswert abstellen. Soweit die Ableitung des Verkehrswertes aus Vergangenheitsverkäufen innerhalb des letzten Jahres nicht möglich ist, muss eine Vollbewertung der Gesellschaft nach § 11 Abs. 2 BewG durchgeführt werden, um sodann eine Vergleichsberechnung aufstellen zu können.[1078] Damit dürfte die Bestimmung des Prozentsatzes des Wertabschlags in der Praxis nur unter erheblichem Aufwand möglich sein. Dies kann zudem zu Beweisschwierigkeiten und Streitigkeiten mit dem Finanzamt

---

1075 *Wachter*, in: Fischer/Pahlke/Wachter, ErbStG; § 13a Rn. 676.

1076 vgl. hierzu die Ausführungen unter 2. Teil B I 2 b.

1077 *Blumers*, BB 2018, 865 (867 f.).

1078 *Stalleiken*, in: von Oertzen/Loose, ErbStG, § 13a Rn. 239; *Steger/Königer*, BB 2016, 3099 (3103).

führen – auch, weil die Bewertung einer verbindlichen Auskunft nicht zugänglich ist.[1079]

Problematisch ist die Ermittlung des Wertabschlags auch in solchen Fällen, in denen der Gesellschaftsvertrag bei der Bestimmung der Abfindungshöhe nach Ausscheidensanlässen differenziert. Der Finanzverwaltung zufolge soll hiernach die höchste in Betracht kommende Abfindung für die Ermittlung des Wertabschlags herangezogen werden.[1080] Es handelt sich dabei allerdings auch um die für den Steuerpflichtigen ungünstigste Auslegungsvariante.[1081] Diese Auslegung widerspricht zudem der Zwecksetzung des Vorwegabschlags, nämlich zur langfristigen Sicherung des Unternehmens möglichst viel Kapital in der Gesellschaft zu binden. Begünstigt wird durch die Vorgaben zur Berechnung der Abschlagshöhe anhand der Abfindungsbeschränkung vielmehr derjenigen, der die Gesellschaft verlässt.[1082] Denn je höher die Abfindung ist, desto geringer ist der Differenzbetrag zwischen dem Anteilswert und der Abfindung und damit auch der Vorwegabschlag.

Schließlich steht es in sachwidrigem Zusammenhang, den erbschaftsteuerlichen Vorwegabschlag an die zivilrechtliche Abfindungsbeschränkung anzuknüpfen, da hier keine systematische Verbindung besteht. Auch innerhalb der erbschaftsteuerlichen Regelung zu Unternehmensbegünstigungen bestehen Ungereimtheiten. Denn der Vorwegabschlag bezieht sich allein auf das begünstigte Vermögen, ohne das Verwaltungsvermögen, wohingegen die Abfindung den gesamten Gesellschaftsanteil unter Einbeziehung des Verwaltungsvermögens erfasst.[1083]

bb. Reformvorschlag

Insbesondere, weil die zivilrechtliche Abfindungsbeschränkung in keinem systematischen Zusammenhang mit der steuerlichen Verschonung steht, bietet es sich an, bei Vorliegen der Tatbestandsvoraussetzungen einen pauschalen Vorwegabschlag in Höhe von 30% zu gewähren. Damit würden nicht nur Beweisschwierigkeiten in der Praxis vermieden werden, sondern auch unterschiedliche Abschlagshöhen, welche ohnehin dem Regelungszweck der Kapitalbindung in der Gesellschaft widersprechen. Außerdem müsste der Vorwegabschlag nicht

---

1079 *Blumers*, BB 2018, 865 (866); *S. Viskorf/Löcherbach/Jehle*, DStR 2016, 2425 (2430).

1080 R E 13a.20 Abs. 5 Satz 4 ErbStR 2019.

1081 *Hannes/Holtz*, in: Meincke/Hannes/Holtz, ErbStG, § 13a Rn. 115.

1082 *Geck*, in: Kapp/Ebeling, ErbStG (77. Lfg 08.2018), § 13a Rn. 206.

1083 *Wachter*, NZG 2016, 1168 (1175); *Blumers*, BB 2018, 865 (866).

entsprechend gekürzt werden, wenn sich die Abfindungsbeschränkungen innerhalb des Zeitraums von 20 Jahren ändern.[1084] Schließlich würde dadurch auch vermieden werden, dass der Gesetzgeber durch diese Regelung in die unternehmerischen Entscheidungsprozesse eingreift, da die Abfindungsregelungen im Gesellschaftsvertrag nicht nach erbschaftsteuerlichen Vorgaben ausgestaltet werden müssten.

c. *Behaltensfrist*

Problematisch ist der Vorwegabschlag schließlich vor allem mit Blick auf die Frist des § 13a Abs. 9 Satz 5 ErbStG, wonach die gesellschaftsvertraglichen Regelungen mindestens für einen Zeitraum von 20 Jahren nach Entstehung der Steuer beibehalten werden müssen. In systematischer Hinsicht entspricht die Dauer dieser Bindungsfrist keiner anderen Frist im Erbschaftsteuergesetz.[1085] Weil die Frist bei Übertragungen stets von Neuem zu laufen beginnen kann, drohen folglich sogar dauerhafte Entnahme- und Abfindungsbeschränkungen.[1086] Außerdem müssten die vertraglichen Regelungen auch im Fall der Veräußerung nach Ablauf der Behaltensfrist des § 13a Abs. 6 ErbStG beibehalten werden. Im Folgenden wird auf diese Problempunkte eingegangen und im Anschluss daran ein Vorschlag zur Reform der Regelung gegeben.

aa. *Dauerhafte Entnahme- und Abfindungsbeschränkungen*

Die Regelung des § 13a Abs. 9 Sätze 4 und 5 ErbStG führt dazu, dass Änderungen von Gesellschaftsverträgen mindestens für die Dauer von insgesamt 22 Jahren unmöglich werden. Hinzukommt, dass sich bei mehreren Gesellschaftern die einzelnen Fristen überlagern können. Im Ergebnis droht folglich eine weitaus über den gesetzlichen Mindestrahmen hinausgehende Bindung.[1087] Gerade in Familiengesellschaften werden Anteile immer wieder im Wege der vorweggenommenen Erbfolge übertragen. Für diese beginnt die Frist folglich

---

1084 vgl. hierzu die Ausführungen unter 3. Teil C III 4 b.

1085 vgl. bspw. die zehnjährige Selbstnutzung bei Erwerb des Familienheims gemäß § 13 Abs. 1 Nr. 4b und Nr. 4c ErbStG, die Steuerermäßigung im Rahmen des Mehrfacherwerbs desselben Vermögens innerhalb von zehn Jahren nach § 27 ErbStG sowie die Zusammenrechnung mehrerer Erwerbe von derselben Person innerhalb von zehn Jahren nach § 14 ErbStG; *Wachter*, NZG 2016, 1168 (1174); *Weber*, DStZ 2017, 13 (18).

1086 vgl. hierzu bereits die Ausführungen unter 3. Teil C III 5.

1087 *Wachter*, in: Fischer/Pahlke/Wachter, ErbStG, § 13a Rn. 591 und Rn. 697.

stets erneut zu laufen. Faktisch führt dies dazu, dass die gesellschaftsvertraglichen Beschränkungen für unbegrenzte Zeit bestehen können. Dies ist gerade bei größeren Familiengesellschaften problematisch und zwar insbesondere dann, wenn Schenkungen im Gesellschafterkreis nicht koordiniert geplant werden bzw. Weiterschenkungen innerhalb des zwanzigjährigen Zeitraums erfolgen. Zudem führen unerwartete Todesfälle in der Regel dazu, dass Übertragungen nicht koordiniert werden können und damit naturgemäß schon ein Überschneiden der Zeiträume bei Familiengesellschaften vorprogrammiert ist.[1088] Derart lange Bindungsfristen werden im Steuerrecht als unverhältnismäßig und verfassungswidrig angesehen.[1089] Außerdem widerspricht ein dauerhafter Beibehalt der gesellschaftsvertraglichen Regelungen der Zwecksetzung des § 13a Abs. 9 ErbStG, da die Unternehmensfortführung vielmehr bedroht ist, wenn notwendige Anpassungen nicht getätigt werden können.[1090]

bb. Beschränkung trotz Veräußerung

Darüber hinaus steht die zwanzigjährige Frist im Widerspruch zur regulären Behaltensfrist im Rahmen der Begünstigung von Unternehmensübertragungen nach § 13a Abs. 6 ErbStG. Damit können sanktionslos beispielsweise Anteile veräußert oder auch Poolvereinbarungen aufgehoben werden. Durchbricht oder ändert der Erwerber allerdings innerhalb der Restlaufzeit der zwanzigjährigen Frist die gesellschaftsvertraglichen Regelungen, so wird der Wertabschlag rückwirkend versagt.[1091] Der ursprüngliche Anteilserwerber wird folglich auch nach Ablauf der Behaltensfrist des Unternehmens für den Fortbestand der Beschränkungen aus dem Gesellschaftsvertrag verantwortlich gemacht. Scheidet er aber, beispielsweise nach Ablauf dieser Frist, aus dem Unternehmen aus oder veräußert er seinen Anteil, so ist ihm die Gewährleistung der Einhaltung der zwanzigjährigen Frist unter Umständen gar nicht mehr möglich.[1092] Denn künftige Änderungen des Gesellschaftsvertrages, welche zu einem rückwirkenden Verlust des Vorwegabschlags führen, liegen meist nicht mehr im Einflussbereich des ausgeschiedenen Gesellschafters.[1093] Er wird dem Erwerber wohl auch nicht

---

1088 *Steger/Königer*, BB 2016, 3099 (3104).

1089 *Wachter*, NZG 2016, 1168 (1174).

1090 *Söffing*, in: Wilms/Jochum, ErbStG (April 2017), § 13a Rn. 290.4 spricht von einer „Verkrustung gesellschaftsvertraglicher Normen“.

1091 *Stalleiken*, in: von Oertzen/Loose, ErbStG, § 13a Rn. 243 f.

1092 *Wachter*, FR 2016, 690 (701).

1093 *Thonemann-Micker*, DB 2016, 2312 (2314).

jegliche Satzungsänderung bis zum Ablauf der Frist verbieten können.[1094] Eine besondere Härte ist schließlich auch darin zu sehen, dass der Vorwegabschlag im Fall des Verstoßes vollständig verloren geht, selbst wenn die zwanzigjährige Frist beinahe abgelaufen ist.[1095]

cc. Reformvorschlag

Aufgrund der langanhaltenden Behaltensfrist und den damit einhergehenden Problemen führt die Regelung des § 13a Abs. 9 ErbStG in der Praxis dazu, dass der Wertabschlag für Familienunternehmen keine Anwendung findet.[1096] Insofern sollte der Gesetzgeber den Vorwegabschlag vor allem hinsichtlich der Behaltensfrist reformieren. Dabei bietet es sich an, die Frist an die hierfür geltenden Regelungen für die Aufhebung von Poolvereinbarungen anzupassen. Denn Poolvereinbarungen beinhalten ähnliche Verfügungsbeschränkungen und dürfen nach § 13a Abs. 6 Satz 1 Nr. 5 ErbStG für einen Zeitraum von fünf bzw. sieben Jahren nicht aufgehoben werden.[1097] Um besondere Härten nach fast vollständigem Fristablauf zu vermeiden, sollte zudem auch nur ein anteiliger Verlust des Wertabschlages im Sinne von § 13a Abs. 9 Satz 2 ErbStG normiert werden. Damit würde die Behaltensfrist des Vorwegabschlags nicht nur systematisch mit der ähnlichen Konstellation bei Poolvereinbarungen harmonieren, sondern auch der Legitimation des Vorwegabschlags insgesamt, nämlich dem Erhalt und der Sicherung von Arbeitsplätzen bei der Unternehmensnachfolge, eher entsprechen.[1098] Vermieden wären damit auch unkontrollierbare Nachversteuerungsfolgen für den Fall von Satzungsänderungen nach Veräußerung sowie die Gefahr von dauerhaften Entnahme- und Abfindungsbeschränkungen.

3. Zusammenfassung der Reformvorschläge

Insgesamt ist die Regelung des Vorwegabschlags mit Blick auf die Begünstigung unternehmerischen Familienvermögens begrüßenswert. In ihrer Umsetzung sollte der Gesetzgeber allerdings die derzeitige Ausgestaltung aufgrund ihrer Komplexität, der langen Behaltensfrist sowie verschiedener Unklarheiten im

---

1094 *Jülicher*, in: Troll/Gebel/Jülicher/Gottschalk, ErbStG (EL 54 Nov. 2017), § 13a Rn. 492.

1095 *Thonemann-Micker*, DB 2016, 2312 (2314);

1096 *Stalleiken*, in: von Oertzen/Loose, ErbStG, § 13a Rn. 244; *Weber/Schwind*, ZEV 2016, 688 (693).

1097 *Wachter*, FR 2016, 690 (701).

1098 *Erkis*, DStR 2016, 1441 (1446).

Rahmen der Auslegung der Norm überdenken. Die Forderung geht hingegen nicht soweit, die Norm in ihrer Gesamtheit, beispielsweise zugunsten eines pauschalen Freibetrags für Familienunternehmen, zu ersetzen.[1099] Um die besondere (und auch gerechtfertigte) Begünstigung von Familienunternehmen gegenüber sonstigen Unternehmen begründen zu können, bedarf es der Regelung in ihrer detaillierten Ausgestaltung im Einzelnen. Folglich sind einzelnen Tatbestände und Rechtsfolgen der Norm zu vereinfachen und klarzustellen.

Innerhalb der gesellschaftsvertraglichen Voraussetzungen müsste die Entnahmebeschränkung hinsichtlich des steuerrechtlichen Gewinns bei Personengesellschaften und des Kürzungsbetrages präzisiert werden. Für Personengesellschaften sollte die Norm auf den Gesamthandgewinn verweisen. Im Rahmen des Kürzungsbetrags bietet sich eine einheitliche Kürzung in Höhe von pauschal 30% an. Verfügungen sollten außerdem auch an steuerlich transparente Gesellschaften, wie vermögensverwaltende Personengesellschaften, möglich sein. Gleiches gilt für solche Verfügungen, welche unter Zustimmung der Gesellschafterversammlung erfolgen. Hinsichtlich der Abfindungsbeschränkung müsste der Gesetzgeber aus Gründen der Folgerichtigkeit klarstellen, dass bei Vorliegen der drei gesellschaftsvertraglichen Beschränkungen die Rechtsfolgen des § 7 Abs. 7 ErbStG ausnahmsweise nicht eintreten.

Bezüglich der Höhe des Vorwegabschlags sollte zur Vereinfachung der Norm, und generell zur Vereinheitlichung, ein pauschaler Abschlag in Höhe von 30% normiert werden. Weil insbesondere die langanhaltende Behaltensfrist dazu führt, dass der Vorwegabschlag in der Praxis keine Anwendung findet, sollte vor allem diese grundlegend reformiert werden. Es bietet sich eine Anpassung des § 13a Abs. 9 Sätze 4 und 5 ErbStG an die ohnehin im Rahmen der Unternehmensbegünstigung bestehenden Behaltensfristen des § 13a Abs. 6 ErbStG an. Ein Verstoß gegen die vertraglichen Regelungen innerhalb der Behaltensfrist dürfte zudem auch nur zu einem anteiligen Verlust des Vorwegabschlags führen.

C. Familienstiftungen

Die Übertragung des Vermögens auf eine Familienstiftung bietet die Möglichkeit und den Vorteil des generationenübergreifenden Vermögenserhalts. Dennoch gewährt das Erbschaftsteuergesetz zunächst mit Blick auf die turnusmäßige

---

1099 vgl. hierzu beispielsweise *Seer*, GmbHR 2015, 113 (120), der die vollständige Verbannung der unternehmerischen Verschonungsregelungen aus dem Erbschaftsteuerrecht fordert, gleichzeitig aber auch die Reform von § 9 Abs. 3 BewG.

Besteuerung im Rahmen der Ersatzerbschaftsteuer keinen umfassenden Schutz. Weil auch der Tatbestand der Errichtung und Aufhebung der Familienstiftung der Erbschaftsteuer unterliegt, führen Auslegungen durch die Finanzverwaltung zu erbschaftsteuerlich negativen Folgen für den Vermögensschutz. Hierbei stellt sich die Frage, ob es einer Klarstellung durch den Gesetzgeber bedarf.

I. Errichtung und Aufhebung

Hinsichtlich der Errichtung und Aufhebung einer Familienstiftung bereiten insbesondere die Ansichten der Finanzverwaltung zu Satzungsänderungen sowie die Steuerklasseneinteilung im Zuge des Vermögensrückfalls an den Stifter selbst Probleme. Im Folgenden wird auf die Diskussion hierzu ein- und der Frage nachgegangen, ob es einer klarstellenden Reform der jeweiligen Normen durch den Gesetzgeber bedarf.

1. Satzungsänderung als Neuerrichtung

Nach Ansicht der Finanzverwaltung soll nicht nur die Änderung des Satzungscharakters der Stiftung, sondern auch die Aufnahme weiterer bisher nicht bezugs- und anfallberechtigter Familienmitglieder in den Kreis der Destinatäre als Errichtung einer neuen Stiftung gelten.[1100]

a. Gefahr des Gestaltungsmissbrauchs

Die Auslegung der Finanzverwaltung dient der Verhinderung eines Gestaltungsmissbrauchs, wonach die Stiftung durch Inanspruchnahme einer vorteilhaften Steuerklasse erbschaftsteuerlich günstig errichtet wird, obwohl von Anfang an die Intention bestand, den Kreis der Bezugsberechtigten durch spätere Aufnahme entfernterer Verwandte zu erweitern. Insbesondere der steuerneutralen Umwandlung der Familienstiftung in eine reine Vermögensstiftung soll damit ein Riegel vorgeschoben werden.[1101]

b. Eindeutiger Gesetzeswortlaut

Gegen diese Auslegung spricht jedoch, dass allein die Satzungsänderung den Tatbestand des § 7 Abs. 1 Nr. 9 Satz 1 ErbStG nicht erfüllt, solange die Rechtsperson nicht erlischt. Außerdem liegt der Satzungsänderung keine substanzielle

---

1100 vgl. hierzu die Ausführungen unter 3. Teil D II 2 b.

1101 *Hannes/Holtz*, in: Meincke/Hannes/Holtz, ErbStG, § 1 Rn. 23; *Viskorf*, in: Viskorf/Schuck/Wälzholz, ErbStG, § 1 Rn. 45.

Vermögensbewegung zugrunde.[1102] Darüber hinaus bleibt die Stiftung auch im Fall der Satzungsänderung ein eigenständiger Rechtsträger.[1103] Zudem spricht auch der Wortlaut des § 7 Abs. 1 Nr. 8 ErbStG gegen die Fiktion der Finanzverwaltung. Denn zur Errichtung einer Stiftung bedarf es eines Stiftungsgeschäfts und nicht einer Satzungsänderung. Schließlich sollte die Fiktion von Tatbeständen, insbesondere aus Gründen der Rechtssicherheit im (strafbewährten) Steuerrecht, dem Gesetzgeber vorbehalten bleiben.[1104]

c. *Stellungnahme*

Legt man die Ansicht der Finanzverwaltung zugrunde, so würde die Änderung des Stiftungscharakters sowie des Kreises der Bezugsberechtigten zu einer erneuten Versteuerung des vollständigen Stiftungsvermögens führen. Dieser Auslegung ist zuzugeben, dass andernfalls die Gefahr des Missbrauchs besteht, indem zunächst eine günstige Steuerklasse bei Errichtung der Stiftung in Anspruch genommen wird, um die Stiftung sodann in eine reine Vermögensstiftung umzuwandeln, welche folglich auch der Ersatzerbschaftsteuer nicht unterliegt. Allerdings spricht der eindeutige Gesetzeswortlaut gegen diese Auslegung und auch die Fiktion eines Steuertatbestandes sollte dem Gesetzgeber vorbehalten bleiben. Zudem führt dies zu einer deutlichen Überbewertung.[1105] Zur Missbrauchsbekämpfung würde es nämlich ausreichen, wenn die Steuer für den nach § 7 Abs. 1 Nr. 8 Satz 1 ErbStG steuerbaren Vorgang an die für den dann geltenden Destinatärkreis angepasst und rückwirkend veranschlagt wird.[1106] Einer Anpassung oder Reform des Gesetzes bedarf es hierfür aufgrund des eindeutigen Gesetzeswortlautes jedoch nicht.

2. *Vermögensrückfall an Stifter*

Im Zusammenhang mit der Auflösung der Stiftung steht vor allem auch die Besteuerung des Vermögensrückfalls durch den Stifter selbst in der Kritik. Für die Anwendung der Steuerklasse wird nämlich nach § 15 Abs. 2 Satz 2 ErbStG auf das Verhältnis zwischen Stifter und Erwerber abgestellt. Der Bundesfinanzhof versagt diese Fiktion jedoch gerade für den Fall des Vermögensrückerwerbs

1102 *Gebel*, in: Troll/Gebel/Jülicher/Gottschalk, ErbStG (EL 57 April 2019), § 7 Rn. 338; *von Oertzen*, in: von Oertzen/Loose, ErbStG, § 7 Rn. 386.

1103 *Geck*, in: Kapp/Ebeling, ErbStG (70. Lfg. 07.2016), § 7 Rn. 155.

1104 ähnlich: *Weinmann*, in: Moench/Weinmann, ErbStG (Stand: 81/05.18), § 1 Rn. 30.

1105 *Hannes/Holtz*, in: Meincke/Hannes/Holtz, ErbStG, § 1 Rn. 23.

1106 *Viskorf*, in: Viskorf/Schuck/Wälzholz, ErbStG, § 1 Rn. 45.

durch den Stifter selbst. Hier soll die gesetzliche Fiktion gerade nicht eingreifen und folglich die Stiftung als Zuwendender anzusehen sein. Da die Stiftung und der Stifter in keinem persönlichen Verhältnis zueinanderstehen, soll ein solcher Erwerb unter Steuerklasse III fallen.[1107]

a. Entstehungsgeschichte des § 15 Abs. 2 Satz 2 ErbStG

Gegen die Rechtsprechung des Bundesfinanzhofs spricht jedoch zunächst die Entstehungsgeschichte des § 15 Abs. 2 Satz 2 ErbStG. Nach der bis zur Änderung dieser Vorschrift im Zuge der Erbschaftsteuerreform 1974 geltenden Fassung galt der „zuletzt Berechtigte" als Schenker.[1108] Der Gesetzesbegründung zur Änderung des § 15 Abs. 2 Satz 2 ErbStG zufolge war man bei dem bis dahin geltenden Wortlaut der Vorschrift davon ausgegangen, „daß [sic!] Schenker und Beschenkter identisch sind und der Vermögensübergang somit als Empfang „von sich selbst" nicht der Schenkungsteuer unterliegt."[1109] Durch die Änderung des Gesetzestextes und die Festlegung des Stifters als Schenker wollte der Gesetzgeber die Besteuerung dieses Auflösungsvorgangs sicherstellen, da aufgrund des bisherigen Wortlautes die Identität von Schenker und Beschenkten einen erbschaftsteuerbaren Vorgang verhinderte. Dem Gesetzgeber ging es folglich nicht um die Beseitigung des steuerfreien (Rück)Erwerbs durch den Stifter selbst. Vielmehr wollte er lediglich für den Fall der Personenverschiedenheit einen steuerbaren Vorgang normieren.[1110] Dass bei Identität von Schenker und Beschenktem jedoch keine Schenkungsteuer anfällt, stand für ihn außer Frage.

b. Wortlaut des § 15 Abs. 2 Satz 2 ErbStG

Die Ansicht des Bundesfinanzhofs spricht außerdem auch gegen den eindeutigen Wortlaut des § 15 Abs. 2 Satz 2 ErbStG.[1111] Hiernach gilt der Stifter bzw. derjenige, der die Stiftung mit Vermögen ausgestattet hat, als Schenker. Es ist kein sachlicher Grund erkennbar, warum dies für den Erwerb durch vom Stifter verschiedene Personen gelten soll, für den Erwerb durch den Stifter selbst hingegen gerade nicht. Widersinnig ist dabei auch, dass bei Vermögenserwerb durch den

---

1107 vgl. hierzu die Ausführungen unter 3. Teil D II 2 b.
1108 BGBl. I 1959, 187 (191).
1109 BT-Drucks. VI/3418, S. 69.
1110 *Binz/Sorg*, DStR 1994, 229 (232).
1111 *Hannes/Holtz*, in: Meincke/Hannes/Holtz, ErbStG, § 7 Rn. 123.

Stifter selbst eine höhere Steuerklasse Anwendung findet, als bei einem Erwerb durch eine dem Stifter ferner stehenden Person.[1112]

c. Stellungnahme und Reformvorschlag

Für die Eingruppierung des Rückerwerbs durch den Stifter in Steuerklasse III spricht zwar zunächst, dass kein persönliches Näheverhältnis zwischen dem Stifter und der von ihm zuvor errichteten verselbstständigten Vermögensmasse besteht. Allerdings geht es hier dem eindeutigen Wortlaut der Norm des § 15 Abs. 2 Satz 2 ErbStG nach gerade nicht um das Verhältnis zur Stiftung, sondern um das Verhältnis zu sich selbst. Warum dieses Verhältnis gerade für den Stifter selbst nicht zugrunde gelegt werden sollte, ist nicht ersichtlich. Außerdem geht auch der Gesetzgeber davon aus, dass der Erwerb von sich selbst keinen steuerbaren Vorgang auslöst. Folgerichtig sollte hierfür somit ein Steuersatz von 0% gelten.[1113] Weil hierbei jedoch eine gefestigte bundesfinanzgerichtliche Rechtsprechung besteht, sollte der Gesetzgeber deklaratorisch klarstellen, dass auch für den Fall des Rückerwerbs durch den Stifter selbst, der Stifter als Schenker anzusehen ist.

II. Ersatzerbschaftsteuer

Die einzige Möglichkeit, Vermögen innerhalb der Familie über einen längeren Zeitraum und ungeteilt zu erhalten, bietet sich letztlich über die Errichtung einer Familienstiftung. Dennoch unterliegen Familienstiftungen alle 30 Jahre einer wiederkehrenden Besteuerung im Rahmen der Ersatzerbschaftsteuer. Aufgrund der gesetzgeberischen Ausgestaltung der Ersatzerbschaftsteuer als Nachlasssteuer werden verschiedene Maßnahmen vorgeschlagen, um eine größere Systemgerechtigkeit innerhalb der Norm herzustellen. Darüberhinausgehend wird allerdings auch die vollständige Abschaffung der Ersatzerbschaftsteuer sowie die Besteuerung von Ausschüttungen an die Destinatäre befürwortet. Im Folgenden wird auf die Reformvorschläge zur schonenderen Ausgestaltung der Ersatzerbschaftsteuer sowie die Argumente, welche für eine Abschaffung derselben sprechen, näher eingegangen, um sodann Stellung beziehen zu können.

1112 *Hergeth*, ZErb 2005, 270 (277).

1113 *Stein*, in: von Oertzen/Loose, ErbStG, § 15 Rn. 93.

1. *Schonende Ausgestaltung der Ersatzerbschaftsteuer*

In ihrer derzeitigen Ausarbeitung geht die Ersatzerbschaftsteuer von einem alle 30 Jahre eintretenden Erbfall aus. Das Gesetz legt dabei den Vermögensübergang auf zwei Kinder zugrunde, weshalb generalisierend nur die Hälfte des Stiftungsvermögens der Schenkungsteuer unterliegt und hierauf der Kinderfreibetrag sowie der für Steuerklasse I geltende Steuersatz Anwendung finden. Bei der zeitlichen Komponente von 30 Jahren stellt sich die Frage nach ihrer Aktualität. Im Übrigen wird auch der linear gleichbleibende fiktive Erbanfall an lediglich zwei Kinder in Frage gestellt.

a. *Verlängerung der Frist*

Die Regelung des § 1 Abs. 1 Nr. 4 ErbStG trat 1974 in Kraft und ist seither weder grammatikalisch noch inhaltlich geändert worden.[1114] Weil der Gesetzgeber bei Einführung der turnusmäßigen Besteuerung alle 30 Jahre von einem Generationenwechsel ausging, stellt sich aktuell die Frage, ob dies noch zeitgemäß ist. Der Sterbetafel 2016/2018, welche vom Statistischen Bundesamt am 5.11.2019 herausgegeben wurde, lässt sich entnehmen, dass die durchschnittliche Lebenserwartung von 1970/1972 bis 2016/2018 bei Männern um 11,1 und bei Frauen um 9,4 Jahre zugenommen hat.[1115] Damit müsste der Gesetzgeber die Norm jedenfalls dahingehend korrigieren, dass ein Generationenwechsel aktuell nicht mehr nur alle 30, sondern durchschnittlich wohl alle 40 Jahre zu erwarten ist.[1116]

b. *Dynamische Fortentwicklung der Fiktion*

Für die Berechnung der Ersatzerbschaftsteuer geht das Erbschaftsteuergesetz von einem Vermögensübergang vom Stifter auf zwei Kinder aus. Die Steuerlast berechnet sich durch Anwendung des Steuersatzes der Steuerklasse I für die Hälfte des steuerpflichtigen Vermögens, wobei hiervon zunächst der doppelte für Kinder geltende Freibetrag abgezogen wird.[1117] Der Gesetzgeber legt allerdings auch nach erneutem Ablauf der 30 Jahre denselben fiktiven Vermögensübergang

---

1114 vgl. hierzu die Ausführungen unter 3. Teil D III 1.

1115 *Statistisches Bundesamt* (Hrsg.): Sterbetafel 2016/2018, S. 15, verfügbar unter: file:///C:/Users/Admin/AppData/Local/Packages/Microsoft.MicrosoftEdge_8wekyb3d8bbwe/TempState/Downloads/periodensterbetafel-erlaeuterung-5126203187004.pdf, abgerufen am 17.07.2020.

1116 Im Ergebnis so auch: *von Löwe/du Roi Droege*, ZEV 2006, 530 (532 f.).

1117 vgl. hierzu die Ausführungen oben unter 3. Teil D III 2.

von einem Elternteil auf zwei Kinder zugrunde, ohne den gedachten Erbfall fortzuentwickeln oder zu variieren.[1118]

Aus diesem Grunde wird vorgeschlagen, den turnusmäßigen Erbfall, ausgehend von den ersten zwei fiktiven Erben, dynamisch fortzuführen. Diese beiden fingierten Erben übertragen ihr Vermögen sodann wiederum auf jeweils zwei Erben im nächsten Erbgang. Die Erbschaftsteuer bemisst sich folglich nach dem Steuertarif der Steuerklasse I, welcher auf ein Viertel des Gesamtstiftungsvermögens nach Abzug des vierfachen Kinderfreibetrages Anwendung findet. In diesem Verhältnis wäre die Besteuerung somit fortzuentwickeln.[1119]

Mit diesem Vorschlag wird allerdings weiterhin auf fiktive Verhältnisse abgestellt. Um tatsächliche Verhältnisse zu berücksichtigen, bietet es sich an, die Regelung des § 15 Abs. 2 Satz 3 ErbStG an die konkret in die Stiftung eingetretenen und existierenden Erben anzupassen. Bemessen daran, wie viele Destinatäre seit der letzten Besteuerungsphase tatsächlich hinzugetreten sind, sind die Freibeträge auf das gesamte Stiftungsvermögen und der Steuersatz für den entsprechenden Anteil anzuwenden. Sind beispielsweise fünf Destinatäre neu hinzugetreten, berechnet sich die Erbschaftsteuer durch Anwendung des Steuersatzes der Steuerklasse I auf ein Fünftel des Gesamtvolumens des Stiftungsvermögens nach Abzug des fünffachen Kinderfreibetrages.

2. *Abschaffung der Ersatzerbschaftsteuer*

Daneben wird auch die vollständige Abschaffung der Ersatzerbschaftsteuer gefordert. In ihrer derzeitigen Ausgestaltung diskriminiert die Ersatzerbschaftsteuer nämlich Familienstiftungen gegenüber sonstigen Steuersubjekten im Erbschaftsteuergesetz. Dieses ist nämlich nach dem System der Erbanfallsteuer ausgestaltet. Steuerbegründender Tatbestand ist folglich der unentgeltliche Erbanfall beim Erben. Dem steht das Modell der Nachlasssteuer gegenüber. Unabhängig davon, wie viele Erben vorhanden sind und in welcher verwandtschaftlichen Beziehung diese zum Erblasser stehen, wird der gesamte Nachlass der Besteuerung unterworfen. Weil die Ersatzerbschaftsteuer nicht auf den individuellen Vermögenszuwachs abstellt, sondern auf das Vermögen der Stiftung als Solches, ist sie vom Gesetzgeber vielmehr als Vermögensteuer konzipiert. Damit steht sie allerdings im Widerspruch zum derzeit geltenden System der Erbschaftsteuer.[1120] In ihrer Ausgestaltung diskriminiert die Ersatzerbschaftsteuer folglich

1118 *Marx*, StuW 1990, 151 (158).
1119 *von Löwe/du Roi Droege*, ZEV 2006, 530 (533).
1120 *Crezelius*, BB 1982, 323 (323).

nicht nur Familienstiftungen. Auch widerspricht sich der Gesetzgeber durch die Einführung einer Vermögensteuer in das Erbschaftsteuergesetz selbst, da er die Vermögensteuer infolge der Rechtsprechung des Bundesverfassungsgerichts abgeschafft hat. Dass er auch weiterhin nicht zur Einführung der Vermögensteuer tendiert, hat er zudem bestätigt, als dies 2013 im Vorfeld der Bundestagswahl erneut zur Debatte stand.[1121]

Hinzu kommt, dass die Besteuerung von Familiengesellschaften auch dem verfassungsrechtlich garantierten Förderungsgebot aus Art. 6 Abs. 1 GG widerspricht. Dem Staat ist es hiernach verboten, Steuerpflichten, welche an die Existenz einer Ehe oder Familie anknüpfen, zu normieren.[1122] Auch wenn die Familienstiftung als juristische Person selbst nicht vom Schutzbereich des Art. 6 Abs. 1 GG erfasst ist, so werden doch die Familienmitglieder als Destinatäre mittelbar in diesem Grundrecht verletzt.[1123]

3. *Besteuerung der Destinatäre*

Vorgeschlagen wird schließlich auch, allein den tatsächlichen Vermögenszugang auf Ebene der Destinatäre der Besteuerung zu unterwerfen.[1124] Sobald die Destinatäre über Ausschüttungen und Zuwendungen frei im Sinne des Schenkungsteuergesetzes verfügen können, sollten diese der Schenkungsteuer unterliegen.[1125]

Fraglich ist dabei jedoch, ob die Leistungen an die Destinatäre nicht vielmehr dem Ertragsteuerrecht zuzuordnen sind. Jedenfalls dann, wenn die Leistungsempfänger einer Stiftung unmittelbar oder mittelbar Einfluss auf das Ausschüttungsverhalten der Stiftung nehmen können, handelt es sich der Rechtsprechung des Bundesfinanzhofs zufolge bei Zahlungen an die Destinatäre um Einkünfte aus Kapitalvermögen. Nach § 20 Abs. 1 Nr. 9 Satz 1 EStG gehören zu den Einkünften aus Kapitalvermögen auch Einnahmen aus Leistungen einer nicht von der Körperschaftsteuer befreiten Vermögensmasse, welche gemäß § 1 Abs. 1 Nr. 5 KStG auch Stiftungen umfassen. Solange die Destinatäre durch gemeinsame Beschlüsse Einfluss auf das Auszahlungsverhalten der Stiftung nehmen können, handelt es sich dabei um Leistungen, welche einer wirtschaftlichen Gewinnausschüttung vergleichbar sind.[1126]

1121 *Wachter*, DStR-Beih 2014, 90 (92).

1122 vgl. hierzu die Ausführungen unter 2. Teil B III 2 b bb.

1123 *P. Kirchhof*, Bundessteuergesetzbuch, § 73 Rn. 13, S. 592.

1124 *Marx*, StuW 1990, 151 (160).

1125 *P. Kirchhof*, Bundessteuergesetzbuch, § 73 Rn. 15, S. 592 und § 75 Rn. 27, S. 614.

1126 BFH, Urteil vom 3.11.2010 – I R 98/09, BStBl. II 2011, 417 (418).

Damit stellt sich zunächst grundlegend die Frage, ob die Ausschüttungen der Stiftung tatsächlich als Einkommen im Sinne des Ertragsteuerrechts oder vielmehr als Zuwendungen im Sinne des Erbschaftsteuerrechts qualifizieren. Unzulässig ist jedenfalls die gleichzeitige Belastung mit beiden Steuerarten.[1127] Einkommen- wie auch Erbschaftsteuer knüpfen zwar beide an den Zuwachs an wirtschaftlicher Leistungsfähigkeit an.[1128] Die Bereicherung aufgrund eines bloß unentgeltlichen Vermögenstransfers stellt allerdings – im Gegensatz zum Einkommen – gerade keinen am Markt erwirtschafteten Mehrwert dar.[1129] Die Erbschaftsteuer besteuert folglich bestehendes Vermögen und nicht wirtschaftlich erzielte Wertzuwächse.[1130] Somit ist es auch systemgerechter, Ausschüttungen aus einer Stiftung der Erbschaft- und nicht der Einkommensteuer zu unterwerfen.

Hiergegen lässt sich zwar einwenden, dass Zuwendungen an die Destinatäre lediglich den Stiftungszweck erfüllen. Einem Destinatär kann daher – je nach Ausgestaltung der Satzung – auch ein Anspruch auf die Zuwendung zustehen.[1131] Dabei bleibt allerdings außer Betracht, dass die Zuwendung an den Destinatär originär auf den Willen des Stifters und dessen Manifestation in der Stiftungssatzung zurückzuführen ist. Die Stiftung ist somit auch nur als ausführendes Organ des Stifterwillens anzusehen. Indirekt handelt es sich daher bei den Leistungen an die Destinatäre um eine Schenkung vom Stifter selbst.[1132] Dass dies auch der erbschaftsteuerlichen Betrachtungsweise entspricht, zeigt bereits die Regelung des § 15 Abs. 2 Satz 2 ErbStG, wonach für den Vermögensanfall bei Auflösung der Stiftung das Verhältnis zwischen Stifter als Schenker und den Familiendestinatären zugrunde gelegt wird. Wenn das Erbschaftsteuergesetz allerdings bereits beim Übergang des gesamten Stiftungsvermögens auf die Destinatäre von einer Schenkung vom Stifter ausgeht, dann muss dies erst recht bei Zuwendungen aus dem Stiftungsvermögen gelten.

1127 *Tipke*, StRO Bd. II, S. 881 f.

1128 *Crezelius*, in: FS Tipke, 403 (406 f.); *Seer*, GmbHR 2002, 873 (878).

1129 *Seer*, StuW 1997, 283 (285).

1130 *Oechsle*, in: FS H.-W. Bayer, 223 (241); *Schulte*, FR 2007, 309 (311); *Zitzelsberger*, in: FS Ritter, 661 (665).

1131 So jedenfalls die zivilrechtliche Rechtsprechung: BGH, Urteil vom 16.01.1957 – IV ZR 221/56, NJW 1957, 708 (708); wiederholend: BGH, Urteil vom 7.10.2009 – Xa ZR 8/08, NJW 2010, 234 (235).

1132 *P. Kirchhof*, Bundessteuergesetzbuch, § 73 Rn. 15, S. 593.

4. *Stellungnahme*

Für eine schonendere Ausgestaltung der bisher geltenden Ersatzerbschaftsteuer spricht zunächst, dass durch die Fiktion des Erbfalls das Besteuerungsverfahren technisch einfach durchführbar bleibt. Allerdings wäre damit der Charakter der Ersatzerbschaftsteuer als Nachlass- bzw. Vermögensteuer und damit ihr systemwidriges Dasein im Erbschaftsteuergesetz nicht beseitigt.

Die vollständige Abschaffung der Ersatzerbschaftsteuer würde jedenfalls dieser Ungenauigkeit im System der Erbschaftsteuer Abhilfe verschaffen. Außerdem würde damit auch einer gegen das Förderungsgebot des Art. 6 Abs. 1 GG sprechenden indirekten Diskriminierung der Familie entgegengetreten werden. Gegen die vollständige Abschaffung spricht allerdings, dass dadurch Vermögen auf Dauer der Besteuerung entzogen werden kann und dies eine Diskriminierung gegenüber sonstigen Vermögenstransfers im Erbschaftsteuerrecht darstellt. Aus diesem Grunde hat auch das Bundesverfassungsgericht die Einführung der Ersatzerbschaftsteuer als verfassungskonform anerkannt.[1133]

Zu der vom Gesetzgeber befürchteten Besteuerungslücke würde es jedoch dann nicht kommen, wenn Ausschüttungen an die Destinatäre nicht – wie bisher üblich – der Ertragsteuer als Einkünfte aus Kapitalvermögen, sondern der Schenkungsteuer unterworfen werden würden. Der Gesetzgeber müsste folglich regeln, dass Zuwendungen an die Destinatäre einer Stiftung als Schenkungen qualifizieren.[1134] Zusätzlich sollte in § 15 Abs. 2 Satz 3 ErbStG normiert werden, dass grundsätzlich die Tarife von Steuerklasse I Anwendung finden. Denn nur so kann gewährleistet werden, dass auch bei solchen Vermögensübertragungen das vom Bundesverfassungsgericht statuierte Familienprinzip[1135] beachtet und der vom Gesetzgeber bei Übertragungen innerhalb der Familie zugrunde gelegte Steuersatz von maximal zwei Drittel des gesamten Vermögenstransfers[1136] gewährleistet wird.

D. Zwischenergebnis 4. Teil

In seiner derzeit geltenden Fassung hebt das Erbschaft- und Schenkungsteuergesetz Übertragungen innerhalb der Familie hervor und privilegiert diese.

1133 BVerfG, Beschluss vom 8.03.1983 – 2 BvL 27/81, BVerfGE 63, 312 (325 f.).

1134 vgl. hierzu den Gesetzesvorschlag von *P. Kirchhof*, Bundessteuergesetzbuch, § 75 Abs. 2 Nr. 2, S. 607.

1135 vgl. hierzu die Ausführungen unter 1. Teil A I.

1136 vgl. hierzu die Ausführungen unter 3. Teil A V 1.

Dennoch weist das Gesetz in Teilen Schutzlücken auf, welche geschlossen werden sollten, um einen weitgehend umfassenden Erhalt des Vermögens innerhalb der Familie zu ermöglichen. In persönlicher Hinsicht besteht dabei vor allem bei Übertragungen zwischen Ehegatten, an Kinder, Enkelkinder, Eltern und Voreltern sowie unter Geschwistern Verbesserungspotenzial. Aber auch Übertragungen von Familienunternehmen und Anteilen an Unternehmen sollten vom Gesetzgeber überarbeitet werden. Umfassend reformierungsbedürftig ist schließlich die Besteuerung von Vermögen, welches auf Familienstiftungen übertragen wird.

De lege ferenda sollte der Gesetzgeber der bereits seit Langem bestehenden und europarechtlich vielfach verbreiteten Forderung nach einer vollständigen Steuerbefreiung von Zuwendungen und Erbschaften zwischen Ehegatten nachgehen. Der persönliche Steuerfreibetrag für Kinder wird außerdem nicht nur auf 500.000 Euro angehoben, sondern auch der jährlichen Inflationsrate angepasst. Der Versorgungsfreibetrag erhöht sich und wird sodann einheitlich für private wie auch für gesetzliche Hinterbliebenenbezüge gewährt. Hinsichtlich der Übertragung des Familienheims sollte der Gesetzgeber auch beruflich hindernde Gründe als Ausnahme vom Selbstnutzungszwang zulassen. Enkelkinder werden Kindern hinsichtlich des persönlichen Freibetrages gleichgestellt, wodurch ihnen de lege ferenda gleichermaßen ein Freibetrag in Höhe von 500.000 Euro, angepasst an die jährliche Inflationsrate, zusteht. Um Übertragungen an weitere Familienangehörige der Steuerklasse II zu erleichtern, werden nicht nur die Freibeträge für Steuerklasse II gegenüber solchen der Steuerklasse III angehoben. Es wird außerdem auch für Geschwister ein gänzlich eigenständiger Freibetrag in Höhe von 100.000 Euro eingeführt. Zusätzlich erfolgt eine Abstufung der Steuersätze im Erwerbskorridor von 600.001 Euro und 6.000.000 Euro. Die derzeit geltende Differenzierung im Rahmen der Besteuerung von Erwerben durch Eltern von Todes wegen und zu Lebzeiten dürfte damit hinfällig werden, weshalb Eltern insgesamt in Steuerklasse I fallen.

Durch den seit 2016 in das Erbschaftsteuergesetz eingeführten Vorwegabschlag zeigt der Gesetzgeber, dass er die gesamtwirtschaftliche Bedeutung des Erhalts familiär geführter Unternehmen erkennt. Dennoch ist die Regelung in ihrer derzeitigen Ausgestaltung kaum praktikabel. Auch hinsichtlich der in der Familie gebundenen Anteile an Unternehmen sind mit Blick auf den Nachversteuerungstatbestand Anpassungen und Klarstellungen durch den Gesetzgeber vorzunehmen. Einerseits dürfte die Übertragung eines gebundenen Anteils an ein Poolmitglied beim Übertragenden nicht zur Nachversteuerung führen, weshalb der Gesetzgeber eine Ausnahme zu § 13a Abs. 6 Satz 1 Nr. 4 ErbStG regeln sollte. Inhaltlich und grammatikalisch wird auch der Nachversteuerungstatbestand des

§ 13a Abs. 6 Satz 1 Nr. 5 ErbStG angepasst, wobei vor allem das Absinken des Quorums insgesamt unter Beibehaltung der Poolvereinbarung unschädlich ist. Die Regelung des Vorwegabschlags für Familienunternehmen ist hingegen in mehrfacher Hinsicht reformbedürftig, um der eigentlich gesetzgeberischen Intention gerecht zu werden. Zunächst müsste klargestellt werden, dass es bei Personengesellschaften für den steuerlichen Gewinn auf den Gesamthandgewinn ankommt. Der Kürzungsbetrag wird einheitlich in Höhe von 30% angesetzt. Die Verfügungsbeschränkung wird auf transparente Gesellschaften und auf solche Verfügungen, welche unter Zustimmung aller Gesellschafter erfolgen, erweitert. Die Abfindungsbeschränkung enthält einen Zusatz, wonach die Rechtsfolgen des § 7 Abs. 7 ErbStG in diesem Fall ausnahmsweise nicht eintreten. Die Höhe des Wertabschlages liegt schließlich bei pauschal 30%. Reformbedürftig ist vor allem die langanhaltende Behaltensfrist von insgesamt 22 Jahren. Diese wird aus Gründen der Einheitlichkeit und Systemgerechtigkeit an die generelle Behaltensfrist für Unternehmensbegünstigungen angepasst, sodass der Verstoß gegen die gesellschaftsvertraglichen Regelungen innerhalb von fünf bzw. sieben Jahren zum anteiligen Verlust des Vorwegabschlags führt.

Hinsichtlich der Besteuerung bei Übertragungen und Auflösungen von Stiftungen, sollte der Gesetzgeber aufgrund der gefestigten Rechtsprechung des Bundesfinanzhofs klarstellen, dass auch beim Rückerwerb des Stiftungsvermögens an den Stifter selbst, dieser als Schenker anzusehen ist. Aufgrund des eindeutigen Wortlautes der Regelung des § 7 Abs. 1 Nr. 8 ErbStG müsste darüber hinaus die Finanzverwaltung ihre Auffassung zu Änderungen der Satzung dahingehend anpassen, dass eine solche Änderung nur rückwirkend zu einer erhöhten Steuerlast führt, nicht jedoch den Tatbestand der Vorschrift insgesamt erneut erfüllt. Vollständig abgeschafft wird schließlich die Regelung der Ersatzerbschaftsteuer zur turnusmäßigen Besteuerung von Stiftungen. Um die vom Gesetzgeber befürchtete Besteuerungslücke zu schließen, werden Ausschüttungen und Vermögenstransfers an Destinatäre der Schenkungsteuer und nicht mehr, wie bisher, den Einkünften aus Kapitalvermögen zugeordnet. Hierbei kommt es zur Anwendung von Steuerklasse I, was in § 15 Abs. 2 Satz 3 ErbStG für diesen Fall geregelt wird.

Fazit

Zentrales Anliegen dieser Arbeit ist die Untersuchung des Erbschaftsteuergesetzes im Hinblick auf den Schutz des Familienvermögens de lege lata, um im Anschluss hieran mit Blick auf das schützenswerte Familienvermögen de lege ferenda Reformvorschläge abgeben zu können. Die derzeit geltenden Ausgestaltungen der Verschonungsregelungen für Ehe und Familie im Erbschaftsteuerrecht basieren im Wesentlichen auf den durch die Rechtsprechung des Bundesverfassungsgerichts geprägten grundgesetzlichen Anforderungen an die Besteuerung von Erbschaften und Schenkungen in diesem Kreis. Aus diesem Grunde stehen die verfassungsrechtlichen Maßstäbe am Anfang der Arbeit, da mitunter auch nur durch Heranziehung dieser Prinzipien Reformvorschläge gemacht werden können.

Der Grundsatz der schonenden Besteuerung von Erbschaften zwischen Ehegatten und an Kinder hat erstmals durch die Einheitswertbeschlüsse des Bundesverfassungsgerichts Verfassungsrang erlangt. Die Testierfreiheit des Erblassers und das Erbrecht des Erben aus Art. 14 Abs. 1 GG sowie der aus Art. 6 Abs. 1 GG folgende Schutz von Ehe und Familie begrenzen das erbschaftsteuerliche Zugriffsrecht des Fiskus. Hieraus folgt, dass Familienangehörigen im Sinne der Steuerklasse I der Nachlass, bemessen an der jeweiligen Größe, entweder zum deutlich überwiegenden Teil oder, bei kleineren Vermögen, völlig steuerfrei erhalten bleiben muss. Die Höhe dieses Vermögens lässt sich an den Werten durchschnittlicher Einfamilienhäuser orientieren. Aus Art. 6 Abs. 1 GG folgt für das Erbschaftsteuerrecht, dass die Ehe Ergebnis der ehelichen Erwerbsgemeinschaft bleiben muss und Kinder einen Anspruch auf Teilhabe an den Vermögensverhältnissen der Eltern haben. Ehegatten haben zudem ein Recht auf Kontinuität des zu Lebzeiten geschaffenen Lebensstandards im Alter. Durch den Beschluss zur Gleichbehandlung eingetragener Lebenspartner erweitert das Bundesverfassungsgericht den Kreis der begünstigten Familienangehörigen im Erbschaftsteuerrecht auf eingetragene Lebenspartner und stellt diese den Ehegatten gleich. Es erkennt zudem das Motiv des Erblassers, Vermögen möglichst ungeschmälert in der familiären Generation zu erhalten, als grundlegend für das Erbschaftsteuergesetz an. Das Bundesverfassungsgericht geht außerdem davon aus, dass es ein zwischen Eltern und Kindern bestehendes Familienvermögen gibt, welches es auch über den Tod hinaus zu erhalten gilt. Im Beschluss zum Pflichtteilsrecht begründet es dies mit dem gegenseitigen Rechte- und Pflichtenverhältnis zwischen Familienmitgliedern sowie den innerhalb der Familie bestehenden ideellen und wirtschaftlichen Werten. Hinsichtlich der Übertragung von betrieblichem Vermögen fordert das Bundesverfassungsgericht einen erbschaftsteuerlich schonenden Übergang. Darüber hinaus erkennt es aber vor allem auch die besondere Bedeutung von kleinen und mittelständischen Familienunternehmen an.

Diese Vorgaben des Bundesverfassungsgerichts strahlen unmittelbar auf die verfassungsrechtlichen Anforderungen an die Ausgestaltung des Erbschaftsteuergesetzes aus und geben vor allem im Kontext der freiheitsschonenden Besteuerung die maßgeblichen Richtlinien vor. Vor der Frage der gerechten Besteuerung steht zunächst jedoch ganz allgemein die Legitimation des erbschaftsteuerlichen Zugriffs. Die Besteuerung von Erbschaften lässt sich aufgrund der gesteigerten Leistungsfähigkeit des Erwerbers rechtfertigen. Entgegen der Ansicht der Richter Gaier, Masing und der Richterin Baer in einem Sondervotum im Anschluss an den Beschluss des Bundesverfassungsgerichts zur Verschonung betrieblichen Vermögens lässt sich der erbschaftsteuerliche Zugriff auch nicht mit einer etwaigen Umverteilungsfunktion der Erbschaftsteuer rechtfertigen, da der Ertrag der Erbschaftsteuer hierfür nicht ausreichend ergiebig ist. Für Vermögensübertragungen in der Familie gilt, dass diese nur zu einer geringeren Steigerung der Leistungsfähigkeit der Erwerber führen, sofern im Familienhaushalt lebende Mitglieder gemeinsam erwirtschaftetes Vermögen übertragen bekommen. Dies gilt allerdings nicht für Kinder, welche schon nicht mehr im Haushalt leben und sich finanziell selbst versorgen.

Hinsichtlich der gerechten und freiheitsschonenden Besteuerung folgt aus Art. 3 Abs. 1 GG grundsätzlich die Besteuerung der erhöhten Leistungsfähigkeit. Für die Erbschaftsteuer kommt es auf den Zuwachs an Leistungsfähigkeit an. Dem Sozialstaatsprinzip lässt sich letztlich nur entnehmen, dass der Erbschaftsteuer, wie jeder anderen Steuer auch, eine Umverteilungsfunktion nicht abzusprechen ist, ohne, dass hieraus jedoch konkrete Pflichten entnommen werden können. Hinsichtlich der Freiheitsgrundrechte kommt es für die Besteuerung des Familienvermögens vor allem auf Art. 14 Abs. 1 GG sowie Art. 6 Abs. 1 GG an. Aus der Eigentumsfreiheit folgt, dass das Familienvermögen als Solches nicht bereits vom Schutzbereich der Eigentümerfreiheit nach Art. 14 Abs. 1 GG erfasst ist. Denn das Vermögen ist nur die Zusammenfassung einzelner Rechtspositionen, welche im Einzelnen und nicht als Gesamtvermögen hingegeben werden, um die Steuerlast zu tragen. Diese Argumentation steht auch weitgehend in Einklang mit der Rechtsprechung des Bundesverfassungsgerichts. Allgemein lässt sich aus Art. 14 Abs. 1 GG für das Erbschaftsteuerrecht folgern, dass der Halbteilungsgrundsatz unter Übertragung der Rechtsprechung des Bundesverfassungsgerichts zur Vermögensteuer im Erbschaftsteuerrecht angewandt werden kann, da nur so die Eigennützigkeit der Arbeit des Einzelnen gewährleistet ist. Schließlich findet sich die Rechtsprechung des Bundesverfassungsgerichts zur Besteuerung von Erbschaften innerhalb der Familie, welche insbesondere durch den Beschluss zur Erbschaftsteuer und zur Vermögensteuer geprägt ist, verfassungsrechtlich in Art. 6 Abs. 1 GG wieder. Es geht dabei vor allem um die gemeinschaftliche Teilhabe am innerhalb der Familie erwirtschafteten Vermögen. Das Familienvermögen lässt sich insgesamt als Zusammenfassung von Vermögenswerten, woran Ehegatten und Kinder aufgrund der ehelichen bzw. familiären Verbundenheit unabhängig von der rechtlichen Eigentümerstellung gleichermaßen partizipieren, definieren. Für den Schutzbereich der Ehe nach Art. 6 Abs. 1 GG lässt sich der Rechtsprechung des Bundesverfassungsgerichts zu eingetragenen Lebenspartnern entnehmen, dass das Grundrecht nicht daran hindert, anderen partnerschaftlichen Lebensformen der Ehe ähnliche Rechte und Pflichten zukommen zu lassen. Dies führt allerdings nicht zu einer Erweiterung des verfassungsrechtlichen Verständnisses der Ehe als eine durch Mann und Frau begründete Lebensgemeinschaft auf andere eheliche Formen. Weil dem Bundesverfassungsgericht zufolge diese Grundsätze auch auf das Erbschaftsteuerrecht anzuwenden sind, ist davon auszugehen, dass der althergebrachte verfassungsrechtliche Ehebegriff trotz Erweiterung der zivilrechtlichen Eheschließungsmöglichkeiten für gleichgeschlechtliche Paare weiter beibehalten wird.

Für die Besteuerungsprinzipien des Erbschafsteuerrechts gilt ganz allgemein, dass sich die vom Bundesverfassungsgericht zum Familienprinzip aufgestellten Grundlagen auf die erb- und familienrechtlichen Regelungen des Bürgerlichen Gesetzbuches zurückführen lassen. Die besondere Stellung der Kinder verdeutlicht das Verwandtenerbrecht durch das System der Ordnungen. Ehegatten sind Kindern gleichgestellt und darüber hinaus wird ihnen noch ein zusätzlicher Erbteil zugestanden. Familienrechtliche und eheliche Unterhaltsansprüche bringen zum Ausdruck, dass das Familienvermögen auf gegenseitigen Ansprüchen basiert. Darüber hinaus lässt sich die Beteiligung von Ehegatten und Kindern am familiären Vermögen und damit dessen Erhalt aber auch mit sozial- und wirtschaftswissenschaftlichen Begründungsansätzen legitimieren. Sozialwissenschaftlich gesehen führt der gesellschaftliche Wandel innerhalb der letzten 200 Jahre dazu, dass die Familie zwar nicht mehr denselben unterhaltssichernden Wert hat, sie allerdings dennoch aufgrund der Selbstverantwortlichkeit des Einzelnen zur Entlastung des Sozialstaates beiträgt. Familiäre Für- und Vorsorge gewinnen insbesondere vor dem Hintergrund des demographischen Wandels wieder an Bedeutung. Wirtschaftlich betrachtet motiviert die Möglichkeit, erschaffene Vermögenswerte über den Tod hinaus zu erhalten, zur lebzeitigen Vermögensbildung, welche sich als gesamtwirtschaftlich förderlich darstellt.

In der einfachgesetzlichen Ausgestaltung des Erbschaftsteuerrechts kommt die vom Bundesverfassungsgericht geforderte Beachtung der verwandtschaftlichen Nähe vor allem in der Steuerklasseneinteilung nach § 15 ErbStG zum Ausdruck. Die Regelung zeigt, welches Gewicht der Gesetzgeber den familiären und ehelichen Verhältnissen im Einzelnen zukommen lässt. An erster Stelle stehen dabei Ehegatten, was bereits auf die historische Entwicklung des Erbschaftsteuerrechts zurückgeführt werden kann. Verfassungsrechtlich lässt sich die gesonderte Stellung von Ehegatten mit dem Wesen der Ehe als Wirtschafts- und Erwerbsgemeinschaft begründen. Selbst der geschiedene Ehegatte wird noch über Steuerklasse II begünstigt behandelt, was der Rechtsprechung zufolge auf einen systematischen Hintergrund zurückzuführen ist und mit der Privilegierung von Schwiegerkindern von geschiedenen Ehegatten zusammenhängt. Daneben zeigt sich die begünstigte Behandlung von Ehegatten auch bei den persönlichen Freibeträgen nach §§ 16 und 17 ErbStG, da Ehegatten nicht nur ein besonders hoher persönlicher Freibetrag, sondern zusätzlich im Todesfall auch ein Versorgungsfreibetrag zusteht. Der hohe persönliche Freibetrag von Ehegatten wird mit dem kurzzeitigen Verbleib des Vermögens bei dem jeweils überlebenden Ehepartner begründet. Der Versorgungsfreibetrag dient in Übereinstimmung mit der Literatur letztlich dazu, den hinterbliebenen Ehegatten finanziell abzusichern und versorgt zu wissen. Darüber hinausgehend bestätigt die Vorschrift den sozialwissenschaftlichen Begründungsansatz zur erbschaftsteuerlichen Privilegierung der Familie. Als zusätzlichen besonderen Freibetrag ist der fiktive Zugewinnausgleich nach § 5 Abs. 1 ErbStG anzusehen. Aufgrund der wertmäßig unbegrenzten Übertragungsmöglichkeit erweist sich dieser der Literatur zufolge insbesondere dann als vorteilhaft, wenn der verstorbene Ehegatte weitgehend ausgleichspflichtiges Vermögen hinterlassen hat. Auch die lebzeitige Übertragung im Rahmen einer Güterstandschaukel wird vom Bundesfinanzhof als zulässiges Gestaltungsmittel anerkannt. In sachlicher Hinsicht kommt den Ehegatten mit Blick auf die Übertragung des Familienheims gegenüber sonstigen Erwerbern ein gesonderter Vorteil zugute, indem nicht nur die Übertragung des Familienheims zu Lebzeiten, sondern auch von Todes wegen steuerfrei möglich ist. Dem Gesetzgeber zufolge trägt das Familienheim der ehelichen Lebens- und Wirtschaftsgemeinschaft in besonderem Maße Rechnung. Aus der Zusammenschau der Tatbestandsmerkmale für die von Todes wegen bedingte Übertragung des Familienheims lässt sich schlussfolgern, dass der Gesetzgeber wohl insbesondere den langjährig bestehenden und daher im Wert gestiegenen Lebensraum eines im Alter hinterbliebenen Ehegatten schützen wollte.

Weil das Erbschaftsteuergesetz in seiner Ausgestaltung jedoch auch erhebliche Nachteile für lebzeitige und durch Todesfall bedingte Übertragungen unter Ehegatten aufweist, sollte der Gesetzgeber zukünftig Zuwendungen und Vermögensübertragungen zwischen Ehegatten nicht nur partiell, sondern allgemein von der Erbschaftsteuer freistellen. Hierfür lässt sich die nicht selten vorkommende vollständige Freistellung von Ehegatten in anderen europäischen Ländern, der fehlende, für die Erbschaftsteuer jedoch charakteristische Generationenwechsel sowie der vom Bundesverfassungsgericht geforderte Erhalt des gemeinsam geschaffenen Lebensstandards heranziehen. Hierüber hinausgehend vermag aber auch nur die vollständige Freistellung von Ehegattenerwerben die aus dem Erbschaftsteuergesetz folgenden negativen Auswirkungen auf das eheliche Vermögen zu beseitigen. Als problematisch erweist sich insbesondere die Rechtsprechung des Bundesfinanzhofs mit Blick auf Vermögenszuwendungen zwischen Ehegatten während bestehender Ehe. Der Bundesfinanzhof sieht diese nämlich generell als Schenkungen an. Um dem Wesen der Ehe als Erwerbsgemeinschaft dennoch gerecht zu werden, wurden in Rechtsprechung und Literatur hierzu verschiedene Ausnahmetatbestände entwickelt, welche allerdings vor allem in der Laiensphäre zu erheblichen Unsicherheiten führen. Auch die Errichtung eines Berliner Testaments stellt sich als problematisch dar, weil es durch die Besteuerung des Ehegatten zu einer doppelten Belastung des Vermögens des Erstverstorbenen kommen kann. Den Ehegatten ist daher von der Errichtung eines solchen Testaments abzuraten, was umgekehrt wiederum als Eingriff in die Testierfreiheit des Erblassers zu sehen ist. Schließlich stellt auch die zehnjährige Behaltensfrist im Rahmen des Familienheimerwerbs eine Diskriminierung von älteren Ehegatten dar.

Neben Ehegatten erhalten auch leibliche Kinder, sowie Adoptiv- und Stiefkinder eine besondere Stellung im Erbschaftsteuerrecht. Der Gesetzgeber begründet dies mit der zivilrechtlich normierten biologischen Abstammung, wohingegen das Bundesverfassungsgericht die zivilrechtlichen Unterhaltsansprüche hierfür heranzieht. Insgesamt lässt sich die Begünstigung allerdings auch mit der besonderen Schutzbedürftigkeit und den durch den sozialwissenschaftlichen Grundsatz zum Ausdruck kommenden Gedanken der familiären Für- und Vorsorge begründen. Aufgrund der Doppelprivilegierung von Adoptivkindern lässt sich auch hier dieser Begründungsansatz anführen. Stiefkinder bleiben der Rechtsprechung des Bundesfinanzhofs zufolge auch dann begünstigt, wenn die Ehe zum Stiefelternteil nicht mehr besteht. Der Finanzverwaltung zufolge werden allerdings nur Vermögensübertragungen im Stiefkindschaftsverhältnis privilegiert. Kinder erhalten zwar einen höheren persönlichen Freibetrag als sonstige Erwerber und auch einen Versorgungsfreibetrag im Fall des Versterbens eines

Elternteils, sind Ehegatten jedoch nicht gleichgestellt. Das Bundesverfassungsgericht sieht eine solche Gleichstellung verfassungsrechtlich nicht als geboten an. In sachlicher Hinsicht können Kinder auch das Familienheim im Wege des todesbedingten Erwerbs steuerfrei bis zu einer bestimmten Wertgrenze und unter engen Voraussetzungen erhalten. Der Gesetzgeber will damit vor allem den Schutz des familiären Lebensraumes angesichts von Unsicherheiten auf dem Finanzmarkt gewährleisten und dadurch den Erhalt des Grundvermögens ermöglichen.

Um einen noch größeren familiären Vermögensschutz zu gewährleisten, ist das Erbschaftsteuergesetz auch hinsichtlich der Erwerbe von Kindern trotz genannter bestehender Privilegien zu reformieren. Insbesondere die Freibeträge sind dabei neu zu gestalten. Vor dem Hintergrund des demographischen Wandels sind die Freibeträge für Kinder auf 500.000 Euro anzuheben. Hierfür spricht auch, dass die letzte Anpassung vor über zehn Jahren erfolgte und angesichts der gestiegenen Immobilienpreise die Freibeträge für Kinder nicht mehr den Anforderungen des Bundesverfassungsgerichts und des Gesetzgebers an die Höhe der Freibeträge innerhalb Steuerklasse I entsprechen. Aufgrund des Immobilienpreisanstiegs ist der Freibetrag auch der jährlichen Inflationsrate anzupassen. Hinzukommt, dass eine großzügige Privilegierung von Kindern auch förderlich für die Gesamtwirtschaft ist und steuerplanerische Umgehungsversuche verhindern kann. Darüber hinaus ist hinsichtlich des Versorgungsfreibetrages eine Gleichstellung von gesetzlichen und privaten Versorgungsbezügen erforderlich. Diese sind gleichermaßen der Erbschaftsteuer zu unterwerfen. Gleichzeitig ist ein allgemeiner Versorgungsfreibetrag einzuführen. Zudem sollte der Versorgungsfreibetrag insgesamt angehoben werden. Schließlich sind im Rahmen des steuerbefreiten Familienheimerwerbs für Kinder entgegen der Auffassung der Finanzverwaltung und des Gesetzgebers auch beruflich zwingende Hinderungsgründe als Ausnahmen vom Selbstnutzungszwang zuzulassen. Hierfür ist nicht nur der über Art. 12 Abs. 1 GG gebotene Schutz der Wahlfreiheit des Arbeitsplatzes, sondern auch der Umstand, dass die Pflegebedürftigkeit als Ausnahmegrund bei Kindern weitgehend leerläuft, anzuführen. Da das Erbschaftsteuergesetz Waisenenkel den Kindern gleich stellt, sollte der Gesetzgeber jedenfalls hinsichtlich der Freibeträge einen Gleichlauf von Enkeln insgesamt und Kindern in Erwägung ziehen. Hierfür sprechen nicht nur die Folgewirkungen des demographischen Wandels, sondern auch die Rechtsprechungsänderung des Bundesverfassungsgerichts zum Schutzbereich von Art. 6 Abs. 1 GG.

Diese Rechtsprechungsänderung dürfte auch dem geschwisterlichen Verhältnis im Erbschaftsteuerrecht eine andere Bedeutung zukommen lassen. Im derzeit geltenden Erbschaftsteuergesetz fallen Geschwister nicht nur in

Steuerklasse II, sondern werden zudem gegenüber engeren Familienmitgliedern auch deswegen schlechter behandelt, weil ihnen der allgemeine, für sämtliche Erwerber der Steuerklasse II geltende Freibetrag in Höhe von lediglich 20.000 Euro zukommt. Obwohl der Gesetzgeber bis zur Erbschaftsteuerreform 2008 Erwerbern der Steuerklasse II und III unterschiedliche Freibeträge zuwies, hat er diese ohne nähere Begründung vollständig gleichgestellt und bis heute so beibehalten. Lediglich im Rahmen der Steuersätze differenziert der Gesetzgeber seit deren Neuregelung im Zuge des Wachstumsbeschleunigungsgesetzes zwischen diesen beiden Steuerklassen, um dem familiären Verhältnis naher Verwandter Rechnung zu tragen. In einem zukünftigen Erbschaftsteuergesetz sollte der Gesetzgeber daher einerseits für Geschwister einen eigenständigen Freibetrag in Höhe von 100.000 Euro einführen und damit Übertragungen an Eltern und an Geschwister jedenfalls hinsichtlich der Freibeträge gleichstellen. Außerdem sind im Rahmen des Erwerbskorridors von 600.001 Euro und 6.000.000 Euro allgemein weitere Abstufungen in den Tarifstufen vorzunehmen. Hierfür spricht zunächst die geänderte Rechtsprechung des Bundesverfassungsgerichts zum Schutzbereich des Art. 6 Abs. 1 GG, wonach auch die enge Auffassung des Bundesfinanzhofs hierzu nicht mehr haltbar sein dürfte. Auch erb- und familienrechtliche Regelungen sowie sozialwissenschaftliche Aspekte belegen, dass dem geschwisterlichen Näheverhältnis erbschaftsteuerlich mehr Beachtung zukommen muss.

Mit der Einführung eines eigenständigen Freibetrages für Geschwister in derselben Höhe, wie er für Eltern bei Erwerben von Todes wegen gilt, sollte der Gesetzgeber schließlich auch Vermögensübertragungen an Eltern insgesamt in Steuerklasse I einordnen. Denn der vom Gesetzgeber intendierte Grund, weshalb die Steuerklasse bei Eltern zwischen Erwerben von Todes wegen und Solchen zu Lebzeiten differenziert, ist damit hinfällig. Hierfür spricht auch, dass der Gesetzgeber Vermögensübertragungen an Eltern grundsätzlich der Steuerklasse I zuordnet. Dennoch sollte der Gesetzgeber die Regelung des steuerbefreiten Vermögensrückfalls an Eltern beibehalten. Gleiches gilt für die bis zu einer Höhe von 41.000 Euro befreiten Zuwendungen an erwerbsunfähige Eltern, da diese Regelung weiterhin für Übertragungen an Stiefeltern von Bedeutung ist.

Neben privaten Vermögensübertragungen begünstigt das Erbschaftsteuergesetz auch Solche im unternehmerischen Bereich. Speziell für den Schutz des Familienvermögens sind dabei die Ausnahmeregelung bei der Übertragung von poolgebundenen Gesellschaftsanteilen im Rahmen der Feststellung des begünstigungsfähigen Vermögens und die Regelung zum Vorwegabschlag für Familienunternehmen von Bedeutung. Bei der Ermittlung des begünstigungsfähigen Vermögens werden auch Anteile an Kapitalgesellschaften berücksichtigt, welche nicht die geforderte Beteiligungsschwelle von 25% erreichen. Voraussetzung hierfür ist, dass diese Minderheitsanteile Verfügungsbeschränkungen und Stimmrechtsbindungen unterliegen. Der Gesetzgeber hat diese Regelung speziell mit Blick auf die von der Zersplitterungsproblematik betroffenen Anteile an Familien-Kapitalgesellschaften erschaffen. Um den bestimmenden Einfluss der Familie in der Gesellschaft zu wahren, werden die Anteile oftmals über Verfügungsbeschränkungen und Stimmrechtsbindungen durch Poolvereinbarungen gebunden. Als weiteres Tatbestandsmerkmal ist außerdem das Einhalten der Behaltensfrist einer solchen Poolvereinbarung anzusehen. Der Finanzverwaltung zufolge stellt nicht nur die Veräußerung des Anteils an einen fremden Dritten, sondern auch die entgeltliche Übertragung an ein Poolmitglied einen Verstoß hiergegen dar. Außerdem sieht die Finanzverwaltung den Nachversteuerungstatbestand auch dann als erfüllt an, wenn das Quorum der Poolmitglieder auf unter 25% infolge des Ausscheidens eines oder mehrerer Gesellschafter oder einer Kapitalerhöhung absinkt.

Damit ist die Regelung insbesondere aufgrund der strengen Auslegungsvorgaben durch die Finanzverwaltung hinderlich für über familiäre Poolgesellschaften gebundene Anteile an einer Kapitalgesellschaft. Der Gesetzgeber sollte in einem künftigen Erbschaftsteuergesetz folglich im Rahmen des Nachversteuerungstatbestandes nach § 13a Abs. 6 Satz 1 Nr. 4 ErbStG eine Ausnahme für die Übertragung von Anteilen an andere Poolmitglieder aufnehmen. Denn die hierdurch bewirkte Nachversteuerung widerspricht dem Zweck von Poolvereinbarungen. Der Nachversteuerungstatbestand des § 13a Abs. 6 Satz 1 Nr. 5 ErbStG ist dahingehend zu reformieren, dass das Absinken des Beteiligungsquorums einer Aufhebung der Poolvereinbarung nicht gleichzusetzen ist, solange die Poolvereinbarung insgesamt beibehalten wird. Denn der Wortlaut des Sanktionstatbestandes verlangt lediglich die Aufhebung der Vereinbarung und nicht bereits das Absinken des Quorums, weshalb die Ansicht der Finanzverwaltung mit dem Gesetzestext nicht vereinbar ist. Auch in grammatikalischer Hinsicht sollte der Gesetzgeber die Norm klarstellen und lediglich das Aufheben der Poolvereinbarung durch den Erwerber selbst der Nachversteuerung unterwerfen.

Im Rahmen der betrieblichen Steuerbefreiungen nach § 13a ErbStG gewährt das Erbschaftsteuergesetz einen besonderen Wertabschlag für Familienunternehmen, welcher als gesonderter Freibetrag verstanden werden kann. Hierfür muss der Gesellschaftsvertrag bzw. die Satzung bestimmte Verfügungs-, Entnahme- und Abfindungsbeschränkungen enthalten. Diese gesellschaftsvertraglichen Regelungen sind außerdem für einen Zeitraum von insgesamt 22 Jahren einzuhalten. In der Rechtsfolge sieht das Gesetz einen Abschlag vor, welcher in seiner Höhe an die gesellschaftsvertragliche Abfindungsbeschränkung gekoppelt ist. Die Einführung eines solchen Vorwegabschlags erfolgte im Zuge der Änderung des Erbschaftsteuergesetzes aufgrund der Rechtsprechung des Bundesverfassungsgerichts. In seinem Beschluss erkannte das Bundesverfassungsgericht die Förderung von familiär geführten Unternehmen zwar als gewichtigen Gemeinwohlgrund an, forderte aber keine eigenständige Begünstigungsregelung. Der Gesetzgeber führte eine Begünstigungsregelung dennoch ein, um den durch die gesellschaftsvertraglichen Bindungen erschwerten freien Handel der Anteile zu berücksichtigen, da dies über die Regelungen des Bewertungsgesetzes ausgeschlossen ist.

Die Regelung erweist sich allerdings aufgrund der lang andauernden Haltefrist von 22 Jahren als in der Praxis kaum anwendbar. Der Gesetzgeber sollte diesbezüglich folglich eine Frist in Erwägung ziehen, die sich an der Behaltensfrist von Poolvereinbarungen orientiert, da es sich dabei um ähnlich gestrickte vertragliche Beschränkungen handelt. Außerdem ist die Nachversteuerung im Fall des Verstoßes nur zeitanteilig vorzunehmen. Auch die Voraussetzungen, welche an den Gesellschaftsvertrag gestellt werden, sind zu reformieren. Hinsichtlich der Entnahmebeschränkung sollte der Gesetzgeber klarstellen, dass es bei Personengesellschaften auf den Gesamthandgewinn ankommt und daneben einen pauschalen steuerlichen Kürzungsbetrag in Höhe von 30% einführen. Im Rahmen der Verfügungsbeschränkung ist der Kreis der Begünstigten auf vermögensverwaltende Personengesellschaften sowie auf Verfügungen, welche unter Zustimmung aller Gesellschafter erfolgen, zu erweitern. Die vorausgesetzte Abfindungsbeschränkung muss aufgrund des Folgerichtigkeitsgebotes eine Regelung enthalten, wonach die Inanspruchnahme der Begünstigung nicht dazu führt, dass der Tatbestand des § 7 Abs. 7 ErbStG erfüllt ist. Die Höhe des Vorwegabschlages ist schließlich von der Abfindungsbeschränkung zu entkoppeln und mit der derzeit geltenden pauschalen Höchstgrenze von 30% anzusetzen.

Schließlich bietet das Erbschaftsteuergesetz in seiner derzeitigen Ausgestaltung die Möglichkeit, familiäres Vermögen insgesamt über die Errichtung einer Familienstiftung generationenübergreifend zu erhalten. Das Erbschaftsteuergesetz begünstigt dabei die Errichtung und Aufhebung einer solchen Stiftung durch besondere Regelungen im Rahmen der Steuerklassen. Darüber hinaus wird das Vermögen der Stiftung allerdings auch mit einer Ersatzerbschaftsteuer turnusmäßig alle 30 Jahre besteuert. Hierauf findet der doppelte Kinder-Freibetrag Anwendung und es wird auf die Hälfte des Vermögens der Steuersatz herangezogen, welcher auch bei einer Vermögenszuwendung an ein Kind Geltung erlangt. Insofern begünstigt das Erbschaftsteuergesetz die Besteuerung des Stiftungsvermögens, gegenüber reinen Vermögenstiftungen stellt dies jedoch eine Benachteiligung von Familienstiftungen dar. Der Gesetzgeber wollte durch die wiederholende Besteuerung eine vollständige Umgehung der Erbschaftsteuer verhindern.

Dabei bleibt jedoch unberücksichtigt, dass es sich bei der Ersatzerbschaftsteuer dem Grunde nach um eine Vermögensteuer handelt. Deren Verfassungsmäßigkeit hat das Bundesverfassungsgericht zwar bestätigt, allerdings steht diese im Widerspruch zur grundsätzlichen Abschaffung der Vermögensteuer durch den Gesetzgeber. Insofern sollte die Ersatzerbschaftsteuer vollständig abgeschafft werden und lediglich die Vermögenszugänge an die Destinatäre – ohne weitere ertragsteuerliche Berücksichtigung – der Erbschaftsteuer unterworfen werden. Hinsichtlich der Auflösung der Stiftung müsste aufgrund gefestigter Rechtsprechung des Bundesfinanzhofs klargestellt werden, dass auch beim Rückerwerb des Stiftungsvermögens durch den Stifter selbst dieser als Schenker anzusehen ist. Ohne Änderung des Erbschaftsteuergesetzes sollte die Finanzverwaltung darüber hinaus ihre Ansicht zu Neuerrichtung einer Stiftung bei Erweiterung des Destinatärkreises durch Satzungsänderungen aufgeben und lediglich die Nacherhebung der Steuer hierfür festsetzen. Eine solche Neuerrichtung steht nämlich nicht im Einklang mit dem Gesetzeswortlaut.

Insgesamt lässt sich schlussfolgern, dass das Erbschaftsteuergesetz familiäre Vermögensübertragungen begünstigt und damit auch schützt. Um dem gemeinsam geschaffenen Vermögen zwischen Ehegatten gerecht zu werden, sollten Vermögensübertragungen zwischen diesen jedoch vollständig steuerbefreit werden. Auch Übertragungen unter Geschwistern sind angesichts aktueller Entwicklungen in der Rechtsprechung des Bundesverfassungsgerichts grundlegend zu überdenken. Die Verschonung von in der Familie gesellschaftsvertraglich gebundenem Vermögen durch einen Vorwegabschlag wirkt angesichts der praktischen Untauglichkeit dieses Abschlags lediglich als nett gemeinter Versuch des Gesetzgebers, vermag aber keine Erleichterung zu bringen. Grundlegend reformbedürftig ist schließlich die Ersatzerbschaftsteuer aufgrund ihrer systematisch fehlerhaften Ausgestaltung.

Literaturverzeichnis

Badura, Peter: Staatsrecht – Systematische Erläuterung des Grundgesetzes für die Bundesrepublik Deutschland, 7. Auflage, München 2018.

Berliner Kommentar zum Grundgesetz, begründet von Karl Heinrich *Friauf*, herausgegeben von Wolfram *Höfling*, Loseblatt, Stand: 2020 (zitiert als: *Bearbeiter*, in: Berliner Kommentar zum Grundgesetz (*Stand der Lieferung*), Art. Rn.).

Binz, Mark / *Sorg*, Martin: Aktuelle Erbschaftsteuerprobleme der Familienstiftung, DStZ 1994, 229.

Birk, Dieter: Das Leistungsfähigkeitsprinzip als Maßstab der Steuernormen: ein Beitrag zu den Grundfragen des Verhältnisses Steuerrecht und Verfassungsrecht, Köln 1983.

Birk, Dieter: Die Erbschaftsteuer als Mittel der Gesellschaftspolitik, StuW 2005, 346.

Birk, Dieter: Rechtfertigung der Besteuerung des Vermögens aus verfassungsrechtlicher Sicht, in: *Birk*, Dieter (Hrsg.): Steuern auf Erbschaft und Vermögen, Deutsche Steuerjuristische Gesellschaft, Band 22, Köln 1999, S. 6.

Birk, Dieter / *Desens*, Marc / *Tappe*, Henning: Steuerrecht, 21. Auflage, Heidelberg 2018.

Birnbaum, Mathias: Leistungsfähigkeitsprinzip und ErbStG, Berlin 2007.

Blumers, Wolfgang: Vorwegabschlag und Abfindungsbeschränkung, BB 2018, 865.

Bonner Kommentar zum Grundgesetz, gegründet 1950, herausgegeben von Wolfgang Kahl, Christian Waldhoff, Christian Walter. Ordner 4 Art. 6-10. Loseblatt, Stand: 204. Aktualisierung 2020 (zitiert als: *Bearbeiter*, in: Bonner Kommentar GG (*Stand der Lieferung*), Art. Rn.).

Breitenbach, Eduard: Erbschaftsteuerrecht, Wiesbaden 1969.

Bruschke, Gerhard: Der Versorgungsfreibetrag im Erbschaftsteuerrecht, ErbStB 2016, 218.

Bundesministerium der Finanzen Referat I A 6 (Hrsg.): Ergebnis der 155. Sitzung des Arbeitskreises „Steuerschätzung" vom 7. bis 9. Mai 2019 in Kiel, Mai 2019, Tabelle 4, verfügbar unter: *https://www.bundesfinanzministerium.de/Content/DE/Standardartikel/Themen/Steuern/Steuerschaetzungen_und_Steuereinnahmen/Steuerschaetzung/2018-10-26-ergebnisse-154-sitzung-steuerschaetzung-dl.pdf?__blob=publicationFile&v=2*, abgerufen am 17.07.2020.

Burandt, Wolfgang / *Rojahn*, Dieter (Hrsg.): Erbrecht, 3. Auflage, München 2019.

von Campenhausen, Freiherr Axel / *Richter,* Andreas (Hrsg.): Stiftungsrechts-Handbuch, 4. Auflage, München 2014.

Crezelius, Georg: Das neue Erbschaft- und Schenkungsteuerrecht im Rechtssystem, ZEV 2009, 1.

Crezelius, Georg: Die Entwicklung des Erbschaftsteuerrechts in den letzten 100 Jahren, FR 2007, 613.

Crezelius, Georg: Die Erbersatzsteuer im Steuersystem, BB 1982, 323.

Crezelius, Georg: Die Erbschaftsteuerentscheidung des BVerfG – erste steuersystematische Überlegungen, ZEV 2015, 1.

Crezelius, Georg: Erbschaftsteuerrecht und Erbschaftsteuerpolitik, in: *Lang,* Joachim (Hrsg.): Die Steuerrechtsordnung in der Diskussion, Festschrift für Klaus Tipke, Köln 1995, S. 403.

Daragan, Hanspeter / *Halaczinsky,* Raymond / *Riedel,* Christopher (Hrsg.): Praxiskommentar Erbschaftsteuergesetz und Bewertungsgesetz, 3. Auflage, Bonn 2017 (zitiert als: *Bearbeiter,* in: Daragan/Halaczinsky/Riedel, ErbStG, § Rn.).

Dreier, Horst (Hrsg.): Grundgesetz. Band I: Präambel, Art. 1-19, 3. Auflage, Tübingen 2013 (zitiert als: *Bearbeiter,* in: Dreier, GG; Art. Rn.).

Eisele, Dirk: Erbschaft- und Schenkungsteuer, in: *Kube,* Hanno / *Mellinghoff,* Rudolf / *Morgenthaler,* Gerd / *Palm,* Ulrich / *Puhl,* Thomas / *Seiler,* Christian (Hrsg.): Leitgedanken des Rechts, Paul Kirchhof zum 70. Geburtstag, Band II Staat und Bürger, Heidelberg [u.a.] 2013, § 187, S. 2045.

Epping, Volker / *Hillgruber,* Christian (Hrsg.): Grundgesetz Kommentar, 2. Auflage, München 2013 (zitiert als: *Bearbeiter,* in: Epping/Hillgruper, GG, Art. Rn.).

Erkis, Gülsen: Die Neuregelung des Verschonungssystems für Betriebsvermögen im ErbStG – Vorgaben des BVerfG-Urteils vom 17.12.2014 umgesetzt?, DStR 2016, 1441.

Erle, Bernd: Der Pkw als Hausrat, ZEV 2016, 240.

Fischer, Michael: Lebzeitige Zuwendungen unter Ehegatten, ErbStB 2004, 231.

Fischer, Michael / *Pahlke,* Armin / *Wachter,* Thomas (Hrsg.): ErbStG Kommentar – Komplettes Praxiswissen zur Erbschaftsteuer und Schenkungsteuer mit Bewertungsrecht, 7. Auflage, Freiburg 2020 (zitiert als: *Bearbeiter,* in: Fischer/Pahlke/Wachter, ErbStG, § Rn.).

Flämig, Christian: Die Familienstiftung unter dem Damoklesschwert der Erbersatzsteuer – Ein Beitrag zu dem Begriff der Familienstiftung im Sinne des § 1 Abs. 1 Nr. 4 ErbStG, DStZ 1986, 11.

Frye, Bernhard: Die Eigentumsfreiheit des Grundgesetzes als Gebot des sog. objektiven Nettoprinzips, FR 2010, 603.

Geck, Reinhard: Die Erbschaftsteuerreform kurz vor dem Ziel – Überblick zum geänderten ErbStRG und Gestaltungsempfehlungen vor Inkrafttreten des neuen Rechts, ZEV 2008, 557.

Halaczinsky, Raymond: Die Stieffamilie im Erbschaftsteuerrecht, ZErb 2004, 149.

Haller, Heinz: Die Steuern: Grundlinien eines rationalen Systems öffentlicher Abgaben, 3. Auflage, Tübingen 1981.

Hannes, Frank / *Onderka*, Wolfgang: Erbschaftsteuerreform: Die Besteuerung des Erwerbs von Betriebsvermögen – keine Sternstunde der Steuervereinfachung, ZEV 2008, 16.

Hergeth, Armin: Auskehrung von Vermögen durch Auslandsstiftung oder Trust nach Ende der Steueramnestie, ZErb 2005, 270.

Hesse, Konrad: Grundzüge des Verfassungsrechts der Bundesrepublik Deutschland, 20. Auflage, Heidelberg 1995.

Heuer, Carl-Heinz, Der gemeine Wert von Kunstgegenständen Anmerkungen zum Urteil des BFH vom 6. 6. 2001, II R 7/98, DStR 2002, 845.

Heuer, Carl-Heinz / *von Cube*, Nicolai, Die steuerliche Behandlung von Kunstsammlungen im Licht der jüngsten BFH-Rechtsprechung, DStR 2017, 129.

Hey, Johanna: BVerfG zur Erbschaftsteuer: Bewertungsgleichmaß und Gemeinwohlzwecke, JZ 2007, 564.

Holtz, Michael: Erbschaftsteuerreform 2016 – Das neue Verschonungssystem für Unternehmensvermögen, NJW 2016, 3750.

Ipsen, Jörn: Ehe für alle – verfassungswidrig?, NVwZ 2017, 1096.

Ipsen, Jörn: Ehe und Familie, in: *Isensee*, Josef / *Kirchhof*, Paul (Hrsg.): Handbuch des Staatsrechts der Bundesrepublik Deutschland, Band VII Freiheitsrechte, 3. Auflage, Heidelberg 2009 (zitiert als: *Bearbeiter*, in: Isensee/Kirchhof, HStR VII, § Rn.).

Isensee, Josef: Staat und Verfassung, in: *Isensee*, Josef / *Kirchhof*, Paul (Hrsg.): Handbuch des Staatsrechts der Bundesrepublik Deutschland, Band II Verfassungsstaat, 3. Auflage, Heidelberg 2004 (zitiert als: *Isensee*, in: Isensee/Kirchhof, HStR II, § Rn.).

Jarass, Hans / *Pieroth*, Bodo (Hrsg.): Grundgesetz für die Bundesrepublik Deutschland, 14. Auflage, München 2016 (zitiert als: *Bearbeiter*, in: Jarass GG, Art. Rn.).

Jochum, Georg: Die Steuervergünstigung: Vergünstigungen und vergleichbare Subventionsleistungen im deutschen und europäischen Steuer-, Finanz- und Abgabenrecht, Berlin 2006.

Jülicher, Marc: Eine kleine, aber feine Steuerbefreiung im ErbStG: § 13 Abs. 1 Nr. 1, Hausrat und sonstige bewegliche körperliche Gegenstände, ZEV 2000, 94.

Jülicher, Marc: Neue Gestaltungen rund um das eigengenutzte Familienheim (§ 13 Abs. 1 Nr. 4 a bis c ErbStG), ZErb 2009, 222.

Kamps, Heinz-Willi: Erbschaftsteuerreform: Begünstigtes Vermögen und Verwaltungsvermögen i.S.d. neuen §§ 13a, 13b, 19a ErbStG, FR 2009, 353.

Kapp, Reinhard / *Ebeling*, Jürgen (Hrsg.): Erbschaft- und Schenkungsteuergesetz, Kommentar. Loseblatt, Stand: 84. Aktualisierung 2020 (zitiert als: *Bearbeiter*, in: Kapp/Ebeling, ErbStG (*Stand der Lieferung*), § Rn.).

Kipp, Theodor: Kommentar zum Erbschaftsteuergesetz in der Fassung vom 22. August 1925 nebst den Durchführungs- und den Ausführungsbestimmungen, Berlin 1927.

Kirchhof, Ferdinand: Grundriß des Abgabenrechts, Steuern – Gebühren – Beiträge – EG- und Sonderabgaben, Heidelberg 1991.

Kirchhof, Paul: Besteuerung und Eigentum, VVDStRL Heft 39 (1981), 213.

Kirchhof, Paul: Bundessteuergesetzbuch: Ein Reformentwurf zur Erneuerung des Steuerrechts, Heidelberg 2011 (zitiert: *P. Kirchhof*, Bundessteuergesetzbuch, § Rn.).

Kirchhof, Paul: Die Gleichheit vor dem Steuergesetz, StuW 2017, 3.

Kirchhof, Paul: Die Steuern, in: *Isensee*, Josef / *Kirchhof*, Paul (Hrsg.): Handbuch des Staatsrechts der Bundesrepublik Deutschland, Band V, 3. Auflage, Heidelberg 2007 (zitiert als: *P. Kirchhof*, in: Isensee/Kirchhof, HStR V, § Rn.).

Kirchhof, Paul: Die Steuerwerte des Grundbesitzes, Köln 1985.

Kirchhof, Paul: Erbrecht, in: *Merten*, Detlef / *Papier*, Hans-Jürgen (Hrsg.): Handbuch der Grundrechte in Deutschland und Europa, Band V Grundrechte in Deutschland: Einzelgrundrechte II, Heidelberg 2013 (zitiert als: *Kirchhof*, in: Merten/Papier, HGR V, § Rn.).

Kirchhof, Paul: Gegenwartsdiagnose der Erbschaftsteuer, FR 2013, 97.

Kirchhof, Paul: Steuergleichheit, StuW 1984, 297.

Kischel, Uwe: Gleichheitssatz und Steuerrecht – Gefahren eines dogmatischen Sonderwegs, in: *Mellinghoff*, Rudolf / *Palm*, Ulrich (Hrsg.): Gleichheit im Verfassungsstaat, Symposium aus Anlass des 65. Geburtstages von Paul Kirchhof, S. 175.

Kloepfer, Michael: Grundrechte als Entstehenssicherung und Bestandsschutz, München 1970.

Korezkij, Leonid: Entwurf der ErbStR 2011: Klarstellungen und Verschärfungen bei Begünstigungen für Betriebsvermögen, DStR 2011, 1733.

Lahme, Stefan / *Zikesch*, Eva: Erbschaftsteuerliche Begünstigung von Kapitalgesellschaftsanteilen mittels Poolvereinbarungen, DB 2009, 527.

Lange, Knut Werner: Erbrecht, 2. Auflage, München 2017 (zitiert: *Lange*, Erbrecht, § Rn.).

Leisner, Walter: Der Gleichheitsstaat – Macht durch Nivellierung, Berlin 1980.

Leisner, Walter Georg: Die steuerfreie Übertragung von Kunstgegenständen nach § 13 Abs. 1 Nr. 2 ErbStG, ZEV 2003, 436.

Leisner, Walter: Verfassungsrechtliche Grenzen der Erbschaftsbesteuerung, Berlin 1969.

Leisner, Walter: Erbrecht, in: *Isensee*, Josef / *Kirchhof*, Paul (Hrsg.): Handbuch des Staatsrechts der Bundesrepublik Deutschland, Band VIII, 3. Auflage, Heidelberg 2010 (zitiert als: *Leisner*, in: Isensee/Kirchhof, HStR VIII, § Rn.).

Leisner-Egensperger, Anna: Besteuerung von Ehe und Familie, in: *Kube*, Hanno / *Mellinghoff*, Rudolf / *Morgenthaler*, Gerd / *Palm*, Ulrich / *Puhl*, Thomas / *Seiler*, Christian (Hrsg.): Leitgedanken des Rechts: Paul Kirchhof zum 70 Geburtstag, Band II: Staat und Bürger, Heidelberg [u.a.] 2013, § 175, S. 1903.

Leisner-Egensperger, Anna: Die Folgerichtigkeit – Systemsuche als Problem für Verfassungsbegriff und Demokratiegebot, DÖV 2013, 533.

Leisner-Egensperger, Anna: Verhältnismäßigkeit als freiheitsrechtliche Grenze der Steuerbelastung – Besteuerung und Eigentum in der Post-Halbteilungsgrundsatz-Ära, DStZ 2018, 910.

Lemmerz, Anna-Luisa, Elternunterhalt zwischen Familiarisierung und Sozialisierung, DNotZ 2014, 499.

Löhle, Annette: Verfassungsrechtliche Gestaltungsspielräume und -grenzen bei der Besteuerung von Erbschaften und Schenkungen, Stuttgart 2001.

Loritz, Karl-Georg: Der praktische Wert der verfassungsrechtlichen Eigentumsgarantie für die unternehmerische Betätigung, BB 1993, 225.

von Löwe, Christian / *du Roi Droege* Ralph: Ist die Erbersatzsteuer bei Familienstiftungen reformbedürftig, ZEV 2006, 530.

von Mangoldt, Hermann / *Klein*, Friedrich / *Starck*, Christian / *Huber*, Peter / *Voßkuhle*, Andreas (Hrsg.): Grundgesetz Band 1 Präambel, Artikel 1-19 Kommentar, 7. Auflage, München 2018 (zitiert als: Bearbeiter, in: v.Mangold/Klein/Starck, GG Bd. I, Art. Rn.).

Marx, Franz Jürgen: Steuervermeidende Sachverhaltsgestaltungen mittels zivilrechtlicher Vermögenssonderungen, Zur Abfolge von Aktionen der Steuerpflichtigen und Reaktionen von Finanzverwaltung, Rechtsprechung und Gesetzgebung, StuW 1990, 151.

Maunz, Theodor / *Dürig*, Günter: Grundgesetz Kommentar, begründet von Theodor Maunz und Günter Dürig, herausgegeben von Roman Herzog, Matthias Herdegen, Rupert Scholz und Hans H. Klein. Band II: Art. 6-16a.

Loseblatt, Stand: 90. Ergänzungslieferung Februar 2020 (zitiert als: Bearbeiter, in: Maunz/Dürig, GG (*Stand der Lieferung*), Art. Rn.).

Meincke, Jens-Peter: Rechtfertigung der Erbschaft- und Schenkungsteuer, in: *Birk,* Dieter (Hrsg.): Steuern auf Erbschaften und Vermögen, DStJG Band 22, Köln 1999, S. 39.

Meincke, Jens-Peter: Ist das ErbStG in seinem Kern verfassungswidrig? – Zur Vorlage des BFH an das BVerfG, ZEV 2013, 1.

Meincke, Jens-Peter / *Hannes,* Frank / *Holtz,* Michael: Erbschaftsteuer- und Schenkungsteuergesetz, 17. Auflage, München 2018 (zitiert: Bearbeiter, in: Meincke/Hannes/Holtz, ErbStG, § Rn.).

Meincke, Jens-Peter: Stiefkindschaft und Schwägerschaft, in: *Schack,* Haimo (Hrsg.): Gedächtnisschrift für Alexander Lüderitz, München 2000, S. 515.

Mensch, Sebastian: Erbschaftsteuerliche Gleichbehandlung von Geschwistern und Kernfamilie, BFH Urteil vom 24.04.2013 – II R 65/11, NWB-EV Nr. 7 vom 03.07.2013, S. 234.

Meßbacher-Hönsch, Christine: Die Steuerbefreiung für Familienheime nach § 13 Abs. 1 Nr. 4a bis 4c ErbStG: Ein großzügiges Geschenk des Gesetzgebers, ZEV 2015, 382.

Meßbacher-Hönsch, Christine: Zahlungen eines Ehegatten auf ein gemeinsames Oder-Konto als freigebige Zuwendung an den anderen Ehegatten, SteuK 2012, 238.

Meyer-Wehage, Brigitte: Defizite de lex lata – Ein Überblick aus Sicht der Praxis, NZFam 2016, 1057.

Michelsen, Konstantin: Die erbschaft- und schenkungsteuerrechtliche Behandlung von Vermögensbewegungen unter Ehegatten, Hamburg 2008.

Milatz, Jürgen E. (Hrsg.): Die Übertragung von Familienvermögen: Besonderheiten im Steuer- und Zivilrecht, 3. Auflage, Wiesbaden 2018.

Moench, Dietmar: Überlegungen zur Reform der Erbschaftsteuer, Hoffnungen und Befürchtungen aus fachlicher Sicht, DStR 1996, 725.

Moench, Dietmar / *Weinmann,* Norbert (Hrsg.): ErbStG Kommentar, Erbschaft- und Schenkungsteuergesetz mit Bewertungsgesetz. Loseblattwerk mit 88. Aktualisierung 2019, Stand: 2020 (zitiert als: *Bearbeiter,* in: Moench/Weinmann, ErbStG (*Stand der Lieferung*), § Rn.).

Moes, Christoph, Die Erbschaftsteuer zwischen Politik und Verfassungsrecht – eine Revue, JZ 2017, 858.

Münchener Kommentar zum Bürgerlichen Gesetzbuch: BGB, herausgegeben von Franz Jürgen Säcker, Roland Rixecker, Hartmut Oetker, Bettina Limperg,

Band 9, Familienrecht I, 8. Auflage 2019 (zitiert als: *Bearbeiter*, in: MüKo-BGB, § Rn.).

von Münch, Ingo / *Kunig*, Philip (Hrsg.): Grundgesetz Kommentar, Band 1: Präambel bis Art. 69, 6. Auflage, München 2012 (zitiert als: *Bearbeiter*, in: v. Münch/Kunig, GG, Art. Rn.).

Nave-Herz, Rosemarie: Geschwisterbeziehungen, in: *Lenz*, Karl / *Nestmann*, Frank (Hrsg.): Handbuch persönliche Beziehungen, Weinheim, München 2009, S. 337.

Nave-Herz, Rosemarie: Vermögensnachfolge im gesellschaftlichen Wandel, ErbR 2009, S. 202.

Neumark, Fritz: Grundsätze gerechter und rational ökonomischer Steuerpolitik, Tübingen 1970.

Oechsle, Klaus: Die steuerlichen Grundrechte in der jüngeren deutschen Verfassungsgeschichte – Zugleich eine Untersuchung über das historische Verhältnis von Steuerverfassungsrecht und Finanzwissenschaft, Berlin 1993.

Oechsle, Klaus: Erbschaftsbesteuerung im Wandel der Zeit, in: *Birtel*, Thomas / *Bourgion*, Gabriele / *Merbecks*, Ute (Hrsg.): Wirtschafts- und Steuerordnung auf dem Prüfstand: aktuelle Probleme aus Theorie und Praxis; Festschrift für Professor Dr. Hermann-Wilfried Bayer zum 65. Geburtstag, Baden-Baden 1998, S. 223.

von Oertzen, Christian: Steuerrechtliche Fallen zwischen Eherecht und ehelicher Lebensrealität, FamRZ 2010, 1785.

von Oertzen, Christian / *Loose*, Matthias (Hrsg.): Erbschaft- und Schenkungsteuergesetz Kommentar, 1. Auflage, Köln 2017 (zitiert als: *Bearbeiter*, in: von Oertzen/Loose, ErbStG, § Rn.).

Oppel, Florian: Ende gut, alles gut? – Überblick über die Neuregelung der sachlichen Steuerbefreiungen für Unternehmensvermögen im ErbStG, SteuK 2016, 469.

Otte, Gerhard: Gilt noch der enge Familienbegriff?, FamRZ 2013, 585.

Ossenbühl, Klaus Hermann: Die gerechte Steuerlast, Prinzipien der Steuerverteilung unter staatsphilosophischem Aspekt, Heidelberg 1972.

Osterloh-Konrad, Christine: Zur Legitimation steuerlicher Umverteilung, StuW 2017, 305.

Pabst, Heinz-Joachim: Vererben und Verschenken aus grundrechtlicher Sicht, JuS 2001, 1145.

Pahlke, Armin: Befreiende Lebensversicherung und „vergleichbare Vorsorge“, NWB Nr. 24 vom 13.06.2000, S. 2277, Fach 10 S. 927.

Palandt, Otto (Begr.), Bürgerliches Gesetzbuch Kommentar, 79. Auflage, München 2020 (zitiert als: *Bearbeiter,* in: Palandt, BGB, § Rn.):

Papier, Hans-Jürgen: Die Beeinträchtigung der Eigentums- und Berufsfreiheit durch Steuern vom Einkommen und Vermögen, Der Staat 1972 (Band 11), S. 482.

Piltz, Detlev: Unternehmensbegünstigungen zwischen Leistungsfähigkeits-, Familien- und Sozialstaatsprinzip, ZEV 2018, 170.

Preißer, Michael / *Rödl,* Christian / *Seltenreich,* Stephan (Hrsg.): Erbschaft- und Schenkungsteuer: Kompakt-Kommentar, 3. aktualisierte Auflage, Stuttgart 2018 (zitiert als: *Bearbeiter,* in: Preißer/Rödl/Seltenreich, ErbStG, § Rn.).

Ritter, Wolfgang: Gedanken zur Erbschaftsteuer – Reinhold Kreile zum 65. Geburtstag, BB 1994, 2285.

Sachs, Michael (Hrsg.): Grundgesetz Kommentar, 8. Auflage, München 2018 (zitiert als: *Bearbeiter,* in: Sachs, GG, Art. Rn.).

Sachs, Michael: Konzentration privater Vermögen im Sozialstaat, NJW 2015, 601.

Scheffler, Wolfram / *Wigger,* Berthold: Zur geplanten Reform der Erbschaftsteuer, BB 2006, 2443.

Schlünder, Rolf / *Geißler,* Oliver: Ehe und Familie im Erbschaft- und Schenkungsteuerrecht, Teil I, FamRZ 2005, 73.

Schlünder, Rolf / *Geißler,* Oliver: Ehe und Familie im Erbschaft- und Schenkungsteuerrecht, Teil II, FamRZ 2005, 149.

Schlünder, Rolf / *Geißler,* Oliver: Schenkungsteuerfreie Zuwendungen zwischen Ehegatten, ZEV 2005, 505.

Schubert, Marc: Die Verassungswidrigkeit der Erbschaft- und Schenkungsteuer und die verfassungsrechtlichen Anforderungen an eine Neuregelung, Frankfurt am Main 2011.

Schulte, Wilfried: Ist die Erbschaftsteuer reformierbar?, FR 2007, 309.

Schulte, Wilfried / *Birnbaum,* Mathias: Erbschaftsteuerrecht, 2. Auflage, Heidelberg 2017.

Seer, Roman: Die neue Erbschaftsteuer auf dem Prüfstand, StuW 1997, 283.

Seer, Roman: Erbschaft- und Schenkungsteuergesetz erneut auf dem Prüfstand des BVerfG!, GmbHR 2002, 873.

Seer, Roman: Überprivilegierung des Unternehmensvermögens durch §§ 13a, 13b ErbStG – Zum Urteil des BVerfG vom 17.12.2014 – 1 BvL 21/12, GmbHR 2015, 113.

Seer, Roman / *Michalowski,* Klaus: Die erbschaftsteuerliche Behandlung des Unternehmensvermögens nach neuem Recht – unkalkulierbar und nach wie vor im verfassungsrechtlichen Fokus!, GmbHR 2017, 609.

Söffing, Matthias / *Seitz*, Georg: Das Abschmelzungsmodell bei der Erbschaftsteuer nach den Erbschaftsteuerreformentwürfen zur Unternehmensnachfolge, FR 2006, 920.

Söffing, Matthias / *Thonemann*, Susanne: Anwendung der geänderten Vorschriften des Erbschaft- und Schenkungsteuergesetzes, ErbStB 2009, 325.

Sontheimer, Jürgen: Güterstand und Steuerrecht, NJW 2001, 1315.

Statistisches Bundesamt (Hrsg.): Finanzen und Steuern – Erbschaft- und Schenkungsteuer 2018, verfügbar unter *https://www.destatis.de/DE/Themen/Staat/Steuern/Weitere-Steuern/Publikationen/Downloads-weitere-Steuern/erbschaft-schenkungsteuer-5736101187004.pdf?__blob=publicationFile*, abgerufen am 17.07.2020.

Statistisches Bundesamt (Hrsg.).: Pflege im Rahmen der Pflegeversicherung, Deutschlandergebnisse 2017, verfügbar unter: *file:///C:/Users/Admin/AppData/Local/Packages/Microsoft.MicrosoftEdge_8wekyb3d8bbwe/TempState/Downloads/pflege-deutschlandergebnisse-5224001179004.pdf;jsessionid=1776D77CF28A84B547C191E6D8AF795C.pdf*, abgerufen am 17.07.2020.

Statistisches Bundesamt (Hrsg.): Statistisches Jahrbuch, Deutschland und Internationales 2019, Zwickau 2019.

Statistisches Bundesamt (Hrsg.): Sterbetafel 2016/2018, Methoden- und Ergebnisbericht zur laufenden Berechnung von Periodensterbetafeln für Deutschland und die Bundesländer 2019, verfügbar unter: *file:///C:/Users/Admin/AppData/Local/Packages/Microsoft.MicrosoftEdge_8wekyb3d8bbwe/TempState/Downloads/periodensterbetafel-erlaeuterung-5126203187004.pdf*, abgerufen am 17.07.2020.

Steger, Christian / *Königer*, Stefan: Der Wertabschlag für Familienunternehmen nach § 13a Abs. 9 ErbStG – Papiertiger oder notwendiges Gestaltungsmittel, BB 2016, 3099.

Steiner, Anton: Geldvermächtnisse zugunsten von Enkelkindern, ErbStB 2012, 160.

Steiner, Claus: Erbschaftsteuerbefreiung für das Familienheim – ein Verstoß gegen Art. 3 GG, Gedanken zu einer Reform der Ehe- und Lebenspartnerbesteuerung, NJOZ 2019, 465.

Stern, Klaus / *Becker*, Florian (Hrsg.): Grundrechte-Kommentar, 2. Auflage, Köln 2016 (zitiert als: *Bearbeiter*, in: Stern/Becker, GG, Art. Rn.).

Stiftung Familienunternehmen (Hrsg.): Das neue Erbschaft- und Schenkungsteuerrecht, Was ändert sich für Familienunternehmen?, München 2016.

Stiftung Familienunternehmen (Hrsg.): Die volkswirtschaftliche Bedeutung der Familienunternehmen, 5. Auflage, München 2019.

Süß, Rembert (Hrsg.): Erbrecht in Europa, 4. Auflage, Bonn 2019.

Tait, Alan A., A comment on rates of taxation varied according to consanguinity, Finanz-Archiv N.F. (Band 25) 1966, S. 263.

Tiedtke, Klaus / *Schmitt*, Marco: Die Zuwendung eines Familienheims nach der Erbschaftsteuerreform 2008/2009, NJW 2009, 2632.

Timm, Herbert, Entwicklungslinien in Theorie und Praxis der Erbschaftsbesteuerung während der letzten hundert Jahre, Finanz-Archiv N.F. (Band 42) 1984, S. 553.

Tipke, Klaus / *Lang*, Joachim (Hrsg.): Steuerrecht 23. Auflage, Köln 2018 (zitiert: *Bearbeiter*, in: Tipke/Lang, Steuerrecht, § Rn.).

Tipke, Klaus: Die Steuerrechtsordnung: Wissenschaftsorganisatorische, systematische und grundrechtlich-rechtsstaatliche Grundlagen, Band I, 2. Auflage, Köln 2000 (zitiert: *Tipke*, StRO Bd. I, S.).

Tipke, Klaus: Die Steuerrechtsordnung: Steuerrechtfertigungstheorie, Anwendung auf alle Steuerarten, sachgerechtes Steuersystem, Band II, 2. Auflage, Köln 2003 (zitiert: *Tipke*, StRO Bd. II, S.).

Tipke, Klaus: Vom Konglomerat herkömmlicher Steuern zum System gerechter Steuern, BB 1994, S. 437.

Thonemann-Micker, Susanne: ErbSt-Reform: Das Ergebnis des Vermittlungsausschusses, DB 2016, 2312.

Troll, Max / *Gebel*, Dieter / *Jülicher*, Marc / *Gottschalk*, Paul Richard: Erbschaftsteuer- und Schenkungsteuergesetz mit Bewertungsrecht und Verfahrensrecht. Kommentar, bearbeitet von Dieter Gebel, Marc Jülicher, Paul Richard Gottschalk, begründet von Max Troll. Loseblatt, Stand: 2020 59. Ergänzungslieferung (zitiert als: *Bearbeiter*, in: Troll/Gebel/Jülicher/Gottschalk, ErbStG (*Stand der Lieferung*), § Rn.).

Viskorf, Hermann-Ulrich: Der Erwerb vom Ehegatten, NWB Nr. 39 vom 24.09.2009, S. 3229, Fach 10 S. 1243.

Viskorf, Hermann-Ulrich / *Schuck*, Stephan / *Wälzholz*, Eckhard (Hrsg.): Erbschaftsteuer- und Schenkungsteuergesetz, Bewertungsgesetz (Auszug): Kommentar, 5. Auflage, Herne 2017 (zitiert als: *Bearbeiter*, in: Viskorf/Schuck/Wälzholz, ErbStG, § Rn.).

Viskorf, Stephan / *Löcherbach*, Sebastian / *Jehle*, Dorothea: Die Erbschaftsteuerreform 2016 – Ein erster Überblick, DStR 2016, 2425.

Vogel, Klaus: Steuerrechtswissenschaft als Steuergerechtigkeitswissenschaft, JZ 1993, 1121.

Vogel, Klaus: Verfassungsrechtsprechung zum Steuerrecht: Vortrag gehalten vor der Juristischen Gesellschaft zu Berlin am 16. September 1998 / von Klaus Vogel, Berlin 1999.

Vogel, Klaus: Zur Auslegung des Artikels 106 Grundgesetz, in: *Lang*, Joachim (Hrsg.): Die Steuerrechtsordnung in der Diskussion, Festschrift für Klaus Tipke zum 70. Geburtstag, Köln 1995, S. 93.

Vogel, Klaus/ *Waldhoff*, Christian: Grundlagen des Finanzverfassungsrechts – Sonderausgabe des Bonner Kommentars zum Grundgesetz (Vorbemerkungen zu Art. 104a bis 115 GG), Heidelberg 1999.

Wachter, Thomas: Erste Konturen des neuen Erbschaftsteuerrechts, FR 2016, 690.

Wachter, Thomas: Gesellschaftervereinbarungen als Gestaltungsinstrument bei der Rechtsnachfolge in Familienunternehmen – Teil 1: Gesellschaftsrechtliche Zulässigkeit von Stimmbindungs- und Poolvereinbarungen, ErbR 2016, 114.

Wachter, Thomas: Gesellschaftervereinbarungen als Gestaltungsinstrument bei der Rechtsnachfolge in Familienunternehmen – Teil 2: Poolvereinbarungen im Erbschaftsteuerrecht, ErbR 2016, 174.

Wachter, Thomas: Neuer Vorab-Abschlag beim Erwerb von Anteilen an qualifizierten Familienunternehmen, NZG 2016, 1168.

Wachter, Thomas: Stiftungen im neuen Erbschaft- und Schenkungsteuerrecht (Teil 1), FR 2017, 69.

Wachter, Thomas: Stiftungen im neuen Erbschaft- und Schenkungsteuerrecht (Teil 2), FR 2017, 130.

Wachter, Thomas: Steuerbefreiung des selbstgenutzten Familienheims, ZEV 2014, 191.

Wachter, Thomas: Überlegungen zur Reform des geltenden Erbschaft- und Schenkungsteuerrechts, DStR-Beih 2014, 90.

Wacke, Gerhard: Das Finanzwesen der Bundesrepublik, Tübingen 1950.

Weber-Grellet, Heinrich: Steuern im modernen Verfassungsstaat, Funktionen, Prinzipien und Strukturen des Steuerstaats und des Steuerrechts, Münster 2001.

Weber, Klaus: Der Vorab-Abschlag für Familienunternehmen nach dem ErbStRefG 2016 – eine Regelung mit Tücken, DStZ 2017, 13.

Weber, Klaus / *Schwind*, Heike: Vertragliche Ausgestaltung von Poolvereinbarungen unter Berücksichtigung des neuen Erbschaftsteuerrechts, ZEV 2009, 16.

Weber, Klaus / *Schwind*, Heike: Vorababschlag für Familienunternehmen gem. § 13a Abs. 9 ErbStG: Vorschläge für eine gesellschaftsvertragliche Umsetzung, ZEV 2016, 688.

Weinmann, Norbert / *Revenstorff*, Heiko / *Offerhaus*, Tom / *Eriks*, Gülsen (Hrsg.): Erbschaft- und Schenkungsteuerrecht, 4. Auflage, München 2017 (zitiert als: *Bearbeiter*, in: Weinmann/Revenstorff/Offerhaus/Eriks, ErbStR, Familienstiftung Rn.).

Wendt, Rudolf: Eigentum und Gesetzgebung, Hamburg 1985.

Wilms, Heinrich / *Jochum*, Georg (Hrsg.): Erbschaftsteuer- und Schenkungsteuergesetz mit Bewertungsgesetz und Grunderwerbsteuergesetz: Kommentar. Loseblatt, Stand: 103. Aktualisierung 2019 (zitiert als: *Bearbeiter*, in: Wilms/Jochum, ErbSG (*Stand der Lieferung*), § Rn.).

Wischermann, Clemens: Die Erbschaftssteuer im Kaiserreich und in der Weimarer Republik. Finanzprinzip versus Familienprinzips, in: *Schremmer*, Eckart (Hrsg.): Steuern, Abgaben und Dienste vom Mittelalter bis zur Gegenwart: Referate der 15. Arbeitstagung der Gesellschaft für Sozial- und Wirtschaftsgeschichte vom 14. bis 17. April 1993 in Bamberg, Stuttgart 1994, S. 171.

Zensus, Janina / *Schmitz*, Benedikt, Die Familienstiftung als Gestaltungsinstrument zur Vermögensübertragung und -sicherung, NJW 2012, 1323.

Zitzelsberger, Harald: Über Einheitswerte, Verkehrswerte, Ertragswerte und andere Werte im Steuerrecht, in: *Kley*, Max Dietrich / *Sünner*, Eckhart / *Willemsen*, Arnold, Festschrift für Wolfgang Ritter zum 70. Geburtstag, Köln 1997, S. 661.

www.ingramcontent.com/pod-product-compliance
Ingram Content Group UK Ltd.
Pitfield, Milton Keynes, MK11 3LW, UK
UKHW021929290926
8980IPUK00016B/1536

9 783631 837122